CONVERSATIONS
SUR
PLUSIEURS SUJETS
DE MORALE,

Propres à former les jeunes Demoiselles à la piété ;

Ouvrage utile à toutes les personnes qui sont chargées de leur éducation.

Par M. P. C., Docteur en Sorbonne.

Dédiées aux Demoiselles de Saint-Cyr.

Nouvelle Edition, revue, corrigée et augmentée.

A CAEN,

Chez A. Le Roy, Imprimeur du Roi, rue Notre-Dame, ancien Hôtel des Monnaies.

1819.

AVERTISSEMENT.

L'auteur de ces Conversations est le même qui a donné au public les éditions de l'Esprit de saint François de Sales, de la vraie et solide Piété, recueillies de ses Épîtres et de ses Entretiens; des Instructions sur les Dimanches et sur toutes les Fêtes qui se célèbrent dans le cours de l'année; du Catéchisme de Paris expliqué, sous le titre d'Explications des premières vérités de la Religion. Ces Conversations n'ont point été faites de suite, ni dans le dessein de les faire imprimer. On les a faites en divers temps, et suivant les occasions qui se sont présentées d'instruire sur les matières différentes qu'elles renferment ; c'est pourquoi elles n'ont d'autre ordre que celui du temps où elles ont été faites. Les unes sont plus fortes, les autres le sont moins, selon les personnes que l'on s'est proposé d'instruire. On les récite par cœur, debout, et d'un ton de conversation, sans geste ni déclamation. On choisit, pour les réciter, trois sujets à peu près de même âge et de même capacité. Ils parlent tour-à-tour, et disent tout ce qui est renfermé sous le nom qu'on leur a donné. On a eu soin de proportionner les matières à la force des

AVERTISSEMENT.

sujets qui récitent ensemble, afin qu'ils puissent comprendre ce qu'ils disent, et s'instruire en même temps qu'ils instruisent les autres. L'heureuse disposition des jeunes personnes à croire avec simplicité ce qu'on leur enseigne, et la nature de ces instructions familières, par manière de conversations, ont fait penser qu'il n'était pas nécessaire de charger les vérités qu'on y propose, d'autorités prises de l'Ecriture ou d'ailleurs. L'obligation de transcrire continuellement ces Conversations pour les apprendre, en a fait désirer l'impression pour se décharger de ce travail. Je serai charmé si une nouvelle édition de ce Recueil continue à être de quelque utilité au public, et peut porter tout à la fois à l'amour et à la pratique de la vertu, les personnes qui s'en serviront.

Si on veut les faire réciter à cinq, on doublera les sujets, qui réciteront au premier et au troisième nom. Si on veut les faire réciter à d'autres qu'à des filles, on les transcrira, et on changera les noms et les termes féminins en masculins.

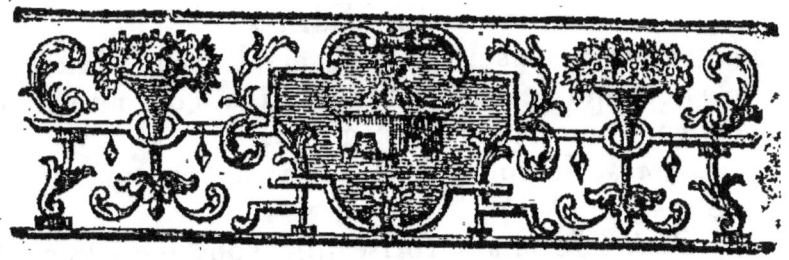

CONVERSATIONS
SUR PLUSIEURS SUJETS
DE PIÉTÉ.

CONVERSATION
SUR LE MENSONGE.

AGNÈS.

Il y a long-temps que je désire d'être instruite sur ce qui regarde le mensonge. Ce mal me paraît si commun dans le monde, que je suis presque tentée de le regarder comme un mal innocent.

Cécile. Il n'y a que vous que j'aie encore entendue parler de la sorte. Si c'est un mal, comment est-il innocent? s'il est innocent, comment est-il un mal? Vous avez bien raison de dire que vous êtes tentée; car il n'y a que la tentation qui puisse faire parler ainsi.

Lucie. Je n'approuve point le langage de ma compagne; mais aussi je ne puis le condamner absolument : si le mensonge était véritablement un mal, serait-il suivi du plus grand nombre? car où trouverez-vous quelqu'un qui dise toujours la vérité?

Cécile. Il est vrai que le mensonge est très-commun, et que le plus grand nombre s'y laisse entraîner ; mais loin que cela le rende innocent, c'est ce qui le rend plus criminel : car plus un mal est commun, plus il est grand.

Agnès. Je voudrais bien savoir en quoi consiste ce mal.

Cécile. Je suis surprise que vous me fassiez une telle question : le bon sens tout seul suffit pour y répondre. Quoi de plus honteux que de tromper ! quoi de plus odieux que de parler contre sa pensée ! Tromper et blesser la vérité, n'est-ce pas un grand mal ?

Lucie. Jusqu'ici j'avais compris que c'était un mal de mentir, quand, par son mensonge, on faisait tort à son prochain, ou qu'on lui portait préjudice ; mais, je l'avoue, j'avais peine à croire que ce fût un mal, quand le prochain n'en souffrait aucun dommage.

Cécile. Permettez-moi de vous parler comme une amie à son amie : vous étiez dans l'erreur. Vous pensiez donc qu'on pouvait tromper le prochain, et être innocent ? vous pensiez donc qu'on pouvait blesser la vérité, et être exempt de péché ? Voilà sans doute une grande erreur.

Agnès. Peu à peu je m'instruis ; mais il me reste encore des difficultés que je vous prie de vouloir m'expliquer. Quoi ! ne sera-t-il pas permis de mentir pour se divertir, ou pour faire plaisir à son amie ? Ces motifs du moins doivent rendre le mensonge innocent.

Cécile. Détrompez-vous : il n'y a point de motif, si bon qu'il soit, qui puisse faire que ce qui est mal en soi, devienne bon. Quelque motif donc que vous ayez, en usant de mensonge vous ferez toujours mal, et vous serez coupable.

Lucie. Mais n'est-ce pas une chose innocente de se divertir ? et n'est-ce pas une bonne action de faire plaisir à son amie ?

Cécile. Non, quand c'est aux dépens de la vérité et de sa conscience ; car le plus léger mensonge blesse toujours la vérité et la conscience; et pour peu qu'on ait d'amour pour la vérité et de soin de sa conscience, on ne trouve point de divertissement, ni de plaisir à blesser l'une ou l'autre.

Agnès. Mais s'il s'agissait de sauver la vie à quelqu'un, ou de lui procurer le salut, ne serait-il pas permis de mentir ? ces deux motifs sont bien plus forts que les deux premiers.

Cécile. Vous croyez m'embarrasser par ces difficultés; mais vous n'y réussirez pas. Dieu a dit: *Tu ne mentiras aucunement.* Ces paroles n'exceptent aucun cas; ainsi je décide hautement qu'en ces occasions même il n'est point permis de mentir.

Lucie. Les paroles de la loi de Dieu sont trop claires et trop fortes pour oser aller contre : mais au moins dans ces occasions ne sera-t-il pas permis de se servir de certaines paroles d'esprit, pour faire entendre toute autre chose que l'on ne pense?

Cécile. Tous ces détours sont opposés à la droiture, à la vérité et à la simplicité. Il ne faut jamais dire que oui et non : oui, quand c'est oui ; et non, quand c'est non. Agir et parler autrement, c'est toujours tromper : or, il n'est jamais permis de tromper.

Agnès. Où avez-vous pris tous ces principes ? Je trouverais les hommes heureux, s'ils pouvaient les mettre en pratique. Il n'y aurait rien de plus doux que la société et le commerce de la vie, si tous les hommes disaient la vérité.

Cécile. A peine faisais-je usage de ma raison, que ma mère me répétait sans cesse : ma fille, ma chère fille, aimez toujours la vérité ; respectez-la sincèrement, ne la blessez jamais; qu'elle soit toujours dans votre cœur et sur vos lèvres. Si vous ne l'abandonnez jamais, jamais elle ne vous abandonnera ; et vous serez toujours chérie de Dieu.

Lucie. Vos paroles ont porté l'amour de la vérité dans nos cœurs : le mensonge nous paraît une chose horrible ; nous y renonçons pour jamais.

SUR LA RÉPUTATION.

AGATHE.

J'AI bien de la joie de vous voir, je compte que cette entrevue ne me sera pas inutile : dites-moi, je vous prie, ce que vous pensez de la réputation.

Thècle. Ce que j'en pense n'est pas le fruit de mes réflexions, mais des instructions que j'ai reçues d'une personne très-sage. Comme je vous aime, je n'aurai aucune peine à m'expliquer avec vous sur ce sujet.

Valère. Souffrez que je sois de la conversation, et que je profite de vos lumières. Ce sera pour vous un double avantage ; car au lieu d'instruire une de vos compagnes, vous en instruirez deux.

Thècle. Je ne sais de quelle réputation vous voulez parler : est-ce de la bonne ou de la mauvaise ? La première est digne de nos poursuites, et la seconde de notre aversion.

Agathe. C'est sur la bonne que nous sommes curieuses de vous entendre parler ; l'autre n'est pas digne de la moindre de nos attentions.

Thècle. Vous me pardonnerez, elle est digne de nos attentions ; car autant que l'on doit rechercher l'une, autant on doit fuir l'autre : ce qui ne peut se faire sans une grande attention.

Valère. Que faut-il faire pour mériter l'une et éviter l'autre ?

Thècle. Vous vous exprimez très-bien quand vous dites, mériter l'une et éviter l'autre ; car quand on a fait tout ce qu'il faut pour cela, il faut demeurer en paix, sans s'embarrasser de savoir si on y a réussi.

Agathe. Vous louez justement ma compagne ; mais souffrez que je vous dise que vous ne satisfaites pas entièrement à sa demande.

Thècle. Je ne refuse point d'y satisfaire. Comme a mauvaise réputation est la suite d'une mauvaise conduite, aussi la bonne réputation est le fruit d'une conduite vertueuse. Il n'y a donc qu'à bien vivre pour mériter l'une et éviter l'autre.

Valère. Mais à notre âge devons-nous déjà nous mettre en peine de la réputation? n'est-ce pas assez de ne rien faire contre notre conscience?

Thècle. Non, ce n'est pas assez; il faut encore ne rien faire qui puisse mal édifier le prochain; il faut même faire tout ce qui peut l'édifier.

Agathe. Mais que peut faire une jeune fille pour cela, et qu'est-ce qui peut lui procurer une bonne réputation?

Thècle. Le voici : elle n'a qu'à se conduire en toutes choses d'une manière solide, et montrer en toute occasion un amour sincère de la vertu.

Valère. Cette réponse est digne de vous; mais je vous prie de vouloir l'étendre davantage, afin que nous puissions mieux la comprendre.

Thècle. Je ne demande pas mieux. Pour se conduire en toutes choses d'une manière solide, il faut qu'elle renonce à la bagatelle et aux amusemens; il faut qu'elle s'occupe continuellement à quelque chose d'utile et de sérieux; il faut qu'elle ne quitte jamais les yeux d'une mère sage et vigilante.

Agathe. Ce portrait me plaît infiniment, et je conçois déjà de l'estime pour une fille qui se conduirait de la sorte; mais qu'entendez-vous, s'il vous plaît, par la bagatelle et les amusemens auxquels elle doit renoncer?

Thècle. J'entends certains ornemens superflus, qui sont la marque d'une ame vaine; j'entends des lectures et des chansons dangereuses, qui montrent et désignent un esprit léger; j'entends des conversations suspectes et des entretiens qui n'ont d'autre fruit que la perte du temps.

Valère. Je reçois toutes vos paroles comme autant d'oracles : continuez, je vous prie, et dites-nous ce que vous entendez par les occupations utiles et sérieuses auxquelles elle doit être toujours appliquée.

Thècle. Je le ferai avec plaisir. J'entends des ouvrages nécessaires et utiles ; j'entends des ouvrages qui ornent et approprient une maison et ceux qui l'habitent; j'entends des ouvrages qui fournissent à la subsistance de ceux qui les font, ou de ceux que ces personnes sont obligées de secourir.

Agathe. Je comprends très-bien votre réponse à présent ; mais pourquoi avez-vous ajouté qu'elle ne doit jamais quitter les yeux d'une mère sage et vigilante ?

Thècle. C'est que hors de cet asile tout est dangereux pour une fille, et pour sa personne, et pour sa réputation. Si elle est donc curieuse de l'une et de l'autre, elle ne peut suivre cette règle avec trop de fidélité.

Valère. Que faut-il joindre à tout cela pour se faire une réputation parfaite ?

Thècle. Il y faut joindre, comme je l'ai déjà dit, un amour sincère de la vertu ; il faut qu'elle aime avec ardeur la vérité, la droiture, la justice, la sobriété, la modestie, et toutes les vertus qui font une ame véritablement grande.

Agathe. Nous sommes très-contentes de vos instructions ; souffrez qu'au premier moment de loisir nous recommencions sur cette matière ou sur une autre ; car il y a bien de l'agrément à vous entendre.

SUR LE BON ESPRIT.

ANASTASIE.

Il y a long-temps que j'entends parler du bon esprit. Tout le monde s'empresse d'en faire l'éloge, et chacun se pique de l'avoir. Je souhaiterais donc *sur le bon Esprit.*

savoir en quoi il consiste, afin de voir s'il est aussi commun qu'on le pense.

Pulchérie. Je suis ravie de trouver l'occasion de vous entretenir. Il y a toujours à profiter avec vous ; mais je vous avoue que j'aimerais beaucoup mieux vous faire des questions sur cette matière, que d'avoir à vous répondre. Cette matière, à la vérité, est des plus importantes, mais en même temps des plus difficiles. Ayez donc la bonté, s'il vous plaît, de nous en dire vous-même votre sentiment.

Virginie. Je ne regarde point cette réponse comme une défaite, je connais votre droiture, mais comme un effet de votre singulière modestie. Cela seul montre que vous êtes en état de nous satisfaire plus que personne sur la question qui vous a été proposée.

Pulchérie. Je désirerais bien plutôt avoir ce bon esprit, que de vous dire en quoi il consiste ; mais puisque vous me pressez si fort, je vous dirai ingénument mon sentiment, sans prétendre que vous le regardiez comme une décision. Le bon esprit consiste à penser juste, à juger sainement, et à prendre en toutes choses un parti raisonnable.

Anastasie. Cette réponse est si sage et si solide, qu'elle méritait justement notre empressement ; mais si cela est ainsi, il s'en faut bien que le bon esprit soit si commun qu'on pense.

Pulchérie. Vous ne vous trompez pas. Il est plus rare que l'on ne saurait dire ; car où trouve-t-on des personnes qui pensent juste, qui jugent sainement, et qui prennent en toutes choses un parti raisonnable ? Certainement le nombre n'en est pas grand.

Virginie. Mais plus le bon esprit est rare, plus il est digne de notre estime, de notre amour et de notre admiration. Pour moi, je suis si charmée du portrait que vous en faites, que je veux mettre tout en œuvre pour l'avoir.

Pulchérie. L'estime et l'amour que vous avez

conçu pour le bon esprit, vous a fait penser qu'il ne dépendait que de vous de l'avoir ; mais vous allez un peu trop vîte. J'excuse néanmoins ce qui part du fond d'une bonne intention, et d'un véritable zèle.

Anastasie. Instruisez-nous, s'il vous plaît : c'est ce que nous cherchons, et vous ne sauriez le faire trop promptement.

Pulchérie. Je suis réjouie de voir votre ardeur, et j'y cède volontiers. Le bon esprit ne vient pas de nous, mais de Dieu : c'est à lui à nous le donner, et à nous à le cultiver. En un mot, il dépend de Dieu et de nous.

Virginie. Que faut-il faire pour l'obtenir ?

Pulchérie. Il faut le demander à Dieu sans cesse, mais le demander sans se lasser. C'est le trésor des trésors ; il faut tout faire pour l'avoir.

Anastasie. Je comprends comment on peut l'obtenir, faites-nous la grâce de nous dire comment on doit le cultiver.

Pulchérie. Pour le cultiver, il faut commencer par éloigner toutes les pensées qui viennent de préventions, tous les jugemens qui naissent de nos attaches, et tous les partis que l'on prend par humeur ou par caprice.

Virginie. N'y a-t-il que cela à faire pour cultiver le bon esprit ?

Pulchérie. Ce n'est là qu'une partie de ce qu'il faut faire ; il faut, outre cela, examiner comment pensent, comment jugent, et comment agissent ceux qui passent communément pour avoir le bon esprit, et se conformer à leurs pensées, à leurs jugemens et à leur conduite.

Anastasie. Ne peut-on rien ajouter à ces moyens ?

Pulchérie. On peut encore y ajouter celui de considérer attentivement les pensées, les jugemens et la conduite de Dieu, et former sur ce modèle ses pensées, ses jugemens et sa conduite. En se conduisant de la sorte, on pensera toujours juste, on jugera sainement, et on prendra en toutes choses un parti raisonnable.

Virginie. Ce dernier moyen me paraît bien élevé, et, ce me semble, un peu difficile à réduire en pratique.

Pulchérie. Il est élevé, à la vérité; mais il n'est pas difficile dans la pratique, comme vous le pensez. Vous lisez tous les jours les livres saints : ces livres ne contiennent que les pensées, les jugemens et la conduite de Dieu. Ne lisez pas sans réflexion et sans utilité : voyez à chaque ligne si vous eussiez pensé, si vous eussiez jugé, si vous eussiez agi de la sorte.

Anastasie. Pour moi, je suis persuadée de la vérité et de la justesse de tout ce que vous avancez : je ne pense pas qu'on puisse y rien répliquer. Voudriez-vous bien présentement nous exposer les avantages du bon esprit ?

Pulchérie. On ne peut presque les raconter, tant ils sont en grand nombre ; car celui qui pense juste, qui juge sainement, et qui prend en toutes choses un parti raisonnable, ne peut qu'être heureux dès ce monde : ce qui compose l'assemblage de tous les biens.

Virginie. Ce que vous nous dites ne fait qu'allumer en nous de plus en plus le désir de savoir ces avantages en détail.

Pulchérie. Puisque j'ai commencé, il est juste d'achever. Celui qui a le bon esprit est fortement persuadé que Dieu ne fait rien que de juste, et qu'il ne permet rien que pour des raisons très-sages. Ainsi, il adore Dieu également dans tous les événemens, et cette disposition devient en lui une source de soumission, de paix et de confiance.

Anastasie. Mais n'est-il pas sensible aux malheurs et aux disgraces qui lui arrivent ?

Pulchérie. Sans doute, il y est sensible comme les autres hommes ; mais ce qu'il a au-dessus des autres hommes, c'est que, par le secours du bon esprit, il sait trouver de la force et de la consolation, même dans les peines.

Virginie. Vous avez promis de nous dire tous les avantages du bon esprit; continuez, je vous prie, nous prenons un singulier plaisir à vous entendre.

Pulchérie. En voici encore un qui n'est pas moindre que le premier. Celui qui a le bon esprit fait tout ce qu'il peut pour n'offenser personne, et autant qu'il est en lui, il ne s'offense de personne; ainsi de sa part il vit en paix avec tout le monde.

Anastasie. Mais ne lui arrive-t-il jamais aucun sujet de dispute, de différend et de contestation?

Pulchérie. Oui, il lui en arrive, comme à tout le monde; mais il trouve dans le bon esprit, ou de quoi les prévenir, ou de quoi les apaiser promptement. En tout cas, il ne tient jamais à lui que la paix ne règne parfaitement.

Virginie. Je trouve tant de contentement à vous entendre, que je crains bien que vous ne finissiez trop tôt.

Pulchérie. Si vous m'écoutiez toujours, vous n'auriez pas le temps de mettre en pratique ce que vous auriez entendu. Il faut par-tout de la sobriété, même dans les conversations les plus innocentes. Je finis donc en vous exposant le dernier avantage du bon esprit. Celui qui le possède discerne en lui-même deux choses bien nécessaires à discerner; ce qu'il a de bon, ce qu'il a de défectueux. Il tire du bon tout le bien qu'il peut, et du défectueux (qu'il tâche de diminuer tous les jours) il s'en fait un exercice de pénitence, et il trouve continuellement de quoi réveiller son humilité et sa vigilance.

Anastasie. Mais ne s'élève-t-il point du bien qu'il fait, et ne se décourage-t-il point, en se voyant toujours sujet à des défauts?

Pulchérie. Ni il ne s'élève, ni il ne se décourage. Il rapporte à Dieu tout le bien qu'il fait, il s'humilie et se punit de toutes les fautes qu'il commet.

Virginie. Il ne faut point vous fatiguer davantage ; nous sommes charmées de vos instructions ; nous allons faire notre possible pour les mettre en pratique.

SUR LA CIVILITÉ.

Batilde.

Oserions-nous bien vous interrompre un moment, pour vous entretenir d'un sujet qui nous paraît bien important pour le commerce de la vie, et auquel néanmoins beaucoup de personnes ne font nulle attention ?

Gertrude. Il semble que vous craignez de vous expliquer avec moi. Je crois néanmoins être assez de vos amies pour ne vous inspirer aucune contrainte. Parlez-moi donc sans façon, si vous voulez m'obliger.

Clotilde. C'est de la civilité que nous voudrions vous parler. Ce qui nous fait hésiter, c'est que nous craignons que vous ne regardiez ce sujet comme trop peu sérieux, pour y donner votre temps.

Gertrude. Permettez-moi à mon tour de vous parler à cœur ouvert ; vous ne me connaissez pas entièrement. Il est vrai que je ne prends point plaisir à perdre le temps ; mais ce sujet est si important qu'on ne peut guère mieux l'employer qu'en s'instruisant de ce qui le regarde.

Batilde. Nous sommes ravies de vous entendre parler de la sorte ; dites-nous donc, s'il vous plaît, en quoi vous faites consister la civilité.

Gertrude. Je la fais consister dans une modestie universelle, qui règle et accompagne en tout temps nos paroles, nos actions, nos regards, nos gestes, notre posture, nos démarches, et tout notre extérieur; en sorte qu'il n'y ait rien en tout cela qui puisse blesser personne.

Clotilde. Nous admirons cette réponse, et nous sommes charmées du portrait que vous faites de la civilité. Permettez-nous, s'il vous plaît, de vous demander s'il est bien facile d'avoir cette modestie, dans laquelle vous la faites consister.

Gertrude. S'il n'est pas facile, du moins il n'est pas impossible. Il n'y a qu'à s'étudier soi-même, et s'observer sur tout ce qui peut dans nos manières extérieures blesser le prochain. Il n'y a qu'à s'appliquer à tout ce qui peut l'obliger et lui faire plaisir. En un mot, il n'y a qu'à consulter, sur toute la conduite que nous tenons à son égard, la raison et la vertu, et jamais l'humeur et le caprice.

Batilde. Quelle différence mettez-vous, s'il vous plaît, entre la civilité qui vient de l'humeur et du caprice, et celle qui vient de la raison et de la vertu?

Gertrude. La voici en deux mots. La première est très-souvent inégale, et l'autre est toujours la même. La première n'a que des momens, et des momens passagers; l'autre se soutient également en tout temps. La première nous comble aujourd'hui d'honnêteté, et demain elle ne nous regarde pas. Pour l'autre, elle ne sait ce que c'est que de se démentir, on la trouve toujours semblable à elle-même, dans tous les temps, dans tous les lieux, et à l'égard de toutes personnes.

Clotilde. C'est cette dernière que nous voudrions bien avoir; ayez la bonté de nous en enseigner les moyens.

Gertrude. S'il ne tient qu'à cela, vous serez bientôt satisfaite. Pour être modeste, vous n'avez qu'à être humble. Si vous êtes humble, vous n'aurez jamais de vous-même des sentimens avantageux. Vous ne vous élèverez au-dessus de personne, et vous ne mettrez personne au-dessus de vous. De *cette* disposition naîtra un fond d'estime et de considération pour tout le monde, qui produira au dehors une conduite pleine de déférence et d'honnêteté, ce qui compose la vraie civilité.

Batilde. On ne peut donc être civile sans être humble ?

Gertrude. Vous l'avez dit. Sans l'humilité, il n'y a dans la civilité qu'artifice et dissimulation, qu'affectation et grimace ; c'est cette vertu seule qui fait que tout est vrai et sincère dans toutes les demonstrations extérieures de la civilité.

Clotilde. Mais nous n'avions jamais compris que la civilité ne fût autre chose que l'humilité.

Gertrude. Vous avez bien pensé. L'une de ces vertus n'est pas l'autre, mais l'une est le fruit de l'autre ; et ordinairement ces deux vertus sont inséparables l'une de l'autre.

Batilde. Il n'y a donc qu'à être humble pour être civile ?

Gertrude. Absolument cela pourrait suffire. Il faut néanmoins y joindre la connaissance de certaines bienséances qui se pratiquent dans un temps, dans un âge, dans certains lieux, et à l'égard de certaines personnes, qui ne se pratiquent pas dans un autre temps, dans un autre âge, dans d'autres lieux, et à l'égard d'autres personnes.

Clotilde. Mais est-il aisé de connaître si c'est l'humilité qui produit la civilité, ou si elle vient de quelque autre cause ?

Gertrude. Je l'ai déjà dit, cela se connaît par l'uniformité de la conduite : si on montre toujours de la modestie, si on témoigne toujours de l'honnêteté, si l'on a toujours des manières affables et obligeantes, c'est signe que l'on agit par vertu ; mais s'il y a de l'inégalité dans la conduite, si aujourd'hui on est de bonne humeur, agréable et compatissante, et demain de mauvaise humeur, grossière et rustique, c'est signe qu'on n'agit pas par vertu.

Batilde. Mais, de grâce, ne faut-il observer ces

règles qu'à l'égard des personnes qui sont au-dessus de nous ?

Gertrude. Il faut les observer à l'égard de tout le monde, quoique diversement, selon les diverses personnes ; et, comme on ne manque guère à les observer à l'égard des personnes supérieures, ces règles sont encore plus pour les personnes qui nous sont égales ou inférieures, parce qu'étant plus souvent avec elles, on s'observe moins, et il est bien plus ordinaire d'y manquer.

Clotilde. Nous voilà bien instruites de ce qui regarde la civilité ; nous nous y rendrons plus attentives.

SUR LES VERTUS CARDINALES.

ANGÉLIQUE.

Si vous aviez quelques momens de libres, nous aurions le plaisir de vous entendre ; mais nous ne voudrions pas vous prendre de ces momens précieux que vous employez si utilement.

Dorothée. Je suis toujours prête quand il est question de vous faire plaisir ; et je regarde tout le temps que je passe avec vous, comme un temps très-utilement employé.

Constance. Les difficultés que nous avons à vous proposer, sont sur les vertus qu'on appelle cardinales ; nous voudrions bien savoir quelles elles sont, et pourquoi on les appelle ainsi.

Dorothée. Il est aisé de vous satisfaire. Ces vertus sont la justice, la force, la prudence et la tempérance ; et on les appelle cardinales, parce que toutes les autres vertus sont appuyées sur elles, et qu'on ne peut sans elles les pratiquer comme il faut.

Angélique. Nous comprenons la raison de leur nom ; voudriez-vous bien nous dire ce que vous pensez de chacune de ces vertus en particulier ?

Dorothée. Je commencerai par la justice, et je vous dirai que cette vertu est presque bannie de la société des hommes. On trouve bien des hommes charitables et compatissans, mais on en trouve peu de justes et d'équitables, du moins universellement.

Constance. Vous nous surprenez ; ayez donc la bonté de nous dire la raison de ce que vous avancez.

Dorothée. La voici : c'est que pour exercer la justice, il faut souvent oublier ses propres intérêts pour faire valoir ceux d'autrui ; il faut souvent se charger soi-même et les siens, ses parens et ses amis, pour décharger le pauvre, la veuve et l'orphelin, et même son propre ennemi. Or, peu de personnes sont en état de faire cela : de là toutes ces injustices criantes qui couvrent la terre.

Angélique. Que pensez-vous de la force ? est-elle plus commune que la justice ?

Dorothée. Cette vertu est encore très-rare ; elle ne consiste pas seulement dans la force du corps, mais dans la force de l'ame, et bien des personnes pensent l'avoir qui ne l'ont pas.

Constance. Dites-nous, je vous prie, qui sont ceux qui ont cette vertu.

Dorothée. Ce sont ceux qui sont maîtres d'eux-mêmes, et qui savent commander à leurs passions ; ce sont ceux qui ne savent ce que c'est que de céder à la crainte ou à la flatterie ; ce sont ceux enfin qui intrépidement pratiquent le bien, sans se détourner ni à droite ni à gauche.

Angélique. Plus vous parlez, plus vous excitez notre ardeur. Dites-nous, je vous prie, ce que c'est que la prudence.

Dorothée. C'est une vertu bien aimable, et sans laquelle on ne peut réussir presque en rien : je dis plus, sans laquelle on gâte les meilleures affaires.

Constance. Expliquez-nous, s'il vous plaît, en quoi elle consiste.

Dorothée. Elle consiste à choisir les temps et les momens propres à chaque chose ; elle consiste à choisir les vrais moyens pour réussir en chaque affaire. Avec cette vertu on sait se taire et parler à propos, on sait agir à temps et n'agir pas ; en un mot, on sait se conduire surement en toutes choses.

Angélique. Après tout ce que vous venez de nous dire de ces trois vertus, pourrez-vous nous dire encore quelque chose de la tempérance ? Il me semble que vous avez tout dit.

Dorothée. Si vous connaissiez cette vertu, vous sauriez qu'elle a ses caractères et ses avantages aussi-bien que les autres vertus, et qu'elle n'est pas moins nécessaire dans la vie, que la justice, la force et la prudence.

Constance. Expliquez-nous, je vous prie, ses caractères : nous sommes bien désireuses de les savoir.

Dorothée. Cette vertu est absolument nécessaire pour l'exercice des trois autres vertus. Sans elle la justice ne garderait pas en toutes choses une juste égalité ; la force pourrait dégénérer en témérité ; la prudence serait ou timide ou trop rafinée. C'est donc la tempérance qui fait que toutes ces vertus sont dans une juste modération.

Angélique. La tempérance n'apporte-t-elle de la modération que dans l'exercice de ces trois vertus ?

Dorothée. Elle en apporte aussi en toutes choses, dans le boire et le manger, dans le repos et les divertissemens, dans les parures et les ameublemens, et généralement dans tout ce qui regarde les plaisirs, les aises et les commodités de la vie.

Constance. Avant que de finir, souffrez que je vous demande si on peut séparer ces vertus l'une d'avec l'autre.

Dorothée. Non, si on veut les avoir dans un degré parfait ; car elles ont tellement besoin l'une de l'autre, que si vous en ôtez une, toutes les autres s'affaiblissent et se détruisent. Qui veut donc être vraiment vertueux, doit les réunir toutes ensemble, et ne jamais les séparer.

Angélique. Nous vous sommes très-obligées de vos leçons : on ne peut les estimer assez, ni assez les pratiquer ; nous y allons travailler.

SUR LES DISCOURS DU MONDE.

ROSALIE.

JE trouve tant de solidité dans vos paroles, que je ne puis me lasser de vous entendre. Reprenons donc, s'il vous plaît, la conversation, et continuez de nous instruire.

Scolastique. Rien n'est plus obligeant que vos paroles : on reconnaît sans peine les personnes qui ont de l'éducation. Mais sans nous arrêter à ces préfaces, dites-moi simplement ce que vous demandez de moi ; car je suis toute prête à vous satisfaire.

Placide. Ce que je demanderais de vous, serait une instruction sur ce que l'on doit penser des discours du monde. Rien n'est plus commun ; car ce sont ordinairement ceux qui auraient le plus d'intérêt de se taire, qui parlent le plus.

Scolastique. Je suis à mon tour charmée de la solidité de vos questions, et j'ai bien du plaisir de voir que dans un âge si tendre vous appliquiez votre esprit à des choses si utiles pour la conduite de la vie. Rien en effet n'est plus commun, mais en même temps rien n'est plus pernicieux que les discours du monde, sur-tout pour les jeunes personnes, dont la vertu est ordinairement si mal affermie.

Rosalie. Pourquoi, s'il vous plaît, les discours du monde sont-ils si pernicieux, et sur-tout aux jeunes personnes ?

Scolastique. C'est qu'il faut un grand discernement pour en connaître le venin et le poison, et beaucoup de force et d'adresse pour s'en garantir ; discernement qui se trouve rarement dans les jeunes personnes, aussi-bien que la force et l'adresse dont je parle ici.

Placide. Mais est-il difficile de connaître et de mépriser en même temps ce que ces sortes de discours ont de mauvais ?

Scolastique. Si l'expérience ne nous apprenait combien est grand le nombre de ceux qui s'y laissent entraîner, et qui n'ont d'autre règle de leur conduite, je souscrirais volontiers à ce que vous avancez ; mais l'expérience décide pour moi contre vous.

Rosalie. Que faut-il faire, s'il vous plaît, pour ne point s'y laisser entraîner ?

Scolastique. J'aimerais bien mieux vous apprendre les moyens de les ignorer tout-à-fait, que l'usage qu'on en doit faire, parce qu'il est peu de personnes à qui ces discours ne fassent impression.

Placide. Mais sitôt que nous savons que le monde est méprisable, ne savons-nous pas en même temps que ses discours le sont aussi ?

Scolastique. Autre chose est de savoir, autre chose est de faire. Ne confondez pas deux choses si différentes. Croyez-moi, ces discours sont comme des torrens rapides qui entraînent les plus forts et les mieux précautionnés. Le plus sûr est donc de n'y donner jamais la moindre attention, car c'est assez de les avoir écoutés pour en avoir tout à craindre.

Rosalie. Nous parler ainsi, c'est nous dire de rompre avec tout le monde, et de n'avoir aucune société avec personne ; ce qui n'est pas praticable à notre âge.

Scolastique. Vous me pardonnerez ; c'est seulement vous dire de vous éloigner prudemment de ceux dont les discours sont pernicieux, sans vous interdire la douce société des personnes sages et réglées. Cet avis, réduit en pratique, coûte à la vérité ; mais aussi on est bien dédommagé par la tranquillité qu'il procure.

Placide. Mais, je vous prie, si malgré toutes nos précautions, les discours du monde pénètrent jusqu'à nous, quelle conduite faudra-t-il tenir ?

Scolastique. Je commence par vous plaindre ; car quelque effort que vous fassiez, il en restera toujours quelque impression. Ces discours sont les images des pensées et des jugemens du monde. Ces pensées et ces jugemens ont toujours quelque chose de faux, sous une apparence de vrai. A votre âge il est bien à craindre que vous ne preniez l'apparence pour la vérité.

Rosalie. Il n'y a donc plus de remède, si une fois nous avons écouté les discours du monde.

Scolastique. Vous m'excuserez, il y a du remède ; mais je ne sais si vous pourrez en venir à bout : C'est de comparer ces discours avec ceux de la Religion, qui ne peuvent jamais être faux, et à cette lumière découvrir la fausseté des autres. Si vous faites cela, comme la fausseté ne peut plaire, vous aurez bientôt renoncé aux discours du monde.

Placide. Mais de peur de nous méprendre, donnez-nous, s'il vous plaît, une juste idée des discours du monde.

Scolastique. Les discours du monde sont tous ceux qui s'opposent à la Religion, à la piété et à la vertu. Ce sont ceux qui tendent au relâchement, au libertinage et à l'irréligion.

Rosalie. Dites-nous, je vous prie, quel intérêt le monde a de tenir de pareils discours.

Scolastique. Il n'en a point d'autre que celui de persécuter tout ce qui est contraire à ses actions. Comme la vertu lui paraît un censeur continuel, qui le condamne à tout moment, il aime mieux la persécuter, que de renoncer à sa mauvaise conduite.

Placide. Ce n'est donc pas parce qu'il hait la vertu, qu'il la persécute ?

Scolastique. Tout au contraire, il l'aime, il la

respecte, et il estime dans son cœur tous ceux qui la pratiquent.

Rosalie. C'est donc par malignité, ou du moins par faiblesse, que le monde persécute la vertu ?

Scolastique. Vous l'avez dit ; c'est tantôt par malignité et tantôt par faiblesse : mais ce qui fait la confusion du monde, est précisément ce qui doit nous déterminer à le mépriser et tous ses discours, puisqu'ils n'ont d'autre source que la malignité ou la faiblesse.

Placide. Je souhaite que nous retenions bien tous ces principes ; mais je souhaite encore davantage que nous les mettions en pratique, et que par-là nous vous animions à nous donner, dans vos momens de loisir, de nouvelles instructions.

SUR L'ÉDUCATION.

ANNE.

Vous venez fort à propos pour nous dire votre sentiment sur un objet qui excite justement notre curiosité.

Blanche. Quel sujet peut exciter votre curiosité, après toutes les instructions que vous recevez continuellement dans cette maison ?

Amée. Il est vrai que si nous en profitions, nous serions beaucoup plus instruites ; mais quelque instruites que nous fussions, nous aurions toujours besoin de vos lumières.

Blanche. On ne peut m'engager plus honnêtement à parler ; je cède avec plaisir à des avances si obligeantes. Expliquez-vous donc librement, je suis toute prête à vous répondre.

Anne. Notre curiosité nous porterait aujourd'hui à savoir ce que c'est que l'éducation. Sans cesse on nous en parle, sans cesse on nous en fait voir la nécessité, et on nous en relève le mérite.

Blanche. On a bien raison, car l'éducation est un des plus beaux ornemens d'une fille. Avec cet ornement elle est toujours estimée et estimable, et sans cet ornement elle est toujours méprisée et méprisable.

Amée. A quelle marque peut-on reconnaître si une jeune fille a de l'éducation ?

Blanche. Rien n'est plus aisé : vous n'avez qu'à l'observer dans ses paroles et dans ses actions.

Anne. Quelles sont les paroles d'une jeune fille qui a de l'éducation ?

Blanche. Ses paroles sont toujours respectueuses et obligeantes, et elles n'ont jamais rien de grossier et de rebutant.

Amée. Quelles sont, s'il vous plaît, ses actions ?

Blanche. Elles sont toujours accompagnées de civilité et d'honnêteté, et elles n'ont rien que de modeste et d'arrangé.

Anne. Mais que se propose encore une jeune fille, en s'étudiant ainsi dans ses paroles et dans ses actions ?

Blanche. Elle se propose d'obéir à Dieu, qui veut que l'on prévienne tout le monde par des témoignages de respect et d'honneur (1).

Amée. Il ne suffit donc pas de prévenir par ces témoignages de respect et d'honneur les personnes qui sont au-dessus de nous ?

Blanche. Non, il faut prévenir ainsi toutes sortes de personnes, quoique diversement, selon le rang et le mérite de ces personnes ; il ne faut pas même en exclure un enfant.

Anne. Si une jeune fille se conduit de la sorte avec tout le monde, comment doit-elle donc se conduire avec ses compagnes ?

Blanche. Avec beaucoup de respect et d'honneur, mais un respect et un honneur qui ont tout ce qu'on peut désirer d'aimable et de gracieux, parce qu'ils

---

(1) *Rom.* 12, 11.

sortent d'un fond d'amitié, de tendresse et de cordialité.

Amée. Rien n'est plus beau que le portrait que vous faites d'une fille qui a de l'éducation : dites-nous, s'il vous plaît, s'il s'en trouve beaucoup qui ressemblent à ce portrait.

Blanche. Je conviens que le nombre n'en est pas grand ; mais plus ces filles sont rares, plus aussi elles sont estimables.

Anne. Mais ne leur permettez-vous jamais de se relâcher en rien sur ce qui regarde l'éducation ?

Blanche. Parler ainsi, c'est supposer que les personnes bien élevées ont des temps pour être civiles et respectueuses, et d'autres pour être grossières et rustiques. Dans la vérité, c'est bien mal les connaître.

Amée. Mais du moins ne leur pardonnez-vous pas, s'il leur échappe quelque mot dans les temps de mauvaise humeur ?

Blanche. On n'a pas besoin de leur rien pardonner, parce qu'il ne leur arrive jamais rien de semblable. Elles savent dominer leur mauvaise humeur, et ne savent point s'en laisser dominer.

Anne. Vos réponses sont si justes et si fortes en même temps, qu'elles ne nous laissent aucune réplique. Apprenez-nous, s'il vous plaît, dans quel temps on doit s'appliquer à l'éducation des jeunes filles.

Blanche. Quiconque y commence tard, n'y réussit jamais : le plutôt c'est donc le meilleur. Un jeune arbre se plie aisément, tandis qu'un autre, durci par ses années, ne peut être plié.

Amée. Mais ne serait-il pas plus utile d'attendre que la raison fût entièrement formée ?

Blanche. On le pourrait, si les habitudes ne se formaient pas en même temps que la raison ; mais comme il est important de prévenir les mauvaises habitudes, on ne saurait commencer trop tôt.

Anne. Il ne faut donc rien passer aux enfans dans le bas âge touchant l'éducation ?

Blanche. Rien ; non rien : encore un coup, rien. Il faut tout leur compter. Il faut même être plus sévère sur les plus petites fautes que sur les grandes ; car si vous leur permettez les petites, ils se permettront bientôt les grandes, et vous aurez la douleur de les voir augmenter sensiblement tous les jours en manières brusques et choquantes.

Amée. Avant que de finir, permettez-moi de vous demander si le monde prend garde à ces sortes de fautes que les jeunes filles commettent contre l'éducation.

Blanche. S'il y prend garde ! n'en doutez pas ; non-seulement il y prend garde, mais encore il ne leur pardonne rien.

Anne. Mais comment savez-vous cela, s'il vous plaît ?

Blanche. Comment je le sais ? c'est que j'entends dire tous les jours dans le monde : Cette jeune fille a de bonnes qualités ; mais c'est dommage, elle n'a point d'éducation, et elle n'est propre qu'à vivre avec les bêtes, ou du moins avec les sauvages.

Amée. Que dit-on dans le monde, au contraire, de celles qui ont de l'éducation ?

Blanche. On en dit mille biens. A tous propos on les loue. Sans cesse on les admire. On en fait partout l'éloge, et on ne cesse de les proposer pour modèles à toutes celles de leur âge.

Anne. Je me tais pour laisser parler ma compagne, qui se charge de vous remercier.

Amée. Je m'en charge volontiers. Soyez louée à jamais pour toutes les instructions que vous venez de nous donner, nous espérons que notre conduite vous informera bientôt du bien qu'elles produiront.

SUR LES RAPPORTS.

Elizabeth.

Je suis ravie de vous rencontrer. Dites-moi, je vous prie, ce que vous pensez d'une personne qui va rapporter tout ce qu'elle entend.

Bonne. Ce que j'en pense n'est point avantageux à cette personne : c'est pourquoi j'ai peine à le dire : mais puisque vous me le demandez confidemment, je vous dirai qu'une personne qui tombe dans ce défaut, est un esprit faible et une langue dangereuse.

Caliberte. Pourquoi dites-vous que cette personne est un esprit faible ?

Bonne. C'est parce qu'elle n'a pas assez d'empire sur sa langue pour se taire, ni assez de lumière pour discerner entre les choses qu'elle doit dire, et celles qu'elle doit taire.

Elizabeth. Pourquoi dites-vous que cette personne est une langue dangereuse ?

Bonne. C'est parce que cette personne ne peut faire des rapports sans blesser en même temps plusieurs personnes.

Caliberte. Qui sont, s'il vous plaît, les personnes qu'elle blesse ?

Bonne. Celles dont elle parle, celles à qui elle parle, et elle-même.

Elizabeth. Quelles blessures leur fait-elle ?

Bonne. Elle leur en fait de grandes ; car elle leur enlève l'amitié, l'union, la paix et la bonne intelligence ; et en leur enlevant ces biens précieux, elle les brouille, les divise, et met la confusion partout.

Caliberte. Il est donc important d'éviter les personnes qui font des rapports ?

Bonne. Oui, il faut les fuir, comme on fuit ces bêtes

bêtes venimeuses qui ont le venin et le poison sous la langue, et dont toutes les morsures sont mortelles.

Elizabeth. Mais que faut-il faire, si on ne peut les éviter entièrement ?

Bonne. Il faut mettre un cadenas à ses lèvres, pour ne jamais parler devant elles ; il faut mettre des épines à ses oreilles, pour empêcher leurs paroles de venir jusqu'à nous.

Caliberte. Mais ne peut-on pas les écouter quand elles ne rapportent que des choses indifférentes ?

Bonne. Non ; car c'est les entretenir dans ce vice, et les accoutumer à passer des rapports indifférens aux pernicieux. Pour couper donc ce mal par la racine, il ne faut les écouter jamais.

Elizabeth. Mais une personne qui peut les instruire, ne peut-elle pas les écouter, au moins dans les choses indifférentes ?

Bonne. Oui, mais avec ces conditions : la première, que ces personnes ne parlent qu'après qu'on le leur a ordonné ; la seconde, qu'il soit nécessaire ou utile de les faire parler ; la troisième, qu'on les instruise en les écoutant ; la quatrième, que ce soit toujours en particulier, et sans témoins.

Caliberte. Mais s'il s'agit d'événemens publics, condamnez-vous aussi ceux qui les rapportent ?

Bonne. Non ; car ce sont autant de voix du ciel, qui viennent nous instruire.

Elizabeth. Quelles instructions nous donnent-elles ?

Bonne. Si ce sont des événemens heureux, ils publient les miséricordes de Dieu ; si ce sont des événemens fâcheux, ils annoncent le plus souvent sa colère.

Caliberte. Que faut-il faire en ces occasions ?

Bonne. Il faut bénir et louer Dieu à la vue des uns, et recourir à la pénitence à la vue des autres.

Elizabeth. Est-ce assez pour ceux qui écoutent ces rapports de recourir à la pénitence ?

Bonne. Non, ils disent encore, à l'exemple de Jésus-Christ, y porter ceux qui les font.

Caliberte. En quelle occasion Jésus-Christ l'a-t-il fait ?

Bonne. (1) Ce fut lorsque quelques-uns vinrent lui rapporter ce qui s'était passé touchant les Galiléens, dont Pilate avait mêlé le sang avec celui de leurs sacrifices.

Elizabeth. Quelle instruction Notre-Seigneur donna-t-il à ceux qui lui vinrent faire ce rapport ?

Bonne (2) Pensez-vous, leur dit-il, que ces Galiléens fussent les plus grands pécheurs de tous ceux de Galilée, parce qu'ils ont été ainsi traités ? Non, je vous en assure ; mais je vous déclare que si vous ne faites pénitence, vous périrez tous comme eux.

Caliberte. Qu'est-ce que Notre-Seigneur ajouta encore à ce premier exemple ?

Bonne (3) Croyez-vous aussi, continua-t-il, que ces dix-huit hommes sur lesquels la tour de Siloé est tombée, et qu'elle a tués, fussent plus redevables à la justice de Dieu, que tous les habitans de Jérusalem ? Non, je vous en assure ; mais je vous déclare que si vous ne faites pénitence, vous périrez tous de la même sorte.

Elizabeth. C'est donc là l'exemple qu'il faut suivre, lorsque l'on apprend quelque événement fâcheux ?

Bonne. Oui, si l'on veut profiter de l'avertissement que le Ciel nous donne par cet événement.

Caliberte. C'est à quoi le monde ne pense guère.

Bonne. Si le monde n'y pense pas, pensons-y nous, et soyons plus sages.

Elizabeth C'est à quoi nous ne manquerons pas de faire attention désormais, afin de prévenir ce qui nous pourrait arriver de fâcheux.

Bonne. Vous serez bien sages si vous le faites ; je prie le Seigneur de vous en faire la grâce.

(1) Luc, 13. 1.   (2) Luc, 13. 2.   (3) Luc, 13. 4.

SUR LA PRATIQUE DU SILENCE.

Eudoxie.

Parlez-moi à cœur ouvert comme à votre bonne amie ; le silence ne vous est-il pas un peu à charge ?

Eugénie. Loin de m'être à charge, il me fait beaucoup de plaisir.

Eulalie. Mais comment le silence peut-il vous faire plaisir ?

Eugénie. C'est qu'en le gardant, je ne laisse pas de parler.

Eudoxie. Vous désobéissez donc, et vous trompez la règle ?

Eugénie. Loin de désobéir, j'obéis humblement.

Eulalie. Cette réponse, je l'avoue, est une énigme pour moi.

Eugénie. Il n'y a point d'énigme, c'est la vérité : je me tais, et cependant je parle.

Eudoxie. Cessez de me mettre en peine, et expliquez-moi ce mystère.

Eugénie. Est il possible que vous ne compreniez pas ce qui est si clair ? Je me tais à l'égard des créatures, mais je ne me tais pas à l'égard de Dieu ; ma langue est muette, mais mon cœur ne l'est pas. Voilà tout le mystère.

Eulalie. Je vous entends à présent, et je ne puis m'empêcher de vous admirer. Apprenez-moi, s'il vous plaît, ce secret.

Eugénie. Ce secret est facile. Je dis à Dieu, dans le silence, tout ce que mon cœur me dicte, et j'écoute ensuite tout ce qu'il daigne me répondre.

Eudoxie. Dieu vous parle donc aussi ?

Eugénie. Oui, il me fait cet honneur, tout grand qu'il est, et toute abjecte que je suis.

Eulalie. Mais c'est beaucoup s'abaisser pour un Dieu si grand.

Eugénie. Il est vrai : n'en soyons pas néanmoins surprises, puisqu'il déclare dans ses saintes Ecritures que c'est aux simples qu'il se plaît de communiquer ses secrets.

Eudoxie. Mais encore, que dites-vous à Dieu lorsque vous lui parlez ?

Eugénie. Je lui dis les desseins que j'ai de l'aimer et de le servir ; et les désirs que j'ai de le voir dans le ciel.

Eulalie. Puisque vous me permettez de vous interroger, dites moi, je vous prie, de quelle manière Dieu vous parle.

Eugénie. Il me parle par des lumières célestes qu'il met dans mon esprit, et par des sentimens divins qu'il imprime dans mon cœur.

Eudoxie. Mais que vous dit-il encore ?

Eugénie. Il approuve mes desseins de l'aimer et de le servir, et il fortifie mes désirs de le voir dans le ciel.

Eulalie. Vous ne trouvez donc pas le temps du silence trop long ?

Eugénie. Bien loin de le trouver long, je souhaiterais qu'il durât tout le jour, afin de n'interrompre jamais un entretien si aimable.

Eudoxie. Mais quand Dieu ne vient pas tout aussitôt pour vous écouter et vous répondre, que faites-vous ?

Eugénie. Je l'appelle par des gémissemens intérieurs, et je le presse de venir à force de pousser des cris vers lui.

Eulalie. Voilà comment vous vous entretenez avec Dieu : ne faites-vous jamais autre chose pendant le silence ?

Eugénie Quelquefois je récite tout bas des prières ; d'autres fois j'apprends, et toujours en silence, les choses dont on m'a chargée.

Eudoxie. Nous voilà présentement bien instruites. Loin de nous ennuyer désormais du silence, rien ne nous sera plus agréable.

SUR LES PASSIONS.

Béatrice.

Profitons, mes chères compagnes, de nos momens de loisir, pour former une conversation, où nous réunissions tout ce qu'on peut désirer d'utile et d'agréable.

Candide. Je serai très-volontiers de la partie, et j'aurai un singulier plaisir de vous entendre tour à tour, car vos paroles ont toujours pour moi de nouveaux charmes.

Faustine. Sans tarder plus long-temps, agréez, s'il vous plaît, que notre conversation soit aujourd'hui sur les passions. Je m'avance peut-être un peu trop, en vous proposant ce sujet, mais j'espère que vous pardonnerez quelque chose à mon zèle.

Candide. Vous ne vous avancez point trop; ne savez-vous pas que rien ne plaît davantage, entre les amies, que les manières franches et libres? Après tout, on ne pourrait guère proposer un sujet ni plus utile, ni plus agréable.

Béatrice. Pour moi, je ne puis dissimuler que mon désir d'entendre parler sur cette matière ne soit extrême, et que mon cœur n'ait ressenti de la joie, à la seule proposition.

Candide. Prenez garde que votre joie ne se change en regret; car peut-être qu'en vous instruisant des passions, vous verrez que votre désir lui-même n'était qu'une passion.

Faustine. Je serais bien mortifiée si cela était ainsi, car je vous avoue que je ne cède en rien à personne sur ce désir.

Candide. Ne vous effrayez pas ici mal-à-propos, en prenant mes paroles à la lettre. Il est vrai que votre désir peut être une passion; mais il y a des passions bonnes et vertueuses, et je présume que la vôtre est de cette sorte.

Béatrice. Vous nous surprenez quand vous dites qu'il y a des passions louables et vertueuses ; nous avions pensé jusqu'ici qu'elles étaient toutes mauvaises et criminelles.

Candide. Vous pouvez, en toute assurance, changer de sentiment ; car rien n'est plus certain que ce que j'avance.

Faustine. Hâtez-vous, s'il vous plaît, de nous instruire, et marquez-nous clairement ce que c'est qu'une passion louable et vertueuse. C'est le seul moyen de nous faire changer de sentiment.

Candide. Je vous aime trop pour vous refuser une chose si juste. Une passion est louable quand ce qu'elle poursuit est bon et utile, et qu'elle le poursuit d'une manière raisonnable, comme je m'imagine que vous poursuivez l'instruction que vous me demandez sur les passions.

Béatrice. Mais, de grâce, quand est-ce que l'on poursuit une bonne chose d'une manière raisonnable ?

Candide. C'est quand on la poursuit selon les lumières de la raison ou de la vertu, avec tranquillité et modération, sans se livrer aux saillies impétueuses de son naturel.

Faustine. Continuez de nous instruire, et apprenez-nous ce que c'est qu'une passion mauvaise et digne de blâme.

Candide. C'est celle qui poursuit une chose mauvaise et nuisible, ou une bonne chose, mais d'une manière déraisonnable et vicieuse.

Béatrice. Mais peut-on poursuivre une bonne chose, d'une manière déraisonnable et vicieuse ?

Candide. Rien n'est plus ordinaire, et cela arrive toutes les fois que, dans la poursuite d'une bonne chose, on ne garde ni règles ni mesures, et qu'on se livre aveuglément à ses mouvemens précipités et violens.

Faustine. A quoi, s'il vous plaît, peut-on reconnaître que l'on agit par passion ?

Candide. Pour trouver la réponse de ce que vous me demandez, vous n'avez qu'à vous consulter vous-même, et examiner ce qui se passe en vous ; car tout ce qui est passion agite le sang et les esprits, resserre ou dilate le cœur, change le visage, et trouble la raison. Or rien ne se fait mieux sentir et apercevoir.

Béatrice. Permettez-nous de vous demander quels remèdes on pourrait employer contre tous ces mouvemens.

Candide. Il n'y en a point d'autres que de tenir toutes les passions enchaînées sous l'empire de la raison et de la vertu, et d'en régler le cours suivant les lumières de l'une et de l'autre ; ce qui demande une vigilance infatigable.

Faustine. Plus vous parlez, plus vous excitez en nous le désir de vous entendre. Voudriez-vous bien nous dire encore quel est le nombre des passions ?

Candide. Tout ce qui vous fait plaisir sera toujours ce qui m'agréera. On en compte d'ordinaire onze, qui sont l'amour et la haine, les désirs et l'aversion, la joie et la tristesse, l'espérance et le désespoir, l'audace, la crainte et la colère ; si vous les divisez, vous en trouverez encore un plus grand nombre.

Béatrice. De toutes les passions, laquelle, s'il vous plaît, est en nous la plus commune ?

Candide. Je prendrai la liberté de vous dire que c'est le désir de savoir, ce qu'on appelle la curiosité. C'est cette passion qui nous porte à vouloir tout entendre, tout voir et tout savoir.

Faustine. Nous aurions bien plutôt pensé que ce serait ou la joie ou la tristesse, ou l'amour ou la haine.

Candide. Il est vrai que ces quatre passions sont encore en nous très-communes ; mais qui y fera bien réflexion, conviendra que rien n'approche de notre curiosité.

Béatrice. Vous soutenez donc que la curiosité est encore en nous plus commune que ces autres passions ?

Candide. Oui je le soutiens ; car ces autres passions ne durent qu'un temps, et ne sont pas de tous les âges, mais la curiosité est de tous les temps et de tous les âges.

Faustine. Votre sentiment est d'un grand poids sur nos esprits ; mais comme il trouve en nous quelque résistance, vous nous feriez plaisir de vouloir l'appuyer davantage.

Candide. Il me sera facile. Ne savez-vous pas que c'est la curiosité d'une femme qui a introduit tous les maux dans le monde ?

Béatrice. On nous avait dit jusqu'ici que c'était la gourmandise, et non la curiosité.

Candide. Pardonnez-moi, si je dis que c'est la curiosité, et non la gourmandise ; car si vous y prenez garde, Eve ne toucha au fruit que par le désir de devenir semblable à Dieu en lumières et en connaissance, ce qui n'est autre chose que la curiosité.

Faustine. Mais elle ne pensa pas mal faire, en aspirant à savoir le bien et le mal comme Dieu, et elle crut cette curiosité permise.

Candide. Vous avez raison, et c'est justement en quoi les filles de cette mère infortunée lui ressemblent parfaitement ; car, comme elle, elles pensent pouvoir en tout satisfaire leur curiosité sans devenir criminelles.

Béatrice. A vous entendre parler, il est aisé de comprendre qu'il se commet une infinité de péchés par la curiosité.

Candide. Il s'en commet plus qu'on ne saurait dire ; et le comble du malheur est qu'on ne s'en corrige jamais, parce que jamais on n'y fait d'attention.

Faustine. Mais en quoi, s'il vous plaît, pèche-t-on plus considérablement par la curiosité?

Candide. C'est quand on porte la curiosité jusqu'à vouloir pénétrer dans les affaires des familles, dans les secrets des consciences, et dans les confidences d'autrui.

Béatrice. Quel plus grand mal fait encore la curiosité?

Candide. C'est lorsqu'après avoir mis les personnes à la gêne et à la torture, pour en extorquer ce qui devait être enseveli dans un éternel secret, on vient à le répandre indiscrètement.

Faustine. Ces personnes ne sont-elles coupables devant Dieu que du péché de la curiosité?

Candide. On ne peut compter les péchés dont elles se chargent devant Dieu; car ils sont sans nombre et presque sans remède.

Béatrice. Nous n'oublierons rien pour y remédier.

Candide. Vous serez bien louables si vous le faites.

Faustine. Comptez sur notre résolution; car elle est des plus sincères.

SUR LES ATTACHES.

Louise.

Il y a long-temps que je désire avoir le plaisir de vous voir, pour vous parler d'un sujet qui partage aujourd'hui bien du monde.

Christine. Ce n'est pas une chose rare que de voir le monde partagé, c'est la suite et le fruit des ténèbres que le péché y a répandues.

Henriette. C'est sur les attaches que nous voudrions bien vous entendre parler, et nous désirerions de savoir pourquoi les uns les approuvent, et les autres les condamnent.

Christine. Elles ne sont ni toutes à approuver, ni

toutes à condamner. Il faut, pour prendre en ceci un parti raisonnable, discerner entre celles qui sont bonnes et celles qui ne le sont pas.

Louise. Il y en a donc de bonnes ? Nous étions tentées de les croire toutes mauvaises : nous voilà déjà bien détrompées.

Christine. N'en doutez pas; il y en a de bonnes, comme il y en a de mauvaises; et ce sont les bonnes que l'on approuve, tandis que l'on condamne celles qui sont mauvaises.

Henriette. Comment en faire la différence, et ne s'y pas méprendre ?

Christine. Cela est aisé; vous n'avez qu'à considérer les choses auxquelles vous vous attachez, et la manière avec laquelle vous vous y attachez.

Louise. Je ne sais comment vous faites, mais vous rendez claires les choses les plus obscures, et vous développez avec facilité tout ce qu'il y a de plus embarrassé.

Christine. Tout cela ne vient pas de moi, mais de celui qui éclaire tous les esprits, et sans la lumière duquel toutes nos lumières ne sont que ténèbres.

Henriette. Quand est-ce, s'il vous plaît, que nos attaches sont bonnes ?

Christine. C'est quand elles ont le mérite et la vertu pour objet, et qu'elles ne s'éloignent jamais d'une sage modération.

Louise. On n'est donc pas dès-là innocent dans ses attaches, pour ne s'y proposer que le mérite et la vertu ?

Christine. Non, il faut encore y garder beaucoup de modération; sans quoi, ce qu'il y a de meilleur s'altère insensiblement.

Henriette. Quand est-ce, s'il vous plaît, que les attaches sont mauvaises ?

Christine. C'est quand il y a dans les attaches quelque chose de vicieux et de déréglé.

Louise. Nous ne nous arrêterons point sur celles-là; tout le monde le comprend assez. On peut donc, sans craindre, former des attaches, pourvu qu'il ne s'y trouve rien de vicieux et de déréglé ?

Christine. Il y a encore quelques mesures à garder ; car souvent l'on passe du mérite et de la vertu des personnes, aux personnes mêmes.

Henriette. Mais, de grâce, n'est-ce pas la même chose ?

Christine. C'est-là où je vous attendais, et je n'hésite point à vous dire que ce passage est plein de danger, et sujet à beaucoup d'imperfections.

Louise. Nous voilà retombées dans notre premier embarras, lorsque nous croyions en être entièrement délivrées.

Christine. Ne voyez-vous pas qu'en s'attachant aux personnes, on perd souvent de vue le mérite et la vertu, et que cela ne forme plus qu'une attache toute humaine ?

Henriette. Mais vous allez plus loin ; car vous dites qu'il y a du danger et de l'imperfection ; c'est ce qui nous étonne.

Christine. Quoi ! vous ne voyez pas encore clair ? Qu'y a-t-il de plus dangereux et de plus imparfait que les attaches purement humaines ?

Louise. Mais où sont donc ce danger et cette imperfection ?

Christine. Je suis surprise que vous ne le voyiez pas. Ne comprenez-vous pas que ce qui est purement humain dégénère bientôt, et se convertit souvent, du moins en inutilité et amusement ?

Henriette. Vous nous faites-là entendre des choses que nous n'avions jamais comprises ; on ne pourra donc plus s'attacher aux personnes de qui on reçoit même des biens spirituels ?

Christine. Plus vous parlez, plus vous découvrez la plaie d'une ame attachée. Ne savez-vous pas qu'on ne doit jamais former d'attache entre personnes inégales ; comme dans le monde on ne doit point former d'alliance entre personnes dont l'âge, les biens et le rang sont disproportionnés ?

Louise. Plus vous parlez, plus vous nous ouvrez les yeux, et plus vous dites des vérités qui vont jusqu'au cœur.

Christine. Oui, rien n'est plus dangereux que les attaches entre les personnes inégales ; et quand il n'y aurait point de danger, cela serait du moins indécent.

Henriette. Il faudra donc vivre dans l'indifférence et dans l'insensibilité à l'égard de ces personnes ?

Christine. Voilà les extrémités où jette un amour-propre confondu et terrassé. Non, il faudra les regarder avec respect, confiance et affection, comme un enfant regarde son père ; mais sans attache, ce qui tiendrait trop de la familiarité.

Louise. Comment connaît-on que le respect, la confiance et l'affection dégénèrent en attache ?

Christine. C'est quand le cœur se repose trop dans les personnes ; c'est quand on désire trop leur présence, ou que l'on supporte trop impatiemment leur absence ; en un mot, c'est quand on a trop de peine à placer en d'autres son respect, son affection et sa confiance.

Henriette. Je ne pensais pas recevoir aujourd'hui tant de lumières, elles me frappent et me convainquent : voilà le parti que je vais prendre.

Christine. Si vous le prenez comme vous le dites, votre cœur nagera toujours dans la paix, et cette paix pénétrera jusqu'à vos os.

Louise. Mille actions de grâces et mille bénédictions pour des instructions aussi grandes et aussi salutaires.

SUR L'HUMILITÉ.

Athanasie.

Après vous avoir laissée tranquille toutes ces fêtes, trouverez-vous bon que nous vous interrompions un moment pour profiter de vos lumières ?

Théodosie. Je suis surprise que vous usiez de ces préfaces avec moi. Ne savez-vous pas que je suis entièrement dévouée à tout ce qui peut vous faire plaisir ?

Cornélie. Ces paroles nous ouvrent le cœur et nous inspirent la confiance. Dites-nous donc, s'il vous plaît, ce que vous pensez de la vertu d'humilité. Il y a long-temps que nous désirons de vous entendre sur cette vertu.

Théodosie. Je suis ravie de voir le zèle que vous faites paraître pour cette aimable vertu ; car c'est elle qui est le fondement et la base de toutes les autres. Avec elle tout devient vertu, sans elle les vertus mêmes deviennent des vices.

Athanasie. Ne perdons point de temps : entrez, s'il vous plaît, en matière, car notre désir est extrême.

Théodosie. Il est juste d'y céder. Cette vertu, pour être vraie, doit être universellement répandue dans la personne qui la possède, dans son esprit, dans son cœur, dans ses paroles et dans ses actions.

Cornélie. Quelle impression, s'il vous plaît, doit-elle faire dans son esprit ?

Théodosie. Elle en doit bannir toute estime propre, et y faire naître en la place un mépris chrétien.

Athanasie. Une personne humble ne peut donc point former d'elle-même des idées avantageuses ?

Théodosie. Non, parce qu'elle ne voit rien en elle, comme d'elle, qui soit estimable ; car qu'y voit-elle, je vous prie, que le néant et le péché ? le néant, qui est son origine et son centre ; le péché, qui est la seule chose qu'elle possède en propre.

Cornélie. Mais ne voit-elle pas en elle les dons de Dieu, et ne peut-elle pas s'estimer à cause de ces dons ?

Théodosie. Elle peut les voir, mais elle ne peut pas s'en estimer davantage, puisque ces dons ne sont ni elle-même, ni à elle-même, que souvent elle n'a rien fait pour les avoir, et que plus souvent il ne lui en reste que l'abus et le mauvais usage.

Athanasie. Mais du moins ceux qui ont ces dons ne sont-ils pas plus estimables que ceux qui ne les ont pas ?

Théodosie. Oui, sans doute ; mais il ne s'ensuit pas qu'ils doivent plus s'en estimer, puisque ces dons absolument n'ajoutent rien à ce qu'ils sont par eux-mêmes.

Cornélie. Il y aurait donc du danger de les confondre avec soi-même ?

Théodosie. Soyez-en bien assurée, puisque ce serait s'exposer à se les approprier et à s'en attribuer la gloire ; ce qui serait un larcin très-criminel.

Athanasie. Encore si vous vous contentiez de dire que le vrai humble ne doit pas s'estimer ; mais vous ajoutez qu'il doit encore se mépriser.

Théodosie. En effet, quoi de plus méprisable qu'un ouvrage tout défiguré par le péché ? Or, voilà ce qu'est tout homme dans son propre fond.

Cornélie. Mais l'esprit, la volonté, la force et les autres bonnes qualités de l'homme, ne sont-ce pas des choses estimables ?

Théodosie. Oui, un esprit plein de lumières, une volonté droite et innocente, un corps sain et robuste ; mais non pas un esprit plein de ténèbres, une volonté toute corrompue, et un corps sujet à mille infirmités.

Athanasie. Nous nous rendons à des raisons si palpables. Passons, s'il vous plaît, au cœur ; et dites-nous quelle impression l'humilité y doit faire.

Théodosie. Elle y doit graver l'amour des abaissemens, des rebuts, des contradictions, des mépris et des mécomptes de la part des parens et des amis. Sans cet amour, on n'est encore humble qu'en idée.

Cornélie. Comment pouvoir aimer des choses si peu aimables, et en même temps si crucifiantes pour l'orgueil ?

Théodosie. Quand je dis qu'il faut les aimer, je ne prétends pas dire qu'elles soient aimables, encore moins qu'il faille les aimer pour elles-mêmes.

Athanasie. Comment et pourquoi faut-il donc les aimer ?

Théodosie. Il faut les aimer pour le besoin que l'on en a, à peu près comme on aime les remèdes dont on use contre les maladies du corps.

Cornélie. Mais encore de quelle utilité ces humiliations peuvent-elles être ?

Théodosie. Il faut l'avoir éprouvé pour le savoir. Elles servent merveilleusement à punir l'orgueil passé, à guérir l'orgueil présent, et à prévenir l'orgueil futur.

Athanasie. En nous inspirant d'aimer les humiliations, entendez-vous aussi qu'il faille les désirer ?

Théodosie. Ne confondez pas ces deux choses. Loin de les désirer, il faut les craindre dans la vue de sa faiblesse, et néanmoins les aimer dans la vue de son besoin, lorsque Dieu permet qu'elles arrivent.

Cornélie. Cette réponse, en m'instruisant, me calme, parce que je comprenais qu'il fallait non-seulement les aimer, mais encore les désirer.

Théodosie. Il n'appartient qu'aux parfaits de les désirer ; pour le commun il suffit, lorsqu'elles arrivent, de les recevoir avec paix et soumission, et d'en aimer l'utilité.

Athanasie. Nous sommes ravies de ces explications ; voyons maintenant l'impression que l'humilité doit faire dans les paroles.

Théodosie. Comme les paroles sont telles que les pensées et les sentimens, si l'humilité est dans les pensées et dans les sentimens, elle ne manquera pas d'être aussi dans les paroles.

Cornélie. Mais encore quel effet y produira-t-elle?

Théodosie. Elle en réglera le temps, la manière, les sujets, et jusqu'à l'accent même.

Athanasie. Expliquez-vous davantage, s'il vous plaît, afin que nous comprenions mieux votre pensée.

Théodosie. Volontiers : elle en réglera le temps, en inspirant de ne parler que quand il y aura nécessité ou bienséance ; elle en réglera la manière, en inspirant de parler avec beaucoup de déférence, et sans attache à son propre sens ; elle en réglera les sujets, en inspirant de ne parler de soi qu'avec une extrême réserve et une grande sobriété ; elle en réglera jusqu'à l'accent, en inspirant de parler toujours d'un ton de voix modeste et rabaissé.

Cornélie. L'humilité ne permet donc jamais de parler de soi?

Théodosie. Vous me pardonnerez : je vous ai dit qu'on le pouvait faire, pourvu que ce fût avec une extrême réserve et une grande sobriété.

Athanasie. Quand est-ce qu'on le peut faire, et en quelles occasions?

Théodosie. Toutes les fois qu'il y a du besoin, et qu'il en revient de la gloire à Dieu, et de l'utilité au prochain ou à soi-même. Mais comme cela est fort délicat, souvent le plus sûr est de se taire.

Cornélie. Mais, de grâce, dans quelles occasions faut-il soigneusement éviter de le faire ?

Théodosie. C'est quand il n'y a nul besoin ; c'est quand on le ferait par un esprit de vanité et d'ostentation ; ce qui se connaît quand on se vante, quand on se propose pour exemple et pour modèle, quand on n'a en vue que de s'élever et de rabaisser les autres.

Athanasie. Pourra-t-on parler pour se justifier, et cela ne sera-t-il point contraire à l'humilité?

Théodosie. On le pourra, pourvu que l'on n'ait

en vue que de rendre témoignage à la vérité, ou de procurer l'édification du prochain, ou de l'empêcher de se scandaliser.

Cornélie. Mais ne le pourra-t-on pas dans la vue de parer l'humiliation, ou de s'en délivrer ?

Théodosie. Oui, si l'on craint de succomber sous le poids de l'humiliation, mais non dans la pensée qu'on ne le mérite pas, et pour ménager son orgueil.

Athanasie. On ne pourra donc plus demander des réparations lorsqu'on aura été offensé ?

Théodosie. Vous me pardonnerez, pourvu que cela se fasse par un esprit de justice, et non par un esprit d'orgueil.

Cornélie. Quand est-ce que cela se fait par un esprit de justice ?

Théodosie. C'est quand cela se fait pour réduire les personnes à la règle et au devoir, et arrêter leur procédé injuste.

Athanasie. Quand est-ce que cela se fait par un esprit d'orgueil ?

Théodosie. C'est quand on ne songe qu'à triompher de ses adversaires, et à les couvrir de confusion.

Cornélie. Suivant ces principes, il sera donc permis de s'humilier soi-même ?

Théodosie. Je ne vois pas que cela suive de mes paroles; au contraire, je ne sais point d'humilité plus suspecte que celle-là, et plus sujette à être fausse.

Athanasie. Pourquoi, s'il vous plaît, et quelle preuve en avez-vous ?

Théodosie. C'est qu'ordinairement les personnes qui s'humilient elles mêmes, ne sont pas celles qui souffrent le plus volontiers d'être humiliées par les autres, et ce n'est le plus souvent qu'une adresse pour arriver plus surement aux louanges.

Cornélie. En voilà assez sur l'humilité des paroles; venons, s'il vous plaît, à celle des actions, et dites-nous quelle impression elle y doit faire.

Théodosie. Il est juste de le faire, puisque je l'ai promis. Celle qui est véritablement humble se plaît dans les dernières places, et dans les offices les plus bas.

Athanasie. Mais demande-t-elle de ces dernières places, et recherche-t-elle les offices les plus bas ?

Théodosie. Ni elle ne les demande, ni elle ne les recherche ; elle se contente de les accepter, quand on les lui présente.

Cornélie. Mais si on veut l'élever et lui faire quitter ce que son humilité désirerait, comment se conduit-elle ?

Théodosie. Elle cède et elle obéit, ne trouvant de sureté que dans la soumission et l'obéissance.

Athanasie. Mais ne peut-elle pas représenter son indignité ?

Théodosie. Elle le peut, pourvu que ce soit avec modestie, et avec une entière détermination à obéir.

Cornélie. En quoi voit-on encore l'humilité dans les actions de celle qui est véritablement humble ?

Théodosie. C'est dans le soin qu'elle prend d'éviter toute affectation et toute singularité généralement en tout ce qui la regarde.

Athanasie. Ce portrait me paraît achevé ; c'est à nous à bien méditer toutes ces paroles, afin de les bien comprendre.

Théodosie. Si vous en restiez à la simple méditation et à la seule intelligence de ces paroles, ce ne serait encore que la moitié de l'ouvrage : il faut aller plus loin, et parvenir à la pratique.

Cornélie. C'est à quoi nous allons travailler, afin que tant d'instructions ne demeurent pas inutiles et sans fruit.

SUR LA DROITURE.

ANGÈLE.

Il y a si long-temps que nous sommes privées de la douceur de vos entretiens, que nous ne pouvons nous empêcher de vous en témoigner notre ennui.

sur la Droiture.

Espérance. Je ressens bien de la joie de voir que vous vous apercevez de mon absence ; c'est une marque que je ne vous suis pas tout-à-fait indifférente.

Agape. Comment ne s'en apercevrait-on pas, après toutes les lumières que nous avons puisées jusqu'ici dans vos paroles ? Nous espérons bien que vous nous continuerez les mêmes grâces.

Espérance. Je le ferai avec tout le plaisir possible. On ne peut rien refuser à des avances si obligeantes : marquez moi seulement sur quoi vous souhaitez que nous nous entretenions.

Angèle. Nous voudrions bien savoir de vous quel est le caractère que vous trouvez le plus aimable dans les personnes.

Espérance. Je sais que les uns aiment plus la vivacité, d'autres la politesse ; quelques-uns la douceur, et d'autres l'esprit ; pour moi, je me déclare en faveur de la droiture.

Agape. Il est vrai que la droiture a bien ses avantages : mais pensez-vous qu'elle doive l'emporter sur les bonnes qualités que vous venez de nommer ?

Espérance. Je ne sais si je me trompe, mais je le pense ; car je vous dirai ingénument que la vivacité et la politesse, la douceur et même l'esprit, ne me paraissent plus aimables, si vous en séparez la droiture.

Angèle. Il faut sans doute que vous ayez de fortes raisons pour parler de la sorte, vous dont la modération se fait sentir en toutes choses.

Espérance. Quand je n'aurais que celle qui me dicte qu'on ne peut se fier à une personne sans droiture, quelques bonnes qualités qu'elle ait d'ailleurs, n'en serait-ce pas assez ?

Agape. Je trouve cette raison très-forte ; mais je ne saurais penser que vous n'en ayez pas d'autres.

Espérance. Il est vrai que j'en ai encore d'autres ; mais celle-là toute seule me détermine : considérez, je vous prie, que, sans cette vertu, la société, qui est un des plus grands biens de la vie, n'a plus aucun agrément, et n'est plus remplie que de supercherie.

Angèle. Pour moi, je me rends à la force de cette raison : mais dites-nous, je vous prie, si, ne pouvant se fier aux personnes qui manquent de droiture, on peut aussitôt se fier à celles qui en sont douées.

Espérance. On le peut presque toujours ; car si ces personnes ne sont pas naturellement discrètes, elles le deviennent bientôt, lorsqu'on leur fait apercevoir que c'est manquer à la droiture que de violer un secret confié.

Agape. On est donc bienheureux d'être partagé de cette vertu, puisqu'elle est encore jointe à la discrétion, vertu si nécessaire dans le commerce de la vie.

Espérance. Non-seulement la discrétion, mais encore la sincérité sont ses compagnes inséparables ; car les personnes droites parlent toujours comme elles pensent, et toujours elles agissent comme elles parlent.

Angèle. Voilà d'aimables caractères. Continuez, s'il vous plaît, de nous les développer.

Espérance. Ce n'est rien de connaître cette vertu, le tout est de se la rendre familière par la pratique ; alors il n'est point de contentement que l'on ne goûte.

Agape. Mais si les personnes droites pensent désavantageusement de quelqu'un, doivent-elles le lui faire connaître ?

Espérance. Il y a des occasions où elles le doivent, et d'autres où elles ne le doivent pas. C'est à une sagesse éclairée à régler tout cela. En tout cas, elles ne doivent jamais rien dire, ni même rien faire paraître de contraire à leurs pensées.

Angèle. Nous comprenons de plus en plus combien vous avez raison de préférer la droiture à toutes les bonnes qualités que l'on estime tant dans le monde.

Espérance. Je suis ravie de voir que vous vous

rangiez de mon côté, et qu'enfin vous approuviez mon choix.

Agape. Mais les personnes droites ne se permettent-elles pas quelquefois de dire en particulier des personnes ce qu'elles ne voudraient pas dire en leur présence ?

Espérance. Non, jamais, à moins qu'il n'y ait du besoin : hors ce cas, elles se taisent soigneusement, de peur de tomber dans la duplicité.

Angèle. Plus vous parlez, plus vous nous mettez dans l'admiration. Dites-nous, s'il vous plaît, si elles ne portent pas plus loin la droiture.

Espérance. Je vous l'ai déjà dit : non-seulement elles parlent comme elles pensent, mais encore elles agissent comme elles parlent.

Agape. Mais la crainte des discours du monde ne les arrête-t-elle pas quelquefois ?

Espérance. Non; car elles ne savent ce que c'est que d'agir par des vues humaines, et elles n'envisagent en toutes choses que le devoir, la règle et le bon ordre.

Angèle. En se conduisant de la sorte, ne s'exposent-elles pas souvent à la critique et à la censure ?

Espérance. Leur droiture, qui frappe tout le monde, les en garantit presque toujours.

Agape. Qui sont donc les personnes qui y sont le plus exposées ?

Espérance. Ce sont celles qui pensent d'une façon, et qui parlent de l'autre ; ce sont celles qui agissent autrement qu'elles ne parlent : en un mot, pour parler selon le proverbe, ce sont celles qui font bonne mine et mauvais jeu.

Angèle. Ces personnes ne sont-elles condamnées que du monde ?

Espérance. Elles sont encore condamnées de Dieu dans les Saintes Ecritures, et le Saint-Esprit les déclare abominables (1).

Agape. Mais y a-t-il tant de mal à cela, et ne

---

(1) Eccl. 1. 14. Prov. 20. 10.

peut-on pas se conduire de la sorte sans devenir coupable?

Espérance. Non; car c'est blesser la vérité, l'amitié et les règles fondamentales de la société; ce qui est, encore un coup, une abomination.

Angèle. Nous vous remercions très-humblement de vos lumières : nous sommes résolues d'en faire tout le bon usage qui nous sera possible.

SUR LA MÉDISANCE.

MÉLANIE.

Parlez-nous, s'il vous plaît, de l'instruction que vous avez ouïe sur la médisance.

Constancie. Qu'est-il besoin de vous en parler, puisque vous l'avez ouïe vous-même?

Fabiole. Il est vrai; mais nous craignons d'en avoir perdu quelque chose.

Constancie. Je vous dirai volontiers ce que j'en ai retenu, pourvu que vous vouliez faire de même.

Mélanie Commencez, s'il vous plaît.

Constancie. Je vous dirai d'abord, que médire, c'est noircir en secret la réputation du prochain par des paroles désavantageuses.

Fabiole. Mais si ces paroles sont vraies, y a-t-il du mal? c'est dire la vérité.

Constancie Voilà sans doute une grande erreur; mais je n'ai garde de vous l'attribuer, car je vous sais trop éclairée.

Mélanie. Si nous sommes dans l'erreur, nous n'y sommes pas seules.

Constancie. Je ne crois pas que vous parliez sérieusement.

Fabiole. Il y a donc du mal à dire la vérité?

Constancie. Oui, sans doute, lorsque cette vérité blesse le prochain, et fait tort à sa réputation;

et souvent même on lui nuit davantage par ces vérités que par des faussetés.

Mélanie. Comment cela, s'il vous plaît ?

Constancie. C'est que ce qui est faux tombe de lui même, au moins avec le temps ; mais ce qui est vrai ne s'efface presque jamais.

Fabiole. Par-là vous égalez la médisance et la calomnie.

Constancie. Point du tout, puisque l'une est plus criminelle que l'autre ; mais je prétends qu'elles sont toutes deux terribles dans leurs suites.

Mélanie. Donnez-nous donc, s'il vous plaît, une idée juste de l'une et de l'autre.

Constancie. On tombe dans la médisance, lorsqu'on dit du mal qui est véritable ; et l'on tombe dans la calomnie, lorsque le mal que l'on dit est faux. Voilà la différence.

Fabiole. Il y a un bon moyen d'éviter ces péchés, il n'y a qu'à ne point parler.

Constancie. Vous auriez bien rencontré, si on ne commettait ces péchés que par la langue.

Mélanie. Mais on ne commet ces péchés qu'en parlant, on ne parle que par la langue.

Constancie. En cette matière on parle aussi par gestes, par signes, par écrits, et même en se taisant.

Fabiole. Y a-t-il encore un péché comme celui-là ?

Constancie. Tous les péchés ont leurs caractères ; mais il faut convenir que celui-là en a de bien particuliers.

Mélanie. Expliquez-nous donc, s'il vous plaît, toutes les manières différentes par lesquelles on commet ce péché.

Constancie. Je le veux bien, pourvu que vous me promettiez de ne vous point ennuyer.

Fabiole. Comment s'ennuyer en écoutant des choses si utiles ?

Constancie. Voici d'abord les quatre premières. Dire faussement du mal de quelqu'un, augmenter et grossir une faute en la racontant, faire connaître et découvrir une faute cachée, interpréter en mauvaise part une bonne action, et la faire passer pour ce qu'elle n'est pas.

Mélanie. Continuez, s'il vous plaît ; nous prenons un grand plaisir à vous entendre.

Constancie. Voici les quatre autres. Nier les bonnes qualités de quelqu'un, les diminuer et affaiblir, les taire ou les louer faiblement.

Fabiole. Sur ce pied, il est bien peu de personnes exemptes de ce péché.

Constancie. J'en conviens ; mais le grand nombre des coupables n'ôte rien à la griéveté du péché.

Mélanie. Cherchons donc promptement des remèdes à un si grand mal.

Constancie. Ce que vous dites est fort sage ; mais sachez qu'avant toutes choses, il faut réparer le tort fait à la réputation du prochain.

Fabiole. N'y a-t-il que cela à faire ?

Constancie. Il faut encore réparer les dommages que le prochain a soufferts en conséquence du tort fait à sa réputation.

Mélanie. Quels peuvent être ces dommages ?

Constancie. Vous avez empêché un marchand de vendre, un artisan de travailler, une fille de se pourvoir, un domestique d'entrer en condition, et ainsi des autres.

Fabiole. Quoi ! il faut réparer tous ces dommages, outre la réputation du prochain ?

Constancie. Ajoutez-y tous les dommages que l'on cause dans le spirituel, en détruisant la réputation de ceux qui y travaillent.

Mélanie. Je comprends que ce mal est infini, et en lui-même, et dans ses suites.

Constancie. Il est vrai, et c'est ce qui rend toutes les personnes sages si circonspectes, lorsqu'il s'agit du prochain.

Fabiole. Marquez-nous, s'il vous plaît, les moyens que le Sage conseillait contre ce mal.

Constancie. Bouchez-vous, disait-il, les oreilles
avec

avec des épines, et n'écoutez point la méchante langue; mettez à votre bouche une porte et des serrures (1).

Mélanie. Pourquoi ajoute-t-il, bouchez-vous les oreilles avec des épines?

Constancie. C'est parce que celui qui prête l'oreille à la médisance, se rend aussi coupable que le médisant.

Fabiole. Quelle prière, s'il vous plaît, le Prophète fait-il à Dieu contre ce mal?

Constancie. Mettez, Seigneur, disait-il, une garde à ma bouche, et une porte à mes lèvres, qui les ferment exactement (2).

Mélanie. Mille remercîmens pour toutes vos instructions, nous les trouvons aussi utiles qu'agréables.

SUR LA DÉVOTION.

Félicité.

Il me tarde de savoir ce que vous pensez de la dévotion, afin de fixer mes incertitudes.

Anastase. Peut-on avoir sur ce sujet des incertitudes?

Perpétue. Comment n'en avoir pas, lorsqu'on entend parler si diversement?

Anastase. Qui est-ce donc qui en parle si diversement? ce sont vraisemblablement ceux qui ne la connaissent pas.

Félicité. Vous le dirai-je? c'est presque tout le monde.

Anastase. Ces personnes confondent apparemment la vraie dévotion avec la fausse.

Perpétue. Comment! est-ce qu'il y en a de deux sortes?

(1) Eccli. 28. 28. (2) Psal. 140.

C

Anastase. Quoi ! êtes-vous à savoir que tout ce qui est bon dans le monde a son contraire ?

Félicité. Nous ne l'ignorons pas absolument ; mais la préoccupation, qui est si commune parmi les hommes, nous empêchait d'y faire attention.

Anastase. Il est pourtant nécessaire d'en connaître une fausse, pour sauver l'honneur de l'autre.

Perpétue. Faites-nous, s'il vous plaît, le portrait de l'une et de l'autre, afin que nous n'y soyons plus trompées.

Anastase. Volontiers. La vraie dévotion est semblable à un arbre chargé d'excellens fruits ; l'autre au contraire est comme un arbre qui n'a que des feuilles.

Félicité. On ne pouvait mieux nous les faire connaître. Dites-nous, s'il vous plaît, ce que c'est que ces fruits.

Anastase. Ces fruits sont une sainte promptitude et ferveur dans tout ce qui regarde le service de Dieu, une fidélité entière à tous ses devoirs, et une attention continuelle à plaire à Dieu en toutes choses.

Perpétue. Voilà des fruits bien aimables : qui pourrait, en les voyant, se dispenser d'aimer l'arbre qui les produit ?

Anastase. Aussi il n'y a personne qui n'aime, qui n'estime et qui n'admire la vraie dévotion.

Félicité. Quoi ! personne sans exception ?

Anastase. Non, personne. Je n'en excepte pas même les plus vicieux ni les plus déréglés.

Perpétue. Pourquoi donc crie-t-on si souvent contre la dévotion ?

Anastase. Cela vient, encore un coup, de ce que le monde aveugle confond la vraie avec la fausse.

Félicité. Dépeignez-nous donc cette dernière, afin que nous voyions si elle est aussi blâmable qu'elle est blâmée.

Anastase. Ne vous l'ai-je pas assez dépeinte, lorsque je vous ai dit qu'elle était comme un arbre qui n'a que des feuilles ?

Perpétue. Nous demandons quelque chose de plus.

Anastase. Quoi ! ne comprenez-vous pas encore par cette comparaison que la fausse dévotion est celle qui se contente des dehors de la vertu, et des apparences de la piété, sans songer à en avoir ni l'esprit ni la réalité ?

Félicité. Mais ce n'est plus dévotion, c'est hypocrisie.

Anastase. Vous me pardonnerez ; cela peut être sans hypocrisie, parce que ces personnes peuvent n'avoir point en vue de tromper ; mais pour dire la vérité, cela n'est guère sans illusion.

Perpétue. Mais l'une ne vaut pas mieux que l'autre.

Anastase. J'en conviens ; mais enfin l'une n'est pas l'autre.

Félicité. Mais encore, quels sont ces dehors et ces apparences de la fausse dévotion ?

Anastase. C'est un certain extérieur, ce sont certaines méthodes, certaines pratiques, certaines manières.

Perpétue. Mais ces pratiques ne sont-elles pas bonnes ?

Anastase. En général tout ce qui est affecté perd beaucoup de son mérite ; mais pour répondre juste, je vous dirai que oui, pourvu qu'elles fassent partie des devoirs, ou du moins qu'elles n'y soient pas opposées : deux règles dont il faut bien se souvenir.

Félicité. Mais je suppose qu'étant bonnes, elles ne sont opposées à rien.

Anastase. Encore un coup, si elles ne sont pas dans l'ordre du devoir, elles doivent être laissées à d'autres à qui elles conviennent.

Perpétue. En dites-vous autant de l'extérieur, des méthodes et des manières ?

Anastase. J'en dis autant, car je ne sais ce que c'est que d'avoir deux balances. Il faut tout régler dans la dévotion par rapport au devoir, et en se conduisant de la sorte, on édifie tout le monde, et on ne fait crier personne.

Félicité. Quelque opposées que nous paraissions à vos sentimens, nous ne laissons pas de les admirer ; car nous les trouvons aussi justes que solides.

Anastase. En les suivant, vous ne vous égarerez jamais, car vous suivrez la plus pure raison.

Perpétue. Mais à qui faudra-t-il s'adresser pour être réglé dans le détail de ses devoirs ?

Anastase. Aux personnes que Dieu a établies au-dessus de nous, et qu'il a chargées de notre conduite.

Félicité. Il faudra donc avoir relation avec bien des personnes ?

Anastase. Non pas avec beaucoup, mais avec celles seulement à qui nous devons obéir immédiatement.

Perpétue. Je m'imaginais qu'il ne fallait consulter que son Directeur.

Anastase. Vous avez raison, quand il s'agit de sa conscience et de la religion. Pour le reste, il faut se soumettre à ceux qui ont autorité immédiate sur nous.

Félicité. Mais j'ai ouï dire qu'il le fallait consulter généralement sur toutes choses, et même que c'était la bonne dévotion.

Anastase. On vous a trompée. Ces détails de choses inutiles ne sont bons qu'à perdre le temps.

Perpétue. Mais ne peut-on pas le consulter dans ce qui regarde le temporel ?

Anastase. Oui, quand il peut intéresser la conscience : autrement, c'est inutilité et amusement ; ce que la vraie dévotion n'admet point.

Félicité. J'avoue que ce n'est point là l'idée que je m'étais formée de la dévotion. Je pensais qu'elle consistait à être souvent et même long-temps avec son Directeur, à lire bien des livres spirituels, à courir les habiles Prédicateurs, à parler en savante, à être habillée autrement que les autres, à communier presque tous les jours, à entendre bien des messes, et à réciter un grand nombre de prières.

Anastase. Je ne blâme rien de ce qui est bon, je laisse penser chacun comme il lui plaît ; mais pour moi, je vous ai dit ce que j'en pensais.

Perpétue. Je suis, je vous l'avoue, de votre sentiment, et je ne doute point que ma compagne ne pense comme moi. Nous vous remercions très-humblement, et nous nous retirons, après en avoir obtenu la permission, pour aller méditer sur toutes ces paroles, et en faire la règle de toute notre vie.

SUR LA VRAIE ET FAUSSE DÉVOTION.

Agrippine.

Vous nous avez déjà donné des instructions fort solides sur ce qui regarde la dévotion : voudriez-vous bien continuer ?

Paule. Très-volontiers : vous n'avez qu'à me marquer ce que vous souhaitez que je vous en dise.

Austrude. Nous souhaiterions que vous nous fassiez voir dans un même point de vue la vraie et la fausse dévotion, afin que nous en reconnaissions tout d'un coup la différence.

Paule. Ce que vous demandez là est fort raisonnable, et vous sera en même temps d'une grande utilité.

Agrippine. Commencez, s'il vous plaît.

Paule. Je le veux bien. La fausse dévotion nous fait passer pour des Saints aux yeux du monde, tandis que Dieu est prêt de nous vomir de sa bouche.

Austrude. Ces paroles sont effrayantes, et nous effraient effectivement.

Paule. Je vous l'accorde ; mais elles n'en sont pas pour cela moins véritables.

Agrippine. Quoi ! la méprise va jusque-là ? J'avais pensé qu'il ne s'agissait seulement que d'être un peu plus, ou un peu moins avant dans le ciel.

Paule. Non ; il s'agit absolument ou de perdre le ciel, ou de le gagner.

Austrude. Loin de nous rassurer, vous nous effrayez encore davantage.

Paule. Je voudrais bien ne vous pas effrayer; mais comment vous dire la vérité sans le faire ?

Agrippine. Quoi ! la fausse dévotion exclut du ciel ! je n'en saurais revenir.

Paule. Rien n'est plus certain.

Austrude. Où prenez-vous cela ?

Paule. Dans l'Evangile, où je vois les vierges folles rejetées de Jésus-Christ, et pour cette seule raison, que leur dévotion était fausse.

Agrippine. Quoi ! il n'y a point d'autre raison ?

Paule. Non ; car c'étaient des vierges, et des vierges d'une vie irreprochable à l'extérieur.

Austrude. Que leur manquait-il donc ?

Paule. Du feu et de l'huile, c'est-à-dire la charité et les bonnes œuvres.

Agrippine. Mais vivant dans la compagnie des vierges sages et dans la même maison, ne faisaient-elles pas les mêmes exercices ?

Paule. Il est vrai ; mais tout ce qui n'a point la charité pour principe, ne peut tenir rang parmi les bonnes œuvres auxquelles Jésus-Christ donne le ciel pour récompense.

Austrude. Elles agissaient et travaillaient pourtant beaucoup.

Paule. Je le veux ; mais tout cela fut rejeté, parce qu'elle n'avaient pas la charité.

Agrippine. Tout ce que vous dites là fait trembler.

Paule. J'en tremble moi-même la première.

Austrude. Mais est-ce là tout ce qu'on leur reproche, d'avoir manqué de charité et de bonnes œuvres!

Paule. On leur reproche encore de s'être endormies dans la fausse persuasion de leur vertu, en attendant l'Epoux comme les vierges sages, et comptant d'entrer avec elles dans la salle des noces.

sur la vraie et fausse Dévotion.

Agrippine. Voilà un état bien déplorable.

Paule. On ne peut pas plus ; car quoi de plus triste que de compter d'arriver au ciel, précisément par la voie qui conduit à la perdition !

Austrude. C'est pourtant l'état de ces vierges malheureuses.

Paule. Il est vrai ; et c'est encore l'état de toutes les personnes dont la dévotion est fausse.

Agrippine. Mais le nombre de ces personnes est-il grand ?

Paule. Selon l'Evangile il est très-grand, puisque de dix il y en a cinq, ce qui compose précisément la moitié.

Austrude. Comment tombe-t-on dans ce formidable état ?

Paule. C'est en prenant l'ombre pour la réalité, et le fantôme pour la vérité.

Agrippine. Expliquez-vous plus clairement.

Paule. Je veux dire en menant une vie toute d'amusement, au lieu de mener une vie vraiment solide.

Austrude. Vous nous avez bien fait comprendre ce que c'est que la fausse dévotion ; achevez, s'il vous plaît, et faites-nous comprendre de même ce que c'est que la vraie dévotion.

Paule. Il est juste de le faire, puisque je vous l'ai promis.

Agrippine. Que faut-il faire pour l'avoir ?

Paule. Il faut, comme Jésus-Christ, remplir toute justice, et ne pas faire le bien à demi.

Austrude. Par où faut-il commencer ?

Paule. Il faut commencer par l'intérieur ; il faut d'abord régler son cœur, son esprit et tous ses sens.

Agrippine. Que faut-il mettre pour fondement de tout cet édifice ?

Paule. Une volonté ferme, constante et inébranlable de servir Dieu, quoi qu'il en coûte, et à quelque prix que ce soit.

Austrude. Qu'y faut-il ajouter ?

Paule. Une vigilance continuelle, accompagnée

d'une résolution absolue de se faire violence en toutes choses et tous les jours de sa vie.

Agrippine. Que faut-il joindre à ces deux premières ?

Paule. Une humilité et une obéissance à toute épreuve.

Austrude. Que faut-il poser sur ce fondement ?

Paule. Un sincère et ardent amour de Dieu, qui nous détache et nous sépare de tout ce qui peut nuire au salut.

Agrippine. Jusqu'où doit aller ce détachement et cette séparation ?

Paule. Jusqu'à arracher nos yeux, et couper nos mains et nos pieds, s'ils étaient un obstacle au salut.

Austrude. A quoi faut-il s'appliquer ensuite ?

Paule. A toutes les œuvres généralement qui peuvent contribuer à notre salut, à celui du prochain et à la gloire de Dieu.

Agrippine. Vous en dites, ce me semble, beaucoup.

Paule. Je n'en dis pas trop, pourvu que tout cela soit renfermé dans les bornes de notre état.

Austrude. Il faut donc du discernement dans le choix que l'on fait des bonnes œuvres ?

Paule. Sans doute ; car tout ce qui n'est pas de notre état, ne doit pas être entrepris légèrement.

Agrippine. Avez-vous des exemples de cela ?

Paule. Quand je n'en aurais pas, il ne faut que de la raison pour le comprendre ; mais en voici deux qui se présentent à mon esprit. Jésus-Christ ne voulut pas être l'arbitre entre deux frères qui avaient du différend au sujet d'une succession ; et il refusa d'abord la guérison que lui demandait la Cananéenne, parce qu'il n'était, disait-il, envoyé qu'aux brebis perdues de la maison d'Israël.

Austrude. En se conduisant de la sorte, on ne tombera pas dans l'illusion.

Paule. Non, on sera toujours prête d'aller, la lampe allumée, au-devant de l'Epoux, au premier signal, et d'entrer avec lui dans la salle du festin.

Agrippine. Expliquez-nous, s'il vous plaît, cette parabole.

Paule. Volontiers. L'Epoux, c'est Jésus-Christ; le premier signal, c'est ce qui nous annonce une mort prochaine; la salle du festin, c'est le ciel; le festin, c'est la béatitude éternelle.

Austrude. Quoique nous prenions un grand plaisir à vous entendre, il faut finir pour aller méditer ces grandes et importantes vérités.

Paule. Je souhaite que vous en fassiez tout l'usage que Dieu attend.

Agrippine. C'est à quoi nous allons travailler : priez Dieu qu'il bénisse nos bons desseins.

SUITE
DE LA CONVERSATION PRÉCÉDENTE.

AGRIPPINE.

Nous vous sommes sensiblement obligées de votre dernière conversation; nous souhaiterions bien qu'il vous plût de la continuer.

Paule. Très-volontiers ; aussitôt que cela vous fait plaisir, cela m'en fait encore davantage.

Austrude. Ce n'est point sur la fausse dévotion que nous desirons vous entendre ; c'est sur un vrai détail de choses fort ordinaires dans la vie chrétienne.

Paule. Expliquez-vous ; je suis toute prête à vous satisfaire.

Agrippine. Donnez-nous d'abord, s'il vous plaît, quelque règle à suivre, lorsque la mauvaise humeur viendra se saisir de nous.

Paule. De tous les défauts, je n'en sais point qui soit plus à charge que celui-là, et qu'il faille combattre avec plus de vigueur.

Austrude. Quels moyens pour s'en défendre ?

Paule. Il y en a plusieurs. Il faut d'abord se servir de la réflexion, et considérer combien il est honteux d'ensevelir sa raison, et même sa religion, dans une humeur qui n'est, dans son principe et dans sa fin, qu'un peu de poussière.

Agrippine. Je goûte ce moyen, il me paraît fort bon.

Paule. Il l'est en effet ; car quoi de plus capable de ruiner ce défaut, que de voir qu'il assujettit ce qu'il y a en nous de plus grand et de plus noble, à ce qu'il y a de plus vil et de plus méprisable ?

Austrude. Y a-t-il donc tant de mal à se laisser aller au gré de ses humeurs ?

Paule. C'est comme si vous disiez, y a-t-il donc tant de mal à agir comme des bêtes ? y trouvez-vous donc tant de différence ? Pour moi, je n'y en trouve point.

Agrippine. N'y a-t-il point d'autre moyen pour guérir ce mal ?

Paule. Il y a celui de l'Apôtre Saint Jacques (1), qui nous ordonne de recourir à la prière.

Austrude. Mais prier, n'est pas une occupation gaie et capable de dissiper une mauvaise humeur.

Paule. Il est vrai que ce n'est pas une occupation gaie, elle est pourtant très-capable de dissiper nos mauvaises humeurs, car dans la prière nous parlons à celui qui a un empire souverain sur les humeurs comme sur toutes choses, et qui par conséquent peut les écarter comme il lui plaît.

Agrippine. Vous me faites comprendre ce que je ne comprenais pas ; mais, de grâce, est-ce là tout ce qu'il y a à faire pour dissiper ces humeurs incommodes ?

Paule. Il y a encore un moyen très-efficace : c'est de faire dès le commencement ouverture de son état à quelque personne de confiance, qui puisse nous aider ; et après cette ouverture, user de cantiques, et d'autres choses semblables qui puissent nous recréer innocemment.

Austrude. Vous venez de nous donner une instruction dont je n'avais jamais ouï parler, et qui me

(1) Jac. 5. 13.

paraît des plus importantes pour la vie chrétienne.

Paule. Comme cette maladie est fort commune, il est bien nécessaire qu'elle ait ses remèdes.

Agrippine. Passons, s'il vous plaît, à la conduite que l'on doit tenir dans les peines ; elles sont si continuelles dans la vie, qu'à peine peut-on respirer un moment en liberté.

Paule. La première chose qu'il faut faire, c'est de suspendre, pour quelques momens, les premiers mouvemens d'une ame blessée.

Austrude. Pourquoi, s'il vous plaît, cette suspension?

Paule. C'est que si vous ne vous donnez le loisir de réfléchir avant que d'agir ou de parler, vous ne manquerez pas de faire incontinent quelque faute.

Agrippine. Je vois déjà la source de toutes celles que je fais, lorsqu'il m'arrive des peines ; car, je l'avoue, je ne me retiens point du tout, et je me livre sans réflexion à toutes les impressions qui se présentent.

Paule. En voyez-vous à présent les conséquences ? car à force de se laisser aller à ces premières impressions, on contracte une habitude de ne vouloir rien souffrir, qui dure jusqu'à la mort.

Austrude. Quel inconvénient à cela ?

Paule. Quand il n'y aurait que celui de donner mauvais exemple à toute heure et à tout moment ; quand il n'y aurait que celui d'être faible toute sa vie, et ne savoir jamais rien endurer avec constance.

Agrippine. Mais pour avoir cette constance, il faut une grâce, et une grâce bien forte.

Paule. Il est vrai ; mais Dieu qui vous appelle à cette force et qui l'attend de vous, vous la donnera, si vous la lui demandez comme il faut.

Austrude. Je n'ai plus de peine à comprendre ma faiblesse, elle vient de ma précipitation de parler ou d'agir en ces occasions.

Paule. Vous connaissez votre maladie ; travaillez à la guérir.

Agrippine. Mais est-ce là tout ce qu'il faut faire ?

Paule. Cela n'est que le commencement; il faut aller plus loin.

Austrude. Que faut-il faire encore ?

Paule. Il faut courir devant Dieu, et là se prosterner, se reconnaître digne de ce traitement, et en faire l'acceptation et l'offrande.

Agrippine. Est-ce là tout ?

Paule. Il faut encore demander des forces; car, par nous-mêmes, nous ne sommes pas capables de rien souffrir comme il faut.

Austrude. Vous voulez donc que l'on prie, et que l'on prie beaucoup ?

Paule. Oui, il est nécessaire ; car sans une nouvelle grâce que Dieu accorde à la bonne prière, nous connaîtrons ce qu'il faudra faire, et nous n'aurons pas la force de le faire.

Agrippine. Je ne m'étonne plus si je n'ai jamais fait aucun bon usage de mes souffrances; je ne faisais rien de tout cela, et je me contentais seulement de dire ou du moins de penser que j'étais bien malheureuse.

Paule. Il faut ajouter à tout cela un amour sincère pour les souffrances, et une disposition d'ame qui nous trouve toujours préparées à les recevoir.

Austrude. Je trouve tout cela admirable ; mais je ne sais si j'en aurai la force dans l'occasion.

Paule. C'est pourtant dans l'occasion, et non hors l'occasion, qu'il faut montrer sa vertu ; car qui ne la montre pas alors, fait voir, non pas qu'elle lui manque, mais qu'il n'en avait point.

Agrippine. Toutes vos paroles me pénètrent et me convainquent ; continuez de nous instruire.

Paule. Si vous voulez réussir, commencez de bonne heure, et appliquez-vous sur-tout à vous vaincre dans les petites occasions ; car si vous les négligez, vous ne serez jamais en état de soutenir les grandes.

Austrude. Mais quand vous dites qu'il faut aimer les souffrances, entendez-vous aussi qu'il faille les rechercher ?

Paule. Non ; il n'est pas besoin de les rechercher ;

car elles naissent à tous momens sous les pas, comme les fleurs au printemps. Il n'est donc question que de les bien recevoir quand elles se présentent ; et pour les bien recevoir, il faut les aimer, ou du moins n'y avoir pas une trop grande opposition.

Agrippine. Il n'y a rien à ajouter à toutes ces paroles. Apprenez-nous présentement comment il se faut comporter dans les fautes journalières.

Paule. Mettez déjà pour principe, qu'il n'en faut jamais commettre d'un propos délibéré, qu'il ne faut jamais y mettre son affection, et qu'il faut, aussitôt qu'elles sont faites, en concevoir une véritable douleur, s'en humilier et en demander pardon.

Austrude. N'est-il pas bien utile de demeurer long-temps dans cette disposition ?

Paule. Lorsque cette disposition vient du Saint-Esprit, elle ne saurait trop durer ; mais prenez-y bien garde, souvent on prend pour cette disposition un secret déplaisir de l'amour-propre, qui se dépite et s'afflige de se voir toujours imparfait.

Agrippine. Vous nous découvrez là un nouveau piége du démon.

Paule. Faites donc tous vos efforts pour ne pas vous y laisser surprendre.

Austrude. Apprenez-nous, s'il vous plaît, comment on en peut faire le discernement.

Paule. Cela est aisé. La douleur qui vient du Saint-Esprit est douce et paisible ; l'autre est pleine de trouble et d'amertume. Celle du Saint-Esprit porte à l'humilité, et rend plus humble ; l'autre ne fait que nourrir et fortifier l'orgueil. Celle du Saint-Esprit nous rend plus précautionnées et plus vigilantes ; l'autre nous porte au découragement et à tout quitter.

Agrippine. Vous ne conseilleriez donc pas de penser toujours à ses fautes ?

Paule. Il ne serait pas avantageux ; je craindrais même qu'il ne fût nuisible. Il suffit d'y penser dans les temps d'examen, et quand on a besoin de contrepoids pour l'orgueil. Faire autrement, c'est s'affaiblir, et se mettre hors d'état de servir Dieu avec liberté, confiance et gaieté; disposition bien nécessaire pour trouver de la douceur dans le service de Dieu.

Austrude. Voilà l'usage qu'il faut faire de ses fautes. Quel usage faut-il faire de celles que l'on voit faire aux autres ?

Paule. Il faut tâcher de ne les point trop regarder; il faut, autant que l'on peut, en détourner son esprit; et si l'on s'y arrête, il faut que ce soit pour chercher de quoi les excuser, ou pour prendre les moyens de les éviter.

Agrippine. Vous ne permettriez donc pas de s'en entretenir avec des personnes sages et de confiance, comme je le vois faire souvent, sur-tout lorsqu'il ne s'agit pas de fautes essentielles ?

Paule. De quelque faute que ce soit, celui qui s'en entretient sans besoin, montre qu'il manque de religion.

Austrude. Comment cela peut-il être, après les exemples que je viens de vous citer ?

Paule. Le voici : c'est que la Religion nous oblige à (1) réprimer notre langue; à (2) couvrir les fautes du prochain, à (3) ne jamais l'offenser: or celui qui s'entretient sans besoin de ses fautes, fait tout ce mal.

Agrippine. Nous avions encore bien d'autres choses à vous demander ; mais nous craignons de vous être à charge : dites nous seulement un mot, en finissant, sur les sacremens, la prière et les bonnes lectures.

Paule. Pour les sacremens, ce que l'on y doit envisager principalement, c'est d'en retirer toujours du fruit.

Austrude. Mais n'est-il pas mieux de les recevoir souvent que rarement ?

Paule. N'oubliez jamais que ce n'est point de communier ou souvent ou rarement qui sanctifie, mais de communier dignement, quoiqu'il soit meilleur de communier souvent lorsqu'on est bien disposé.

Agrippine. Mais du moins c'est l'esprit et l'intention de l'Eglise de communier souvent.

(1) S. Jacq. 1. 26. (2) Matt. 7. 12. Luc, 6. 31. (3) Ep. S. Pier. 3.

Paule. Il est vrai, pourvu que ce soit saintement.

Austrude. Quelle règle faut-il donc suivre là-dessus?

Paule. Celle qui vous sera prescrite par le Confesseur que Dieu vous aura donné; car en vous le donnant, sa volonté est que vous lui obéissiez.

Agrippine. Vous blâmeriez donc que l'on voulût communier souvent, parce que l'on voit les autres communier souvent?

Paule. Cette conduite serait dangereuse; il faut seulement exposer ses désirs, puis se laisser conduire, et être toujours contente, quelque conduite que l'on tienne à notre égard.

Austrude. En dites-vous autant de la prière?

Paule. Oui, de la prière intérieure, que l'on appelle mentale, et de la prière extérieure, que l'on appelle vocale. C'est encore au Confesseur à régler le temps de l'une et la quantité de l'autre.

Agrippine. N'y a-t-il point d'autre prière à quoi l'on puisse s'appliquer?

Paule. Tout se réduit à l'une des deux; il y en a pourtant une sorte qui est bien avantageuse, et qui consiste à tenir toujours son cœur uni à Dieu, et à s'élever de temps en temps vers lui par des élans intérieurs, que l'on appelle oraison jaculatoire. Pour celle-là, elle ne saurait être ni trop continuelle, ni trop fervente.

Austrude. Que dites-vous, s'il vous plaît, des bonnes lectures?

Paule. Il faut lire peu de livres, il faut bien lire ceux que l'on lit, et choisir préférablement ceux qui ont une approbation universelle.

Agrippine. Que faut-il chercher dans ses lectures?

Paule. De quoi éclairer son esprit, de quoi nourrir et enflammer son cœur, et de quoi employer ses mains.

Austrude. Que voulez-vous dire par cette expression, employer ses mains?

Paule. Je veux dire que toutes nos lumières et bons

mouvemens intérieurs doivent tendre à la pratique ; autrement ce serait s'exposer à l'illusion.

Agrippine. Il ne faut pas vous arrêter plus long-temps; nous sommes pleinement satisfaites de vos instructions, nous allons travailler à les mettre en pratique.

Austrude. Je puis vous assurer que mes sentimens sont les mêmes que ceux de ma compagne, et qu'on ne peut être ni plus contente, ni plus reconnaissante, ni mieux disposée à profiter de toutes ces instructions.

SUR LA DOUCEUR.

ADELAÏDE.

J'AI bien de la joie de vous voir ; mais je m'en promets bien davantage de vous entendre.

Claire. Je vous sais bon gré de votre prévention avantageuse : il ne me manque que de la mériter.

Athénaïs. Vous la méritez autant que personne du monde ; mais pour ménager votre modestie, nous nous arrêtons tout court.

Claire. Mon silence répond pour moi. Dites-moi, je vous prie, le sujet qui vous amène.

Adelaïde. Il est un peu intéressé. C'est pour vous demander une conversation sur tel sujet qu'il vous plaira.

Claire. Vous n'avez qu'à choisir celui qui vous conviendra le mieux ; pour moi, je trouverai bon tout ce qui viendra de votre choix.

Athénaïs. Puisque vous nous donnez cette liberté, ma compagne souhaiterait que ce fût sur la douceur.

Claire. Vous choisissez là une vertu à la vérité des plus aimables, mais en même temps des plus rares.

Adelaïde. Il est pourtant assez ordinaire de rencontrer des personnes qui parlent avec douceur.

Claire. Il est vrai; mais tous ceux qui parlent avec douceur n'ont pas pour cela la vertu de douceur.

Athénaïs. Pour moi, je ne pense à rien davantage quand je pense à la douceur.

Claire. Vous seriez donc contente, si en vous parlant doucement, on vous disait des paroles dures et piquantes?

Adelaïde. Non véritablement : je trouverais même cette façon de parler bien éloignée de la douceur.

Claire. Vous demandez donc dans la douceur quelque chose de plus?

Athénaïs. J'y demande encore des paroles qui ne soient ni dures ni piquantes.

Claire. Je le savais bien que vous ne seriez pas contente d'une voix simplement douce.

Adelaïde. Non, je demande encore qu'on ne se dise rien de désobligeant ni d'offensant.

Claire. Mais encore, n'y désirez-vous rien davantage?

Athénaïs. Non rien davantage; et nous la croyons parfaite, lorsqu'elle est telle.

Claire. Vous goûteriez donc une personne dont les paroles seraient emmiellées, et le cœur en même temps plein d'aigreur?

Adelaïde. Nullement; car je souhaite que l'on pense et que l'on sente comme l'on parle; autrement c'est jouer la comédie.

Claire. Avouez néanmoins que le monde est plein de ces gens, dont les lèvres sont bénignes et le cœur cruel.

Athénaïs. J'en conviens; mais c'est aussi ce qui rend le monde si haïssable.

Claire. Convenez donc en même temps que la vertu de douceur n'est pas si commune que vous pensiez.

Adelaïde. Pour moi, je l'avoue, je n'y avais envisagé jusqu'ici que ce qui frappe dans le parler.

Claire. Il faut aller plus loin; car toute douceur qui n'est que dans les paroles, n'est qu'une douceur contrefaite et hypocrite.

Athénaïs. Appuyez cela, s'il vous plaît, de quelque raison.

Claire. Cela est bien facile. Jésus-Christ n'a point

dit : Apprenez de moi que je suis doux et humble de paroles, mais bien de cœur.

Adelaïde. Il sera donc permis quelquefois de parler sévèrement, pourvu que ce soit sans intéresser la douceur ?

Claire. On le peut sans doute, puisque Jésus-Christ l'a pratiqué lui-même.

Athénaïs. En quelle occasion cela peut-il avoir lieu ?

Claire. Lorsqu'il s'agit de corriger le mal, de réprimer le vice, et d'humilier ceux qui sont coupables.

Adelaïde. Cela regarde-t-il toute sorte de mal, de vice et de coupables ?

Claire. Cela regarde principalement les incorrigibles et les maux invétérés.

Athénaïs. On peut donc sans crainte parler en ces occasions, non-seulement avec fermeté, mais encore avec sévérité ?

Claire. Oui, pourvu que ce soit, comme je l'ai déjà dit, sans intéresser la douceur.

Adelaïde. Il y a sans doute bien des précautions à prendre pour en venir là.

Claire. Point d'autre que de ne séparer jamais la douceur de l'humilité, à laquelle elle doit toujours être attachée comme le fruit à son arbre.

Athénaïs. Comment, s'il vous plaît, est-ce que l'humilité produit la douceur, comme un arbre produit son fruit ?

Claire. Tout de même ; en sorte que la douceur qui ne naît point de l'humilité, n'est jamais durable ni constante.

Adelaïde. Vous nous dites là quelque chose de bien nouveau et de bien surprenant.

Claire. Je n'en veux point d'autres garans que les paroles de Jésus-Christ, où ces deux vertus sont jointes ensemble.

Athénaïs. Mais ne peut-on pas être doux sans être humble ?

Claire. On le peut être en quelque occasion et à

l'égard de certaines personnes, mais jamais en toute occasion, et à l'égard de toutes personnes.

Adelaïde. Je vous avoue que j'ai de la peine à comprendre ce que vous dites là.

Claire. Cela est pourtant bien aisé ; car celui qui n'est pas véritablement humble, se pique aisément, et le témoigne aussitôt par des paroles choquantes.

Athénaïs. On voit pourtant des personnes qui ne sont pas fort humbles, et qui néanmoins sont fort douces.

Claire. Apparemment quand tout leur réussit, et que personne ne les contredit; mais hors de là les trouvez-vous si douces ?

Adelaïde. Vous avez raison, car j'ai remarqué souvent que la moindre parole un peu moins compassée les met bien vite aux champs.

Claire. Vous comprenez donc présentement que pour être douce il faut être humble.

Athénaïs. Nous le comprenons très-parfaitement, et nous admirons en même temps la netteté avec laquelle vous développez toutes ces choses.

Claire. Ne perdons point de vue, s'il vous plaît, notre sujet, en portant nos yeux ailleurs.

Adelaïde. Nous y revenons volontiers. Suivant les principes que vous avez établis, on perd donc l'humilité en perdant la douceur ?

Claire. Non, on ne la perd point, mais on montre qu'on ne l'avait pas.

Athénaïs. Vous soutenez donc absolument que ces deux vertus sont inséparables ?

Claire. Ce n'est pas moi qui l'avance, c'est la vérité qui le dit, l'évidence qui le montre, et l'expérience qui nous en convainc.

Adelaïde. Plus vous parlez, plus vous augmentez notre joie.

Claire. Oh! si vous connaissiez à fond cette vertu, vous en seriez encore bien plus éprises.

Athénaïs. On ne peut l'être plus que nous le sommes.

Claire. Vous ne l'avez encore vue néanmoins que

dans des paroles et dans des sentimens, considérez-la un moment dans la conduite.

Adélaïde. Comment, s'il vous plaît, s'y montre-t-elle ?

Claire. Toujours unie, toujours égale, et jamais dissemblable à elle-même.

Athénaïs. Il est donc bien agréable de vivre avec de telles personnes ?

Claire. On ne peut pas plus ; car elles prennent tout sur elles-mêmes, et n'y laissent rien à prendre aux autres. Elles veulent tout ce que l'on veut ; elles ne font jamais de peine à personne, et jamais elles ne s'en font de personne.

Adélaïde. Mais n'abuse-t-on point d'une si grande bonté ?

Claire. Non, car leur vertu se fait respecter de tous.

Athénaïs. Si elles veulent tout ce que l'on veut, il ne leur arrive donc jamais de disputer ?

Claire. Vous me pardonnerez, elles le font quand il est besoin, mais toujours avec modestie et détermination de se rendre à la raison aussitôt qu'on la leur montrera.

Adélaïde. Je conçois bien comment elles ne font de peine à personne, mais je ne vois pas bien comment elles ne s'en font de personne.

Claire. C'est qu'elles ne s'offensent de rien, elles supportent et excusent tout, et elles conservent toujours la douceur au milieu de tous les événemens.

Athénaïs. Allons prier et travailler pour acquérir une vertu si grande et si aimable.

Claire. Je le souhaite de tout mon cœur, et je prie le Seigneur de vous être favorable.

SUR LA PATIENCE.

Marcelle.

Vous nous avez parlé sur bien des sujets ; mais vous ne nous avez encore rien dit sur la patience.

Amélie. Je suis ravie que vous me mettiez sur ce sujet ; car c'est un des plus importans que l'on puisse traiter.

Ursule. J'aime beaucoup cette vertu, et j'admire ceux qui l'ont; mais je ne me crois pas faite pour elle.

Amélie. C'est pourtant la vertu des grandes ames, et c'est elle qui fait les grands personnages.

Marcelle. Si cela est ; comme je n'aspire point là, je puis en toute sureté la laisser à d'autres.

Amélie. Je vous plaindrais bien, si vous preniez ce parti ; car ce serait renoncer entièrement à la vertu.

Ursule. Je suis bien aise d'être vertueuse, mais je n'aspire point à me faire mettre parmi les héroïnes, ni à tenir rang parmi les grands personnages.

Amélie. Pour arriver à un degré médiocre de patience, il ne faut pas tendre moins haut qu'à ce degré.

Marcelle. Mais qu'a tant besoin de cette vertu une fille née pour la vie tranquille et obscure ?

Amélie. Sans cette vertu elle ne peut en avoir ni en conserver aucune autre.

Ursule. Cette réponse a besoin d'explication.

Amélie. Ne voyez-vous pas que sans la patience on ne saurait rien souffrir, et que sans souffrir, on ne peut ni acquérir ni conserver aucune vertu ?

Marcelle. Assurément vous portez les choses trop loin, et il n'est pas possible de vous suivre.

Amélie. Je ne les porte pas trop loin, et certainement je suis dans les bornes de la vérité.

Ursule. Expliquez-vous donc davantage, s'il vous

plait, et faites-nous comprendre ce que nous ne comprenons pas.

Amélie. La chasteté, la justice, et la Religion même, ne sont-ce pas des vertus des plus recommandables dans le christianisme ? néanmoins sans la patience on ne peut ni les avoir ni les conserver.

Marcelle. Je ne conçois pas encore bien comment ces vertus dépendent de la patience.

Amélie. Ouvrez les histoires, et vous verrez que la crainte des souffrances a fait renoncer à toutes ces vertus.

Ursule. Vous m'ouvrez tout d'un coup les yeux, et je vois clairement ce que je ne pouvais concevoir.

Amélie. J'ai donc raison de dire que sans la patience il n'y a point de vertu.

Marcelle. Je croyais seulement que, faute de cette vertu, on se laissait quelquefois aller à l'impatience, aux murmures, aux paroles rustiques, et qu'il n'y avait que cela à craindre.

Amélie. Quand il n'y aurait que cela à craindre, ne serait-ce pas toujours un assez grand mal ?

Ursule. Il est vrai ; mais ces péchés ne sont pas de conséquence.

Amélie. Quiconque parle de la sorte ne connaît guère ni Dieu ni le péché ; car dès que l'on connaît l'un et l'autre, on sait que tous les péchés sont de conséquence.

Marcelle. Mais enfin, cela offense plus le prochain que Dieu.

Amélie. Je suis encore surprise de ce langage, et je ne sais où vous l'avez pris. Quoi ! ignorez-vous que tout ce qui offense le prochain offense Dieu, et que tout ce qui offense Dieu et notre prochain, blesse notre conscience ?

Ursule. Je ne pense point à tout cela quand je m'impatiente ; je suis seulement mon humeur, mon tempérament, et je ne saurais le changer.

Amélie. Dites plutôt que vous ne voulez pas ; car

tout est possible avec la grâce, et il n'y a personne qui ne puisse l'avoir.

Marcelle. Lorsque j'entends parler de la sorte, je désire cette vertu, je fais même des résolutions, mais ensuite mon humeur et mon tempérament m'emportent.

Amélie. Je conçois que les bêtes sont ainsi emportées : mais je ne conçois pas que des personnes qui ont de la raison, et qui sont soutenues de la grâce, puissent agir comme les bêtes.

Ursule. Je vois qu'il faut se rendre à la force de vos raisons ; mais jusqu'où faut-il porter la patience ?

Amélie. Il faut la porter jusqu'à ne se rebuter d'aucune des souffrances qu'il plaît à Dieu de nous envoyer.

Marcelle. Est-ce assez de ne pas s'en rebuter ?

Amélie. Vous avez raison, il faut quelque chose de plus ; car il faut encore tâcher de les recevoir de bon cœur, et de les porter en paix et en silence.

Ursule. Dites-vous cela de toutes sortes de souffrances ?

Amélie. De toutes généralement, soit qu'elles viennent de Dieu ou des créatures, de nos amis ou de nos ennemis, de nos égaux et inférieurs, ou de nos supérieurs ; soit enfin qu'elles attaquent notre corps ou notre esprit, nos biens ou notre réputation.

Marcelle. Cette vertu est bien grande et bien étendue.

Amélie. Il est vrai ; mais aussi de quelle gloire ne sera-t-elle pas couronnée, si elle ne se dément point, et si elle persévère jusqu'à la fin ?

Ursule. Pour moi, je n'ai plus rien à répliquer ; il ne me reste que la confusion de mes paroles, aussi bien que de ma conduite.

Amélie. Vous avez quelque raison d'en rougir ; mais j'espère que vous n'en resterez pas là.

Marcelle. C'est tout l'objet de nos désirs.

Ursule. Priez Dieu qu'il les bénisse.

SUR LE BON ET LE MAUVAIS DES ENFANS.

Célinie.

Nous serions bien aises de savoir d'une personne comme vous, ce que l'on doit penser des enfans.

Fortunée. Il sera aisé de vous satisfaire, et je vous dirai d'abord qu'ils ont plus de bon que de mauvais.

Hilarie. Nous sentons du plaisir à vous entendre parler de la sorte: voudriez-vous bien vous expliquer davantage ?

Fortunée. Très-volontiers. Ce qui me paraît de bon dans les enfans, c'est leur simplicité, leur candeur, leur désir de s'instruire et leur facilité pour apprendre.

Célinie. Si tout cela se trouve dans les enfans, vous avez bien raison de dire que le bien y surpasse le mal; mais encore quel avantage tirez-vous de leur simplicité ?

Fortunée. Un très-grand, puisque je les trouve toujours disposés à me croire sur ma parole, sans me demander jamais de preuves: avantages qui ne se rencontrent pas avec les grandes personnes.

Hilarie. Quel bien, s'il vous plaît, produit la candeur dans les enfans ?

Fortunée. Elle les rend ingénus, et les empêche d'entrer en défiance sur toute la conduite qu'on peut tenir à leur égard.

Célinie. Ces réponses nous sont si agréables, que nous vous prions de vouloir continuer de nous expliquer ce que vous avez commencé.

Fortunée. J'y consens avec plaisir. Leur désir de s'instruire leur donne une attention toujours nouvelle pour tout ce qui leur paraît nouveau, ce qui est d'un grand secours dans les instructions.

Hilarie.

Hilarie. Que dites-vous, s'il vous plaît, de leur facilité pour apprendre, et d'où leur vient-elle ?

Fortunée. Elle leur vient d'une mémoire toute neuve, et toujours prête à se meubler de toutes les images qu'on y veut tracer.

Célinie. Voilà bien de quoi se dédommager des peines que l'on trouve auprès des enfans.

Fortunée. Je vous avoue que quiconque considère attentivement toutes ces choses, est plus animé que rebuté dans le travail de leur éducation.

Hilarie. Mais allons plus loin : leur trouvez-vous beaucoup de raison ?

Fortunée. Je vous dirai sans prévention que j'y en trouve plus que le commun du monde ne pense.

Célinie. Vous dites cela sans doute pour vous récréer ?

Fortunée. Non, je le dis sérieusement.

Hilarie. Quoi ! de la raison dans les enfans ! voilà un langage bien nouveau.

Fortunée. Le langage peut être nouveau, mais la vérité n'en est pas nouvelle.

Célinie. C'est donc tout de bon que vous trouvez de la raison dans les enfans ?

Fortunée. Oui, c'est tout de bon, et je ne dis rien que je ne voie tous les jours.

Hilarie. Mais trouvez-vous cela en toute sorte d'enfans ?

Fortunée. Non pas à la vérité en toute sorte d'enfans, mais dans un grand nombre.

Célinie. Mais encore dans quels enfans ?

Fortunée. Dans ceux qui ont de l'esprit et du bon naturel.

Hilarie. Nous sommes ravies de vous entendre parler de la sorte ; car vos paroles sont d'un grand poids sur nos esprits.

Fortunée. Vous pensez bien que je ne le dirais pas s'il n'était véritable.

Célinie. Nous sommes convaincues de votre droi-

D

ture ; c'est ce qui fait que nous souscrivons sans peine à vos sentimens.

Fortunée. De grâce, faites-en l'épreuve, et convainquez-vous en vous-mêmes.

Hilarie. Mais les choses étant comme vous le dites, nous ne vous plaignons plus tant.

Fortunée. Vous pouvez toujours néanmoins me plaindre sans scrupule ; car il faut avouer que les défauts des enfans sont bien à charge.

Célinie. Mais quels défauts peuvent-ils avoir tant, avec toutes les bonnes qualités que vous y trouvez ?

Fortunée. Ils ne laissent pas d'en avoir de très-fâcheux.

Hilarie. Quoi ! est-ce leur légèreté, leur dissipation, leur indocilité, leur éloignement de toute contrainte, leur amour pour le jeu, leur opposition au travail, leur indévotion ?

Fortunée. Je compte tout cela pour rien auprès de celui qui vient de l'humeur. Pour celui-là, il est tout-à-fait insupportable.

Célinie. Puisque vous venez bien à bout des autres, vous viendrez bien à bout de celui-là.

Fortunée. Vous me pardonnerez ; car ce défaut est presque incurable.

Hilarie. Mais de toutes les humeurs laquelle vous est le plus à charge ?

Fortunée. C'est celle qui rend les enfans maussades, déplaisans, indociles.

Célinie. Mais de quelle indocilité entendez-vous parler ?

Fortunée. De celle qui va jusqu'à marmotter, répliquer, et résister en face.

Hilarie. Quoi ! vous souffrez des enfans comme cela ! Je les enverrais tout-à-l'heure à la correction, et je donnerais ordre qu'on leur fît de si larges plaies, que l'humeur entière en sortît à la fois.

Fortunée. Voilà en effet ce qu'il faut faire ; mais on ne fait pas toujours ce qu'il faudrait.

Célinie. Est-ce là la seule des humeurs que vous avez à supporter dans les enfans ?

Fortunée. Il y en a encore d'autres ; mais rien n'approche de celle-là.

Hilarie. Mais quelles sont-elles, s'il vous plaît ?

Fortunée. Tout le monde le sait. Il y en a de lentes, il y en a de sombres, il y en a de hautaines, il y en a de pointilleuses, il y en a de grossières, il y en a d'impertinentes, il y en a enfin qui sont pétries de salpêtre.

Célinie. Trouvez-vous toutes ces humeurs si faciles à supporter ? Pour moi, je les trouve de dure digestion.

Fortunée. Il est vrai ; mais rien n'est semblable à l'humeur boudeuse et indocile ; ces sortes d'enfans ne faisant jamais le bien que par boutade, et toujours le mal par habitude : de plus, c'est qu'il n'en faut qu'un seul dans une maison pour gâter tous les autres, quelques bonnes qualités qu'ils aient d'ailleurs.

Hilarie. Mais ces humeurs changent avec l'âge.

Fortunée. Non, jamais, si on les a laissé former, à moins d'un miracle.

Célinie. Quoi ! on est toujours la même toute la vie ?

Fortunée. Oui, en fait d'humeur, à moins, je le répète, d'un miracle. Toute la différence qu'il y a, c'est que ces humeurs sont en petit dans les enfans, et en grand dans les grandes personnes.

Hilarie. Mais ce que vous dites là est désespérant.

Fortunée. J'en conviens, et d'autant plus que ces enfans étant devenus grands, sont ordinairement la croix, le supplice et la désolation de ceux avec qui ils vivent, sans parler de ce qu'ils se font souffrir à eux-mêmes.

Célinie. Quoi ! point de remède à cette maladie ?

Fortunée. Je vous l'ai dit, il n'y a que celui de la verge dans le bas âge, mais réitéré sans relâche jusqu'à ce qu'on en soit venu à bout. Sans l'usage de ce remède, on fixe pour toujours l'incorrigibilité de ces enfans.

Hilarie. Mais la raison ne ferait-elle pas plus sur ces enfans que tant de rigueur?

Fortunée. C'en est assez pour répandre l'amertume sur tout le reste; car un seul enfant de ce caractère dérange et déconcerte tout.

Hilarie. Il n'y a donc qu'à chercher un remède à ce mal, et votre emploi deviendra tout délicieux.

Fortunée. Je le souhaite, je l'attends.

Célinie. Nous l'allons chercher; et aussitôt que nous l'aurons trouvé, nous vous en donnerons des nouvelles.

SUR LA VERTU.

ÉLÉONORE.

Il y a si long-temps que je n'ai eu le plaisir de vous voir, que je m'en ennuie bien fort.

Sophie. Vous ne pouvez jamais vous ennuyer autant que je le fais. Je craignais déjà que vous ne m'eussiez entièrement oubliée.

Victoire. Il n'est pas possible d'oublier une personne comme vous; on s'oublierait plutôt soi-même.

Sophie. Je suis bien sensible à vos bontés; et, pour y répondre en quelque sorte, je suis prête de satisfaire à tout ce que vous demanderez de moi.

Eléonore. Parlez-nous aujourd'hui, s'il vous plaît, sur la vertu, et dites-nous quelle différence vous mettez entr'elle et la dévotion; car vous paraissez faire plus de cas de l'une que de l'autre.

Sophie. Je vous dirai que l'une n'est pas l'autre; mais que quand elles sont vraies, elles ne sont guère séparées l'une de l'autre.

Victoire. Pourquoi donc faites-vous plus de cas de l'une que de l'autre?

Sophie. C'est qu'il est bien plus aisé de se méprendre à l'une qu'à l'autre.

Eléonore. A laquelle, s'il vous plaît ?

Sophie. A la dévotion.

Victoire. Je voyais bien que celle-là n'était pas tant votre amie : pourrait-on sans curiosité vous en demander la raison ?

Sophie. C'est que la dévotion qui n'est pas vraie, n'a que des dehors et des apparences ; ce qui n'est pas capable de contenter solidement.

Eléonore. Mais ce n'est pas la faute de la dévotion, si elle est telle, mais de ceux qui la pratiquent.

Sophie. Il est vrai ; mais cela n'empêche pas qu'on ne se dégoûte, quand on voit que l'on prend si souvent l'ombre pour la réalité, et le fantôme pour la vérité.

Victoire. On n'a donc rien à craindre de semblable dans la vertu ?

Sophie. Vous me pardonnerez, car il y a une fausse vertu, comme il y a une fausse dévotion ; mais il est bien plus difficile de s'y tromper.

Eléonore. Pourquoi, s'il vous plaît ?

Sophie. C'est que la vertu ne consiste pas dans des dehors, mais dans des actions réellement vertueuses, et estimées pour telles de tout le monde.

Victoire. En fait de vertu, on ne se contente donc pas des dehors et des apparences comme dans la dévotion ?

Sophie. Non, l'on y veut du réel et du solide, et quelque chose qui emporte l'aveu et l'estime de tout le monde.

Eléonore. Je comprends comment il est difficile de s'y méprendre ; faites-nous la connaître maintenant, s'il vous plaît.

Sophie. C'est dans l'intérieur où il faut d'abord la considérer ; car c'est là où elle commence à régler toutes choses, pour de là passer à l'extérieur.

Victoire. Que règle-t-elle dans l'intérieur ?

Sophie. Tout.

Eléonore. Et quoi, tout ?

Sophie. Les pensées, les désirs, les inclinations,

les mouvemens de l'ame, du cœur, de l'esprit, et l'imagination même.

Victoire. Les passions, l'humeur, les goûts intérieurs et les inclinations naturelles sont donc soumises à son empire ?

Sophie. Oui, rien ne lui échappe, et elle s'assujettit tout ce qui a besoin d'être conduit par les régles de la raison et de la religion.

Eléonore. Que j'ai de plaisir à vous entendre, et que la vertu a de charmes pour moi !

Sophie. Je continue donc à vous la dépeindre. De l'intérieur elle passe à l'extérieur, où elle fait voir dans la conduite tout ce qu'elle a de beau dans l'intérieur.

Victoire. Qu'y fait-elle voir ?

Sophie. Dans les paroles, un fond de charité et d'humilité ; dans les regards, un fond de retenue et de modestie ; et dans les actions, un fond de justice et d'équité, d'activité et de modération.

Eléonore. Je ne comprends pas bien ces deux termes, activité et modération, et je ne sais comment les allier ensemble dans une même personne.

Sophie. Cela est pourtant bien aisé. L'activité fait qu'on n'est ni lent ni paresseux, et la modération fait qu'on n'est ni léger ni précipité ; ce qui rend une conduite accomplie.

Victoire Est-ce là tout ce que la vertu fait dans celui qui la possède ?

Sophie. On ne finirait pas, si on voulait tout dire ; car il n'y a rien de bon et d'aimable qu'elle n'y fasse.

Eléonore. Mais quoi encore ?

Sophie. Vous dirai-je qu'elle ne se livre jamais entièrement ni à la joie ni à la tristesse, parce qu'elle est avertie que l'une succède bientôt à l'autre, et que le temps de l'une est le temps de la préparation à l'autre ?

Victoire. Se trouve-t-elle la même dans la prospérité et dans l'adversité ?

Sophie. Par-tout on la trouve sensible, mais toujours forte et constante, sans se livrer à aucun mouvement irrégulier, se tenant fixement attachée à la volonté de Dieu.

Eléonore. Montrez-nous-la, s'il vous plaît, dans les tentations.

Sophie. Tantôt elle fuit, tantôt elle combat, mais toujours elle cherche en Dieu la force dont elle a besoin pour vaincre.

Victoire. Mais s'il arrive qu'elle soit vaincue, quelle contenance fait-elle paraître ?

Sophie. Une contenance toujours forte et constante. Elle s'afflige et s'humilie; mais sans négliger de se relever, en sorte qu'on la voit aussitôt relevée que tombée. En un mot, sa douleur est une douleur toute divine, qui en la pénétrant, la change, la convertit, et la relève par une ferme confiance en Dieu.

Eléonore. O l'aimable trésor que celui de la vertu! Puissions-nous l'avoir, et la conserver tous les jours de notre vie!

Sophie. Il ne tient qu'à vous, pourvu qu'en toutes choses vous soyez fidelles à seconder la grâce, et que vous veuilliez travailler sans relâche dans tous les momens.

Victoire. Mais quand on possède une fois la vertu, ne peut-on pas demeurer en repos ?

Sophie. Non, car tout conspire à nous la faire perdre ou à la diminuer : ainsi la vertu est le fruit d'un travail aussi long que la vie.

Eléonore. Mais du moins le travail diminue et s'adoucit avec le temps.

Sophie. Il est vrai, pourvu qu'il ne soit jamais interrompu; car quiconque cesse un moment de ramer contre le fil de ses passions, s'en voit bientôt entraîné.

Victoire. C'en est fait, je suis résolue de travailler sans relâche, pour acquérir un trésor qui me suivra dans l'éternité.

Sophie. Que je suis charmée de vous voir dans ces

sentimens ! Mais ce qui contribuera beaucoup à vous rendre vertueuse, ce sera d'être toujours avec des personnes qui le soient.

Eléonore. Quels avantages y trouve-t-on ?

Sophie. C'est que la seule présence de ces personnes, sans parler, sans agir, porte et anime à la vertu.

Victoire. Nous nous retirons bien satisfaites de cet entretien, et bien pénétrées de reconnaissance de la bonté avec laquelle vous nous avez fait part de vos lumières.

SUR LE DÉLAI DE LA PREMIÈRE COMMUNION.

BÉATE.

Vous voilà bien triste ; qu'avez-vous ? peut-on le savoir ?

Blandine. On le serait à moins.

Brigide. Hé quoi ! qu'est-ce qui peut vous affliger si fort ?

Blandine. Ignorez-vous ce que tout le monde sait ? Je ne ferai pas ma première communion cette année.

Béate. Je loue votre tristesse, car elle est louable.

Blandine. Vous adoucissez ma peine en la trouvant juste.

Brigide. J'entre aussi dans votre peine, et je voudrais pouvoir la soulager ; mais pardonnez-moi, si je vous demande quelle est la cause de ce délai.

Blandine. Je ne songe qu'à ma peine, et je ne puis penser à autre chose.

Béate. Je trouverais qu'il serait plus sage de chercher la cause du mal, afin d'y apporter promptement le remède.

Blandine. Vous avez raison ; mais quand on est affligé, on ne pense qu'à sa peine.

sur la première Communion.

Brigide. Ne serait-ce point que vous vous seriez négligée sur le catéchisme et sur le soin de vous corriger ? peut-être même avez-vous montré trop peu de dévotion, sur-tout à l'Eglise.

Blandine. J'avoue que je ne me suis guère appliquée à toutes ces choses.

Béate. Voilà justement ce qui a obligé de vous remettre à une autre année ; mais consolez-vous, il y a du remède.

Blandine. Hé ! quel remède ? Dites-le-moi promptement.

Brigide. Vous n'avez qu'à mieux étudier, vous corriger avec plus de soin, et avoir plus de dévotion.

Blandine. Vous m'en demandez beaucoup.

Béate. Ce n'est point trop vous demander, quand il s'agit de mériter une grâce aussi grande qu'est celle de la première communion.

Blandine. Il faut donc suivre vos conseils, et s'appliquer tout de bon.

Brigide. Vous avez du temps devant vous ; croyez-moi, profitez-en, et vous serez aussi contente dans la suite que vous êtes affligée maintenant.

Blandine. Mais est-on mieux disposé pour se préparer long-temps, et qui ne l'est pas aujourd'hui le sera-t-il demain ?

Béate. N'en doutez pas ; David qui employa sept années à amasser des matériaux pour bâtir le temple, en eût-il tant amassé s'il n'y eût employé que sept jours ?

Blandine. Il faut donc aussi, suivant cet exemple, employer sept années pour se préparer à la communion.

Brigide. Cet exemple ne dit point cela, mais fait entendre seulement que plus l'on se prépare, mieux l'on est disposé.

Blandine. Mais enfin, croyez-vous que l'on puisse jamais être digne de communier, quelque préparé que l'on soit ?

Béate. J'avoue que non, si l'on regarde à la grandeur et à la sainteté de Jésus-Christ; mais je crois que oui, si on fait attention à la bonté avec laquelle Jésus-Christ se contente du peu que nous pouvons lui donner.

Blandine. Ne vous offenserez-vous point, si je vous dis que je n'attendais pas tant de lumières d'une personne de votre âge?

Brigide. Dieu n'a point d'égard aux âges pour distribuer ses dons, et il en fait part à qui il lui plaît. Daniel à l'âge de douze ans fut plus éclairé que les vieillards de son temps.

Blandine. Il ne faut que vous entendre pour en convenir; mais encore, quelles sont les dispositions qu'il faut avoir pour communier dignement?

Béate. Point d'autres que celles que l'Eglise demande.

Blandine. Quelles sont-elles, s'il vous plaît?

Brigide. Il y en a plusieurs; mais je les réduis toutes à une grande pureté et à un grand amour.

Blandine. Quelle pureté demandez-vous?

Béate. Celle de l'ame et du corps, en un mot, une pureté générale.

Blandine. En quoi consiste celle de l'ame?

Brigide. Dans l'exemption de tout péché, et de toute affection au péché.

Blandine. En quoi faites-vous consister celle du corps?

Béate. Dans l'éloignement de tout ce qui pourrait ternir sa sainteté.

Blandine. Il semble que cette seule disposition peut suffire.

Brigide. Si vous y joignez un grand amour, votre disposition sera parfaite.

Blandine. Ce n'est donc pas assez d'être pure?

Béate. Pour moi, je voudrais encore un cœur tout brûlant pour Jésus-Christ.

Blandine. Pourquoi cela, s'il vous plaît?

Brigide. C'est afin de recevoir avec amour celui qui est tout amour.

sur la première Communion.

Blandine. Il ne faut donc ni humilité, ni contrition, ni reconnaissance, ni les autres dispositions qu'on a coutume de demander ?

Béate. Vous me pardonnerez ; mais toutes ces dispositions se trouvent renfermées dans un cœur pur et enflammé.

Blandine. Comment cela, de grâce ?

Brigide. C'est qu'il n'y a point de vraie pureté ni de vrai amour, sans humilité, sans contrition, sans reconnaissance, et sans toutes les autres dispositions.

Blandine. Il n'y a donc qu'à aimer et être pur, pour être disposé à la sainte communion ?

Béate. Il ne faut rien de plus ; car tout est renfermé dans ces deux dispositions.

Blandine. Je vous suis bien redevable de vos instructions ; elles m'éclairent autant qu'elles me consolent.

Brigide. Nous sommes ravies d'avoir pu contribuer en quelque chose à dissiper votre peine, comptez sur nous comme sur vos bonnes amies.

SUR LE BONHEUR DE LA COMMUNION.

BÉATE.

Vous avez fait votre première communion : dites-moi la vérité, êtes-vous aussi satisfaite que vous vous l'étiez promis ?

Blandine. Comment ne le serais-je pas, après avoir reçu un si grand honneur ?

Brigide. Répondre ainsi, c'est montrer que vous savez ce que c'est que communier.

Blandine. C'est, je vous l'avoue, tout ce qu'on peut trouver de plus délicieux en ce monde.

Béate. Que je suis charmée de voir que vous goûtiez ainsi Jésus-Christ !

Blandine. Il faudrait être bien insensible, pour ne pas goûter un Dieu si plein de douceur.

Brigide. Qui a une fois bien goûté ce Dieu d'amour, n'a plus de cœur pour goûter rien sur la terre.

Blandine. Vous avez bien raison ; car ce qu'il fait sentir au cœur est au-dessus de tout sentiment.

Béate. Que j'ai de joie de vous entendre parler de la sorte !

Blandine. Oui, je suis tellement contente, que je ne vois au-dessus de ma joie que celle des bienheureux dans le ciel.

Brigide. Goûtez-la donc bien cette joie, et convertissez-la donc toute en force, pour les occasions où vous en aurez besoin.

Blandine. C'est bien là mon dessein ; car je n'estime pas les goûts de piété qui tendent à l'affaiblissement de l'ame, au lieu de la fortifier.

Béate. Vous ne sauriez trop vous précautionner contre ce piége.

Blandine. J'en ai ouï parler, et je suis bien résolue de ne m'y pas laisser prendre.

Brigide. Vous serez bien sage si vous le faites.

Blandine. C'est à quoi je suis bien déterminée ; car je ne songe qu'à devenir vertueuse, et non autre chose : je crois que vous m'entendez.

Béate. Vos résolutions sont bien sages et bien raisonnables. Dites-nous, je vous prie, quel accueil vous a fait Jesus-Christ, et quel accueil vous lui avez fait.

Blandine. Hélas ! j'aurais bien de la peine à vous le dire ; car je me suis trouvée si saisie d'admiration et de joie, que je ne puis dire ni ce qu'il m'a dit, ni ce que je lui ai dit.

Brigide. Votre joie et votre admiration étaient donc bien grandes ?

Blandine. Oui, si grandes que je ne puis vous l'exprimer.

Béate. Je vois bien qu'il faut que vous recommenciez, pour pouvoir nous en dire quelque chose.

Blandine. C'est tout mon désir, et je mettrai tout en œuvre pour avoir bientôt ce bonheur.

Brigide. Mais comment vous y prendrez-vous pour entretenir un Dieu si grand ?

Blandine. Je m'enfermerai seule avec lui dans mon cœur ou dans le sien, et là je goûterai en paix tout ce qu'il dira à mon ame.

Béate. Jésus-Christ parle donc à l'ame ?

Blandine. Oui, et d'une manière très-distincte.

Brigide. Comment cela, s'il vous plaît ?

Blandine. Cette manière est bien plus courte, bien plus efficace que la nôtre.

Béate. Expliquez-nous-la donc promptement.

Blandine. Il faut céder à vos empressemens : c'est par des pensées qu'il imprime dans l'esprit, et par des sentimens dont il pénètre le cœur.

Brigide. Vous avez bien raison de dire que cette manière de parler est bien plus courte et plus efficace que la nôtre.

Blandine. Elle l'est en effet, et c'est la manière dont usent les Anges et les bienheureux dans le ciel.

Béate. Mais pourrez-vous bien retenir tout ce qu'il vous dira ?

Blandine. J'écouterai si bien, que je n'en perdrai pas un seul mot.

Brigide. Vous pourrez donc nous en faire part ?

Blandine. Oui, s'il est de nature à être communiqué.

Béate. Mais ne ferez-vous qu'écouter ce divin Sauveur ?

Blandine. Je prendrai aussi la liberté de lui parler.

Brigide. Hé ! que lui direz-vous ?

Blandine. Tout ce que son amour m'inspirera.

Béate. Ne lui parlerez-vous que de vous et de vos besoins ?

Blandine. Je lui parlerai de toutes choses, selon que son esprit me le suggérera.

Brigide. Mais ne craindrez-vous point d'aller trop loin, et de l'importuner ?

Blandine. Non ; car je sais qu'il aime qu'on lui parle avec simplicité et confiance.

Béate. Voilà de quoi vous occuper long-temps.

Blandine. Si le temps de l'action de grâces ne suffit pas, je prendrai d'autres momens dans la journée.

Brigide. En me disant ce que vous ferez, vous m'avez instruite, et j'ai dessein de faire de même.

Blandine. Vous n'avez pas besoin de m'entendre pour savoir comment il faut se comporter dans ces occasions.

Béate. Vous me pardonnerez ; tout cela instruit et fait plaisir.

Blandine. J'attends bien plutôt de vous des lumières, que de songer à vous en donner.

Brigide. Souffrez que je vous demande que nous recommencions sur le même sujet ; car il m'est bien agréable.

Blandine. Ce sera quand il vous plaira ; aussitôt que je serai avertie, je ne manquerai pas de me rendre à votre volonté.

SUR LA TEMPÉRANCE.

Catherine.

Je vous trouve bien scrupuleuse de n'oser manger une fraise, une cerise, ou un raisin hors des repas.

Colombe. Ce n'est pas par scrupule que je m'en abstiens, mais par raison.

Geneviève. Quelle raison pouvez-vous avoir ?

Colombe. C'est que je n'en ai pas besoin, et que le seul besoin chez moi est la seule raison de manger.

Catherine. N'avez-vous point d'autre raison ?

Colombe. Celle là suffit bien ; mais puisque vous m'en demandez une autre, je vais vous satisfaire : c'est que si aujourd'hui je mangeais hors des repas une cerise, demain j'en mangerais quatre, et après-demain douze, et ainsi je blesserais les règles de la tempérance.

Geneviève. Je ne trouverais pas que ce fût bien d'en manger tant; mais quelques-unes en passant, y aurait-il si grand mal?

Colombe. Quand on est sage, on ne se permet rien, de peur d'aller trop loin.

Catherine. Mais dites-nous donc quel mal il y a à cela?

Colombe. Je vous l'ai dit, on blesse la tempérance, et on n'agit plus par raison, mais par sensualité.

Geneviève. Mais y a-t-il quelque loi qui le défende?

Colombe. La loi qui commande la tempérance, défend en même temps ce qui peut la blesser.

Catherine. Ne blesse-t-on cette vertu qu'en mangeant sans besoin hors des repas?

Colombe. On la blesse encore lorsque l'on mange ou que l'on boit avec excès.

Geneviève. Ce vice est celui des hommes brutaux; ainsi nous n'avons pas besoin d'être prévenues là-dessus.

Colombe. Il y a excès et excès; et quoique l'on ne tombe pas toujours dans les plus grands, que vous attribuez aux hommes brutaux, il ne s'ensuit pas que l'on soit exempt de tous.

Catherine. Mais nous croyons par la grâce de Dieu être exemptes de tous.

Colombe. Je le souhaite; néanmoins les plus grands Saints ont tremblé, quand ils ont pensé qu'il y avait un si petit trajet à faire pour passer de la nécessité à la sensualité.

Geneviève. M'en citerez-vous bien quelqu'un? car je cherche à être convaincue.

Colombe. Ouvrez ce beau livre des Confessions de St. Augustin, et vous verrez les frayeurs qu'avait ce grand homme et ce grand docteur à ce sujet.

Catherine. Je croyais que vous vouliez citer quelque fille ou quelque femme dévote, et cela ne m'aurait pas surprise.

Colombe. Non, je vous cite un des plus grands hommes et des plus grands docteurs de l'antiquité : ainsi vous n'y pouvez soupçonner aucune faiblesse.

Geneviève. Je me rends à une telle autorité, et je crains bien de n'être plus si innocente que je le pensais ; mais encore n'y a-t-il que ces deux écueils à craindre ?

Colombe. Il faut encore craindre de faire pour sa bouche des dépenses au-dessus de son état, et d'avoir une table somptueuse et splendide.

Catherine. Mais quand on a de l'argent, ne peut-on pas faire pour sa table telle dépense que l'on veut ?

Colombe. Non, en fait de table et d'habits, il faut toujours consulter sa condition, et non sa bourse ; et si l'on se trouve incommodé de son argent, il n'y a qu'à s'en décharger dans les mains du pauvre.

Geneviève. Est-ce là tout ce qu'il faut éviter pour ne point blesser la tempérance ?

Colombe. Il faut encore éviter de donner trop à sa délicatesse.

Catherine. Il faudra donc chercher des choses mal accommodées ?

Colombe. Non, mais il ne faudra pas non plus rechercher des choses trop délicieusement assaisonnées.

Geneviève. Vous ne permettriez donc pas de se plaindre, quand on rencontre quelque chose qui n'est pas au goût ?

Colombe. On peut avertir en secret, mais non se plaindre tout haut ; ce qui est la marque d'une ame sensuelle.

Catherine. Achevez de nous instruire, car nous prenons bien du plaisir à vous écouter.

Colombe. Il faut encore éviter, pour garder la tempérance, de manger avec une telle précipitation et avidité, qu'il semble qu'on veuille plutôt s'étouffer que se nourrir.

Geneviève. Mais comment faire pour manger doucement quand on a bien faim ?

Colombe. Comment faire ? C'est de manger en personne raisonnable, et non en bête.

Catherine. Cette réponse me fait souvenir que l'on a expliqué dans une instruction toutes ces différentes manières de manger ; si vous vouliez bien nous les répéter, vous nous feriez plaisir.

Colombe. Le voici, autant que je m'en puis souvenir. Manger en bête, c'est manger pour contenter la sensualité ; manger en homme, c'est manger selon la raison ; manger en chrétien, c'est manger par la volonté de Dieu et pour sa gloire ; manger en Ange, c'est manger en se nourrissant intérieurement de la présence de Dieu.

Geneviève. Il ne nous reste, après tant d'instructions, qu'à vous remercier et vous prier de demander pour nous au Seigneur qu'il nous fasse la grâce de les mettre en pratique.

SUR LA RAISON.

EUPHROSINE.

Il y a long-temps que je désire vous entendre sur la raison : voudriez-vous bien que ce fût aujourd'hui ?

Grégorie. Il ne faut pas me consulter sur ce qui vous fait plaisir, vous n'avez qu'à parler pour être obéie.

Honorine. Je vous avoue que je n'ai pas moins d'empressement que ma compagne d'être instruite sur ce sujet.

Grégorie. Il serait à souhaiter qu'il n'y eût que les bêtes qui fussent dépourvues de raison ; mais il est bien des hommes qui ont la même disgrace.

Euphrosine. Ces hommes sont donc des bêtes, puisque sans la raison on ne peut avoir rang parmi les hommes ?

Grégorie. Vous me pardonnerez ; mais ils ont le malheur de leur ressembler.

Honorine. Il me semble qu'il n'y a pas grande différence.

Gregorie. Pardonnez-moi si je vous dis qu'il y en a ; car les hommes ont la raison que les bêtes n'ont pas ; mais parce qu'ils agissent sans la consulter, ils leur deviennent semblables.

Euphrosine. Comme nous appréhendons fort cet état, nous voudrions bien savoir ce qu'il faut faire pour l'éviter.

Grégorie Il faut en tout suivre la lumière de la raison, et ne jamais s'en écarter.

Honorine. Il faudrait être des Anges, pour agir de la sorte.

Grégorie Je ne dis pas que l'on n'y manque quelquefois ; mais je veux dire seulement qu'il faut faire tous ses efforts pour n'y jamais manquer.

Euphrosine. Il faudrait pour cela être doué d'une grâce bien particulière.

Grégorie. J'en conviens ; mais Dieu ne la refuse pas à ceux qui la lui demandent comme il faut, et qui y travaillent de toute leur force.

Honorine Ceux qui ont cette grâce et ce don de Dieu sont déjà dans le ciel.

Gregorie. Ils n'y sont pas encore, mais ils y marchent à grands pas.

Euphrosine Faites nous, s'il vous plaît, le portrait d'une telle personne.

Grégorie C'est tout ce que l'on peut trouver d'aimable sur la terre

Honorine Expliquez-vous davantage ; ce sujet le mérite bien.

Grégorie Très volontiers. Une personne de ce caractère s'accommode aisément avec tout le monde, et tout le monde s'accommode aisément avec elle.

Euphrosine Vous me faites déjà comprendre qu'il n'y en a guère comme cela dans le monde.

Grégorie. Il est vrai ; mais c'est ce qui en augmente le prix.

Honorine. Il est donc indifférent à cette personne de se rencontrer avec des esprits difficiles et incommodes, ou avec des esprits doux et traitables ?

Grégorie. S'il était à son choix, elle aimerait bien mieux les uns que les autres ; mais quand elle ne peut faire autrement, elle prend son parti.

Euphrosine. Cela n'est pas si aisé.

Grégorie. Il est vrai ; mais avec le secours de la raison, secondée de celui de la grâce, il n'est rien dont on ne vienne à bout.

Honorine. Est-elle de même indifférente sur les biens et les maux qui lui arrivent ?

Grégorie. Elle aimerait beaucoup mieux les biens que les maux ; mais quand il faut souffrir, elle s'y résout de bon cœur.

Euphrosine. Mais du moins elle murmure et s'impatiente quelquefois ?

Grégorie. Non, jamais, aidée du secours de la raison et de la grâce ; car elle considère alors que le moment de souffrir est venu ; elle tâche de recueillir avec soin cette précieuse moisson, et elle n'a garde d'ajouter à son mal présent celui du murmure et de l'impatience.

Honorine. Mais, de grâce, comment se comporte-t-elle et dans les louanges et dans les blâmes, choses si ordinaires dans la vie ? car tandis que les unes nous canonisent, les autres sont déchaînées contre nous.

Grégorie. Elle est sans attention à l'égard des unes et des autres, et elle méprise tout également.

Euphrosine. Je conçois qu'on peut mépriser les blâmes ; mais les louanges, c'est ce qui m'embarrasse.

Gregorie. Qui est assez sage pour vivre selon la raison, sait que les louanges, aussi-bien que les blâmes, sont le plus souvent le fruit du caprice et de la passion, plutôt que de la justice et de la raison;

ainsi il croit avoir plutôt fait de ne s'arrêter ni aux unes, ni aux autres.

Honorine. Mais si quelqu'un venait s'ingérer de reprendre cette personne, et de lui reprocher ses défauts, ne sortirait-elle point de son assiette ?

Grégorie. Non ; car la raison lui dicte qu'on doit savoir gré à tous ceux qui nous font du bien : or, nous reprendre, c'est nous faire du bien.

Euphrosine. Quoi ! elle n'oppose point reproche à reproche, et elle ne se venge pas du moins par quelque indisposition secrète ?

Grégorie. Non ; car elle croirait manquer à la raison, si elle ne reconnaissait pas ce bienfait par des actions de grâces sorties du fond d'une vraie amitié.

Honorine. Mais si on la reprend, non pas pour lui faire du bien, mais pour lui faire de la peine, comme il n'arrive que trop souvent ?

Grégorie. N'importe ; en ne s'arrêtant qu'au bien qu'elle reçoit, elle ne change point de disposition, et elle se tient pour très-obligée de la grâce qu'on lui fait.

Euphrosine. Je trouve tout ceci bien grand ; mais allons plus loin, et faites-nous voir cette personne dans ses dévotions : souffre-t-elle aisément qu'on l'en dérange ? car c'est ici la vraie pierre de touche.

Grégorie. Je vous dirai qu'en suivant la raison, elle ne tient à aucun arrangement, et qu'elle n'a aucune peine de se conformer à tout ce qui est de raison.

Honorine. Quoi ! elle quitte facilement et toujours d'un air aisé ce qu'elle faisait, pour faire autre chose, même en matière de dévotion ?

Grégorie. Oui, parce qu'elle ne consulte en toute chose que la pure raison, sans écouter ni son goût, ni sa volonté, ni son jugement, ni ses inclinations.

Euphrosine. Voilà pour le coup une dévotion aimable.

Grégorie. C'est en effet comme il se faut conduire pour avoir une dévotion raisonnable.

Honorine. Vous faites donc dépendre la dévotion de la raison ?

Grégorie. Non ; mais je dis seulement qu'elles doivent être unies ensemble, afin qu'il n'y ait rien dans la dévotion qui choque la raison.

Euphrosine. Mais s'il lui arrive des difficultés et des contestations, comment se conduit-elle ?

Grégorie. Comme elle craint de n'avoir pas toujours raison, lors même qu'elle pense l'avoir davantage, on la trouve toujours de facile composition, et il ne tient pas à elle que le moment qui a vu naître les contestations ne les voie disparaître.

Honorine. Mais s'il s'agit d'intérêt, et d'intérêt considérable, la trouve-t-on telle que vous la dépeignez ?

Grégorie. Oui ; car n'ayant en vue et ne désirant que la justice, elle n'a aucune peine de s'en rapporter à gens capables de la démêler.

Euphrosine. Elle ne serait donc pas disposée de s'en rapporter à la première personne que l'on proposerait ?

Grégorie. Non ; car elle croirait alors se départir de la raison, qui veut qu'en ces occasions on choisisse des personnes éclairées, désintéressées et distinguées par leur probité.

Honorine. Pour achever le portrait que vous avez commencé, dites-nous, s'il vous plaît, si cette personne n'est point sujette à des vicissitudes de conduite, et à des inégalités d'humeur ?

Grégorie. Non ; car la raison ne souffre point toutes ces alternatives, qui sont de vraies faiblesses et de grandes imperfections.

Euphrosine. Mais quand on la dérange et qu'on lui fait perdre du temps mal-à-propos, ne marque-t-elle pas de la mauvaise humeur ?

Grégorie. Non ; car la raison lui dicte qu'il faut supporter ces personnes comme on en supporte d'autres qui ont d'autres défauts.

Honorine. Quoi ! il ne lui arrive point de s'impatienter des défauts qu'elle rencontre dans les différentes personnes qu'elle voit, ou avec qui elle vit?

Grégorie. Si cette impatience pouvait les corriger, peut-être s'y laisserait-elle aller: encore serait-ce une faute; mais cette impatience n'étant bonne à rien, et ne faisant qu'augmenter le mal au lieu de le guérir, elle n'a garde d'employer ce moyen.

Euphrosine. Si la raison produit de si grands effets, j'en conçois aujourd'hui une grande idée.

Grégorie. Vous pouvez être persuadée qu'il n'y a rien au monde de plus estimable. Avec elle on est content autant qu'on peut l'être en ce monde, et sans elle on est toujours dans la peine et le chagrin.

Honorine. Qui dit content, dit celui qui ne désire plus rien.

Grégorie. Je l'avoue. Aussi celui qui se conduit par raison, ne désire rien au-dessus de ce qu'il est et de ce qu'il a, à moins que la raison ne l'y force et ne l'y contraigne.

Euphrosine. Il ne désire donc pas d'augmenter en grâce, et de devenir plus vertueux?

Grégorie. Vous me pardonnerez. C'est à quoi il porte tous ses désirs, aussi-bien que tous ses soins; mais pour le reste, qui n'est pas en son pouvoir, comme les honneurs, les richesses, l'esprit, les talens, il n'y pense pas, de peur de tomber dans des désirs au moins inutiles.

Honorine. Voilà des avantages bien grands.

Grégorie. Ajoutez-y celui de ne prendre rien de travers, de donner à toute chose un bon sens, et de chercher dans chaque chose la face qui lui est avantageuse.

Euphrosine. Mais il y a des choses que l'on ne peut jamais excuser.

Grégorie. Vous me pardonnerez, si on veut se donner la peine de peser les raisons, ou du moins la faiblesse de ceux que l'on serait tenté de condamner.

Honorine. Je conviens qu'en pénétrant jusque-là, il n'est rien qu'on ne puisse excuser.

Grégorie. Si vous prenez ce parti, vous jouirez d'une grande paix ; car il n'est rien qui la trouble davantage, et même qui la fasse perdre, que la facilité à condamner le prochain.

Euphrosine. Voilà un aimable esprit : il n'est rien que je ne donnasse pour l'avoir.

Grégorie. Il ne tiendra qu'à vous. Vous l'avez ce précieux trésor de la raison, ne le laissez pas inutile, et tirez-en tout le secours que vous pourrez.

Honorine. Je n'ai pas moins d'ardeur que ma compagne pour avoir cet aimable esprit.

Grégorie. Il faut pour cela beaucoup prier, beaucoup penser, et ne rien faire avec précipitation ; car en cette matière rien ne nuit plus qu'une trop grande activité.

Euphrosine. Ces moyens sont aisés.

Grégorie. Ce n'est pas l'ouvrage d'un jour, et on ne saurait commencer de trop bonne heure.

Honorine. C'est à quoi nous allons nous appliquer sans relâche.

Grégorie. Dieu le veuille ; j'en ai un grand désir, et je souhaite que vous y réussissiez.

SUR LES MOYENS D'ACQUÉRIR L'HUMILITÉ.

ATHANASIE.

Vous nous avez fort bien montré en quoi consiste l'humilité, nous voudrions savoir ce qu'il faut faire pour l'acquérir.

Théodosie. Il faut beaucoup la demander à Dieu. C'est la vertu des vertus, il faut tout faire pour l'avoir.

Cornélie. Je trouve ce moyen fort bon, mais c'est un moyen propre à tout.

Théodosie. Il est vrai : c'est néanmoins par où

il faut commencer ; car pour devenir humble, il importe beaucoup de connaître son impuissance à le devenir, et le besoin que l'on a du secours de Dieu pour y parvenir.

Athanasie. Je pensais qu'il n'y avait qu'à s'humilier, et qu'aussitôt on était humble.

Théodosie. Je vois bien que vous n'avez pas encore une idée bien juste de l'humilité.

Cornélie. Quoi ! s'humilier et être humble, n'est-ce pas la même chose ?

Théodosie. Non, encore un coup. Être humble, c'est aimer sincèrement et du cœur sa propre abjection, c'est s'en réjouir aux pieds du Seigneur, c'est y trouver du plaisir et du contentement.

Athanasie. Je n'avais point encore compris cela.

Théodosie. C'est pourtant là la vraie humilité ; sans cela on n'en a que l'ombre et le fantôme.

Cornélie. Jusqu'ici j'ai toujours craint l'humiliation ; lorsqu'elle m'est arrivée, j'en ai changé de couleur, et mon cœur s'en est trouvé déchiré.

Théodosie. Tout cela marque un orgueil des plus vifs.

Athanasie. Loin de trouver du plaisir et du contentement dans l'humiliation, je n'y trouve qu'amertume et dépit.

Théodosie. Autre preuve d'un orgueil bien vivant.

Cornélie. Quel remède à ce mal ?

Théodosie. Je n'en sais point d'autre que d'aimer l'abjection à peu près comme les gens du monde aiment l'élévation.

Athanasie. Ce remède est bien rude.

Théodosie. Au contraire, rien n'est plus doux ; faites-en l'expérience.

Cornélie. Mais si on dit de moi que j'ai peu d'esprit, peu de mérite, peu de bien, peu de talens, peu d'adresse, peu de capacité, et avec cela beaucoup d'autres défauts, faudra-t-il aimer toutes ces choses ?

Théodosie. Oui, il faudra aimer l'abjection qui
vous

sur les moyens d'acquérir l'Humilité. 97

vous en reviendra, si vous désirez sincèrement devenir humble.

Athanasie. Mais tout cela coûte beaucoup.

Théodosie. Oui, au cœur qui fuit l'abjection, mais non à celui qui l'aime véritablement.

Cornélie. Mais j'aimerais mieux dire toutes ces choses de moi-même, que de l'entendre dire par d'autres.

Théodosie. Le dire, pourvu qu'on le pense, est quelque chose; mais l'entendre dire volontiers, et de quelque bouche que ce soit, sans s'en offenser, c'est la perfection de l'humilité.

Athanasie. Vos paroles portent insensiblement l'amour de l'abjection dans nos cœurs.

Théodosie. Si vous avez cet amour, vous supporterez patiemment qu'on dise même de vous le mal qui n'est pas.

Cornélie. Je ne croyais pas qu'on dût supporter cela.

Théodosie. Vous me pardonnerez. Le vrai humble se contente en ces occasions de rendre témoignage à la vérité, en niant doucement ce qui n'est pas, puis il demeure en paix, et savoure en silence la douceur que Dieu fait goûter au cœur vraiment humble.

Athanasie. Il n'est donc jamais permis de demander des réparations?

Théodosie. Il y a des cas où il est même nécessaire; mais, en ces cas, il faut bien examiner par quel esprit on agit, et sur-tout bien prendre garde de le faire par un esprit de vengeance.

Cornélie. Si cela est ainsi, comment donc cette personne reçoit-elle les avis, les répréhensions, les rebuts, les paroles grossières ou méprisantes, les préférences des autres à elle, et généralement toutes les petites humiliations qui sont si ordinaires dans la vie?

Théodosie. Avec paix, douceur et tranquillité;

E

son cœur qui s'y attend et qui aime l'abjection, n'en est pas seulement ému.

Athanasie. Que ce portrait me plaît, et que je désirerais lui ressembler !

Théodosie. Priez, travaillez, mais priez sans cesse, et travaillez de toutes vos forces, et vous deviendrez telle.

Cornélie. Je le souhaite avec impatience, et rien ne m'arrivera de plus agréable.

SUR LES DÉFAUTS

Dont il faut se défier le plus dans l'exercice de la Vertu.

FRANÇOISE.

Vous voilà venue fort à propos pour nous expliquer quelques difficultés qui nous embarrassent.

Thérèse. Vous me ferez bien de la grâce, si vous voulez souffrir que je profite de vos lumières.

Hélène. Ce sont les vôtres que nous attendons, et sur lesquelles nous comptons beaucoup.

Thérèse. Croyez-moi, bannissons les complimens, et parlons naïvement tour-à-tour.

Françoise. Dites-nous, s'il vous plaît, quels sont les défauts dont il faut le plus se défier dans l'exercice de la vertu ?

Thérèse. Selon moi, c'est la curiosité, le trop parler, les attaches et la jalousie.

Hélène. En voilà beaucoup à la fois.

Thérèse. Il est vrai ; mais si vous y prenez garde, il n'est guère de vertu qui en soit entièrement exempte.

Françoise. Je plains donc bien la vertu, si elle est sujette à tant de défauts.

Thérèse. Vous avez raison ; mais c'est le triste état de cette vie.

Hélène. Heureux qui s'en préserve !

Thérèse. C'est à quoi il faut travailler continuellement.

Françoise. Mais ces défauts ne se rencontrent pas toujours tous quatre ensemble dans la même personne.

Thérèse. Il est vrai ; mais aussi vous savez qu'il n'en faut qu'un pour tout gâter.

Hélène. Mais y a-t-il tant de mal à contenter sa curiosité ?

Thérèse. J'avoue que toute curiosité n'est pas également blâmable.

Françoise. Quelle curiosité condamnez-vous donc absolument dans l'exercice de la vertu ?

Thérèse. Celle qui ne sert qu'à repaître vainement l'esprit, et qu'à amuser inutilement le cœur.

Hélène. Mais je ne me trouve point coupable de celle-là.

Thérèse. A la bonne heure. Mais combien vous arrive-t-il dans une journée de regarder par une porte ou par une fenêtre, de jeter des regards sans nécessité, ou par les rues ou dans l'église, de prêter indiscrètement l'oreille aux choses dont vous n'avez que faire, et de faire par légèreté cent questions autant à charge aux autres que nuisibles à vous-même ?

Françoise. Je ne me suis jamais aperçue que cela me fût nuisible.

Thérèse. Cela montre que vous ne vous connaissez guère. Car d'où viennent donc ces distractions perpétuelles dans la prière, ces inapplications d'esprit dans l'oraison, ces sécheresses et aridités dans la communion, et cette langueur insupportable dans tous les exercices de la piété chrétienne ?

Hélène. Je vois bien qu'il faut se rendre à la force de ce détail ; mais pensez-vous que le trop parler nuise autant que la curiosité ?

Thérèse. Vous pouvez compter que la curiosité est le moindre des quatre défauts que je vous ai nommés.

Françoise. En quoi peut donc nuire le trop parler ?

E 2

Thérèse. Comptez-vous pour rien la perte du temps, la perte de la santé, la perte de la grâce ?

Hélène. Je conçois comment on perd son temps et sa santé, mais je ne conçois pas comment on perd la grâce.

Thérèse. Peut-on parler long-temps sans faire bien des péchés ?

Françoise. Pour moi, je le pensais.

Thérèse. Vous avez donc plus de lumières que le Sage, qui nous assure (1) que les longs discours ne seront pas exempts de péché ?

Hélène. Mais quels péchés peut-on commettre par le trop parler ?

Thérèse. Tantôt c'est la charité que l'on blesse, tantôt c'est l'humilité, une autre fois c'est la vérité, et toujours l'esprit de mortification.

Françoise. Trouvez-vous les mêmes inconvéniens dans les attaches ?

Thérèse. Je n'y en trouve pas moins.

Hélène. Mais toute attache n'est pas vicieuse ?

Thérèse. Il est vrai ; mais où sont celles qui ne le deviennent pas avec le temps ?

Françoise. Est-ce que le temps fait quelque chose à cela ?

Thérèse. Oui, sans doute, parce que ce qui était d'abord innocent dégénère souvent avec le temps, et cesse de l'être.

Hélène. A quoi peut-on connaître ces sortes d'attaches ?

Thérèse. On le sent mieux qu'on ne le peut dire.

Françoise. Il n'y a donc qu'à s'examiner pour le connaître ?

Thérèse. Il vaut bien mieux prévenir ce mal, que de chercher à le guérir.

Hélène. Mais enfin, en le connaissant, on y apporte du rem d .

Thérèse. Pas toujours ; car si ce mal dans son

---

(1) Prov. 10. 19.

commencement est comme une étincelle facile à éteindre, il est dans son progrès comme un incendie qu'on ne peut arrêter.

Françoise. En direz-vous autant de la jalousie ?

Thérèse. Ce défaut surpasse tous les autres, et a des suites encore plus fâcheuses.

Hélène. Mais n'est-il pas juste de vouloir être traité comme les autres par ceux qui sont également redevables à tous ?

Thérèse Voilà justement le manteau dont on couvre ce vice ; eh ! qui n'en voit le spécieux ?

Françoise. Pour moi, j'avoue que je ne le vois pas.

Thérèse. C'est le propre de ce vice, de boucher les yeux à ceux qui en sont une fois blessés.

Hélène. Quoi ! ce que j'ai dit n'est-il pas juste, et ne doit-on pas être égal pour tous ?

Thérèse. Le vrai humble croit que rien ne lui est dû, il se tient toujours très-obligé de la portion qu'on lui donne, et regarde tout le bien qu'on lui fait comme une grâce, et non comme une dette ; et ainsi il est toujours content de la conduite que l'on tient à son égard.

Françoise. Mais n'est-il pas permis de regarder si on ne fait pas plus pour les autres que pour soi ?

Thérèse. Voilà justement l'écueil des ames superbes.

Hélène. Mais c'est le désir d'avancer dans la vertu qui donne cette émulation.

Thérèse. Au lieu d'émulation, dites jalousie, et vous vous exprimerez bien mieux.

Françoise. A quoi connaissez-vous que c'est jalousie, et non émulation ?

Thérèse. Aux plaintes, murmures, mécontentemens, secrets et découragemens qui suivent toujours ; ce qui ne se trouve jamais dans une véritable émulation.

Hélène. Vous voulez donc faire entendre qu'une ame jalouse est en proie à toutes ces suites de la jalousie ?

Thérèse. Il n'est pas besoin de le dire ; car celles

qui sont sujettes à cette maladie le sentent assez.

Françoise. Voilà bien des écueils pour la vertu.

Thérèse. Vous avez raison, et c'est pour cela que la vigilance est tant recommandée dans les Ecritures.

Hélène. Nous vous remercions de cette nouvelle découverte; nous allons travailler de toutes nos forces pour en profiter.

SUR LA COMMUNION DES HUIT JOURS.

LAURENCE.

Je vous désire avec bien de l'empressement pour vous entretenir d'un sujet qui me paraît bien important.

Macarie. Vous me faites beaucoup d'honneur, et j'y suis bien sensible.

Pauline. Si on ne connaissait pas votre capacité, on ne s'empresserait point tant pour vous entendre.

Macarie. Laissons, s'il vous plaît, les complimens, et venons au solide.

Laurence. Pour ne point perdre le temps, je vous dirai que je me sens un fort grand attrait pour la communion; néanmoins je ne veux rien donner à cet attrait que suivant les règles : apprenez-les-moi, s'il vous plaît.

Macarie. Vos dispositions sont si raisonnables et si chrétiennes, qu'on ne peut s'empêcher de les admirer

Pauline. Comme je suis pressée du même désir, je vous fais aussi la même prière.

Macarie. Qui pourrait résister à des paroles si humbles et si modestes?

Laurence. Instruisez-nous donc, s'il vous plaît; c'est ce que nous attendons avec bien de l'ardeur.

Macarie. Ce ne sera pas moi qui vous instruirai, ce sera saint François de Sales, cet homme si éclairé dans les voies de Dieu, et si doué de grâces pour la conduite des ames.

Pauline. Quelles dispositions demande-t-il, s'il vous plaît, pour la communion des huit jours ? car voilà le terme où nous nous proposons d'arriver.

Macarie. Pour communier tous les huit jours, il faut, dit ce saint Evêque, n'avoir ni péché mortel, ni aucune affection au péché véniel, et avoir un grand désir de communier.

Laurence. Ces paroles nous encouragent; car il nous semble qu'avec le secours de la grâce, il n'y a rien là au-dessus des forces.

Macarie. Vous avez raison; mais de peur que vous ne pensiez n'avoir que peu de chemin à faire, approfondissez, et connaissez l'étendue de ces paroles.

Pauline. Aussitôt que l'on craint Dieu, il est facile de s'exempter du péché mortel.

Macarie. On pense de la sorte, quand on ne fait pas réflexion que le péché mortel a un grand nombre de portes pour entrer dans l'ame.

Laurence. Nous pensions qu'il n'en avait qu'une, qui est le violement de quelque précepte en matière de conséquence.

Macarie. Voilà ce que l'on appelle répondre avec esprit, et parler savamment; mais, de grâce, quel précepte avait violé ce serviteur négligent qui fut jeté les pieds et les mains liées dans les ténèbres extérieures ? ces Vierges qui furent rejetées de l'Epoux pour jamais? cet Evêque de l'Apocalypse, que Dieu était prêt de vomir de sa bouche, parce que son cœur ne pouvait le supporter ?

Pauline. On ne peut résister à la force de ces exemples.

Macarie. Vous voyez bien que ce n'est pas assez de s'examiner sur les péchés d'action.

Laurence. Sur quoi faut-il donc s'examiner encore?

Macarie. Sur les péchés d'état et sur les dispositions habituelles de l'ame; et ce sont là les péchés qu'il faut examiner encore avec plus de soin, parce qu'il y a beaucoup plus de chrétiens perdus pour ces péchés que pour les péchés d'action.

Pauline. Que dites-vous là ? nous ne pensions qu'à ceux d'action.

Macarie. Croyez-moi, ne négligez pas les autres ; donnez-y même une plus grande attention, parce qu'ils échappent bien plus aisément que les autres.

Laurence. O mon Dieu ! que je suis étonnée de ce que vous m'apprenez aujourd'hui ! je n'y avais jamais pensé.

Macarie. Les exemples de ce serviteur paresseux, de ces Vierges nonchalantes, et de cet Evêque à charge au cœur de Dieu, sont trop clairs sur cette matière pour oser en douter.

Pauline. C'est véritablement parce que je n'en doute pas que j'en suis effrayée.

Macarie. Ne soyez ni étonnée ni effrayée inutilement, tâchez d'en faire votre profit.

Laurence. Vous nous donnez un fort bon conseil ; mais pour l'exécuter, nous aurons besoin de savoir ce que c'est que ces péchés d'état et de dispositions habituelles.

Macarie. Les péchés d'état sont ceux dont on se rend coupable en ne remplissant pas ses devoirs, ou en ne les remplissant qu'imparfaitement. Les péchés de dispositions habituelles sont certaines habitudes dans l'ame, qui devenant peu à peu dominantes, ruinent insensiblement la charité ; tous péchés dont on ne s'aperçoit presque point, à moins que d'être très-clairvoyant.

Pauline. Ces explications nous instruisent, mais elles ne dissipent point nos frayeurs.

Macarie. Ne les portez point trop loin ; avec la grâce vous connaîtrez tous ces différens péchés, et vous viendrez à bout de les empêcher d'entrer dans votre cœur.

Laurence. Mais ces péchés sont bien à craindre.

Macarie. Il est vrai ; mais il ne faut pas tellement les craindre qu'on perde la force nécessaire pour les combattre.

Pauline. Le courage nous revient peu à peu en

vous entendant, et le désir nous prend de savoir s'il est aussi difficile d'avoir la seconde disposition que la première.

Macarie. Il n'est pas difficile, mais il est plus rare ; car combien est-il de personnes qui conservent toujours quelque secrète affection pour le péché véniel ?

Laurence. Ce que vous dites là serait-il possible ?

Macarie. Hélas ! il n'est que trop véritable.

Pauline. Mais nous croyons n'aimer aucun péché.

Macarie. Pourquoi donc en est-il que vous ménagiez si fort, et dont vous ne vous défaites jamais ?

Laurence. Nous les détestons néanmoins toutes les fois que nous allons à confesse.

Macarie. J'en conviens ; mais souvent la bouche ou l'imagination y a plus de part que le cœur.

Pauline. Mais nous croyons les détester sincèrement.

Macarie. Si cela est, pourquoi donc ne vous en séparez-vous pas ? garde-t-on ce que l'on déteste véritablement ?

Laurence. Ces raisons sont convaincantes, on ne peut tenir contre ; mais saint François de Sales, en interdisant l'affection au péché véniel, veut-il aussi que l'on soit, en communiant, sans péché véniel ?

Macarie. Il n'en parle pas, et il suppose que chacun fait ce qu'il peut pour n'en point avoir.

Pauline. Y aurait-il un grand mal de communier avec quelque péché véniel ?

Macarie. Pour moi, je ne vous le conseillerais pas, sans auparavant avoir fait tout ce que vous pourriez pour vous en purifier.

Laurence. Pourquoi, s'il vous plaît ?

Macarie. C'est que plus l'âme est pure, plus elle reçoit de grâces.

Pauline. Mais ce sacrement a la vertu d'effacer les péchés véniels ?

Macarie. J'en conviens ; mais ce n'est pas là la fin principale de son institution.

Laurence. Quel avantage donc y trouve-t-on, quand on y vient sans péché véniel ?

Macarie. Un très-grand, puisqu'alors toute la vertu du sacrement se tourne en augmentation de la pureté que l'on avait déjà.

Pauline. Je trouve cette raison fort bonne.

Macarie. Elle l'est en effet ; car la vertu de ce sacrement étant mesurée, si elle est employée à une chose, elle ne l'est pas à l'autre.

Laurence. Instruisez-nous, s'il vous plaît, sur la dernière disposition, qui est d'avoir un grand désir de communier.

Macarie. Cette disposition est la preuve des deux autres.

Pauline. Comment cela, s'il vous plaît ?

Macarie. C'est que ce grand désir est la suite comme naturelle de la pureté du cœur et de son amour pour Jésus-Christ.

Laurence. Je croyais qu'il n'y avait qu'à former ce désir, et que rien n'était plus aisé.

Macarie. S'il ne s'agissait que d'un désir purement naturel, vous auriez raison ; mais il s'agit d'un désir bien plus excellent.

Pauline. Comment doit-il être pour être tel que vous le demandez ?

Macarie. Il doit partir d'un cœur pur, et plein de flamme pour Jésus-Christ.

Laurence. Il n'y a donc point de désir sans cela ?

Macarie. Il peut y en avoir, mais ce n'est pas ce grand désir que demande saint François de Sales.

Pauline. Si cela est ainsi, quelles dispositions faut-il donc avoir pour communier encore plus souvent que les huit jours ?

Macarie. Hélas ! il faudrait être tout Ange et tout Séraphin : tout Ange en pureté, et tout Séraphin en amour ; mais comme cela n'est pas possible en cette vie, saint François de Sales demande seulement qu'outre les dispositions dont nous venons de parler, l'on ait surmonté déjà la plupart de ses mauvaises inclinations.

Laurence. A quoi les connaître, ces mauvaises inclinations ?

Macarie. Consultez votre cœur, écoutez vos amies, voyez tout ce qui fatigue le prochain, ce qui vous est à charge à vous-même, et ce qui peut déplaire à Dieu : voilà ce qu'il faut avoir déjà détruit pour la plupart.

Pauline. Sur ce pied, il est bien peu de personnes capables de communier souvent.

Macarie. S'il en est peu qui en soient capables, tous le peuvent devenir en travaillant.

Laurence. Mais ce travail coûte beaucoup.

Macarie. Pas tant que vous le pensez; car à peine a-t-on mis la main à l'œuvre, que tout s'applanit, et devient aisé.

Pauline. Vous nous encouragez beaucoup.

Macarie. Si votre attrait pour la communion est sincère comme vous le dites, rien ne vous coûtera pour vous en rendre digne.

Laurence. Soutenues de vos paroles, nous allons travailler de toutes nos forces ; priez Dieu qu'il bénisse nos efforts.

SUR LA DOUCEUR DE LA CONDUITE.

ADÉLAÏDE.

Après vous avoir entendu sur la douceur des paroles, nous souhaiterions bien vous entendre parler sur la douceur de la conduite.

Claire. Vous avez raison de distinguer ces deux choses, car elles le sont en effet.

Athénaïs. C'est ce qui nous presse de vous entendre sur ce sujet, afin de ne nous y pas méprendre.

Claire. Pour avoir la douceur de la conduite, il

ne suffit pas de parler doucement, il faut encore avoir des manières aisées et accommodantes.

Adélaïde. C'est ce que l'on rencontre bien peu dans le monde.

Claire. Tout ce qui est vertu, est de ce genre.

Athénaïs. En effet, il est des personnes qui parlent doucement, et avec qui on ne saurait vivre.

Claire. Vous aimeriez mieux apparemment avoir à vivre avec des personnes qui parlent rustiquement, mais dont le cœur est bon.

Adélaïde. Je les préférerais mille fois.

Claire. Quoique ces dernières soient très-imparfaites et très-incommodes, je conviens qu'elles le sont moins que les autres.

Athénaïs. Je les préférerais aussi aux premières.

Claire. Cherchons donc ce qui peut faire ce que nous appelons la douceur de la conduite.

Adélaïde. C'est ce que nous attendons avec impatience.

Claire. Selon moi, il ne faut pour cela qu'un esprit juste et raisonnable, soutenu de la grâce.

Athénaïs. Comment faut-il qu'il soit fait pour être tel ?

Claire. Il faut qu'il ne soit ni pointilleux, ni contrariant, ni ombrageux.

Adélaïde. Voilà bien des affaires.

Claire. Il n'en faut pourtant pas moins pour faire un esprit juste et raisonnable.

Athénaïs. Quoique nous entendions déjà ce que veulent dire tous ces mots, ayez encore la bonté de nous les expliquer.

Claire. L'esprit pointilleux est celui qui dispute pour un rien, pour une épingle. L'esprit contrariant est celui qui ne trouve rien de bien dit et de bien fait dans les autres. L'esprit ombrageux est celui qui donne dans des travers continuels.

Adélaïde. Voilà trois caractères d'esprit bien étranges.

Claire. Qui pourrait dire ce que ces esprits font souffrir aux autres, serait bien habile.

Athénaïs. Mais on ne saurait vivre avec de tels esprits.

Claire. Avec de la vertu on y vit fort bien.

Adélaïde. Dites plutôt, on y souffre fort bien.

Claire. Cela n'est point opposé ; car on peut y bien vivre et y bien souffrir en même temps.

Athénaïs. Mais si on n'a pas de vertu ?

Claire. Il faut en amasser promptement, et même en faire une bonne provision.

Adélaïde. La vertu n'est-elle pas un don de Dieu ?

Claire. Il est vrai, mais Dieu n'en favorise que ceux qui travaillent beaucoup pour l'avoir.

Athénaïs. Après tout, j'aurais bien de la peine à souffrir ces sortes d'esprits.

Claire. Prenez garde, vous vous écartez de votre sujet.

Adélaïde. Je ne le vois pas.

Claire. Vous me demandez ce qu'il faut faire pour avoir la douceur de la conduite, et vous vous échauffez contre ceux qui ne l'ont pas.

Athénaïs. Je le vois à présent ; mais c'est que naturellement on s'anime quand on entend parler de ces caractères d'esprit.

Claire. La sagesse demande qu'on ne suive pas toujours son feu.

Adélaïde. Nous admirons toute la justesse de vos paroles ; marquez-nous ce qu'il faut faire pour guérir ces maladies.

Claire. Pour cesser d'être pointilleux, il n'y a qu'à s'interdire toute dispute et toute contestation.

Athénaïs. Mais il est des occasions où l'on ne peut s'en exempter.

Claire. Dans ces occasions il faut dire modestement ses raisons par manière de remontrance, et non en disputant, et se laisser toujours juger.

Adélaïde. N'y a-t-il que cela à faire ? Cela est aisé.

Claire. Oui, à un esprit raisonnable, mais non

à un esprit pointilleux ; car pour une épingle, ces sortes d'esprits se feraient déchirer.

Athénais. Voilà une grande pitié.

Claire. Il est vrai ; mais tout le monde voit si je dis rien de trop.

Adélaïde. Et pour se défaire de l'esprit contrariant, quelles mesures faut-il garder ?

Claire. Il faut croire tous les autres supérieurs à nous, en lumières, en esprit, en adresse, en savoir faire, et généralement en toute chose.

Athénais. Mais c'est renoncer à sa raison et à son jugement, et la procurer aux autres.

Claire. Hé ! que ne doit-on pas faire pour avoir la paix ?

Adélaïde. Est-il aussi facile de se défaire de l'esprit ombrageux ?

Claire. Non, pas si facile.

Athénais. Pourquoi, s'il vous plaît ?

Claire. C'est que l'esprit ombrageux prend sa racine dans une imagination blessée, et rien n'est plus difficile que de guérir une telle imagination.

Adélaïde. C'est donc un mal incurable ?

Claire. Il ne l'est pas absolument, mais il en approche bien ; car comment guérir des personnes à qui l'imagination représente blanc ce qui est noir, et noir ce qui est blanc ?

Athénaïs. Voilà un terrible dérangement de cerveau.

Claire. N'est-ce pas néanmoins ce que l'on voit tous les jours ?

Adélaïde. Je vois bien à présent que ce sont là les esprits les plus à plaindre, et même les plus à craindre.

Claire. Vous avez raison, car ces esprits ne reviennent presque jamais de leurs travers.

Athénaïs. Voilà un grand malheur.

Claire. Tout des plus grands ; mais il est encore un caractère d'esprit dont on ne saurait trop se donner de garde.

Adélaïde. Quel est-il ?

sur la douceur de la Conduite.

Claire. C'est l'esprit extrême.

Athénaïs. En quoi consiste-t-il ?

Claire. A ne garder en rien un tempérament, et à porter tout à des extrémités dangereuses.

Adélaïde. Que faut-il faire pour s'en guérir ?

Claire. Il faut commencer par n'avoir jamais pour amis gens de ce caractère.

Athénaïs. Faut-il en rester là ?

Claire. Il faut encore peser judicieusement toutes les raisons de part et d'autre, et se défier toujours de tout ce qui s'écarte d'un juste milieu.

Adélaïde. Ne demandez-vous que cela ?

Claire. Ne faites amitié qu'avec des esprits modérés, si vous pouvez en trouver.

Athénaïs. S'il n'en est point ?

Claire. Vous donnez dans l'extrémité, sans y penser.

Adélaïde. Où les trouver ?

Claire. Ils sont rares, à la vérité ; mais il en est.

Athénaïs. Ces esprits sont à ménager.

Claire. Vous voilà encore dans une autre extrémité ; du moins ces paroles le font sentir.

Adélaïde. Ces paroles sont fortes, à la vérité ; mais ne sont-elles pas vraies ?

Claire. J'en conviens, quand la modération les accompagne.

Athénaïs. C'est donc avec ces personnes que l'on trouve la douceur de la conduite ?

Claire. Ah ! c'est déjà un paradis anticipé.

Adélaïde. Je désire bien d'en trouver de telles.

Claire. Non-seulement trouvez-en ; mais devenez telle vous même, afin que l'on trouve en vous ce paradis anticipé.

Athénaïs. S'il ne tient qu'à travailler, je ne veux rien épargner pour en venir à bout.

Claire. Je suis réjouie de votre résolution, je lui souhaite un bon succès.

Adélaïde. Dieu le veuille ! Dieu nous en fasse la grâce !

SUR L'ORAISON.

Aurèle.

Ne me prendrez-vous pas pour une spirituelle, si je vous propose aujourd'hui une conversation sur l'oraison ?

Aure. Je n'avais pas besoin de cette proposition pour vous croire telle.

Aurélie. Pour moi, je n'ai rien à craindre de cette réputation ; tout le monde sait que je la suis fort peu.

Aure. Tout le monde sait aussi que vous avez tout ce qu'il faut pour le devenir.

Aurèle. Regardez-nous, s'il vous plaît, toutes les deux comme des novices en cette matière, et instruisez-nous.

Aure. Pensez-vous qu'il soit aisé de le faire ? Il n'appartient qu'à des personnes consommées d'en parler comme il faut.

Aurélie. Nous serons contentes d'en savoir ce que vous voudrez bien nous en apprendre.

Aure. Parlons donc, puisque vous le voulez.

Aurèle. Nous vous en prions instamment.

Aure. L'oraison, sur laquelle vous désirez d'être instruites avec tant d'ardeur, n'est autre chose qu'un saint commerce de l'ame avec Dieu.

Aurélie. Ces paroles nous en donnent déjà une haute idée.

Aure. L'ame qui aspire à l'oraison, ne prétend pas moins que d'entrer en conversation avec Dieu.

Aurèle. Cette prétention est bien grande pour une faible créature.

Aure. J'en conviens : mais il faut se taire quand c'est Dieu qui veut nous honorer de la sorte.

Aurélie. Mais c'est entrer en quelque sorte en familiarité avec Dieu.

Aure. Il est vrai ; mais Dieu n'est-il pas le maître de ses faveurs ?

Aurèle. Je sens déjà mon cœur tout échauffé, et tout plein de désirs d'avoir part à ce céleste et tout divin entretien.

Aure. C'est notre malheur de négliger des faveurs si grandes.

Aurélie. Apprenez-nous un art si divin.

Aure. Pour y réussir, il faut s'y présenter avec une conscience purifiée, un cœur détaché et un esprit recueilli.

Aurèle. Voilà bien de l'ouvrage.

Aure. Il est vrai ; mais sans ces dispositions ne comptez jamais d'y réussir, ni d'y faire aucun progrès.

Aurélie. Ne serait-ce point là la cause du peu de fruit que nous en retirons ?

Aure. C'est à vous à l'examiner attentivement ; ce que je sais, c'est que sans cette pureté de conscience, ce détachement du cœur, et ce recueillement de l'esprit, on ne peut recevoir les célestes influences.

Aurèle. Ne cherchons point ailleurs l'inutilité de nos oraisons, en voilà la source.

Aure. Si vous êtes sages, vous devez en chercher le remède.

Aurélie Ainsi disposées, comment devons-nous commencer ?

Aure. Vous devez d'abord vous bien persuader que Dieu est présent, qu'il vous voit, et qu'il est prêt à vous écouter.

Aurèle Ne faut-il pas aussitôt s'humilier devant une si grande majesté ?

Aure. C'est à quoi vous ne devez pas manquer, en jetant un regard sur votre néant et sur vos péchés.

Aurélie. Sont-ce là toutes les préparations que vous demandez ?

Aure. Il faut encore demander le secours du Saint-Esprit, l'assistance de la sainte Vierge et des Saints.

Aurèle. Cela fait, on peut donc entrer en oraison?

Aure. Ne confondez pas, s'il vous plaît, l'oraison avec la méditation; car l'une n'est pas l'autre.

Aurélie. Je les avais confondues jusqu'ici.

Aure. Ne le faites plus désormais, si vous ne voulez vous tromper.

Aurèle. Quelle différence y mettez-vous?

Aure. La voici. L'oraison consiste dans la prière du cœur, et la méditation dans les réflexions de l'esprit. L'oraison est la fin de la méditation, et la méditation n'en est que la voie et comme l'introduction.

Aurélie. Il faut donc commencer par la méditation?

Aure. Oui; car elle nous instruit, et en nous instruisant, elle nous dispose à prier, gémir et soupirer devant Dieu, ce qui est la véritable oraison.

Aurèle. L'oraison n'est-elle que la prière et le gémissement de l'ame devant Dieu?

Aure. Elle est aussi une union de l'ame avec Dieu, laquelle se reposant en lui comme saint Jean sur la poitrine de Jésus-Christ, tire de cette bienheureuse source toutes les grâces, toutes les lumières et toute la force dont elle a besoin pour se soutenir dans le service de Dieu.

Aurélie. L'ame ne fait-elle que cela dans l'oraison?

Aure. Quelquefois, s'oubliant saintement elle-même, elle ne pense plus qu'à se réjouir de ce que Dieu est si grand et si parfait, et alors elle se répand en louanges et en bénédictions.

Aurèle. Je vois bien à présent qu'il ne faut pas confondre l'oraison avec la méditation, et qu'elles sont fort distinguées.

Aure. Je suis bien aise que vous en sentiez vous-même la différence.

Aurélie. Que faut-il méditer, s'il vous plaît, dans les commencemens?

Aure. Rien n'est meilleur que de s'attacher à quelque chose de sensible, et qui puisse aisément se graver dans le cœur; tels sont les exemples de vertus que l'on trouve dans la vie de Jésus-Christ, de la sainte Vierge et des Saints.

Aurèle. Je croyais qu'il fallait méditer ces exemples, non-seulement dans les commencemens, mais encore toute sa vie.

Aure. Vous pensez juste ; il le faut aussi, puisqu'en tout âge on ne peut trouver de plus sûres règles de conduite.

Aurélie. Pourquoi donc, s'il vous plaît, dites-vous qu'il faut commencer par là ?

Aure. C'est pour vous faire entendre qu'il faut bien se donner de garde d'entrer dans ces méditations abstraites, qui n'ont souvent d'autre fruit que la perte du temps.

Aurèle. Comment faut-il méditer ces exemples ?

Aure. Avec simplicité, en se demandant à soi-même : est ce ainsi que je pense, que je parle, que j'agis ? sont-ce là mes sentimens, mes vues, mes pensées, ma conduite ? pourquoi ne suis-je pas telle ? à quoi tient-il ?

Aurélie. Je pensais que pour bien méditer, il fallait produire de grandes réflexions, de belles pensées, et sortir de là capable de faire de beaux discours.

Aure. Non, le plus simple et le plus uni en cette matière est toujours le plus utile, parce qu'il est bien plus propre à pénétrer le cœur.

Aurèle. Faut-il toujours se parler ainsi à soi-même ?

Aure. Il n'est pas nécessaire ; quelquefois on se contente de se pénétrer de ces exemples, sans rien dire ; d'autres fois on se repose doucement dans l'amour de ces exemple, et dans le désir de les pratiquer.

Aurélie. Est-ce là la plus utile manière de méditer ?

Aure. N'en doutez pas ; car ceux qui voltigent de pensées en pensées, sans se laisser pénétrer de rien, ressemblent à ces abeilles qui passent de fleurs en fleurs sans en tirer aucun suc, et ne font jamais de miel.

Aurèle. Je comprends, en vous entendant, que l'important de la méditation est de se laisser pénétrer des vérités, et d'en tirer tout le suc pour s'en nourrir à loisir, en sorte que l'ame devienne comme une même chose avec ces vérités.

Aure. Vous comprenez fort juste ; il n'y a plus qu'à tenir cette conduite dans la pratique.

Aurélie. Mais si, malgré ces précautions, le cœur demeure à sec, que faudra-t-il faire ?

Aure. Il faudra s'exciter, s'animer, se frapper, dit saint François de Sales, comme ces pauvres qui, manquant de bois dans l'hiver, se frappent pour s'échauffer.

Aurèle. Parlez-nous sans figure.

Aure. C'est-à-dire qu'il faudra échauffer son cœur à force de faire des actes, tantôt d'humilité, tantôt de confiance, quelquefois de contrition, d'autres fois d'amour.

Aurélie. Si cela continue long-temps ?

Aure. Il ne faut jamais perdre patience, tôt ou tard l'époux reviendra, et le calme sera grand.

Aurèle. Que faire dans ces momens où le cœur se trouve tout enflammé et comme hors de lui-même par la consolation que Dieu lui fait sentir ?

Aure. Il ne faut jamais s'en prévaloir, ni trop compter dessus, et se préparer déjà au temps nébuleux qui pourra bientôt succéder.

Aurélie. C'est-à-dire qu'en tout temps il faut se tenir devant Dieu dans une grande humilité et une grande dépendance.

Aure. Vous l'avez dit, et rien n'est plus nécessaire pour se rendre digne de ses faveurs.

Aurèle. Après les exemples de Jésus-Christ, de la sainte Vierge et des Saints, que peut-on méditer ?

Aure. C'est en quoi l'on ne tarit point, qu'en sujets de méditations.

Aurélie. J'ai pourtant ouï dire qu'il était peu de livres dont les méditations fussent bien bonnes.

Aure. Pardonnez-moi, si je dis que vous changez

sur l'Oraison.

la question ; je parle de sujets de méditations, et vous, vous parlez de livres de méditations.

Aurélie. Mais n'est-ce pas dans les livres de méditations qu'on trouve les sujets de méditations ?

Aure. Il est vrai ; mais quand le Saint-Esprit veut nous en fournir lui-même, il ne faut pas en chercher ailleurs.

Aurélie. On n'a donc recours aux livres que quand le Saint-Esprit ne parle point ?

Aure. Un mot, une pensée, un sentiment que le Saint-Esprit met au cœur, et dont il le nourrit intérieurement, vaut mieux que toutes les méditations du monde.

Aurèle. On peut donc, dans ces occasions, quitter son sujet, pour suivre cet attrait du Saint-Esprit.

Aure. Ne dites pas, on peut ; dites, on doit : le Saint-Esprit n'est-il pas le maître de nous conduire par quel chemin il lui plaît, et n'est-ce pas à nous à lui obéir, et à le suivre pas à pas ?

Aurélie. Je suis charmée d'apprendre cela ; car je croyais qu'il fallait se tenir lié à son sujet, sans jamais s'en écarter.

Aure. L'Esprit de Dieu est un esprit de liberté ; ainsi il faut bien se donner de garde de cet esprit de gêne.

Aurèle. Me voilà bien soulagée de savoir ce secret ; apprenez-moi, s'il vous plaît, ce qu'on peut encore méditer.

Aure. Parcourez toutes les perfections de Dieu l'une après l'autre ; voilà des sujets pour bien du temps.

Aurélie. Ces sujets sont bien élevés.

Aure. Si ceux-là vous paraissent trop élevés, méditez de suite toutes les vertus de Jésus-Christ.

Aurèle. Ceux-là sont plus à notre portée.

Aure. Prenez ensuite toutes les vérités du salut, et nourrissez-vous de chacune en particulier.

Aurélie. Plus vous nous parlez, plus vous nous rendez la chose aisée.

Aure. Voulez-vous des sujets encore plus faciles ? prenez tous vos défauts les uns après les autres, et en ne les quittant qu'après les avoir déracinés, vous aurez des sujets pour toute votre vie.

Aurèle. Mais encore, quels livres conseilleriez-vous à une personne qui voudrait s'adonner à ce saint exercice ?

Aure. On peut prendre le livre des Pensées chrétiennes, celui de l'Imitation, les deux Sermons de Notre-Seigneur, et les endroits les plus instructifs des Épîtres de saint Paul et des autres Apôtres.

Aurélie. Nous voudrions avec cela quelques livres de méditations.

Aure. Pourvu qu'il soit approuvé, choisissez celui que vous goûterez le plus.

Aurèle. Comment faut-il se retirer de devant Dieu, lorsque la fin de la méditation est venue ?

Aure. Toute pénétrée de l'honneur que l'on vient de recevoir, toute pénétrée des vérités que l'on vient de méditer, toute pénétrée du désir de les mettre en pratique.

Aurélie. Ne doit-on pas prendre quelque oraison particulière, et retenir quelque pensée principale, pour s'en occuper pendant la journée ?

Aure. Les Saints qui ont parlé de l'oraison l'ont fort conseillé ; et qui peut le faire, fait très-bien.

Aurèle. Bien des remercîmens d'une instruction si utile et si nécessaire.

Aure. Je désire que vous en profitiez.

Aurélie. Nous y allons travailler de toutes nos forces.

SUR LA PERFECTION.

Pompose.

Il y a long-temps que vous nous faites espérer une conversation sur la perfection, voudriez-vous que ce fût aujourd'hui ?

Praxède. Croyez-moi, laissons aux parfaits de parler de la perfection.

Publie. Si je ne craignais de blesser votre modestie, je sais ce que je vous répondrais.

Praxède. Si vos paroles pouvaient me donner ce que je n'ai pas, je me trouverais bien heureuse.

Pompose. Je ne sais point de meilleur moyen pour s'enflammer à la poursuite d'un bien que d'en parler souvent.

Praxède. Ce n'est pas que je refuse d'en parler, mais c'est que je crains d'en parler mal.

Publie. Parlez-en toujours, si vous m'en croyez.

Praxède. Commencez, s'il vous plaît.

Pompose. Dites-nous, de grâce, si toute personne est appelée à la perfection ?

Praxède. Ouvrez l'évangile, et vous y trouverez ces paroles : Soyez parfaits comme votre Père céleste est parfait.

Publie. Ces paroles s'adressent-elles à tout le monde indifféremment ?

Praxède. Ne voyez-vous pas qu'elles ne renferment aucune exception ?

Pompose. Qui peut atteindre à cette perfection ?

Praxède. Ne vous y trompez pas : Jésus-Christ n'a pas dit d'y atteindre, mais de l'imiter.

Publie. Jésus-Christ n'a-t-il pas dit : Soyez parfaits comme votre Père céleste est parfait ?

Praxède. Il est vrai ; mais ces paroles n'expriment qu'une ressemblance et une imitation, et non pas une parfaite égalité.

Pompose. Comment se serait-il donc expliqué, s'il avait voulu marquer une parfaite égalité ?

Praxède. Il aurait dit : Soyez aussi parfaits que votre Père est parfait.

Publie. Ce petit mot nous fait d'abord comprendre ce que nous ne comprenions pas.

Praxède. La sagesse demande que l'on ne se préoccupe sur rien.

Pompose. Vous avez bien raison. En quoi, s'il

vous plaît, faites-vous consister cette perfection que Jésus-Christ demande à tous ?

Praxède. Avant de vous dire mon sentiment, il est juste de vous écouter auparavant.

Publie. Pour moi, quand je pense à la perfection, je me figure une personne sans défauts.

Praxède. Cette idée convient bien à la perfection des Bienheureux qui sont dans le ciel, mais non à celle des faibles créatures qui sont encore sur la terre.

Pompose. Qui dit néanmoins une chose parfaite, dit une chose qui n'a point de défaut.

Praxède. En cette vie on n'entend autre chose que ce qui est aussi accompli qu'il peut l'être.

Publie. Vous laissez donc des défauts aux parfaits de ce monde ?

Praxède. Je leur en laisse, comme on laisse des ombres dans une peinture que l'on dit accomplie.

Pompose. Mais ces ombres ont leur utilité dans une peinture, au lieu que les défauts ne servent qu'à défigurer la perfection.

Praxède. Ils ont la même utilité que les ombres dans un beau tableau.

Publie. Comment cela peut-il être ?

Praxède. C'est que de même que les ombres soutiennent et font briller les autres couleurs, aussi les défauts soutiennent et font éclater les vertus qui composent la perfection.

Pompose. Vous trouvez de la ressemblance où je n'y en aurais seulement pas pensé.

Praxède. Vous voyez néanmoins que la comparaison est juste.

Publie. Je ne vois pourtant pas bien comment les défauts soutiennent et font éclater les vertus.

Praxède. Ne voyez-vous pas que ce sont les défauts, envisagés chrétiennement, qui nourrissent et entretiennent l'humilité, d'où toutes les vertus tirent leur appui et leur éclat ?

Pompose. Je le vois à présent ; mais du moins
quand

quand je pense à une personne parfaite, je me représente une personne douée de talens et de vertus extraordinaires.

Praxède. Il est vrai qu'il y a eu bien des Saints de cette sorte ; mais vous devez convenir que tous ne possèdent pas ces talens et ces dons extraordinaires.

Publie. En pourriez-vous bien citer quelqu'un ?

Praxède. Je pourrais en citer un grand nombre ; mais pour que vous demeuriez sans réplique, je ne vous citerai que la sainte Vierge. Qu'y voyez-vous d'extraordinaire ? néanmoins elle a été de toutes les créatures la plus parfaite.

Pompose. Cet exemple est décisif, et ferme la bouche ; mais du moins vous conviendrez que la plupart des Saints ont eu quelque chose d'extraornaire.

Praxède. Je conviens que plusieurs ont excellé en amour de la retraite, de la pénitence, de l'oraison ; mais aussi vous en trouvez quantité en qui on ne voit rien à l'extérieur que de fort commun.

Publie. Puisqu'ils sont devenus saints, il faut bien qu'ils se soient distingués par quelques endroits ?

Praxède. Je ne nie pas qu'ils ne se soient distingués par des choses extraordinaires.

Pompose. Plusieurs ont fait des miracles.

Praxède. Il est vrai ; mais ce n'est pas toujours une marque de la perfection, puisque Dieu permet quelquefois que les méchans mêmes en fassent.

Publie. Si ce n'est point en tout cela qu'il faut mettre la perfection, dites-nous donc, s'il vous plaît, en quoi elle consiste ?

Praxède. Je ne sais si vous m'en croirez, mais je vous dirai que je la fais consister à remplir fidellement tous ses devoirs.

Pompose. Si cela est, il n'est pas si difficile d'être parfait que je le pensais.

Praxède. Il faut savoir comme vous l'entendez,

F

Publie. Quoi ! pour peu qu'on s'applique, n'est-il pas aisé de remplir ses devoirs ?

Praxède. Est-ce à dessein ou sans dessein que vous omettez deux mots qui font tout en cette matière ?

Pompose. Ces deux mots sont-ils essentiels ?

Praxède. Ils le sont absolument.

Publie. Ils sont pourtant bien courts.

Praxède. Oui, dans la prononciation ; mais non dans l'exécution.

Pompose. Je sais bien que vous avez dit, *fidellement* et *tous*....

Praxède. Et voilà justement ce qui coûte tant de peines et de sueurs.

Publie. Ce n'est donc point assez de remplir ses devoirs pour être parfait ?

Praxède. Non, il faut encore les remplir tous et fidellement ; et voilà ce qui oblige à cette vigilance et à cette violence continuelle qui ravit le ciel.

Pompose. A cela ne tienne pour le ravir.

Praxède. Je suis charmée de voir en vous cette noble ardeur.

Publie. Le ciel est trop beau, et sa possession trop précieuse, pour ne pas tout faire pour l'avoir.

Praxède. Faites ce que vous dites, et dans quatre momens l'éternité sera à vous.

Pompose. Avec le temps la vertu devient facile.

Praxède. Il est vrai ; mais sachez qu'il en coûte toujours, quand on veut traîner ce corps de boue par mille routes où il ne veut point aller.

Publie. Il vaut mieux le traîner, que de s'en laisser entraîner.

Praxède. Quand nous le traînons, c'est au ciel que nous le menons ; quand il nous entraîne, c'est dans l'enfer qu'il nous conduit.

Pompose. Entre ces deux extrémités, quiconque est sage a bientôt pris son parti.

Praxède. Le vrai parti est de se déterminer de bonne heure à remplir fidellement tous ses devoirs.

Publie. Expliquez-nous ces deux mots *tous* et *fidellement*.

Praxède. Qui dit les remplir tous, dit les remplir sans en omettre aucun ; qui dit les remplir fidellement, dit les remplir comme il faut.

Pompose. Nos devoirs sont-ils en si grand nombre ?

Praxède. Vous êtes douées de raison, vous êtes chrétiennes, vous êtes d'une profession particulière, vous faites partie de l'Etat et de votre paroisse, vous avez des parens, des amis, des voisins ; tout autant de devoirs que vous avez à remplir, par rapport à ces différentes personnes, et sous ces différentes qualités.

Publie. Voilà bien des devoirs.

Praxède. Il est vrai ; mais ce n'est pas moi qui les ai inventés.

Pompose. Encore si vous n'aviez pas mis le mot *fidellement*.

Praxède. Vous êtes trop éclairée pour ne pas voir que l'un sans l'autre ne conduit pas à la perfection.

Publie. Expliquez-nous ce qu'il faut faire pour les accomplir tous fidellement.

Praxède. C'est de les accomplir dans le temps, dans le lieu, de la manière, et avec le motif qu'il faut.

Pompose. Dieu est-il si attentif à toutes ces circonstances ?

Praxède. Regardez-le dans un seul exemple de l'Epouse des Cantiques, qui ne retrouve point l'Epoux, parce qu'elle a différé un moment de lui ouvrir.

Publie. Nous entendons bien ce que c'est que la fidélité au temps, au lieu, et à la manière de remplir ses devoirs ; expliquez-nous seulement ce que vous entendez par le motif.

Praxède. C'est que dans l'accomplissement des devoirs il n'y faut envisager que Dieu, et n'y rechercher que sa gloire et notre salut.

Pompose. Cela est bien parfait.

Praxède. Peut-on dire des choses trop parfaites, quand on traite de la perfection ?

Publie. J'avoue que je suis touchée de toutes ces choses, et que je n'aurais jamais pensé à mettre là la perfection.

Praxède. C'est pourtant là où doit la mettre quiconque ne veut pas prendre le change.

Pompose. J'étais donc dans la même prévention, car je pensais que pour être parfait il fallait faire des choses extraordinaires ; et c'est ce qui m'en détournait.

Praxède. Vous devez comprendre à présent qu'il n'est personne qui ne puisse y arriver avec le secours de la grâce et de son travail.

Publie. Cela est tout-à-fait encourageant, et je ne désespère plus d'y arriver.

Praxède. Je suis ravie de vous voir dans une si louable disposition.

Pompose. Pour moi, je serai bien contente d'y travailler, quand je n'y devrais jamais arriver.

Praxède. A la bonne heure, pourvu que vous y travailliez sans relâche ; car devant Dieu un pareil travail est réputé la perfection même.

Publie. Plus vous parlez, plus vous nous encouragez.

Praxède. C'est le propre de la vérité d'enflammer le cœur à la poursuite de la vertu.

Pompose. Vous aurez bien de la part dans nos progrès, puisqu'ils seront le fruit de vos instructions.

Praxède. Un peu de part dans vos prières, c'est ce que nous vous demandons avec bien du zèle.

Publie. Elles vous sont toutes acquises, et c'est pour nous un devoir de le faire tous les jours de notre vie.

SUR L'OBÉISSANCE.

Antoinette.

Il me tarde de vous voir pour profiter de vos lumières.

Berte. J'ai bien plus besoin des vôtres.

Julite. Nous attendons les vôtres avec impatience.

Berte. Puisque vous le voulez, marquez-moi sur quoi vous souhaitez que nous nous entretenions.

Antoinette. Sur l'obéissance, si vous l'avez pour agréable.

Berte. Très-volontiers : aussi-bien cette vertu peut être appelée la vertu des vertus.

Julite. Pourquoi, s'il vous plaît ?

Berte. C'est que je ne connais que cette vertu qui ne soit pas sujette à l'illusion.

Antoinette. Et l'humilité n'en est-elle pas aussi exempte ?

Berte. Non ; car on croit souvent être humble lorsqu'on ne l'est pas ; au lieu qu'on ne peut croire obéir, lorsqu'on n'obéit pas.

Julite. Cette vertu, à vous entendre, mérite plus d'attention que je ne pensais.

Berte. Elle en mérite beaucoup ; car c'est par elle que l'on connaît si l'on a les autres vertus, même l'humilité.

Antoinette. Ce n'était pas sans raison que je désirais vous entendre parler sur cette vertu.

Berte. Considérez que c'est à cette vertu que Dieu avait attaché, dès l'origine, le salut du genre humain.

Julite. Cette considération relève de beaucoup le prix et le mérite de cette vertu.

Berte. C'est encore à cette vertu que Dieu a attaché depuis, la réparation du même genre humain.

Antoinette. Plus vous parlez, plus vous nous donnez une grande idée de l'obéissance.

Berte. J'ajouterai encore, que c'est à cette vertu qu'est attaché le salut de chaque personne en particulier.

Julite. Personne ne peut donc être sauvé sans l'obéissance ?

Berte. Non, il faut nécessairement marcher par cette voie pour arriver au salut.

Antoinette. Je croyais que tout le monde n'était pas également obligé à l'obéissance.

Berte. Il est vrai que la matière de l'obéissance n'est pas la même pour tous, quoique l'obligation d'obéir soit pour tous la même.

Julite. Je trouve cela bien gênant.

Berte. O que cette gêne est précieuse, dont le fruit est une éternelle liberté !

Antoinette. Cette gêne est précieuse, à la vérité, dans ce sens ; mais ne la trouvez-vous pas bien dure dans un autre ? Quoi ! n'être jamais sa maîtresse ?

Berte. C'est justement cette indépendance que vous paraissez goûter si fort, qui cause dans les ames un si grand affaiblissement.

Julite. Je ne voudrais pas éprouver cet affaiblissement ; mais je goûterais fort d'être ma maîtresse.

Berte. Vous goûteriez donc en même temps de n'avoir point de ressemblance avec Jésus-Christ ?

Antoinette. Est-ce que Jésus-Christ n'était pas le maître de faire tout ce qu'il voulait ?

Berte. Consultez l'évangile, vous y trouverez que Jésus-Christ ne faisait, à chaque pas et à chaque moment, que ce qui lui était prescrit par son Père.

Julite. En dites-vous autant des Saints ?

Berte. Comme ils étaient tous remplis de l'esprit de Jésus-Christ, ils se conduisaient tous de la même manière.

Antoinette. Ce que vous nous dites là est d'un grand poids.

Berte. Si vous vous donnez la peine d'y réfléchir, vous verrez que cette autorité est des plus décisives.

Julite. Je trouve néanmoins qu'il est pénible d'aller

sur l'Obéissance. 127

toujours contre ses lumières et contre ses inclinations.

Berte. Oui, à une ame encore esclave d'elle-même, mais non à celle qui s'est délivrée de cet esclavage.

Antoinette. Il n'y a donc qu'à se dégager de l'amour de soi-même, pour ne point sentir de peine dans l'obéissance ?

Berte. Vous avez trouvé le secret, trouvez de même le moyen de le mettre en pratique.

Julite. C'est donc l'amour de nous-mêmes qui nous fait trouver tant de difficultés dans l'obéissance ?

Berte. Vous l'avez dit : faites-en le sacrifice, et vous l'éprouverez.

Antoinette. C'est à quoi je veux m'essayer tout de bon.

Berte. Il ne faut qu'une bonne résolution pour se trouver tout d'un coup affranchi de ce dur esclavage.

Julite. Encore si toutes les personnes qui nous commandent nous étaient agréables, et nous rendaient par leurs manières l'obéissance aimable.

Berte. Vous n'y pensez pas quand vous parlez de la sorte ; ce ne serait plus alors une pleine vertu, et vous perdriez beaucoup du mérite de l'obéissance.

Antoinette. Pardonnez-nous, nous parlons comme nous pensons.

Berte. Je le vois bien ; mais cessez de penser de la sorte, pour parler plus raisonnablement ; et soyez persuadées que plus il vous en coûtera pour obéir, et plus vous en aurez de mérite.

Julite. Il faut pourtant vous dire encore une peine qui nous reste : c'est quand nous pensons qu'il faudra obéir dans un âge avancé, comme nous obéissons présentement.

Berte. Ce sont là des frayeurs mal placées ; car peut-être n'arriverez-vous point à cet âge avancé ; et si vous y arrivez, la longue habitude que vous aurez contractée à obéir, fera que l'obéissance ne vous coûtera plus rien.

F 4

Antoinette. Je souscris volontiers à cette raison, elle me paraît fort sage.

Berte. Savez-vous à qui je compare une personne qui se prévaut de l'âge pour ne point obéir ? à celui qui ayant navigué heureusement, viendrait briser son navire au port.

Julite. Cette comparaison est des plus justes.

Berte. Puisque Jésus-Christ n'a cessé d'obéir qu'à la mort, vous ne devez pas prétendre cesser plutôt.

Antoinette. Nous y consentons de tout notre cœur ; apprenez-nous comment il faut obéir.

Berte. Avec soumission et avec amour.

Julite. Je croyais que vous alliez dire avec joie et avec promptitude.

Berte. Celle qui obéit avec soumission et avec amour, obéit avec joie et avec promptitude autant qu'il est en elle.

Antoinette. Pourquoi dites-vous autant qu'il est en elle ?

Berte. C'est qu'il ne dépend pas toujours de nous de sentir cette joie dans l'obéissance.

Julite. L'obéissance est-elle bonne sans cette joie ?

Berte. Oui, puisque Jésus-Christ allant à la mort, était pénétré d'une tristesse mortelle, et que néanmoins son obéissance ne laissait pas d'être très-parfaite.

Antoinette. Ceci nous anime et nous encourage.

Berte. Pourvu que la soumission et l'amour accompagnent votre obéissance comme celle de Jésus-Christ, c'en est assez.

Julite. On peut donc laisser paraître sa mauvaise humeur dans les temps de l'obéissance ?

Berte. Non ; car ce serait alors manquer de soumission et d'amour.

Antoinette. Expliquez-vous davantage, s'il vous plaît ?

Berte. C'est que s'il ne dépend pas de nous, comme je l'ai dit, de sentir la joie dans l'obéissance, il est encore en notre pouvoir, avec la grâce, de résister à la mauvaise humeur.

Julite. Je comprends à présent ce que je ne comprenais pas : mais l'obéissance et la soumission ne sont-elles pas la même chose ?

Berte. Non, puisque tous ceux qui obéissent ne sont pas soumis ; témoins les démons, qui obéissent sans être soumis.

Antoinette. Je ne vois pas encore de différence entre obéir et être soumis.

Berte. Oui, entre obéir et être soumis extérieurement.

Julite. Cela ne suffit-il pas ?

Berte. Non, devant Dieu, qui considère le cœur.

Antoinette. Que voulez-vous donc de plus ?

Berte. Une soumission intérieure, tandis qu'on exécute au dehors ce qui est commandé.

Julite. Cela est bien parfait.

Berte. Ne dites pas que cela est bien parfait ; dites plutôt que, sans cette soumission intérieure, il n'y a point d'obéissance aux yeux de Dieu, et que l'on est réellement désobéissant à ses yeux, tandis que l'on paraît obéissant aux yeux des hommes.

Antoinette. C'est à quoi bien peu de personnes pensent.

Berte. C'est sur quoi néanmoins l'on devrait bien s'examiner.

Julite. Dites-nous, s'il vous plaît, en quoi consiste cette soumission que vous demandez.

Berte. Dans une dépendance de l'esprit, et dans un abaissement de la volonté, sous la personne qui commande, et sous la chose commandée.

Antoinette. Vous ne permettriez donc pas de raisonner ni sur les défauts de la personne, ni sur la chose commandée que l'on supposerait être juste ?

Berte. Non ; car alors ce ne serait plus obéir avec la simplicité qu'inspire une véritable soumission.

Julite. Vous demandez encore que l'on obéisse avec amour.

Berte. Oui, et c'est cet amour qui donne de la perfection à l'obéissance.

Antoinette. Qu'entendez-vous, s'il vous plaît, par cet amour ?

Berte. J'entends que non-seulement on obéisse, mais encore que l'on se fasse un plaisir d'obéir.

Julite. Vous demandez beaucoup.

Berte. Sans cela, on s'en dégoûte bientôt, bientôt on secoue le joug.

Antoinette. Pourquoi, s'il vous plaît ?

Berte. C'est qu'on ne saurait faire long-temps ce qu'on n'aime pas ; ou si on le fait, ce n'est que par intervalle, imparfaitement et de mauvaise grâce.

Julite. Jusqu'où voulez-vous qu'on porte cet amour ?

Berte. Jusqu'à préférer, à l'exemple de Jésus-Christ et des Saints, l'état d'obéissance à tout autre.

Antoinette. Il est peu de personnes qui aient ce goût.

Berte. Il en est donc peu qui aient l'esprit de J. C. ?

Julite. Est-ce qu'on ne peut se sauver sans ce goût de l'obéissance ?

Berte. Il est bien difficile, sur-tout aux personnes que Dieu a appelées à cet état.

Antoinette. Toutes vos paroles demandent de sérieuses réflexions.

Berte. Si vous examinez bien ce que je vous ai dit, vous verrez que je n'ai rien dit de trop.

Julite. Nous en sommes persuadées, et nous nous retirons avec cette persuasion.

SUR LE CHOIX D'UN CONFESSEUR.

Isidore.

Je prends bien part à tous les progrès que vous faites dans la piété.

Paschasie. Ne les attribuez, s'il vous plaît, qu'aux secours dont Dieu me favorise.

Théognie. Pourrait-on les savoir ces secours ?

Paschasie. Il est aisé : les uns sont intérieurs, et les autres sont extérieurs.

Isidore. Qui sont ceux que vous appelez intérieurs?

Paschasie. Ce sont toutes les grâces dont Dieu soutient et ranime l'ame dans les efforts qu'elle fait pour s'élever jusqu'à lui.

Théognie. Qui sont ceux que vous appelez extérieurs?

Paschasie. Il y en a un grand nombre ; mais les plus utiles sont les sages conseils d'un bon guide.

Isidore. Voudriez-vous bien nous en faire part ?

Paschasie. Il n'est pas question de cela à présent : d'ailleurs vous savez combien on nous défend de parler sans besoin de ces sortes de choses.

Théognie. Quelles raisons peut-on avoir de vous faire une telle défense ?

Paschasie. Ne savez-vous pas combien nous autres filles donnons aisément dans l'amusement, et combien il est utile de nous prévenir contre cet écueil ?

Isidore. En nous apprenant à nous taire sur les Confesseurs, apprenez-nous du moins à en faire un bon choix.

Paschasie. Vous n'ignorez pas que toute personne n'est pas à portée de choisir.

Théognie. Je trouve ces personnes bien à plaindre.

Paschasie. Pour moi, je ne les plains pas ; car elles sont exemptes des peines qui accompagnent ordinairement ce choix.

Isidore. Comment cela, s'il vous plaît?

Paschasie. C'est qu'elles n'ont qu'à prendre celui que Dieu leur donne ; cela est bientôt fait.

Théognie. Quel avantage trouvez-vous à cela ?

Paschasie. Il est grand, puisqu'il n'y a point d'examen à faire, ni de scrupule à avoir d'un choix qui n'a point dépendu de nous.

Isidore. Mais si Dieu nous donne ce Confesseur

dans sa colère, en punition de nos péchés, comme il peut arriver ?

Paschasie. Il faut alors travailler à fléchir la colère de Dieu, et porter ce châtiment dans un esprit d'humilité et de pénitence.

Théognie. Mais si un tel Confesseur vient à nous égarer ?

Paschasie. Cela n'est point à craindre, tant que vous serez dans l'esprit d'humilité et de pénitence.

Isidore. Qui en empêchera ?

Paschasie. Dieu, qui ne permet pas que les vrais humbles et les vrais pénitens s'égarent.

Théognie. Vous nous enseignez là un excellent remède.

Paschasie. Il l'est en effet. Et si dans ces occasions vous êtes telle que je viens de dire, Dieu vous donnera par d'autres voies ce qu'il vous retranche par celle des Confesseurs ; et vous aurez la consolation de voir convertir en bénédictions un châtiment des plus à craindre.

Isidore. Enfin, il est pénible de se trouver dans cette situation, et on aimerait beaucoup mieux avoir à choisir.

Paschasie. J'en conviens ; mais quand on ne peut faire autrement, on est trop heureux d'avoir un remède aussi salutaire.

Théognie. Enfin, je désire savoir ce qu'il faut faire pour parvenir à un bon choix, lorsqu'on est en état de le faire.

Paschasie. Ce choix est plus important que l'on ne pense, puisque souvent le salut en dépend.

Isidore. Si cela est ainsi, comment donc se déterminent tant de personnes sur la moindre apparence et sans examen ?

Paschasie. Il est vrai que bien des gens se conduisent de la sorte, tandis qu'ils seraient bien fâchés de tenir la même conduite dans les affaires de la moindre conséquence.

Théognie. On est donc bien aveugle dans les choses du salut ?

Paschasie. Ajoutez, et bien téméraire.

Isidore. En effet, je ne sais lequel l'emporte, ou de l'aveuglement, ou de la témérité.

Paschasie. C'est ce qui formera justement la condamnation de plusieurs, qui agissent dans ce choix sans la moindre attention.

Théognie. Mais encore quel examen souhaitez-vous que l'on fasse ?

Paschasie. Je souhaite que l'on prie beaucoup ; que l'on consulte quelque personne sage et désintéressée, et que l'on fasse ce choix comme si l'on était près de mourir.

Isidore. En se conduisant de la sorte, on ne manquera jamais de bien rencontrer.

Paschasie. C'est aussi ce que l'on doit beaucoup désirer.

Théognie. Mais que doit-on rechercher principalement dans un Confesseur ? Est-ce la fermeté ? est-ce la douceur ?

Paschasie. Ce n'est précisément ni l'un ni l'autre.

Isidore. Quoi donc, s'il vous plaît ?

Paschasie. Un composé de l'un et de l'autre ; car la fermeté sans la douceur décourage ; et la douceur sans la fermeté rend languissant.

Théognie. Faut-il courir à celui qui fait lire tous les livres, même ceux qu'on ne lit pas communément ?

Paschasie. En fait de livres, le Nouveau Testament, l'Imitation et la Vie des Saints suffisent au commun des pénitens.

Isidore. Trouvez-vous à redire qu'on en lise davantage ?

Paschasie. Non, quand c'est par un sage conseil ; mais je dis seulement que ceux que j'ai nommés suffisent au commun des pénitens.

Théognie. Faut-il souhaiter qu'il parle beaucoup, ou qu'il parle peu ?

Paschasie. Il faut souhaiter qu'il parle assez,

Isidore. Mais de belles et longues instructions ne sont-elles pas plus avantageuses ?

Paschasie. Premièrement, ce n'est pas là le lieu. Secondement, cela ne sert bien souvent qu'à amuser l'imagination, et il est rare de voir que cela passe jusqu'au cœur.

Théognie. A quoi connaissez-vous cela ?

Paschasie. A l'immortification de ces personnes que l'on voit croître tous les jours, au lieu de diminuer ; ou si elle diminue d'un côté, ce n'est que pour prendre d'ailleurs de nouveaux accroissemens.

Isidore. Nous touchons au doigt la vérité de toutes ces paroles.

Paschasie. Je me réjouis de voir que la vérité vous fasse impression.

Théognie. Mais quand on a bien des choses à dire, et beaucoup à entendre, le moyen d'être court ?

Paschasie. Si on pensait que là tout doit être sacré, qu'il n'y aura aucune parole dont on ne rende un compte rigoureux, on se garderait bien d'y rien dire que ce que la nécessité demande.

Isidore. Mais enfin il faut bien du temps pour rendre compte de son intérieur, sans parler du reste, recevoir des pratiques et prendre de nouvelles règles de conduite.

Paschasie. Tout cela est court, quand cela est traité avec le respect qui est dû au sacrement : et d'ailleurs ce que l'on a entendu une fois, doit servir toute la vie.

Théognie. Mais si on l'a oublié ?

Paschasie. Vous savez le remède à l'oubli, c'est d'écrire.

Isidore. Tout au plus, c'est du temps que l'on perd, si c'est perdre le temps que de l'employer à dire de si bonnes choses.

Paschasie. Ah ! si l'on n'y perdait que le temps ; mais, hélas ! on y perd quelquefois bien davantage.

Théognie. Comment cela, s'il vous plaît ?

Paschasie. C'est qu'en donnant dans l'amusement, l'on s'expose à bien des dangers.

Isidore. Ce que vous dites là est fort.

Paschasie. Il est vrai ; mais n'en voyez-vous pas la vérité par l'affection avec laquelle ces personnes parlent sans cesse de leur Directeur, et l'élèvent au-dessus de tout ?

Théognie. Mais y a-t-il du mal de parler d'une personne que l'on respecte et que l'on affectionne, et que l'on a raison de respecter et d'affectionner, par reconnaissance pour tous les biens que l'on en reçoit ?

Paschasie. Oui, sans doute, lorsque la bouche n'en parle que dans des termes si affectés et si excessifs, parce que le cœur est plus rempli de l'homme que de Dieu.

Isidore. C'est donc une étrange illusion que toutes ces prétendues directions où se glisse l'esprit d'amusement.

Paschasie. Je n'ai pas besoin de le dire, on le voit assez.

Théognie. Mais d'abord on n'a que de bonnes et de saintes intentions ; c'est sa perfection que l'on cherche.

Paschasie. Vous dites bien, d'abord; car le démon venant à s'en mêler, tout se dérange insensiblement; et l'on trouve quelquefois sa perte où l'on croyait trouver son salut.

Isidore. Toutes choses attentivement pesées, vous préféreriez donc ces Confesseurs qui disent tout ce qui est nécessaire au salut, mais qui ne disent rien au-delà ?

Paschasie. Oui, je les préférerais sans hésiter.

Théognie. Pourquoi, s'il vous plaît ?

Paschasie. Parce que ces Confesseurs me paraissent approcher davantage de Jésus Christ, qui se bornait avec les pécheurs aux instructions purement nécessaires : témoin celles qu'il donna à la Samaritaine (1), à la Femme pécheresse, au Paralytique, et au malade de trente-huit ans.

(1) Joan. 4. Luc. 7. Matth. 9. Joan. 5.

Isidore. Nous voilà bien instruites, et bien précautionnées contre l'illusion.

Paschasie. On ne saurait trop l'être dans un temps où le nombre est grand de ceux qui abusent des choses les plus saintes.

Théognie. Mais encore, quelles qualités demandez-vous dans un Confesseur?

Paschasie. J'y demande par-dessus tout un bon esprit, un sens droit, un jugement sain, pourvu que ces qualités naturelles soient accompagnées de lumières et de piété.

Isidore. Mais un homme de ce caractère n'est guère propre à ménager le délicat amour-propre.

Paschasie. Le Confesseur qui a le talent de nous faire mourir à tout amour-propre, est celui qu'il faut choisir, non-seulement entre mille, mais entre dix mille.

Théognie. Quand on a trouvé un tel Confesseur, comment faut-il le regarder?

Paschasie. Comme l'Ange du Seigneur, ou plutôt comme Jésus-Christ même, puisqu'il en tient véritablement la place.

Isidore. Dans quelles dispositions doit-on être à son égard?

Paschasie. C'est un père, il faut avoir pour lui la docilité et l'affection d'un enfant; c'est un médecin, il faut lui dire avec confiance toutes les maladies de son ame; c'est un juge, il ne faut l'approcher qu'avec respect.

Théognie. En suivant toutes ces règles on est donc en sureté?

Paschasie. Oui, autant qu'on peut l'être en cette vie.

Isidore. Je comprends qu'un Confesseur du caractère dont vous venez de le dépeindre, est le trésor des trésors.

Paschasie. Vous l'avez dit: aussi quand on le possède, il faut, comme Joseph, faire des provisions pour les années de stérilité qui pourraient survenir.

Théognie. Mille remercîmens pour des instructions si solides ; demandez à Dieu que nous ne les oubliions jamais, et que nous les mettions en pratique.

Paschasie. Je le ferai volontiers.

Isidore. Ce sera une nouvelle grâce que nous joindrons à toutes les autres.

SUR CE QUI REND UNE FILLE RECOMMANDABLE DANS LE MONDE.

EUSTATHIE.

Nous venons à vous avec confiance, pour vous prier de nous aider à trouver la vérité de ce que nous cherchons.

Ambrosie. Que cherchez-vous ? y a-t-il quelque chose de difficile pour vous ?

Basilisse. Nous sommes en peine de savoir ce qui rend une fille recommandable dans le monde.

Ambrosie. Je loue votre zèle, et il me paraît fort louable.

Eustathie. Nous serions bien aises de savoir ce que vous pensez ; car nous avons un grand respect pour vos sentimens.

Ambrosie. Je veux bien vous le dire ; mais je serais bien aise de savoir auparavant ce que vous pensez vous-même.

Basilisse. Pour moi, je pense que c'est la sagesse.

Ambrosie. Bien des filles sont sages, et reconnues pour telles, qui néanmoins ne sont pas beaucoup recommandables.

Eustathie. C'est pourtant une belle qualité dans une fille que la sagesse.

Ambrosie. Il est vrai ; mais comme c'est une qualité qu'on s'attend de trouver dans toutes les filles, on y demande quelque chose de plus pour les dire recommandables.

Basilisse. Je ne vois rien néanmoins de plus beau,

Ambrosie. J'en conviens; mais je dis que cela ne suffit pas pour le but que vous vous proposez.

Eustathie. Pour moi, je la préférerais à tout le reste.

Ambrosie. Je ne nie pas que la sagesse ne soit un grand ornement dans une fille; mais je soutiens qu'il faut quelque chose de plus pour la rendre recommandable dans le monde.

Basilisse. Si ce n'est pas la sagesse, c'est donc l'esprit ?

Ambrosie. Pour moi, je ne le pense pas; car j'en sais qui ont de l'esprit, et qui n'en sont pas plus recommandables.

Eustathie. Pardonnez-moi si je vous dis que rien n'est plus propre à distinguer une fille que l'esprit.

Ambrosie. Pardonnez-moi aussi si je vous dis que l'on craint plus l'esprit dans une fille, qu'on ne l'y désire, quand cet esprit n'est pas renfermé dans de certaines bornes.

Basilisse. Pourquoi, s'il vous plaît ?

Ambrosie. C'est que d'ordinaire une fille qui a de l'esprit, et qui sait qu'elle en a, s'en fait beaucoup accroire, et devient suffisante : or personne n'aime la suffisance.

Eustathie. Mais avec de l'esprit une fille devient savante, et capable de parler de tout; n'est-ce pas une belle chose ?

Ambrosie. Croyez-moi, les filles ne sont point nées pour la science : le silence est leur partage; et quiconque parmi elles veut conserver l'humilité, doit regarder la science comme un des plus grands écueils de cette vertu.

Basilisse. Si ce n'est ni la sagesse ni l'esprit, c'est donc la piété ?

Ambrosie. Ce n'est point encore, selon moi, ce qui rend une fille recommandable dans le monde; car on suppose que toutes en doivent avoir, au moins jusqu'à un certain degré.

Eustathie. Pourquoi, s'il vous plaît, dites-vous jusqu'à un certain degré ?

Ambrosie. C'est qu'on n'estimerait pas dans le monde une fille qui serait toujours à l'église ou dans son cabinet, à lire, à prier, ou à méditer.

Basilisse. Ah ! c'est que le monde est ennemi de la piété.

Ambrosie. De grâce ne blâmez pas le monde quand il n'est pas blâmable ; car le monde, tout monde qu'il est, estime une piété réglée.

Eustathie. Que voulez-vous dire par une piété réglée ?

Ambrosie. Je veux dire celle qui ne détourne d'aucun des devoirs auxquels on est assujetti par son état. En effet, c'est bien mal entendre la piété que d'être à l'église, quand on doit être à travailler, et à veiller sur sa maison.

Basilisse. On en voit pourtant beaucoup comme cela.

Ambrosie. C'est justement ce qui me fait dire que ce n'est pas ce qui rend une fille recommandable dans le monde : d'ailleurs, vous savez ce qu'on dit de ces sortes de personnes : des Anges à l'église, et à la maison des...... je n'achève pas.

Eustathie. Ce sera donc la beauté ?

Ambrosie. Dieu me garde de le penser, encore plus de le dire.

Basilisse. Le monde néanmoins en fait grand cas dans une fille.

Ambrosie. J'en conviens ; mais quand elle est seule, à quoi est-elle bonne ?

Eustathie. Nous vous trouvons un peu difficile.

Ambrosie. Je ne pense pas l'être ; car vous conviendrez que la beauté toute seule est une qualité dangereuse, et pour celle qui l'a, et pour ceux qui la considèrent.

Basilisse. Mais c'est un don de Dieu.

Ambrosie. Il est vrai ; mais ce don a besoin de plusieurs autres dons, pour ne pas devenir un véritable poison.

Eustathie. Sur ce pied il serait plus utile de ne pas l'avoir.

Ambrosie. Je n'en sais qu'une utilité, qui est d'aider une fille dépourvue de bien, à se pourvoir un peu moins désavantageusement ; cette utilité ôtée, je dis qu'elle est très-nuisible.

Basilisse. Si ce n'est point tout cela qui la rend recommandable, c'est donc le bien ?

Ambrosie. Je ne dissimulerai pas que le bien n'y serve beaucoup ; il ne fait pourtant pas tout en cette matière.

Eustathie Que faut-il davantage ?

Ambrosie. Une fille avec de la sagesse et de l'esprit, de la piété et de la beauté, et même du bien, si elle n'a que cela, n'est bonne qu'à mettre sur un buffet en parade.

Basilisse. Pour le coup, dites que vous n'êtes pas difficile.

Ambrosie. Oui, je le répète, elle n'est bonne qu'à cela ; car que voulez-vous qu'on en fasse autre chose ?

Eustathie. Qu'est-ce donc qui lui manque ? dites-nous-le de grâce.

Ambrosie. Ce qui lui manque, c'est ce qui est le plus essentiel dans une maison.

Basilisse. Nous ne pouvons le deviner, il nous paraît qu'elle a tout.

Ambrosie. Non, non, elle n'a pas tout ; car avec toutes les qualités que vous lui donnez, tout est en désordre et en confusion dans sa maison ; et on y verra croître les araignées, comme les champignons dans la campagne.

Eustathie. Nous commençons à entrevoir ce que vous demandez de plus.

Ambrosie. Oui, j'y demande de plus, un esprit d'ordre, d'arrangement et de propreté, un esprit de ménage et d'économie, un amour sincère du travail, et un éloignement de tout luxe et de toute mollesse : voilà, selon moi, ce qui rend une fille recommandable dans le monde.

Basilisse. En voilà beaucoup ; expliquez-vous, s'il vous plaît.

Ambrosie. J'entends par un esprit d'ordre, d'arrangement et de propreté, une attention à ne laisser rien hors de sa place, et à tenir tout propre et luisant.

Eustathie. Expliquez-nous ce que vous entendez par un esprit de ménage et d'économie.

Ambrosie. J'entends de ne rien épargner pour les dépenses nécessaires, et de les faire généreusement ; j'entends de ne rien donner aux dépenses inutiles et superflues ; j'entends de ne rien laisser perdre, à l'exemple de Jésus-Christ, qui ordonna de ramasser les restes des pains qu'il avait multipliés.

Basilisse. J'appréhende bien qu'avec cet esprit de ménage vous n'en fassiez une avare et une mesquine, qui disputera sans fin pour un denier, pour une épingle, et qui se plaindra à elle-même et aux autres le pain qu'ils mangeront, et l'eau qu'ils boiront.

Ambrosie. C'est une autre extrémité dont une fille ne saurait trop se donner de garde ; car pour l'ordinaire ces sortes de personnes se font montrer au doigt, et il n'est point de marchand qui ne craigne de leur vendre.

Eustathie. Vous faites bien de les précautionner contre ce vice, qui n'est que trop commun, et qui rend une fille aussi méprisable que l'indolence et la paresse.

Ambrosie. Non-seulement je désire qu'elle n'y tombe pas, mais je veux encore qu'elle se rende généreuse envers les pauvres, et que sa réputation soit bien établie en tout point.

Basilisse. Que lui demandez-vous par l'amour sincère du travail ?

Ambrosie. Je lui demande qu'elle se lève le plus matin qu'elle pourra, pour tout ranger et nettoyer dans sa maison, et que pendant tout le jour elle s'occupe utilement, ayant à la main, tantôt l'aiguille, tantôt le fuseau, à l'exemple de la femme forte, tant louée dans l'Ecriture.

Eustathie. Que lui demandez-vous par l'éloignement de tout luxe et de toute mollesse?

Ambrosie. Je lui demande qu'il n'y ait rien que de simple et de modeste dans ses habits, dans son linge, dans ses meubles et dans sa table; je lui demande qu'elle ne donne à son corps que le repos et les commodités nécessaires pour la santé; qu'elle s'assujettisse à avoir toujours un corps et toujours un mouchoir qui la couvre exactement; qu'elle ne se rende esclave d'aucune mode, et qu'elle n'en suive aucune que de bien loin, et encore à regret: je lui demande qu'elle fuie toutes les parties de jeux, de plaisirs, de promenades et de bonne chère, ou du moins qu'elle n'en soit point amie.

Basilisse. Il est bien peu de filles qui ressemblent à ce portrait.

Ambrosie. Il en est aussi bien peu qui se rendent recommandables dans le monde.

Eustathie. Vous ne comptez donc pour rien ce bel ordre et ce bel arrangement que l'on voit dans leur extérieur?

Ambrosie. Ce n'est là qu'une écorce méprisable, quand le reste n'y est pas.

Basilisse. Mais ne peut-on pas inférer de là que le même ordre et le même arrangement règnent dans leur maison?

Ambrosie. Entrez-y, et vous y verrez jusqu'à leurs parures et leurs habits les plus propres, jetés indifféremment çà et là, et livrés à l'ordure et à la poussière.

Eustathie. Vous voulez donc que leur maison ressemble à leur extérieur?

Ambrosie. Je veux que l'ordre et la propreté de leur extérieur ne soit qu'un échantillon de l'ordre et de la propreté de tout ce qui est confié à leur soin.

Basilisse. Cela demande une grande vigilance, une grande attention: ce n'est plus vivre en demoiselle.

Ambrosie. Vous me pardonnerez, car rien ne ressent mieux une vraie demoiselle que cet ordre et cette propreté, et le contraire ne convient qu'à des gens de néant.

Eustathie. Mais n'a-t-elle pas des domestiques pour l'aider ?

Ambrosie. Vous dites bien quand vous dites pour l'aider ; car vous supposez par là qu'elle est toujours à la tête de l'ouvrage.

Basilisse. Ce n'est plus être maîtresse, c'est être comme une servante à gage.

Ambrosie. Vous me pardonnerez ; c'est être maîtresse que de savoir se corriger de la paresse et de l'indolence ; c'est être maîtresse que de conserver son bien en bon ordre et en bon état ; c'est être maîtresse que de commander plus par son exemple que par ses paroles.

Eustathie. Quoi ! voilà ce qui rend une fille véritablement recommandable dans le monde ?

Ambrosie. N'en doutez pas ; car il n'y a que ces filles que l'on loue, et qui soient louables, parce qu'elles savent joindre le travail à la vertu.

Basilisse. Comment regarde-t-on donc les autres dans le monde ?

Ambrosie. Comme des personnes inutiles, parce qu'elles ne savent que dormir, boire et manger, se parer, jouer et se promener.

Eustathie. Mais de telles filles ne sont que des fardeaux qui chargent la terre, et qui désolent les familles.

Ambrosie. Vous l'avez dit ; aussi n'entend-on que plaintes et que gémissemens dans les familles où il s'en trouve de pareilles.

Basilisse. Je n'en suis pas surprise, puisque ces filles ne sont qu'à charge, et jamais d'aucune utilité.

Ambrosie. Je suis bien aise que vous en reconnaissiez vous-même la vérité ; car il n'est personne qui ne la touche au doigt.

Eustathie. Qu'heureuses donc sont les filles qui sont élevées de bonne heure dans ce goût de l'ordre, de la propreté et du travail, ennemies de la mollesse, du faste et des modes !

Ambrosie. C'est à la plupart des mères qu'il faut s'en prendre, si leurs filles sont des idoles qui n'ont ni pieds ni mains pour l'action.

Basilisse. J'avoue que je n'avais point encore pensé à tout cela.

Ambrosie. Pensez-y sérieusement, vous verrez que ces filles si bien ornées ne sont pour l'ordinaire que des sujets bien peu propres au ménage, au travail et à l'arrangement d'une maison.

Eustathie. Je le vois par le portrait que vous en venez de faire.

Ambrosie. Profitez-en vous-même pendant que vous êtes jeune, et accoutumez-vous de bonne heure à ce qui rend une fille recommandable dans le monde.

Basilisse. Nous ne pouvons assez vous remercier de nous avoir ouvert les yeux sur une chose d'aussi grande conséquence.

Ambrosie. Vous dites bien, de si grande conséquence, puisque de là suit la gloire ou la ruine d'une maison.

Eustathie. Il y a tant de plaisir à vous entendre, que nous vous prions de vouloir bien agréer que nous recommencions sur ce sujet, ou sur un autre, à votre premier moment de loisir.

SUR LA DÉPENDANCE.

LÉOCADIE.

PENDANT que nous avons le temps, et que nous sommes seules, parlons, si vous l'avez pour agréable, des différens états qui peuvent convenir à une fille.

Clémence. Nous sommes encore bien jeunes pour songer à cela.

Gorgonie. Si nous sommes trop jeunes pour y songer, nous ne le sommes pas trop pour nous en instruire.

Clémence. Vous savez combien j'ai de déférence
pour

pour vos sentimens ; ainsi je suis disposée à tout ce que vous jugerez à propos.

Léocadie. Si cela ne vous fait pas de peine, cela nous fera plaisir ; et pour commencer, dites-nous ce que vous pensez de notre situation présente.

Clémence. Pour vous parler comme je pense, je la trouve la plus heureuse du monde : nous vivons sans soins et sans embarras, et rien ne nous manque.

Gorgonie. Je trouve qu'il nous manque une chose, la liberté.

Clémence. Pour moi, je ne la trouve point de manque, et je m'aperçois qu'on ne nous gêne sur rien.

Léocadie. Mais, de grâce, dormez-vous autant que vous voulez ?

Clémence. Je dors assez pour entretenir ma santé, et cela me suffit.

Gorgonie. Hélas ! souvent, quand on vient m'éveiller, je meurs d'envie de dormir encore ; et je suis quelquefois toute habillée, que j'ai encore les yeux à demi-fermés.

Clémence. Est-ce le besoin ou la sensualité que vous consultez alors ? lequel des deux ?

Léocadie. Voilà une expression nouvelle, de la sensualité dans le dormir ! voilà la première fois que j'ai ouï parler de la sorte.

Clémence. C'est donc pour vous que cette expression est nouvelle ; car la sensualité se trouve dans le dormir, comme dans le boire et le manger, et dans tout le reste ; avec cette différence que dans le dormir il se trouve une sensualité plus étendue que dans tout le reste, puisqu'elle regarde tout le corps ; et c'est dans cette vue qu'on a si bien réglé les heures du repos dans les maisons religieuses.

Gorgonie. Nous avions besoin de cette explication ; car si nous eussions été nos maîtresses, nous eussions cru pouvoir dormir à notre souhait, sans penser faire mal.

Clémence. Faites-y attention, et vous verrez qu'on peut excéder dans le dormir comme dans les autres

G

besoins de la vie, et que l'on y peut parfaitement contenter la sensualité, sans parler d'un temps bien précieux que l'on y perd.

Léocadie. Nous ne nous plaindrons plus désormais de ne pas dormir assez, puisque nous savons que nous dormons suffisamment pour entretenir une bonne santé ; mais que dites-vous du boire et du manger ? mangez vous quand il vous plaît ?

Clémence. Je vous dirai que oui ; car il ne me plaît jamais de manger que dans les heures du repas.

Gorgonie. Voilà une grande tempérance. Pour moi, je serais bien aise de manger quand l'envie m'en prend.

Clémence. Je ne le puis croire ; car je vous sais trop raisonnable pour vouloir imiter les bêtes.

Léocadie. Il est vrai qu'en faisant quatre repas par jour, il serait difficile d'avoir faim hors des repas ; mais enfin, on aimerait mieux être sa maîtresse là-dessus.

Clémence. Vous dites cela, sans doute, par récréation ; car vous avez trop de raison pour penser de la sorte.

Gorgonie. Mais ces classes qui recommencent toujours, et qui ne finissent jamais, vous accommodent-elles bien? c'est une application continuelle, et cela fatigue bien. Tantôt lire, tantôt écrire ; d'autres fois calculer, ou bien apprendre par cœur : trouvez-vous cela si commode ?

Clémence. Sans doute, pour une fille qui pense au besoin qu'elle a de toutes ces choses, et à l'utilité qu'elle en retirera.

Léocadie. Et quelle utilité peut-elle en retirer ?

Clémence. Savoir bien sa religion, être propre à tous les états, pouvoir trouver dans son travail de quoi subsister au besoin. Je ne trouve rien de plus utile.

Gorgonie. Voilà ce que c'est que d'être jeune, on ne songe point à tout cela, et on ne pense qu'au présent, et à rejeter tout ce qui incommode.

Clémence. Il est vrai qu'avec un peu de raison on ferait toutes ces réflexions ; mais avouez qu'à notre âge on en est bien peu capable.

Léocadie. Nous ne l'éprouvons que trop tous les jours.

Clémence. J'en conviens ; mais il faut à notre âge nous défaire de plus en plus de l'enfance.

Gorgonie. Je trouve tout cela fort bon ; mais enfin je ne voudrais point dépendre.

Clémence. Vous n'avez qu'à mourir et aller au ciel, et vous trouverez ce que vous demandez là ; car sur la terre on ne trouve cela dans nul état.

Léocadie. Mais cela est pourtant bien incommode, d'avoir toujours des personnes à qui répondre, et de ne pouvoir jamais faire ce que l'on veut.

Clémence. Quand on a de la raison, et qu'on l'écoute, on ne trouve point cela incommode. Je vais plus loin : quand on n'a point d'attache à sa volonté, on n'a point de peine à faire celle des autres.

Gorgonie. Ce que vous nous dites là est bien parfait ; songez que nous ne faisons que de naître, et que nous n'avons point encore d'ailes pour voler si haut.

Clémence. Je ne trouve point cela trop parfait, et je dis que, puisque nous sommes nées pour dépendre toute notre vie, il faut nous y accoutumer de bonne heure, et être sans volonté.

Léocadie. Qui pourrait à notre âge être sans volonté ferait un grand coup, et l'ouvrage serait bien avancé pour le reste de la vie.

Clémence. C'est à quoi je vous exhorte, et ce que je vous conseille ; car en sortant d'ici il faudra rentrer sous la conduite de vos parens, qui ne vous ménageront pas tant que font vos maîtresses.

Gorgonie. Je compte néanmoins de faire un peu plus ma volonté, quand je serai retournée chez mes parens ; du moins je serai libre pour le lever et le coucher.

Clémence. Souvenez-vous, je vous prie, que vous

êtes convenue que c'est sensualité de dormir au-delà du besoin : d'ailleurs si vous dormez quelquefois à votre volonté, combien arrivera-t-il d'occasions où vous ne pourrez pas atteindre au besoin ?

Léocadie. Du moins je boirai et je mangerai quand et comme il me plaira.

Clémence. Je ne réponds pas qu'en faisant comme cela vous conserviez long-temps votre santé ; vous vous attirerez quantité de maladies et d'infirmités : d'ailleurs ce n'est plus vivre en personne raisonnable.

Gorgonie. Hé bien ! je serai maîtresse de sortir quand il me plaira, de fréquenter qui je voudrai, et de me récréer avec mes amies.

Clémence. Croyez-moi, une fille qui veut se conserver une bonne réputation, ne doit quitter, ni les yeux, ni la présence de sa mère : et qui fait autrement, s'expose beaucoup.

Léocadie. A vous entendre, il faudra être encore plus dépendantes que nous ne le sommes présentement.

Clémence. C'est sur quoi vous devez compter absolument, si vous voulez vivre en fille raisonnable.

Gorgonie. Si cela est, j'aime autant rester ici ; car j'y ai des agrémens que je ne trouverai peut-être pas chez mes parens.

Clémence. Vous raisonneriez juste, si cela dépendait de vous : mais nous sommes même dépendantes pour le temps que nous avons à être ici.

Léocadie. Voilà bien des dépendances, on n'en finit point.

Clémence. Quand vous serez chez vos parens, il faudra travailler assidument, et à des travaux que vous ne choisirez pas, et qui seront bien plus rudes que ceux que nous avons ici, qui ne sont proprement que des récréations.

Gorgonie Il n'y a donc point d'état dans la vie où l'on ne dépende ? Que cela est désolant !

Clémence. Non, je n'en sais point. Qui pourrait

vous dire en détail les dépendances des filles qui sont obligées de servir, serait bien habile.

Léocadie. Par la grâce de Dieu, nous ne serons pas exposées à cela.

Clémence. Je n'en sais rien ; on a vu des filles, et en grand nombre, qui nous valaient bien, qui ont été réduites à cet état.

Gorgonie. Mais cela peut-il arriver à celles qui sont nées de parens qui ont du bien, et qui en amassent tous les jours ?

Clémence. J'en sais dont les pères, avec plus de cent mille francs de bien, ont été mourir dans un hôpital, et les filles réduites à se mettre en condition.

Léocadie. Ce que vous dites là fait comprendre qu'il faut plus compter sur ses doigts que sur son bien, et s'accoutumer de bonne heure à la dépendance, parce que l'on ne sait pas ce que l'on deviendra.

Clémence. Je suis charmée de vous entendre enfin parler raison ; continuez, et vous vous acquerrez bien de la réputation.

Gorgonie. Mais toutes les filles ne sont pas si malheureuses ; la plupart s'établissent, et sont heureuses.

Clémence. Ce que vous dites est vrai en partie.

Léocadie. En partie, ce mot m'offense.

Clémence. Ne vous en offensez pas, s'il vous plaît, c'est la vérité.

Gorgonie. Quoi ! la vérité ?

Clémence. Oui ; car toutes celles qui s'établissent ne sont pas heureuses.

Léocadie. Elles le paraissent.

Clémence. Toutes ne le paraissent pas ; mais quand elles le paraîtraient, tout ce qui reluit n'est pas or.

Gorgonie. Elles ont un mari qui ne les laisse manquer de rien, et qui a mille complaisances pour elles.

Clémence. Pour un mari qui est comme cela, il y en a des milliers qui ne sont pas tels.

Léocadie. Je croyais qu'ils étaient tous comme cela.

Clémence. Il s'en faut bien. Combien y a-t-il de filles qui sont obligées de retourner chez leurs parens, ou de se mettre en condition, après avoir été bien mariées!

Gorgonie. Le nombre n'en est pas grand.

Clémence. Je le veux; mais enfin il y en a, et c'en est assez pour dire qu'il s'en faut bien que toutes soient heureuses.

Léocadie. Est-ce là tout ce qu'il y a à craindre dans cet état?

Clémence. Qui pourrait vous raconter tout ce qu'une femme a à souffrir d'un homme dont l'esprit est brutal, l'humeur fantasque, et la conduite déréglée? Il n'est possible de le dire qu'à celle qui l'a éprouvé.

Gorgonie. Mais il est des hommes sages et raisonnables, de bon esprit et de religion, bons et complaisans.

Clémence. Je veux croire qu'il en est; mais il en est peu: et parmi ce petit nombre, vous n'en trouverez presque point qui ne soit impérieux et jaloux de son autorité, ce qui devient encore un martyre pour une femme.

Léocadie. Mais enfin elle est maîtresse.

Clémence. Je vois bien que c'est tout ce que votre cœur respire, et que l'indépendance a pour vous un attrait des plus violens: oui, je vous l'accorde qu'elle est maîtresse, mais maîtresse ayant un maître qui veut être obéi, et obéi en tout.

Gorgonie. Sur ce pied, c'est un véritable esclavage que l'état des femmes.

Clémence. Je ne voulais pas le dire; mais je suis bien aise de vous l'entendre dire: et cela n'est-il pas juste depuis qu'une femme a entraîné tous les hommes dans le péché?

Léocadie. Il n'y a donc pas moyen d'éviter la dépendance, ce que nous goûterions si fort, et ce que nous irions chercher au-delà des mers.

Clémence. Non, je vous l'ai dit, je ne me lasse point de le répeter : cela ne se trouve nulle part en cette vie.

Gorgonie. Du moins une femme est consolée par ses enfans.

Clémence. Je l'avoue, quand ils sont sages et vertueux : mais quand ils ne le sont pas, quelle rude et pesante croix ! et quand ils sont sages et vertueux, quel tourment pour une mère de craindre continuellement de les voir partir devant elle !

Léocadie. Enfin, des enfans sont une ressource pour le temps de la vieillesse.

Clémence. Oui, mais sur laquelle il faut peu compter : car où voyez-vous des enfans se sacrifier pour leurs mères, comme on voit tous les jours des mères se sacrifier pour leurs enfans ?

Gorgonie. C'est donc l'état des veuves qui est heureux ; car elles n'ont plus de maître à qui obéir.

Clémence. Il est vrai qu'elles n'ont plus de maître ; mais en revanche elles sont livrées à toutes sortes d'afflictions.

Léocadie. Mais encore à quelles ?

Clémence. Tout le monde leur fait de fâcheuses affaires, et leur suscite mille procès ; elles n'ont plus de protecteur.

Gorgonie. Je les croyais indépendantes, et déjà j'estimais leur état.

Clémence. Elles ne dépendent plus d'une façon ; mais elles dépendent en bien d'autres manières plus rudes et plus fâcheuses : elles ont besoin de tout le monde, et tout le monde les abandonne ; quel état plus triste ?

Léocadie. Je trouve un remède pour se débarrasser de toutes ces dépendances pénibles ; c'est de se faire Religieuse : on n'a plus à faire à personne.

Clémence. Vous vous trompez bien ; car on a affaire à toutes les personnes avec qui l'on a à vivre.

Gorgonie. Mais on ne dépend point d'elles : on n'a qu'une seule personne à contenter, qui est la Supérieure.

Clémence. O l'admirable Religieuse que celle qui embrasse cet état pour ne plus dépendre de personne que de sa Supérieure !

Léocadie. N'est-ce pas assez ?

Clémence. Ne vous abusez pas : l'état de la Religion est de tous les états le plus dépendant, puisqu'on ne se fait Religieuse que pour mourir au monde et à soi-même, ce qui ne se peut faire sans une dépendance générale, entière et absolue.

Gorgonie. Je vois bien, à vous entendre, que la dépendance est une chose inévitable en ce monde : donnez-moi un peu de temps pour y penser et m'y déterminer; car j'avoue que j'y ai une répugnance des plus fortes.

Clémence. C'est ce qui fait tout votre mal, et qui vous rendra malheureuse, si vous ne changez promptement.

Léocadie. Mais je ne vois que les filles qui soient comme cela.

Clémence. Il est vrai que Dieu les a créées dans cet état de dépendance, et c'est pour leur annoncer que Dieu a formé la première femme d'une des côtes de l'homme.

Gorgonie. Les hommes n'y sont donc pas sujets ?

Clémence. Vous me pardonnerez, et vous n'en trouverez point qui ne soient dépendans les uns des autres, jusqu'aux Rois, jusqu'aux Souverains : mais leur dépendance, il faut l'avouer, est moins onéreuse.

Léocadie. Je croyais que les Rois et les Souverains ne dépendaient pas.

Clémence. Ils ne dépendent pas, à la vérité, de leurs sujets pour leur obéir; mais ils en dépendent en quelque sorte, puisqu'ils ne seraient pas ce qu'ils sont sans leurs sujets. Jugez des autres à proportion.

Gorgonie. Enfin, j'y ai pensé, comme je vous

l'ai promis ; mon parti est pris, je veux aimer désormais toute dépendance qui me sera imposée de Dieu, en quelque état qu'il me mette.

Clémence. Si cela est, vous serez heureuse et digne de l'être ; et cet état, qui fait le supplice des autres, deviendra votre consolation, et se tournera en mérite devant Dieu et devant les hommes.

Léocadie. Comme je désire aussi d'être heureuse, je prends aussi le même parti.

Clémence. Je vous trouve également louable, et je n'ai point de termes pour exprimer la joie que je ressens de vous voir prendre un parti aussi sage et aussi raisonnable.

Gorgonie. Comptez sur notre résolution ; car avec le secours d'en haut, nous espérons y persévérer toute notre vie.

SUR LE BONHEUR DES VIERGES CHRÉTIENNES.

DÉMÉTRIADE.

Il y a tant à profiter avec vous, qu'on ne se lasse jamais de vous entendre.

Euphrasie. Vous êtes bien obligeante. Je voudrais pouvoir répondre à votre attente.

Olympiade. Nous sommes persuadées que vous le ferez sans peine.

Euphrasie. Je le souhaite pour votre satisfaction ; marquez-moi ce que vous souhaitez de moi.

Démétriade. Nous désirerions savoir ce qu'il faut penser de l'état des vierges chrétiennes.

Euphrasie. Ce désir est bien louable : c'est de tous les états le plus saint et le plus heureux.

Olympiade. Faites-nous toucher au doigt ce que vous avancez.

Euphrasie. Très-volontiers. La sainteté et le bonheur de cet état consiste dans la liberté qu'il donne aux vierges chrétiennes de s'occuper des choses du Seigneur, et du soin de lui plaire, afin d'être saintes de corps et d'esprit.

Démétriade. Je ne vois rien au-dessus de cela.

Euphrasie. Je crois qu'il n'est personne qui ne pense de même.

Olympiade. Expliquez-nous comment elles sont saintes de corps.

Euphrasie. C'est que par la virginité elles conservent leur corps dans l'état d'intégrité où Dieu l'a créé.

Démétriade. Expliquez-nous comment elles sont saintes d'esprit.

Euphrasie. C'est que par la virginité elles conservent leur esprit exempt de tout ce qui en pourrait ternir la sainteté.

Olympiade. Voilà de beaux et de grands priviléges.

Euphrasie. Ah! je vous avoue que c'est déjà vivre dans le ciel.

Démétriade. Vous ne nous dites rien de la sainteté de leur cœur.

Euphrasie. Peut-on n'être pas sainte de cœur, quand on l'est de corps et d'esprit?

Olympiade. Cela pourrait être.

Euphrasie. Oui absolument, puisque si ces vierges venaient à perdre la charité, leur sainteté de corps et d'esprit ne leur servirait de rien devant Dieu : mais il faut penser que cela arrive rarement.

Démétriade. Pourquoi, s'il vous plaît?

Euphrasie. C'est que la sainteté du corps et celle de l'esprit sont d'un grand secours pour l'acquisition ou la conservation de la sainteté du cœur.

Olympiade. Les personnes mariées ont-elles ces avantages?

Euphrasie. Non, au moins dans le même degré; puisque par leur état elles sont partagées entre Dieu et le monde, entre Jésus-Christ et leur époux, entre les soins du ciel et ceux de la terre.

Démétriade. Vous avez bien raison de dire que l'état des vierges est de tous les états le plus saint et le plus heureux.

Euphrasie. C'est pour cela qu'elles sont comparées aux Anges, et qu'elles sont appelées les Anges de la terre, comme les Anges sont appelés les vierges du ciel.

Olympiade. Cette comparaison leur est bien glorieuse.

Euphrasie. Il est vrai : néanmoins elle ne dit rien de trop, puisque les vierges conservent, dans une chair sujette à la corruption, la pureté éternelle et incorruptible de ces esprits bienheureux, et qu'elles imitent leur vie toute céleste dans un corps terrestre et mortel.

Démétriade. Tout cela relève beaucoup la virginité.

Euphrasie. Que direz-vous si je vous dis que les vierges surpassent en quelque sorte en ce point les Anges mêmes ?

Olympiade. Je vous dirai que je ne puis le comprendre.

Euphrasie. Cela est pourtant bien aisé à comprendre, puisque les vierges, tout environnées qu'elles sont d'un corps de boue, conservent une vertu qui ne convient qu'à des esprits, et à des esprits aussi purs que les Anges.

Démétriade. Je suis convaincue à présent de ce que vous dites. Qui peut donner cette vertu aux vierges ?

Euphrasie. Dieu seul, par sa miséricorde.

Olympiade. Cette vertu tire donc son origine du ciel ?

Euphrasie. Oui, c'est du sein de Dieu même qu'elle est sortie, et c'est Jésus-Christ qui l'a apportée en terre.

Démétriade. Cette vertu était donc inconnue sur la terre avant Jésus-Christ ?

Euphrasie. Pas entièrement, puisque nous y

voyons la sainte Vierge, saint Jean-Baptiste et quelques autres, mais en petit nombre.

Olympiade. Quand cette vertu a-t-elle donc commencé à paraître avec éclat dans le monde ?

Euphrasie. Depuis Jésus-Christ, le Prince et l'Epoux des Vierges chrétiennes.

Démétriade. Les vierges sont donc un grand trésor et un grand ornement pour l'église de Jésus-Christ?

Euphrasie. Vous avez raison. Aussi les vierges ont-elles toujours été considérées comme les précieux joyaux de Jésus-Christ, comme des fleurs qui ornent le parterre de l'église, et comme la portion la plus illustre du troupeau de Jésus-Christ.

Olympiade. Plus vous parlez, plus vous nous mettez dans l'admiration.

Euphrasie. Regardez-les pour un moment dans le ciel, et vous serez bien plus émerveillées.

Démétriade. Nous serons ravies de les considérer là : car nous nous attendons de les y voir dans un grand éclat.

Euphrasie. Vous ne vous trompez pas. Ecoutez comme Dieu lui-même en parle (1): Je leur donnerai, dit-il, dans ma maison et dans l'enceinte de mes murailles, un rang particulier, et beaucoup plus honorable que celui de mes autres enfans : je leur donnerai un nom éternel, qui ne sera jamais mis en oubli.

Olympiade. Quel sera ce rang plus honorable, et ce nom éternel ?

Euphrasie. Ce sera une gloire particulière et plus excellente que celle des autres Saints.

Démétriade. Faites-nous-en, s'il vous plaît, la peinture.

Euphrasie. Comme les Martyrs et les Docteurs, elles auront une couronne particulière ; elles chanteront un cantique nouveau ; et elles suivront l'Agneau qui est Jésus-Christ, par-tout où il ira.

----
(1) Isaïe. 56. 5.

sur le bonheur des Vierges chrétiennes.

Olympiade. Pourquoi auront-elles une couronne particulière ?

Euphrasie. Pour donner à leur virginité toute la gloire que mérite cette vertu.

Démétriade. Pourquoi chanteront-elles un cantique nouveau ?

Euphrasie. Pour rendre à Dieu d'éternelles actions de grâces de ce don précieux.

Olympiade. Pourquoi suivront-elles l'Agneau par-tout où il ira ?

Euphrasie. En récompense de l'avoir suivi sur la terre dans la pratique de cette vertu.

Démétriade. Est-ce que tous les Saints n'auront pas ces mêmes privilèges ?

Euphrasie. Non, il n'y aura que les vierges qui auront suivi Jésus-Christ, marchant dans la beauté et dans l'éclat de la virginité.

Olympiade. La joie des vierges sera donc bien grande dans le ciel ?

Euphrasie. Oui, très-grande, puisqu'elles ne seront occupées qu'à se réjouir de Jésus-Christ, en Jésus-Christ, avec Jésus-Christ, près de Jésus-Christ et par Jésus-Christ : quelle joie plus grande et plus pure !

Démétriade. Toutes les vierges dans le ciel goûteront-elles cette joie dans ce degré ?

Euphrasie. Il n'y aura que les vierges chrétiennes.

Olympiade. Mettez-vous de la différence entre les vierges, et les vierges chrétiennes ?

Euphrasie. Oui, une très-grande.

Démétriade. Dites-nous-là, s'il vous plaît.

Euphrasie. C'est que je ne mets au rang des vierges chrétiennes que celles qui auront renoncé au monde pour l'amour de Jésus-Christ, et qui lui auront consacré leur virginité, dans la vue de s'attacher uniquement à lui.

Olympiade. Ce n'est donc pas assez d'être vierge pour avoir part à cette grande gloire des vierges dans le ciel ?

Euphrasie. Non, car la virginité qui n'est pas

consacrée à Jésus-Christ, et gardée pour l'amour de Jésus-Christ, n'est pas digne de ces grandes récompenses.

Démetriade. On ne peut rien ajouter à tous ces biens ?

Euphrasie. Vous me pardonnerez ; car dès cette vie les vierges ont des avantages qu'elles seules peuvent avoir.

Olympiade. Nous sommes curieuses de les savoir.

Euphrasie. Passer cette vie, toute misérable qu'elle est, dans la paix, le repos et la tranquillité.

Démétriade. Est-ce que tout le monde ne peut pas vivre de la sorte ?

Euphrasie. Non ; car l'Apôtre saint Paul condamne les personnes mariées à souffrir les tribulations de la chair.

Olympiade. Quelles sont ces tribulations de la chair ?

Euphrasie. Ce sont toutes les peines inséparables de leur état.

Démétriade. Dites-nous-les.

Euphrasie. Tout ce que les époux ont à souffrir l'un de l'autre pendant leur vie, et sur-tout à la mort, où nécessairement l'un des deux doit être inconsolable, si leur amitié a été sincère ; tout ce que les époux ont à souffrir de leurs enfans, principalement si ces enfans sont dépourvus de bon naturel ou de religion ; tout ce que les époux ont à souffrir dans leur état par rapport au commerce de la vie.

Olympiade. Vous nous dites cela bien abrégé, avez-vous peur de nous effrayer par le détail ?

Euphrasie. C'est afin de vous le laisser méditer, car le détail en serait infini. Je passe même sous le silence les périls pour le salut, qui se trouvent dans cet état.

Démétriade. N'est-ce donc pas assez qu'il y ait toutes les peines que vous venez de dire ?

Euphrasie. Les périls pour le salut y sont grands et en grand nombre.

Olympiade. Vous nous effrayez pour le coup.

Euphrasie. Ignorez-vous que les époux soient chargés réciproquement du salut l'un de l'autre, et que tous les deux répondent ame pour ame du salut de leurs enfans, sans parler de tous les écueils qui se trouvent dans la profession de chacun ?

Démétriade. Sur ce pied, il vaut mieux ne se point marier.

Euphrasie. Vous parleriez bien, si la virginité n'était pas un don de Dieu. Croyez-moi, tous ne sont pas capables de cette résolution ; c'est pourquoi Jésus-Christ disait, en parlant de la virginité, que celui qui peut atteindre là le fasse.

Olympiade. Pour moi, je demanderai ce don à Dieu avec tant d'instance que je l'obtiendrai.

Euphrasie. Vous parlez très-sagement et très-chrétiennement. Faites ce que vous dites, et vous parviendrez.

Démétriade. Mais si tout le monde gardait la virginité, ne serait-il pas à craindre que le monde finît bientôt ?

Euphrasie. Pensez-vous que ce fût un si grand mal ?

Olympiade. Pour moi, je ne le pense pas, mais quelqu'un pourrait le penser.

Euphrasie. Non, non, le règne du péché finirait plutôt ; plutôt les démons seraient relégués dans l'abîme ; plutôt les Saints seraient réunis dans le ciel avec Jésus-Christ leur divin chef, où Dieu sera tout en tous.

Démétriade. On ne peut se refuser à vos raisons, apprenez-nous à conserver ce précieux don de la virginité.

Euphrasie. Plus cet état est élevé, plus les personnes qui l'embrassent doivent s'humilier, pour trouver grâce devant Dieu.

Olympiade. Quelle humilité leur demandez-vous ?

Euphrasie. Une humilité proportionnée à la grandeur et à la sublimité de cet état.

Démétriade. Pourquoi cela ?

Euphrasie. Parce que plus on est élevé, plus la chute est grande quand on vient à tomber; parce que Dieu ne considère que les choses basses, et qu'il ne regarde que de loin celles qui sont hautes ; parce que le Saint-Esprit ne peut se reposer où il ne trouve point de place : or il n'en trouve que dans les cœurs humbles, et jamais dans les ames superbes.

Olympiade. A quoi connaît-on certainement une ame superbe ?

Euphrasie. A l'esprit de jalousie.

Démétriade. Comment cela ?

Euphrasie. C'est que la superbe enfante comme nécessairement l'esprit de jalousie, et que ce vice en est la fille et la compagne inséparable.

Olympiade. Il n'y a donc point d'humilité où règne l'esprit de la jalousie ?

Euphrasie. C'est une vérité que nous enseigne l'Apôtre, lorsqu'il nous dit que la charité n'est point envieuse, parce qu'elle ne s'enfle point d'orgueil.

Démétriade. Que doivent faire les vierges chrétiennes pour se maintenir dans l'humilité ?

Euphrasie. Elles doivent regarder sans cesse leur céleste Epoux anéanti jusqu'au centre de la terre, se disant un vermisseau, et non un homme.

Olympiade. Quelle leçon doivent-elles avoir toujours dans l'esprit ?

Euphrasie. Celle de leur divin Epoux (1): *Apprenez de moi que je suis doux et humble de cœur;* car c'est à quoi il a réduit tous les trésors de sagesse et de science qui étaient en lui.

Démétriade. Est-ce là tout ce que vous leur demandez ?

Euphrasie. Je demande encore qu'elles n'aient plus ni la pensée ni le désir des alliances du monde ; car ne se point marier par opposition ou indifférence pour cet état, ou parce qu'on ne trouve pas, ou parce que, trouvant, on craint ce que dira le monde ; ce n'est plus être vierge de Jésus-Christ.

(1) Matt. 11. 29.

sur le bonheur des Vierges chrétiennes.

Olympiade. Que leur demandez-vous encore ?

Euphrasie. Je leur demande qu'elles ne soient ni causeuses ni curieuses, ni s'entretenant des choses dont elles ne doivent pas parler (1).

Démétriade. Ne leur demandez-vous que cela ?

Euphrasie. Je désire encore qu'elles ne songent plus à se rendre agréables par la beauté, ou la propreté de leurs habits, ni par les ajustemens curieux et affectés de leur tête.

Olympiade. Vous bornerez-vous à cela ?

Euphrasie. Il est nécessaire encore qu'elles vivent dans une retraite et une mortification continuelles.

Démétriade. Pourquoi dans une retraite continuelle ?

Euphrasie. Parce qu'elles ne doivent plus se plaire avec le monde, qu'elles ne doivent plus aimer.

Olympiade. Ne peut-on pas chercher les compagnies dans la vue de se désennuyer ?

Euphrasie. Comment peut-on s'ennuyer dans la compagnie d'un Epoux tout céleste et tout divin, qui renferme en lui seul tous les agrémens imaginables ?

Démétriade. Pourquoi dans une mortification continuelle ?

Euphrasie. Pour tenir leur corps toujours assujetti à l'esprit.

Olympiade. Pourquoi encore ?

Euphrasie. Pour vivre toujours aux yeux de Dieu (2). Si la veuve qui vit dans les délices est morte aux yeux de Dieu, combien plus une vierge qui y vivrait ?

Démétriade. Achevez de nous faire le portrait des vierges chrétiennes.

Euphrasie. Il faut que leur visage ne soit point troublé par aucune méchante humeur, que leurs yeux ne soient point égarés, que leur langue ne soit point trop libre à parler, qu'elles ne parlent point

(1) 1. Timoth. 5. 1. 3.
(2) Ibid. 5. 6.

d'elles-mêmes sans nécessité ; qu'elles ne blâment personne, et qu'elles ne s'élèvent au-dessus de personne ; qu'il n'y ait rien d'immodeste dans leur rire, rien de bouffon et de railleur dans leurs discours, rien d'indécent dans leur extérieur, point de fierté ou de mollesse dans leur marcher; qu'elles ne rendent point le mal pour le mal, ni outrage pour outrage, et qu'elles soient remplies d'une si grande charité, qu'elles soient prêtes de donner leur vie pour leurs frères ; et qu'ajoutant toutes les vertus à la virginité qu'elles gardent, elles fassent voir au monde dans leurs personnes les mœurs des Anges, menant déjà sur la terre la vie que ces purs esprits mènent dans le ciel.

Olympiade. Nous trouvons tout cela aussi juste que raisonnable, nous y souscrivons de tout notre cœur, et nous ne pouvons assez vous remercier.

SUR LES QUALITÉS QUI FONT BIEN AUGURER D'UNE JEUNE FILLE.

MACRINE.

Nous cherchons et nous espérons trouver chez vous ce que nous cherchons.

Marcelline. Que cherchez-vous ?

Marcie. Nous cherchons quelqu'un qui puisse nous instruire.

Marcelline. Que souhaitez-vous savoir ?

Macrine. C'est à quoi l'on peut connaître si une jeune fille sera un bon sujet dans la suite.

Marcelline. C'est premièrement si elle ne tient point au chevet quand il est question de se lever.

Marcie. Nous n'aurions pas pensé à cela : n'est-ce pas une chose indifférente que cet article ?

Marcelline. Une chose indifférente ! Vous n'y pensez pas ; de là je fais dépendre tout le reste.

Macrine. Vous poussez les choses bien loin.

Marcelline. Non, non, je ne les pousse pas bien loin ; et certainement de là dépend tout le reste ; car que voulez-vous qu'on fasse d'une telle fille, ou plutôt d'une telle idole ? elle ne saura de sa vie que dormir.

Marcie. Vous me pardonnerez, elle s'occupera utilement le reste du jour.

Marcelline. Je ne le saurais croire : elle aura puisé tant de pesanteur et d'engourdissement dans les draps, qu'elle ne pourra rien faire le reste du jour.

Macrine. Vous avez bien mauvaise opinion des filles qui tiennent au chevet.

Marcelline. On ne saurait en avoir une trop mauvaise, et elles le méritent justement.

Marcie. Vous ne revenez point de vos préventions.

Marcelline. Ce n'est point prévention ; c'est raison, lumière, expérience : ces sortes de filles ne sont bonnes à rien. Si elles sont leurs maîtresses, elles ne font que dormir ; et si elles viennent à dépendre d'un mari, elles en font leur supplice par leur paresse et leur indolence.

Macrine. Vous supposez donc qu'elles ne travaillent point le reste du jour ?

Marcelline. Vous dites bien le reste du jour, car elles en ont employé la plus grande et la meilleure partie à dormir, et le reste sera employé à se parer, boire, manger et bâiller.

Marcie. Vous faites apparemment ce portrait tout exprès pour les tourner en ridicule ?

Marcelline. Non, je parle sérieusement ; et si vous en doutez, donnez-vous la peine de vous en informer.

Macrine. A qui nous en informer ?

Marcelline. Entrez dans ces maisons où les femmes dorment jusqu'à ce que le soleil ait assez de force pour leur dessiller les yeux, et convainquez-vous-en vous-même.

Marcie. Nous nous en sommes informées, et nous en avons trouvé la vérité.

Marcelline. L'eussiez-vous cru, si vous ne l'eussiez vu de vos propres yeux ?

Macrine. C'est la vérité que ces dormeuses sont ennemies du travail et de toute contrainte.

Marcelline. Vous voyez donc à présent les suites de ces longs et paresseux dormirs.

Marcie. Rien n'est plus vrai, et il est bien à craindre que ces filles ne soient dans la suite de fort mauvais sujets.

Marcelline. Je suis bien aise que vous en conveniez sur vos propres lumières.

Macrine. Vous voulez donc qu'une jeune fille se lève matin, et qu'elle travaille tout le jour, sans perdre un seul moment ?

Marcelline. Il n'y a que les filles qui se conduisent de la sorte dont on puisse attendre quelque chose de bon pour la suite ; les autres ne méritent pas de vivre.

Marcie. Vous prononcez là une sentence bien sévère.

Marcelline. Ce n'est pas moi, c'est l'Apôtre (1), qui veut que celles qui ne travaillent point ne mangent point.

Macrine. Nous espérons que ces filles profiteront de vos avis, qu'elles ne feront plus du jour la nuit, et qu'elles travailleront assidument tout le jour.

Marcelline. Elles feront sagement ; mais il ne faut pas qu'elles en restent là.

Marcie. Que leur faut-il davantage ?

Marcelline. Il faut qu'elles aient du zèle pour s'instruire de tout ce qu'une fille doit savoir pour être utile dans l'état où Dieu l'appellera.

Macrine. Que voulez-vous qu'elles sachent ?

Marcelline. Leurs prières, leur catéchisme, lire, écrire, compter, et tout ce qui regarde la civilité et le ménage.

Marcie. Vous ne leur en demandez pas tant sur cet article que sur le précédent.

(1) 2. Thess. 3. 10.

Marcelline. Ce n'est pas assez qu'elles sachent bien toutes ces choses, il faut encore qu'elles tâchent de surpasser en cela toutes celles de leur âge.

Macrine. Mais n'est-ce point là un orgueil et une vanité ?

Marcelline. Non, c'est une louable émulation, qui ne se trouve pas dans les dormeuses.

Marcie. Pourquoi, s'il vous plaît ?

Marcelline. C'est que le long dormir, en épaississant le sang, épaissit aussi les esprits, et les esprits épaissis ne sont plus susceptibles d'émulation.

Macrine. Il y a bien des filles, et même des femmes, qui ne savent pas toutes ces choses.

Marcelline. Tant pis pour elles, et pour ceux et celles qu'elles sont obligées d'instruire.

Marcie. Nous ne croyions pas qu'il fallût tant de choses pour faire bien augurer d'une jeune fille.

Marcelline. Ne vous étonnez pas : ce n'est pas tout ce qu'elle doit avoir.

Macrine. Que doit-elle avoir encore ?

Marcelline. Un grand amour pour la modestie.

Marcie. Cela est aisé aux filles ; car la modestie leur est naturelle.

Marcelline. Hé ! plût à Dieu que cela fût vrai !

Macrine. Mais en est-il à qui elle ne soit pas naturelle ?

Marcelline. Il en est un grand nombre.

Marcie. Vous nous surprenez.

Marcelline. Appellerez-vous modestes des filles qui aiment les parures ; qui cherchent à se montrer, au lieu de se cacher ; qui ne se couvrent pas exactement ; qui vont aux danses et aux spectacles ; qui ne fuient pas, je ne dis pas seulement la compagnie, mais même la présence des garçons ?

Macrine. Non, ces filles ne passent point pour modestes dans nos esprits.

Marcelline. Cependant combien en est-il de ce caractère ?

Marcie. Nous pensions qu'il n'en était pas.

Marcelline. Dites plutôt qu'il n'en devrait pas être.

Macrine. Sur ce pied, il est bien peu de filles modestes.

Marcelline. Je ne suis pas fâchée que vous le disiez ; mais je suis fâchée que cela soit.

Marcie. Il est donc bien peu de jeunes filles dont on puisse bien augurer pour l'avenir ?

Marcelline. Bien peu, et dans un grand nombre, souvent il n'y en a pas deux.

Macrine. Cela est déplorable.

Marcelline. Tout des plus ; mais quand elles auraient tout ce que je viens de remarquer, il leur manquerait encore quelque chose.

Marcie. Et quoi, s'il vous plaît ?

Marcelline Le goût de la piété.

Macrine. Ne suffit-il pas qu'elles aient ce goût dans un âge plus avancé ?

Marcelline. Non, il faut en avoir les semences dès le bas âge.

Marcie. En quoi faites-vous consister ce goût de la piété ?

Marcelline. A se porter avec alégresse à la prière, au service divin et aux instructions.

Macrine. Vous n'approuvez donc pas les jeunes filles qui se font dire plusieurs fois de prier Dieu le matin et le soir, devant et après les repas ?

Marcelline. Quand cela arrive, j'en tire un mauvais augure pour la suite.

Marcie. Vous blâmez donc ces jeunes filles qui, pendant la sainte messe et les saints offices, s'ennuient et voudraient être bien loin ?

Marcelline. Comment ne les pas blâmer ?

Macrine. Vous désapprouvez donc ces jeunes filles qui ne vont aux instructions qu'à regret et en murmurant, et sans avoir appris ce qu'elles devaient savoir ?

Marcelline. Et qui ne les désapprouverait ?

Marcie. Vous venez de tracer là un grand ouvrage pour les jeunes filles.

Marcelline. Il est vrai ; mais sans cela on n'en peut augurer rien de bon.

Macrine. Que dire donc de celles qui n'ont pas toutes ces marques ?

Marcelline. Je n'en dis rien ; mais je tremble pour elles.

Marcie. Nous nous retirons bien contentes de vos instructions, dont la vérité frappe ; mais bien affligées de ce que nous venons d'apprendre.

SUR LE PRIX DU TEMPS.

IDE.

Vous venez fort à propos pour décider notre différend.

Véronique. Quel différend peut-il y avoir entre des personnes si unies ?

Serène. Le différend n'est pas grand ; mais enfin il nous partage

Véronique. De quoi s'agit-il, s'il vous plaît ?

Ide. C'est que ma compagne pense qu'il n'y a pas grand mal à perdre le temps, pourvu que ce ne soient que de petits intervalles, quoique fréquens ; et moi je pense le contraire : qui de nous deux a raison ?

Véronique. Le temps est une chose si précieuse, que pour peu qu'on en perde, on fait toujours une grande perte.

Serène. Mais je ne pense pas que ce soit en perdre que de travailler lentement, respirer de fois à autre, se jeter pour un moment sur une chaise ou sur un lit.

Véronique. Il est vrai qu'il ne faut pas travailler jusqu'à perdre haleine, comme font certaines personnes que je connais, ce qui ruine insensiblement leur santé ; mais d'un autre côté, il ne faut pas travailler avec tant de nonchalance, qu'on paraisse plutôt tuer le temps, que l'employer utilement.

Ide. Que diriez-vous donc de ces ennuis, de ces bâillemens, et de ces lassitudes de commande, qui prennent à tous momens ?

Véronique. Je n'en dis rien de bon ; car cela marque une grande langueur et une grande lâcheté.

Serène. Mais quand, en effet, on est bien lasse ?

Veronique. Il faut attendre l'heure du repos, et ne la point prévenir, à moins qu'on ne soit réellement incommodée.

Ide. Je trouve cette réponse un peu sévère.

Véronique. Elle l'est, à la vérité, pour les personnes qui n'aiment point le travail, et qui s'imaginent toujours être fatiguées.

Serène. Rendez-vous, s'il vous plaît, un peu plus indulgente.

Véronique. L'indulgence qui tend à favoriser la paresse, n'est plus une indulgence, mais une complaisance blâmable.

Ide. Mais quel mal trouvez-vous dans cette lenteur et dans ces repos entrecoupés, que l'on ne prend que pour prévenir la lassitude ?

Véronique. L'on désobéit à Dieu, qui a commandé le travail ; on se fait tort à soi-même, en se donnant la réputation de nonchalante ; et l'on cause du dommage à ses compagnes, en les surchargeant d'ouvrage, et en les privant du fruit de son travail.

Serène. Vous portez les choses trop loin.

Véronique. Je ne crois pas les porter trop loin : et il n'est personne qui ne voie que je dis la vérité.

Ide. Pour moi j'approuve ces raisons. Je désire seulement de savoir s'il n'y a que dans le travail que l'on doive craindre la perte du temps.

Véronique. On la doit craindre en toute chose.

Serène. Et quoi, en toute chose ?

Véronique. Dans le repos, dans les récréations, et même dans les conversations.

Ide.

Ide. Comment, s'il vous plaît, perd-on le temps dans le repos ?

Véronique. C'est quand on reste au lit plus qu'il n'est besoin pour la santé.

Serène. Pour moi, si j'étais ma maîtresse, je crois que de faire ainsi ce serait l'employer utilement ; car cela rend plus forte, et met en état de mieux travailler.

Véronique. Pardonnez-moi si je vous dis que le trop de repos ne fait qu'amollir, rend ennemi du travail, et ôte les forces nécessaires pour en porter le poids.

Ide. Dites-vous la même chose des récréations ?

Véronique. J'en dis tout autant ; car quand on s'y est une fois livrée, on ne voudrait plus faire que cela.

Serène. Mais il faut bien se récréer.

Véronique. Il est vrai ; mais il faut que ce soit avec sobriété, et seulement pour le besoin ; et qui y passe les bornes, perd le temps.

Ide. Passez-nous du moins les conversations : non-seulement on se délasse, mais encore on s'instruit ; ce n'est pas là perdre le temps.

Véronique. Vous avez raison, quand les conversations sont nécessaires ou utiles ; mais combien y en a-t-il qui ne tendent qu'à l'amusement ?

Serène. Sur-tout parmi les filles ; car je sens que c'est là ce que vous voulez dire.

Véronique. Non, je dis même parmi les hommes.

Ide. Vous condamnez donc toutes les conversations ?

Véronique. Non pas toutes, mais un grand nombre.

Serène. Lesquelles, s'il vous plaît ?

Véronique. Je vous l'ai dit, celles qui ne sont ni nécessaires ni utiles, et qui ne tendent qu'à l'amusement.

Ide. Mais celles dont on a besoin pour se délasser l'esprit, ne peuvent-elles pas passer pour nécessaires ou utiles ?

H

Véronique. Oui, pour les personnes dont le travail fatigue l'esprit, ce qui se rencontre rarement parmi les filles.

Serène. Que doivent faire ces personnes, lorsqu'elles sont obligées de converser, pour ne point perdre le temps ?

Véronique. Elles ne doivent point quitter leur ouvrage pendant leurs conversations.

Ide. Mais pourquoi faire un si grand mal de la perte du temps ?

Véronique. C'est que le temps est un bien des plus précieux.

Serène. Expliquez-vous davantage, s'il vous plaît.

Véronique. Le temps est le fruit de la mort de Jésus-Christ, et avec lui on peut acquérir les autres biens.

Ide. Comment, de grâce, le temps est-il le fruit de la mort de Jésus-Christ ?

Véronique. C'est que sans le mérite de cette mort tous les hommes avaient mérité de mourir, et par conséquent d'être privés du temps.

Serène. Je comprends cela parfaitement : continuez, s'il vous plaît.

Véronique. C'est encore avec le temps que l'on acquiert tous les autres biens, puisque les sciences, les arts, les richesses, la grâce, la sainteté, l'éternité même, tout s'acquiert avec le temps.

Ide. Si on avait toujours cela présent à l'esprit, il ne se trouverait personne qui en voulût perdre un instant.

Véronique. C'est aussi ce que font les personnes sages, qui en sont aussi avares que les avares mêmes le sont de leur argent.

Serène. Elles ont grande raison, puisque tous les instans en sont si précieux.

Véronique. Rendez votre conduite semblable à vos paroles, et vous serez heureuses, et dignes de l'être.

Ide. C'est la résolution que nous prenons aujourd'hui.

SUR LA MODESTIE.

MÉDULE.

La modestie qui éclate en vous nous fait penser que personne ne nous instruira mieux que vous.

Natalie. Je ne mérite nullement la bonne opinion que vous avez de moi.

Odille. Personne ne la mérite plus justement.

Natalie. Il est bien avantageux d'avoir affaire à des personnes aussi polies.

Médule. Nous préférons encore la modestie à la politesse : instruisez-nous-en, s'il vous plaît.

Natalie. De quelle modestie voulez-vous parler ?

Odille. Y en a-t-il de plusieurs sortes ?

Natalie. On appelle dans le monde modestie ce qui est opposé à la grossièreté, à l'orgueil et à l'ambition. On y appelle aussi modestie ce qui est conforme à la bienséance, à la pudeur et à l'honnêteté.

Médule. C'est de cette dernière dont nous désirons être instruites.

Natalie. C'est une vertu qui charme non-seulement nos yeux, mais encore ceux de Dieu et des Anges

Odille. Cette vertu est donc bien aimable ?

Natalie. On ne pouvait la voir dans Notre-Seigneur Jésus-Christ et dans la sainte Vierge, sans en être épris.

Médule. Nous n'en doutons pas, puisque nous ne pouvons la voir en aucune personne, sans en être touchées.

Natalie. Elle vous charme dans les autres ; mais je crains bien qu'elle ne vous rebute, quand je vous dirai ce qu'il faut faire pour l'avoir.

Odille. Ne craignez point ; aucun travail ne nous rebutera.

Natalie. A la bonne heure : il ne faut pas moins de zèle pour en venir à bout.

Médule. Expliquez-vous, et comptez sur notre zèle.

Natalie. Voici donc ce que c'est : c'est une vertu qui règle et qui compose tout l'intérieur et tout l'extérieur, selon ce que dictent la raison, la bienséance et l'honnêteté.

Odille. Que règle-t-elle dans l'intérieur ?

Natalie. Elle y règle le cœur, l'esprit et l'imagination même.

Médule. Que fait-elle dans le cœur ?

Natalie. C'est là qu'elle réside principalement, et qu'elle est toujours surveillante pour n'y laisser rien entrer qui puisse blesser la vertu.

Odille. Est-ce que le cœur peut être immodeste ?

Natalie. Sans doute : il est vrai que les hommes ne s'en aperçoivent pas ; mais cela n'échappe pas aux yeux de Dieu qui voit tout.

Médule. En quoi consiste l'immodestie du cœur ?

Natalie. Dans le consentement qu'il donne aux pensées immodestes.

Odille. Il faut donc bien être sur ses gardes pour n'y laisser rien entrer d'immodeste ?

Natalie. Oui, il en faut garder soigneusement toutes les entrées, et même toutes les avenues.

Médule. Que faut il faire, lorsque quelque chose d'immodeste s'y présente ?

Natalie. Il faut se tenir bien ferme, et ne pas dire seulement qui va là.

Odille. Ne pourrait-on pas s'informer de ce que c'est ?

Natalie. Il faut bien s'en donner de garde ; car qui délibère et raisonne un moment en ces occasions, est à demi vaincu.

Médule. Vous permettez donc d'être brusque et incivile dans ces rencontres ?

Natalie. On ne saurait trop l'être : un non tout court, un non fermement dit, est toujours le meilleur.

Odille. Et pourquoi demandez-vous cette si grande vigilance sur le cœur ?

Natalie. C'est que le cœur est le principal fort de l'ame : lui rendu, tout est rendu.

Médule. Il n'y a donc rien à craindre tant que ce fort n'est point rendu ?

Natalie. Tant qu'il n'est point rendu, l'ame demeure toute entière à son Dieu, et l'ennemi, quelque progrès qu'il ait fait, n'a encore rien gagné.

Odille. Mais si l'esprit est rendu ?

Natalie. Ne craignez rien : l'ennemi peut bien l'occuper, et même le battre ; mais il ne peut le prendre sans le consentement de la volonté.

Médule. Je suis bien aise d'apprendre cela ; car je croyais tout perdu, aussitôt que mon esprit était attaqué.

Natalie. C'est une vérité constante que l'esprit tout seul, tant que la volonté n'y prend point de part, ne peut nous rendre coupables.

Odille. On n'est donc point coupable pour avoir l'esprit tout rempli de mauvaises pensées, même quand cela durerait long-temps ?

Natalie. Non, tant que la volonté ne les avoue point ; car ce n'est que par la volonté que nous devenons coupables.

Médule. Comment connaît-on que la volonté ne les avoue pas ?

Natalie. C'est quand ces pensées nous déplaisent ; c'est quand nous sommes fâchées de les avoir ; c'est quand, s'il était en notre pouvoir, nous n'en aurions jamais aucune.

Odille. A quoi connaît-on encore que la volonté ne les avoue pas ?

Natalie. C'est quand nous en évitons soigneusement toutes les occasions ; c'est quand nous en détournons sur-le-champ notre attention, et dès le moment que nous les apercevons ; c'est quand nous nous en humilions aussitôt devant Dieu.

Médule. Mais souvent tout cela ne fait point en aller ces pensées.

Natalie. Ne vous en troublez point alors ; car

elles ne sont point vos pensées, mais les pensées de l'ennemi, tant que la volonté s'y oppose, et que vous n'y avez donné ni occasion ni consentement.

Odille. O que c'est un grand tourment que ces pensées, pour une ame qui aime sincèrement son Dieu !

Natalie. Consolez-vous ; car c'est bon signe si vous trouvez que c'est un grand tourment ; si vous y consentiez et y preniez plaisir, cela ne vous paraîtrait pas un si grand tourment.

Médule. Que faut-il faire pour les dissiper ?

Natalie. Comme c'est le démon qui vous les donne le plus souvent, en l'éloignant vous les éloignerez.

Odille. Que faut-il faire pour l'éloigner ?

Natalie. Ayez recours à la Croix de Jésus-Christ, et multipliez-en les signes sur votre cœur ; appelez votre bon Ange à votre secours ; jetez-vous entre les bras de Jésus-Christ ; invoquez la sainte Vierge, mère de la pureté, et toute la Cour céleste.

Médule. Ces moyens nous paraissent très-bons.

Natalie. Ajoutez-y encore ceux-ci : levez les yeux au ciel, puis abaissez-les en enfer : un seul consentement, ne durât-il qu'un moment, peut vous exclure du premier pour jamais, et vous précipiter dans l'autre pour toujours.

Odille. Voilà bien de quoi éloigner l'ennemi et les tentations.

Natalie. Changez même de lieu et de posture, comme pour fuir, et occupez-vous à quelque chose qui puisse subitement vous faire changer de pensées.

Médule. Nous sommes très-contentes de ces moyens ; apprenez-nous à défendre notre imagination des fantômes de l'ennemi.

Natalie. Ce n'est pas seulement pendant que l'on veille, mais encore pendant que l'on dort, qu'il faut l'en défendre.

Odille. Mais comment empêcher ce qui arrive pendant le sommeil, puisqu'alors on n'a point l'usage libre de sa raison ?

Natalie. C'est en éloignant avant le sommeil tout ce qui peut causer pendant le sommeil des images fâcheuses ; c'est en demandant à Dieu instamment, avant que de s'endormir, d'en être préservé ; c'est en priant soigneusement son bon Ange de ne point laisser approcher de nous l'ennemi pendant le sommeil.

Médule. Est-ce que l'on est coupable de ces images lorsqu'on y a donné occasion volontairement avant le sommeil ?

Natalie. Il n'est pas besoin de vous le dire, vous le voyez assez.

Odille. Mais alors on n'a point de liberté.

Natalie. Il est vrai : aussi n'est-on point coupable pour le moment du sommeil, mais pour les momens qui l'ont précédé, puisque volontairement on y a donné occasion.

Médule. Comment est-ce, de grâce, que l'on y a donné occasion volontairement ?

Natalie. C'est en faisant, avant le sommeil, des choses qui provoquent pendant le sommeil ces sortes d'images.

Odille. Donnez-nous des exemples, s'il vous plaît.

Natalie. Voici ce qui les provoque d'ordinaire : les mauvaises lectures, les mauvaises réflexions, les mauvaises chansons, les conversations dangereuses, les familiarités indécentes, les regards défendus, les excès du boire et du manger, et autres choses de cette nature.

Médule. Toutes ces choses nous rendent donc coupables des images fâcheuses qui nous arrivent pendant le sommeil ?

Natalie. C'est de quoi vous ne devez pas douter un moment.

Odille. Il faut donc bien être sur ses gardes ?

Natalie. On ne saurait trop l'être ; mais n'en restez pas là.

Médule. Que nous demandez-vous de plus ?

Natalie. Je vous demande que même, lorsque

vous n'y aurez donné aucune occasion, vous vous en humiliiez à votre réveil, et que vous preniez bien garde de vous y arrêter.

Odille. Nous voyons bien qu'il ne faut point s'y arrêter ; mais pourquoi s'en humilier, puisque nous n'en sommes pas coupables ?

Natalie. C'est afin de mériter d'en être préservées à l'avenir, s'il est vrai que vous n'en soyez pas coupables ; et aussi pour reconnaître devant Dieu combien vous êtes par vous-mêmes misérables.

Médule. Nous comprenons parfaitement ce que fait la modestie dans l'intérieur : montrez-nous ce qu'elle fait dans l'extérieur.

Natalie. Ce sera demain, si vous le voulez bien : laissez-moi un peu respirer.

Odille. Très-volontiers : nous nous rendrons exactement à l'heure donnée.

SUITE DE LA CONVERSATION SUR LA MODESTIE.

MÉDULE.

Nous avons vu comment la modestie règle l'intérieur : faites-nous voir, s'il vous plaît, comme elle règle l'extérieur.

Natalie. Il faut vous contenter.

Odille. Vous nous ferez bien plaisir.

Natalie. Je vous dirai d'abord que quand cette vertu a gagné le cœur, et qu'elle y domine, de là elle se répand bientôt sur tout l'extérieur.

Médule. Nous n'en doutons pas : mais qu'y règle-t-elle ?

Natalie. Elle y règle tous les sens, tous les mouvemens, la contenance, la posture, la démarche, les habits, les ornemens, et jusqu'à la manière de s'habiller.

Odille. Faites-nous-la voir par-tout là.

Natalie. Vous y verrez une grande exactitude et une grande délicatesse, et je ne sais si vous pourrez vous en accommoder.

Médule. Quelles lois impose-t-elle aux yeux?

Natalie. Elle ne veut pas qu'ils s'ouvrent jamais sur aucune chose qui puisse tant soit peu blesser la pudeur; et un Saint portait la modestie si loin, qu'il ne voulait pas même regarder ses pieds à nu.

Odille. Cela est bien exact.

Natalie. Elle ne veut pas même qu'ils s'arrêtent ni trop curieusement ni trop attentivement sur le visage de personne.

Médule. Il y a donc du mal qu'une fille regarde le visage d'une autre fille, et ainsi des autres personnes?

Natalie. Je ne dis pas qu'il y ait du mal; mais je dis que la modestie ne le permet pas, quand c'est d'une manière trop curieuse et trop attentive.

Odille. Où est la conséquence de cela?

Natalie. Je ne me trompais pas quand je disais que vous pourriez bien ne pas vous accommoder de ces lois.

Médule. Mais enfin, faites-nous-en voir la conséquence.

Natalie. Je n'ai point de conséquence à vous faire voir. Ici il ne faut point raisonner: je vous dis que c'est une de ses lois; c'est à vous à vous y soumettre, si vous voulez avoir cette vertu.

Odille. Voilà ce qui s'appelle parler. Dites-nous quelles sont les lois qu'elle impose aux oreilles.

Natalie. De n'écouter jamais rien qui puisse blesser l'honnêteté.

Médule. Il faudrait pour cela ne voir ni ne fréquenter personne.

Natalie. Retenez pour toujours que vous ne devez jamais avoir pour amies des personnes qui seraient capables de s'oublier jusqu'à ce point.

Odille. Mais sans le vouloir, on rencontre de ces personnes.

Natalie. Aussitôt que vous les connaîtrez pour telles, fuyez tous les lieux où elles pourraient se rencontrer.

Médule. Il ne faudrait donc point aller dans les rues ; car il y en a de ce caractère.

Natalie. Fermez si bien vos oreilles que cela n'aille point jusqu'à votre cœur.

Odille. Nous entendrons cela indifféremment, et sans y donner attention.

Natalie. Vous le croyez : mais l'expérience montre que le démon sait bien prendre son temps pour vous en faire souvenir.

Médule. On ne peut aller contre l'évidence de ce que vous dites : cela n'est que trop vrai.

Natalie. C'est un des artifices de l'ennemi, de vous y rendre comme insensibles dans le temps que vous les entendez, pour, dans la suite, vous y rendre très-sensibles.

Odille. Nous convenons de cela. Quelles lois la modestie impose-t-elle à la langue ?

Natalie. Elle la rend muette à l'égard de toutes les paroles qui peuvent offenser la pudeur.

Médule. Nous n'avons point de peine à souscrire à cela : pour peu qu'on ait d'éducation, on ne dit jamais de ces paroles ; cela n'appartient qu'à des gens de la lie du peuple.

Natalie. Elle la rend encore ennemie de tout ce qui s'appelle délicatesse en matière de viandes et de liqueurs.

Odille. Est-ce que cette délicatesse blesse la modestie ?

Natalie. Vous devez savoir que tout ce qui favorise la sensualité expose à perdre la modestie, et que cette vertu et la tempérance sont deux sœurs très-unies ensemble.

Médule. Ceci est nouveau pour nous.

Natalie. Pour peu que vous y pensiez, vous en verrez la vérité.

Odille. Nous la voyons : la modestie a-t-elle aussi des lois pour les mains ?

Natalie. Elle veut qu'elles soient toujours pures, et qu'elles ne touchent rien qui puisse les souiller.

Médule. Ne leur demande-t-elle que cela ?

Natalie. Il y a bien des actions qui ne souillent pas les mains, que la modestie néanmoins ne permet pas.

Odille. Permet-elle de toucher les autres, et de s'en laisser toucher ?

Natalie. Une personne qui veut suivre exactement toutes les règles de la modestie, ne touche ni ne se laisse toucher, même au bout du doigt.

Médule. Cette exactitude paraît trop grande.

Natalie. Les Saints l'ont portée jusque-là, et l'ont toujours très-fort recommandée.

Odille. Il y a donc du mal à cela ?

Natalie. Il n'y en a pas toujours ; mais toujours il y a du danger : or la modestie ne permet pas qu'on s'y expose.

Médule. Pour le coup, voilà pousser les choses bien loin.

Natalie. Je vous l'ai bien dit, que vous ne vous accommoderiez pas de toutes ces lois.

Odille. Je n'ose plus vous en demander la conséquence, car je me souviens de la réponse que vous m'avez faite sur ce mot de conséquence.

Natalie. Ne me la demandez pas encore : je vous ai dit qu'il y avait au moins du danger, cela doit vous suffire.

Médule. Il en faut donc passer par-là ?

Natalie. Oui, si vous voulez obéir à toutes les lois de la modestie.

Odille. Quelles lois donne-t-elle pour les mouvemens, la contenance, la posture et la démarche ?

Natalie. Qu'il n'y ait rien en tout cela qui ressente la mollesse ou l'affectation.

Médule. Elle ne permet donc pas d'étendre ou de croiser les jambes, de s'appuyer sur le dos d'une chaise ou d'un fauteuil, de marcher avec précipitation ou avec indolence, et d'avoir un port affecté ?

Natalie. Non, tout cela est incompatible avec la modestie.

Odille. Il y a donc, encore un coup, du mal à cela ?

Natalie. Ne regardez point si cela est mal ou non : songez seulement que le contraire est bien, et selon les règles de la modestie.

Médule. Mais nous voudrions savoir si cela est mal.

Natalie. Une ame qui aime bien Dieu, est bien plus occupée à savoir ce qui est bien pour le faire, qu'à savoir ce qui est mal pour l'éviter.

Odille. Mais cela nous rassurerait.

Natalie. Encore un coup, c'est une marque que vous n'aimez guère le bien.

Médule. Vous nous battez de toutes parts.

Natalie. J'en suis fâchée, mais vous le méritez.

Odille. Puisque nous ne pouvons rien gagner, finissons, et dites-nous les règles qu'il faut garder touchant les habits et les ornemens, et la manière de s'habiller.

Natalie. La modestie demande, touchant les habits et les ornemens, qu'on n'ait rien de superflu, rien de superbe, rien de trop voyant.

Médule. Mais si la condition des personnes le demande ?

Natalie. Suivez les règles de votre condition, mais plutôt en diminuant qu'en augmentant, et prenant toujours dans votre état ce qu'il y a de plus simple et de plus modeste.

Odille. Et pour la manière de s'habiller, quelles règles faut-il garder ?

Natalie. Gardez-y toujours la plus exacte modestie, soit pour la façon des habits, soit pour la manière de les prendre, ou de les quitter.

Médule. Mais si la mode autorise des habits un peu trop ouverts, pourra-t-on la suivre ?

Natalie. En suivant une telle mode, vous abandonnerez la modestie, et la modestie vous abandonnera ; car qui la perd en un seul point, la perd dans tous les autres.

Odille. Nous voyons bien qu'il n'y a rien à gagner

avec vous, et que vous n'en voulez rien rabattre.

Natalie. Ce n'est pas moi qui n'en veux rien rabattre, c'est la modestie. Ses lois sont également saintes et inexorables ; et vous ne pouvez vous y rendre trop scrupuleusement.

Médule. Etend-elles ses lois jusque sur les morts?

Natalie. Oui, elle veut qu'on les traite avec le même respect que s'ils étaient vivans.

Odille. Mais ces morts ne s'en mettent guère en peine.

Natalie. Lisez le dix-huitième chapitre du troisième tome de la Vie des Pères du désert, et vous verrez s'il est vrai.

Médule. C'en est fait, notre parti est pris, nous suivrons toutes ces lois.

Natalie. Je le souhaite, rien ne me fera plus de plaisir.

(*) *Histoire qui fait comprendre avec quelle modestie l'on doit se comporter envers les Morts.*

AYANT appris, dit un jeune homme, que la fille d'un des principaux de la ville était morte, et qu'ayant été revêtue de quantité d'habits fort précieux, on l'avait enterrée hors de la ville, l'habitude dans laquelle j'étais de faire le mal, me porta à entrer la nuit dans son sépulcre, où l'ayant entièrement dépouillée, sans pardonner même à sa chemise, je la laissai aussi nue que lorsqu'elle vint au monde.

Comme je voulais sortir, elle se leva, et avec sa main gauche prit ma main droite, et me dit : O le plus méchant et le plus scélérat de tous les hommes ! est il possible que tu aies eu la hardiesse de me mettre ainsi toute nue ? Que si l'appréhension des jugemens de Dieu et de la damnation éternelle n'est pas capable de te donner de la crainte, au

(*) Vie des Pères du désert, tom. 3. chap. XVIII, de la traduction de M. Arnaud d'Andilly.

moins devais-tu avoir pitié de moi après ma mort ? et faisant profession d'être chrétien, n'as-tu pas eu honte de laisser ainsi une chrétienne toute nue ? Tu n'as point révéré mon sexe, ce sexe auquel tu dois la vie ; et n'as-tu point appréhendé, en m'outrageant de la sorte, d'outrager aussi ta mère ? Misérable, et plus misérable qu'on ne saurait dire ! lorsqu'il te faudra comparaître devant le tribunal épouvantable de Jésus-Christ, quelle raison lui pourras-tu rendre du crime que tu viens de commettre contre moi ? Nul étranger, durant ma vie, n'a vu mon visage ; et toi, après ma mort, tu es entré dans mon sépulcre, tu m'as dépouillée, et tu as regardé mon corps à nu.

Ce spectacle et ces paroles me remplirent, dit le jeune homme, d'une si étrange terreur, que tout tremblant et tout transi de crainte, à peine lui pus-je dire : Laissez-moi aller, et je ne ferai de ma vie rien de semblable.

Elle me répondit : Il n'en ira pas ainsi. Tu es entré dans mon sépulcre quand tu as voulu, mais tu n'en sortiras pas quand tu voudras. Il nous sera commun à tous deux ; et ne t'imagine pas d'y mourir à l'heure même : tu y seras tourmenté durant plusieurs jours, et puis tu rendras misérablement ta malheureuse ame, que tu n'as pas craint de perdre par un péché si détestable.

Alors, redoublant mes prières et les accompagnant de mes larmes, afin qu'elle me laissât aller, je la conjurai, par le Dieu tout-puissant, d'avoir compassion de moi, et lui promis avec serment qu'il ne m'arriverait jamais de tomber dans de telles fautes.

Enfin, se laissant fléchir par tant de prières, de larmes, de soupirs, elle me répondit : Si tu veux sauver ta vie, et te délivrer d'un tel malheur, promets-moi donc que si je te laisse aller, non-seulement tu renonceras à ces actions abominables, mais tu renonceras aussi au siècle, et tu te rendras dès à présent solitaire pour servir Jésus-Christ, et faire pénitence de tes crimes.

Je lui jurai en ces termes: Je proteste par le Dieu à qui je dois rendre mon ame, d'accomplir non-seulement ce que vous venez de m'ordonner, mais de ne pas rentrer même dans ma maison, et d'aller tout de ce pas dans un monastère.

Alors elle me dit : Revêtez-moi donc comme je l'étais. Ce qu'ayant fait, elle se remit en l'état qu'elle était auparavant, et puis retourna dans son repos, et moi j'exécutai fidellement ma promesse.

SUR LES MOYENS D'AVOIR LA PAIX AVEC TOUT LE MONDE.

FLORIDE.

Je viens vous faire une confidence.

Auguste. Vous flattez bien ma curiosité.

Léonide. Ne suis-je point de trop ?

Auguste. Vous ne sauriez.

Floride. Je vous dirai confidemment que je suis bien lasse de vivre dans la division.

Auguste. Vous avez raison, c'est un bien mauvais métier.

Léonide. Je ne trouve rien de plus désagréable et de moins tranquille.

Auguste. Vous pensez juste ; car vivre en division, ce n'est pas vivre, c'est languir, c'est mourir à petit feu.

Floride. Je voudrais donc bien savoir ce qu'il faut faire pour avoir la paix avec tout le monde : voilà le secret que je voudrais apprendre aujourd'hui.

Auguste. Ce secret mérite bien qu'on le cherche.

Léonide. J'ai aussi un grand désir de le savoir.

Auguste. Il est court dans la prononciation, mais il n'est pas si court dans la pratique.

Floride. Il est donc un secret pour avoir la paix avec tout le monde ?

Auguste. Le voici : n'offenser personne, et ne s'offenser de personne.

Léonide. Je l'entends ce secret, mais cela est-il si aisé ?

Auguste. Je ne vous dis pas qu'il soit aisé, je vous dis seulement que c'est là le secret que vous demandez.

Floride. Aidez-nous à le mettre en pratique.

Auguste. Pour n'offenser personne, il faut, premièrement, laisser à chacun la liberté de penser et d'agir comme il lui plaît, dans les choses indifférentes.

Léonide. Je vois d'abord l'utilité de cette conduite.

Auguste. En effet, n'est-ce pas le contraire de cette conduite qui divise tant de personnes, et qui leur ôte la paix ?

Floride. Nous le voyons et nous le sentons bien.

Auguste. Profitez-en donc, et convenez que rien n'est plus insupportable que ces sortes d'esprits qui veulent réduire tout le monde à penser et à faire comme eux.

Léonide. Ces sortes de personnes devraient être reléguées dans quelque coin du monde, pour ne vivre qu'avec elles-mêmes.

Auguste. Vous avez raison ; car ces caractères d'esprit troublent la paix par-tout où ils se trouvent.

Floride. N'y a-t-il que cela à faire pour avoir la paix avec tout le monde ?

Auguste. Il faut aller plus loin.

Léonide. Que faut-il faire encore ?

Auguste. Il faut ne s'opposer au mal que l'on rencontre qu'avec une exquise prudence et un extrême ménagement.

Floride. C'est pourtant un grand bien d'empêcher le mal, ou de le réprimer.

Auguste. Il est vrai ; mais quand on ne le fait

pas comme il faut, on l'augmente plutôt que de le diminuer.

Léonide. Mais quand on a du zèle, le moyen d'aller doucement ?

Auguste. De deux choses l'une : ou vous êtes chargée d'arrêter ce mal, ou vous ne l'êtes pas.

Floride. Mais le zèle a-t-il besoin de faire ces considérations ?

Auguste. Le zèle indiscret et sans science ne croit pas en avoir besoin ; mais celui qui est éclairé et prudent pense d'une autre façon.

Léonide. Nous croyions qu'il fallait toujours suivre son zèle.

Auguste. Voilà ce qui brouille justement tant de monde.

Floride. Apprenez-nous donc ce qu'il faut faire.

Auguste. Si vous n'êtes point chargées d'arrêter le mal, le plus sûr est de vous contenter d'en gémir devant Dieu, et d'avertir en secret ceux qui en sont chargés.

Léonide. Mais si n'en étant pas chargées, le mal se commet à nos yeux ?

Auguste. Il suffira alors de marquer par l'air de votre visage, par votre silence, et même par votre retraite, s'il est besoin, que vous le désapprouvez, à moins que vous n'ayez lieu de présumer que vos avis seront bien reçus.

Floride. Mais si nous en sommes chargées, comme il arrive souvent ?

Auguste. Il faut alors employer tous les moyens qu'une prudence éclairée et qu'une vraie charité vous suggéreront.

Léonide. Mais quand on a l'autorité en main, c'est bien plutôt fait de la faire valoir.

Auguste. Il est vrai que c'est le chemin le plus court ; mais ce n'est pas toujours le plus efficace.

Floride. Pourquoi, s'il vous plaît ?

Auguste. C'est qu'il vaut beaucoup mieux gagner les esprits que de les irriter.

Léonide. Mais si ce sont des scandaleux et des incorrigibles ?

Auguste. Il est toujours bon de n'en venir à l'éclat qu'après avoir employé tous les autres moyens.

Floride. Mais si tous ces moyens sont inutiles ?

Auguste. Alors, agissant par autorité, vous n'aurez rien à vous reprocher ; et si la division éclate, ce ne sera plus votre faute.

Léonide. Nous ne pensions pas qu'il fallût prendre tant de précautions pour arrêter le mal.

Auguste. Il le faut, si vous voulez avoir la paix avec tout le monde, qui est le but que vous vous proposez.

Floride. Est-ce là tout ce qu'il faut faire pour arriver à ce but ?

Auguste. Il faut encore ne vous mêler que de vos affaires, et jamais de celles des autres.

Léonide. Nous convenons de la bonté de ce troisième avis.

Auguste. L'expérience montre que ces sortes de gens mettent le trouble par-tout.

Floride. Est-ce là le seul inconvénient que vous y trouvez ?

Auguste. Il y en a encore un fort grand ; c'est qu'en arrangeant bien les affaires des autres, on laisse souvent ses propres affaires tout en désordre.

Léonide. Ce mal saute aux yeux, et il n'est personne qui ne le voie et ne le désapprouve.

Auguste. Suivez ces règles, et vous aurez la paix avec tout le monde.

Floride. Mais vous avez ajouté qu'il ne fallait s'offenser de personne.

Auguste. C'est ce qu'il faut encore faire ; mais on ne peut tout dire à la fois : ce sera, si vous le voulez bien, pour une autre occasion.

Léonide. Nous y consentons, mais à condition que cela ne tardera pas.

Auguste. Ce sera au premier moment de loisir.

Floride. Faites-le naître, de grâce, le plutôt qu'il se pourra.

Auguste. Il ne tiendra pas à moi.

Léonide. Nous nous retirons bien joyeuses de votre promesse.

SUITE
DE LA CONVERSATION PRÉCÉDENTE.

FLORIDE.

Nous venons vous sommer de votre parole.

Auguste. Il est juste d'y satisfaire.

Léonide. Vous ne sauriez nous faire plus de plaisir.

Auguste. Pour avoir la paix avec tout le monde, ce n'est pas assez de n'offenser personne, il faut encore ne s'offenser de personne.

Floride. Apprenez-nous ce qu'il faut faire pour cela.

Auguste. Il faut premièrement se faire un esprit bon, juste et droit.

Léonide. A vous entendre, ne semblerait-il pas que cet esprit bon, juste et droit fût notre ouvrage?

Auguste. C'est aussi notre ouvrage en partie.

Floride. Pourquoi dites-vous en partie?

Auguste Parce qu'il dépend aussi de Dieu.

Léonide Expliquez-vous davantage.

Auguste. Volontiers. La grâce nous aide, mais il faut travailler avec la grâce.

Floride. Un esprit bon, juste et droit, est donc tout ensemble l'ouvrage de la grâce et le nôtre?

Auguste. Vous l'avez dit.

Léonide. Mais quel travail faut-il faire pour seconder la grâce?

Auguste. Il faut considérer attentivement l'esprit de Dieu et des Saints, et y conformer le nôtre.

Floride. Est-ce ainsi que l'on se fait un esprit bon, juste et droit?

Auguste. On ne peut, comme vous voyez, se proposer de meilleurs ni de plus sûrs modèles.

Léonide. Quel avantage retire-t-on d'un tel esprit?

Auguste. De ne prendre jamais rien de travers.

Floride. Que voulez-vous dire par là?

Auguste. Je veux dire que si une chose a cent faces, on la regarde toujours du côté qui lui est le plus avantageux.

Léonide. Quel bien en revient-il?

Auguste. Un très-grand, puisqu'en agissant de la sorte, on évite de s'offenser du prochain, et que l'on conserve toujours la paix avec lui.

Floride. Mais se conduire de la sorte, c'est souvent se tromper soi-même.

Auguste. Cette tromperie est bonne et innocente, puisqu'elle nous empêche de nous offenser, et de perdre la paix.

Léonide. Mais la tromperie est un mal.

Auguste. Oui, celle qui nuit au prochain; mais non pas celle qui lui fait du bien, ou qui nous en fait à nous-mêmes.

Floride. On ne peut résister à vos raisons. Que faut-il faire encore pour ne s'offenser de personne?

Auguste. Il ne faut juger personne sur le rapport d'autrui.

Léonide. Mais si ces rapports viennent de personnes distinguées par leur probité?

Auguste. Détrompez-vous, et cessez de parler de la sorte; car les personnes de probité sont incapables de faire des rapports : il n'y a que des esprits faibles, et des langues encore plus faibles qui en soient capables.

Floride. Il s'en trouve néanmoins.

Auguste. Oui, dans votre opinion, mais non dans la vérité.

Léonide. Nous avons peine à nous laisser persuader de ce que vous avancez.

Auguste. J'en suis fâchée; mais, croyez-moi, les personnes distinguées par leur probité ne peuvent être des semeurs de zizanie : cela se contredit.

Floride. Hé bien ! nous le passons ; ce sont des esprits faibles, et des langues encore plus faibles.

Auguste. Et vous vous y arrêtez, et vous comptez sur leur témoignage, et vous appuyez vos jugemens sur leurs paroles ; ne craignez-vous pas vous-mêmes de passer pour des esprits encore plus faibles ?

Léonide. Non, nous ne le craignons pas.

Auguste. Et qui vous a dit que ces personnes n'ont pas mal vu et mal entendu ?

Floride. Ils m'assurent eux-mêmes avoir bien vu et bien entendu.

Auguste. Et moi je vous dis que souvent ils y mettent beaucoup du leur, et qu'ils exagèrent très-fort.

Léonide. Nous avons peine à le croire.

Auguste. Croyez-moi, ils vous trompent, après avoir été trompés eux-mêmes.

Floride. Nous ne pouvons le croire.

Auguste. Hé bien ! quand ces rapports seraient vrais, ne se peut-il pas faire que ce que vous croyez avoir été dit par haine et à mauvaise intention, ait été dit avec simplicité et à bonne intention ?

Léonide. Je vois bien que vous voulez, à quelque prix que ce soit, les excuser.

Auguste. Non, je veux vous guérir d'une maladie très-fâcheuse. Dites-moi, je vous prie, comment vous recevriez les rapports, s'ils regardaient une personne qui vous fût très-amie : ne l'excuseriez-vous pas, et ne prendriez-vous pas tout en bonne part ? Que ne faites-vous la même chose à l'égard des personnes que vous regardez comme vos ennemis ?

Floride. Toutes ces raisons nous convainquent, il faut se rendre.

Auguste. Il n'y a d'autre moyen pour avoir la paix : sans cela vous serez en guerre avec tout le monde.

Léonide. Il faut donc vous croire, et prendre désormais un autre chemin.

Auguste. Vous ferez sagement ; mais il vous reste encore quelque chose à faire.

Floride. Et quoi, s'il vous plaît ?

Auguste. Il faut encore être indulgente dans les jugemens que vous porterez sur votre propre témoignage.

Léonide. Que voulez-vous dire par là ?

Auguste. Il arrive souvent que nous voyons et que nous entendons nous-mêmes ce qui se fait et ce qui se dit à notre désavantage ; et c'est alors que notre indulgence est nécessaire.

Floride. Vous ne direz plus alors qu'on nous trompe, et qu'on nous rapporte mal.

Auguste. Je ne le dis pas non plus, et je suppose que la chose est si claire qu'on n'en peut point douter.

Léonide. Vous nous permettrez donc alors de nous échauffer, et d'éclater contre ces personnes ?

Auguste. Cette conséquence n'est pas bonne pour une personne qui veut avoir la paix avec tout le monde.

Floride. Et pourquoi, s'il vous plaît ?

Auguste. C'est que c'est le moyen d'allumer le feu par-tout.

Léonide. Mais il faudrait avoir le sang bien doux, pour ne pas s'échauffer dans ces occasions.

Auguste. Que le sang soit doux ou qu'il ne le soit pas, je dis que dans ces occasions il faut user d'indulgence dans les jugemens que l'on porte.

Floride. Et que faire, de grâce ?

Auguste. Deux choses. La première, c'est de penser que ces personnes peuvent avoir de bonnes raisons pour agir de la sorte. La seconde, que nous sommes très-délicates de nous offenser de si peu de chose.

Léonide. Mais souvent ce n'est pas peu de chose ; cela pique jusqu'au vif.

Auguste. Oui, parce que vous avez par vous-même un trop grand amour-propre, et une trop grande délicatesse.

Floride. Cela est bien aisé à dire.

Auguste. Et, de grâce, comment regardez vous

ce qui blesse les autres ? vous en faites ordinairement peu de cas. Ce qui blesse les autres n'est rien, et ce qui vous blesse est toujours grand. Qui ne voit que c'est l'amour-propre qui grossit ainsi les objets, et la délicatesse qui nous rend si sensibles ?

Léonide. Vous nous fermez la bouche, et nous ne pouvons rien répliquer.

Auguste. J'en suis ravie. Songez encore que, dans ces occasions, vous avez pu donner lieu à tout cela par vos imprudences et vos indiscrétions, et vous vous en prendrez à vous-mêmes, et non pas aux autres.

Floride. Ces instructions, nous en convenons, sont très-salutaires.

Auguste. Je ne sais point d'autres moyens pour avoir la paix avec tout le monde, autant qu'il est possible : mettez-les en œuvre, et vous en éprouverez la vérité.

Léonide. Nous y sommes résolues, Dieu nous en fasse la grâce.

Auguste. Ainsi soit-il.

SUR LE SECRET.

MACARIE.

JE connais bien peu de filles secrètes, et celles-ci ne le sont pas toujours universellement ; c'est néanmoins à ce degré que je voudrais parvenir.

Magnence. Vous tendez bien haut ; cependant il ne faut pas tendre moins haut pour arriver au degré que vous vous proposez.

Mélitine. C'est aussi à ce degré que je voudrais arriver ; car je ne veux point être secrète à demi : donnez-nous-en les moyens, s'il vous plaît.

Magnence. Cette qualité me plaît tant, sur-tout dans une fille, que je n'épargnerai rien pour vous y aider.

Macarie. Vous nous ferez bien plaisir ; car je ne vois rien de plus estimable que cette qualité, surtout dans une fille.

Magnence. Je vous dirai d'abord que le secret est une chose des plus importantes dans le commerce de la vie.

Mélitine. Si cela est, pourquoi donc les livres n'en parlent-ils pas ? et pourquoi les chaires n'en retentissent-elles pas ?

Magnence. Il est vrai que peu de livres en parlent, et qu'il est rare d'en entendre parler dans les chaires.

Macarie. D'où vient ce grand silence sur une matière que vous dites être de la dernière importance ?

Magnence. C'est apparemment parce qu'on est persuadé qu'il n'est personne qui n'en voie l'importance.

Mélitine. Mais des instructions sur cette matière ne gâteraient rien.

Magnence. Il est vrai ; mais en consultant son propre cœur, on y trouve écrit en gros caractères tout ce que l'on en pourrait dire.

Macarie. Mais il est des personnes qui ne songent guère à lire dans leur cœur ces instructions qui les y feraient penser.

Magnence. Si le livre du cœur ne suffit pas pour ces sortes de personnes, elles n'ont qu'à ouvrir les yeux sur les maux qui suivent d'un secret violé, pour s'en instruire.

Mélitine. Que pensez-vous donc de ces personnes qui ne sauraient garder aucun secret ?

Magnence. Je pense que ces personnes devraient vivre avec les bêtes ; il ne serait plus à craindre qu'elles violassent aucun secret.

Macarie. Voilà un remède bien violent.

Magnence. En voici un autre plus doux : c'est d'être toujours muettes devant ces personnes.

Mélitine. Il serait, ce me semble, plus à propos qu'elles devinssent muettes elles-mêmes.

Magnence.

Magnence. Vous avez raison ; mais ne pouvant les rendre muettes, il vaut mieux le devenir soi-même.

Macarie. C'est faire tomber la peine sur les innocens, et en décharger les coupables.

Magnence. Quand on ne peut faire autrement, il faut nécessairement prendre ce parti.

Mélitine. Ce n'est plus vivre que d'être ainsi continuellement sur le qui vive.

Magnence. Les maux qui suivent d'un secret violé sont si grands, qu'il n'est aucune personne raisonnable qui ne se détermine facilement à ce parti.

Macarie. Cette attention continuelle est bien pénible.

Magnence. Il est encore plus pénible de voir sans cesse ses secrets révélés.

Mélitine. Il faut donc prendre ce parti ; mais ne mettez-vous point de différence entre les secrets ?

Magnence. Il est nécessaire d'y en mettre ; car les secrets d'autrui sont différens des nôtres.

Macarie. Quelle différence y mettez-vous ?

Magnence. C'est que nous sommes les maîtres de nos secrets, et que nous ne sommes pas les maîtres de ceux d'autrui.

Mélitine. On ne peut donc jamais découvrir ceux d'autrui ?

Magnence. Je ne sais qu'un seul cas où on le puisse.

Macarie. Nous voudrions bien le savoir.

Magnence. Le voici : c'est quand la Religion, l'Etat, le bien public en souffriraient ; et même le bien particulier, s'il en souffrait notablement.

Mélitine. Pourquoi, en ce cas, est-on dispensé de la loi du secret ?

Magnence. C'est parce que la loi de la charité, de la justice, et du zèle pour la Religion l'emporte sur celle du secret.

Macarie. Mais je suis en peine d'une chose, c'est de savoir si l'on pèche alors en découvrant un secret.

Magnence. Non, parce que la loi du secret cesse d'obliger : ce qu'il faut observer, c'est de ne pas découvrir le coupable en découvrant son secret.

Mélitine. Mais si ce secret était un secret de confession ?

Magnence. Alors on ne pourrait le découvrir, parce que le secret de la confession n'admet aucune exception.

Macarie. Le secret de la confession est donc un secret bien sacré ?

Magnence. Oui, très-sacré, puisqu'il n'est aucun cas où on le puisse violer.

Mélitine. Cependant il est important d'arrêter ce qui paraît nuire à la Religion, à l'Etat, au bien public, ou même au bien particulier.

Magnence. C'est aux personnes qui en ont connaissance à employer toute leur industrie pour l'arrêter, sans néanmoins blesser en rien ce secret, parce que cela ne se peut.

Macarie. Et cette obligation regarde-t-elle aussi ceux qui entendraient par hasard, et sans le vouloir, ce qui se dirait en confession ?

Magnence. N'en doutez pas ; et s'ils venaient à en parler, ils se rendraient très-coupables.

Mélitine. En est-il de même de ceux qui par mégarde trouveraient une confession écrite, et qui la liraient imprudemment ?

Magnence. Il en est de même ; et ils ne pourraient la révéler sans se rendre aussi très-coupables, sans parler du péché qu'ils commettent en la lisant.

Macarie. Il s'ensuit de tout cela que les secrets qui ne sont pas de confession, peuvent n'être pas gardés si étroitement.

Magnence. Je vous dirai que, quoiqu'il y ait de la différence, on ne peut les découvrir, hors les cas que j'ai dit, sans se rendre aussi très-coupable.

Mélitine. Mais si la chose confiée sous le secret n'est pas de conséquence ?

Magnence. Que la chose soit de conséquence ou qu'elle ne le soit pas, l'obligation du secret est toujours la même.

Macarie. Mais le péché n'est pas le même ?

Magnence. Il n'est pas, à la vérité, si grand ; mais il est toujours grand.

Mélitine. Il faut, à ce que je vois, être bien circonspect en cette matière.

Magnence. On ne saurait l'être trop : d'ailleurs je vous dirai que qui n'est pas fidelle dans les petites choses, ne le sera pas, ou le sera difficilement dans les grandes.

Macarie. Pourquoi, s'il vous plaît ?

Magnence. C'est que l'infidélité dans les petites choses conduit insensiblement à l'infidélité dans les grandes.

Mélitine. Vous nous mettez des barrières de toutes parts : il faudra donc se condamner à un éternel silence sur le secret d'autrui ?

Magnence. C'est le parti que vous devez prendre.

Macarie. Vous nous permettez sans doute de disposer de nos secrets ?

Magnence. Je vous ai dit que vous étiez les maîtresses : je ne change point de langage.

Mélitine. Cette réponse nous met au large.

Magnence. Oui ; mais si vous êtes prudentes, vous les confierez à bien peu de personnes.

Macarie. Vous voulez donc que l'on soit encore en réserve jusque sur ses propres secrets ?

Magnence. Oui, je le veux, sans néanmoins faire ni les mystérieuses, ni les réservées, comme ces personnes qui entament toujours sans jamais achever.

Mélitine. Pourquoi, s'il vous plaît ?

Magnence. C'est qu'il est rare de trouver de vraies amies, et que toutes les personnes qui sont amies, n'ont pas toujours les qualités nécessaires pour garder nos secrets.

Macarie. Quelles qualités doivent-elles avoir ?

Magnence. Je ne leur en demande qu'une avec le Sage, qui est d'avoir la langue au cœur, et non le cœur à la langue.

Mélitine. Je crois qu'il est bien rare d'en trouver de telles.

Magnence. C'est pourquoi (1) le Saint-Esprit conseille d'en choisir une entre mille.

Macarie. Quand on a trouvé une telle amie, on peut donc lui confier tous ses secrets, et ne lui rien cacher de ce que l'on a dans le cœur?

Magnence. Oui, aussitôt que l'on en est assurée, après l'avoir bien et long-temps éprouvée.

Mélitine. Il faudra donc fermer son cœur à toutes ses autres amies?

Magnence. Non ; mais il ne faudra le leur ouvrir que jusqu'à un certain degré, et ne donner à chacune que la mesure de confiance qui leur convient, suivant le degré d'amitié que l'on a avec elles.

Macarie. Nous voilà bien éclairées et bien assurées sur nos doutes.

Magnence. Prenez garde encore à deux écueils.

Mélitine. Qui sont-ils?

Magnence. Défiez-vous toujours des louanges, et de votre vivacité.

Macarie. Pourquoi, s'il vous plaît?

Magnence. Parce que, par le moyen des louanges, on vous tirera, si vous n'y prenez garde, les secrets les plus importans.

Mélitine. Vous avez ajouté qu'il fallait encore se défier de la vivacité.

Magnence. C'est que, dans la vivacité, on laisse souvent échapper des secrets que l'on avait bien résolu de garder.

Macarie. Mais toutes ces règles regardent-elles les jeunes personnes?

Magnence. Elles les regardent encore plus que les autres.

Mélitine. Pourquoi, de grâce, plus que les autres?

Magnence. Parce que l'on ne sera jamais capable de garder un secret, quand on ne s'y sera pas accoutumé de bonne heure.

(1) Eccli. 6, 6.

Macarie. A quel âge faut-il commencer ?

Magnence. Aussitôt que l'on en a la raison.

Mélitine. Et pourquoi commencer sitôt ?

Magnence. C'est afin d'en former une longue habitude.

Macarie. A-t-on besoin d'une longue habitude pour cela ?

Magnence. Sans cette longue habitude, ne comptez pas d'être jamais ferme dans la fidélité à garder un secret.

Mélitine. Nous voilà bien précautionnées sur tout ce qui regarde le secret.

Magnence. Je souhaite que vous en fassiez un bon usage, et que cela vous serve pour toute votre vie.

Macarie. C'est sur quoi nous comptons, avec le secours d'en haut.

SUR LES MODES.

CAMILLE.

COMME rien n'est aujourd'hui plus à la mode que de suivre les modes, nous voudrions bien savoir si c'est une chose innocente.

Basille. Si vous pensiez que ce fût une chose innocente, vous seriez bien éloignées de la vérité.

Domitille. Mais ce que presque tout le monde fait, ne doit-il pas être regardé comme innocent ?

Basille. Ce n'est pas la règle qu'il faut suivre pour savoir si une chose est innocente ; car la multitude des coupables ne rend pas innocent ce qui est mal.

Camille. Il y aurait donc bien des personnes qui feraient mal ?

Basille. Pour vous parler clairement sur cette matière, il faut distinguer trois sortes de modes ; les unes qui sont immodestes, les autres qui sont bizarres et ridicules, et les autres qu'on peut appeler indifférentes.

Domitille. Cette distinction nous fait plaisir ; car nous appercevons déjà que vous ne les condamnez pas toutes.

Basille. Attendez, pour porter un jugement, ce que nous dirons sur chacune de ces modes.

Camille. Volontiers. Quelles sont celles que vous appelez immodestes ?

Basille. Ce sont celles qui blessent la pudeur et la modestie, comme de se découvrir les bras, les épaules et la poitrine.

Domitille. Pour celles-là nous les condamnons comme vous, et nous ne croyons pas qu'elles puissent être innocentes.

Basille. Vous avez raison : aussi sont-elles très-condamnables.

Camille. Faites-nous-le voir, de grâce.

Basille. Premièrement, on ne peut guère donner dans ces modes que par une secrète corruption du cœur.

Domitille. Ces personnes n'y pensent point de mal, elles ne songent qu'à suivre la mode.

Basille. Elles ont beau dire qu'elles n'y pensent point de mal ; si leur cœur n'était point corrompu, elles ne manqueraient pas de les éviter.

Camille. Ces personnes ne connaissent donc point leur cœur ?

Basille. C'est le propre de toute passion d'aveugler, et de faire penser qu'on ne fait point de mal, lors même qu'on en fait le plus.

Domitille. Cet état est très déplorable.

Basille. Tout des plus : voyez seulement une des suites de ces modes immodestes, qui est de donner la mort aux ames, pour lesquelles Jésus-Christ est mort.

Camille. Quoi ! cela va jusque-là ?

Basille. Ne savez-vous pas qu'il ne faut qu'une

pensée déréglée, à laquelle on s'arrête volontairement, pour donner la mort?

Domitille. Mais sont-elles coupables de toutes ces pensées?

Basille. N'en doutez pas, puisqu'elles en sont la cause volontairement.

Camille. Les voilà donc chargées de bien des péchés?

Basille. Oui, et tous ces péchés sont autant d'homicides spirituels.

Domitille. Mais si personne n'a eu de pensées déréglées à leur occasion?

Basille. Cela est presque impossible : mais quand cela serait possible, elles ont fait tout ce qu'il fallait pour causer ces homicides spirituels; Dieu, qui voit leur cœur, les en tient coupables; elles ont préparé et présenté le poison : si personne n'en a bu, et ne s'est empoisonné, il n'a pas tenu à elles : ainsi elles sont toujours coupables.

Camille. Mais elles n'ont pas eu cette intention : du moins nous ne saurions le croire.

Basille. Je crois bien que quelques-unes ne l'ont pas eue grossièrement et palpablement; mais toutes l'ont eue au moins secrètement et d'une manière enveloppée dans les ténèbres de leur cœur.

Domitille. Ce que vous dites là est terrible, et nous fait bien craindre pour ces personnes.

Basille. Quelle surprise à l'heure de la mort, quand elles se verront imputer au jugement de Dieu un nombre presque infini d'homicides spirituels!

Camille. Nous ne croyons plus ces modes si indifférentes que nous avions pensé jusqu'ici.

Basille. Je suis bien aise que vous ouvriez les yeux sur un si grand mal et si universel.

Domitille. Mais enfin toutes les modes ne sont pas immodestes : que faut-il penser de celles que vous appelez bizarres et ridicules?

Basille. Je n'en pense pas, à la vérité, si mal;

mais, pour vous parler comme je pense, je n'en pense guère mieux.

Camille. Que dites-vous là? Vous nous étonnez.

Basille. Pensez bien à ces termes de bizarre et de ridicule : cela sonne bien mal pour une personne chrétienne.

Domitille. Mais cela ne sonne pas si mal que immodeste, et contre la pudeur.

Basille. Il est vrai ; mais quand on pense à toutes les liaisons qu'une personne chrétienne a avec Jésus-Christ, on ne comprend pas comment elle peut se charger d'ornemens bizarres et ridicules.

Camille. Est-ce que tout cela retombe sur J. C. ?

Basille. Puisque ces personnes sont les membres de Jésus-Christ, comment voulez-vous que ce qui tombe sur elles ne retombe pas sur Jésus-Christ ?

Domitille. En regardant là, nous convenons que cela n'est pas si innocent que nous pensions d'abord.

Basille. Comment être innocent en faisant injure à Jésus-Christ ?

Camille. Nous avouons que cette raison mérite d'être pesée.

Basille. Je suis bien aise que vous voyiez vous-mêmes que le bizarre et le ridicule ne peuvent être attribués innocemment à une personne liée par tant de liens sacrés à ce qu'il y a de plus grand, de plus auguste et de plus saint, qui est Jésus-Christ.

Domitille. Mais ces personnes ne pensent point faire injure à Jésus-Christ en s'asservissant à ces modes.

Basille. Qu'elles le pensent ou ne le pensent point, il n'en est rien de moins : ajoutez que ce qui blesse Jésus-Christ, blesse Dieu et le Saint-Esprit, dont ces personnes sont les images et les temples.

Camille. Vous trouvez du mal où jusqu'ici nous n'en avions pas pensé.

Basille. Quelle surprise encore à l'heure de la mort, quand ces personnes verront clairement de quelle manière elles auront traité l'image de Dieu, les membres de Jésus-Christ, et le temple du Saint-Esprit !

Domitille. En voilà assez pour nous convaincre sur cet article ; venons, s'il vous plaît, au troisième, et dites-nous ce que vous pensez des modes que l'on peut appeler indifférentes.

Basille. J'entends par ces modes, celles qui ne sont ni immodestes, ni bizarres, ni ridicules.

Camille. Il n'y a donc point de mal de suivre celles-là ?

Basille. Vous le dites ; mais je ne le dis pas.

Domitille. Pourquoi, s'il vous plaît ?

Basille. C'est qu'il suffit de se conformer au siècle pour n'être plus innocente.

Camille. Mais si ces modes n'ont rien de mauvais, comment cela peut-il être un mal ?

Basille. C'est avoir l'esprit du monde, et l'esprit du monde ne peut compatir avec l'esprit de J. C.

Domitille. Y a-t-il là-dessus quelque défense ?

Basille. Nous en trouvons une dans saint Paul (1), en ces termes : *Prenez garde de vous conformer au goût du siècle présent* ; c'est-à-dire, à l'esprit et aux manières des gens du siècle.

Camille. Nous ignorions cette défense.

Basille. Ne l'ignorez plus, et conformez-vous-y exactement.

Domitille. Que pensez-vous donc de ces personnes qui à chaque moment se conforment à toutes les modes nouvelles qui tombent sous leurs yeux ?

Basille. Je ne saurais penser que ces personnes aient beaucoup l'esprit de Jésus-Christ, puisqu'elles ont si fort l'esprit du monde.

Camille. C'est un grand malheur de n'avoir point l'esprit de Jésus-Christ.

Basille. Oui, et très-grand, puisque l'Apôtre (2) nous déclare *que celui qui n'a point l'esprit de Jésus-Christ, n'appartient point à Jésus-Christ.*

Domitille. Quel remède à cela ?

Basille. C'est de n'être jamais des premières à suivre aucune mode, même indifférente (car pour

(1) Rom. 12. 2. (2) Ibid. 8. 9.

les autres, on ne peut jamais les suivre), et d'être toujours des dernières, et de ne le faire qu'à regret, et comme forcées, en gémissant de la fâcheuse nécessité.

Camille. Nous craignions d'être condamnées à quelque chose de plus.

Basille. Ce mot, *nous craignions*, me fait craindre pour vous ; c'est-à-dire, que vous n'ayez encore quelque goût et quelque penchant pour les modes.

Domitille. Ce n'est pas en notre nom que nous parlons, mais au nom des autres : ainsi ne craignez rien pour nous, car nous sommes prêtes à tout ce que vous nous avez dit sur ce sujet.

Domitille. Ce que vous avez dit nous convainc qu'il n'est aucune mode, même indifférente, qui ne soit une servitude, à laquelle par conséquent il ne faut s'assujettir que le plus tard que l'on peut, et toujours en gémissant.

Basille. Je suis ravie de vous entendre parler de la sorte.

Domitille. Il est donc un temps où l'on peut suivre les modes, et s'y assujettir ?

Basille. Pour les premières, qui sont immodestes et qui blessent la pudeur et la modestie, il n'est aucun temps où on puisse les suivre.

Camille. Cela ne regarde donc que les secondes et les troisièmes ?

Basille. Il faut regarder les secondes à peu près comme les premières ; car ce qui est bizarre et ridicule, et qui par conséquent choque la raison et le bon sens, ne peut jamais être suivi, à moins que de vouloir passer pour folles.

Domitille. Votre condescendance ne regarde donc que les troisièmes ?

Basille. Non, elle ne va pas plus loin : pour celles-là, quand, après un certain temps, on passerait pour singulière en se roidissant contre, la raison veut que, pour éviter le vice de la singularité, on se conforme au plus grand nombre.

Camille. Si le vice de la singularité n'était point

sur les Modes.

à craindre, on ne devrait donc jamais s'y conformer?

Basille. Non, jamais.

Domitille. Nous comprenons cela à présent, et nous en ferons la règle de notre conduite.

Basille. Persévérez dans ces sentimens, et vous trouverez grâce devant Dieu et devant les Anges, dont les yeux sont toujours charmés de tout ce qui est sérieux, grave et modeste.

SUR LE LUXE DES HABITS.

CRESCENCE.

Nous entendons sans cesse déclamer contre le luxe, nous voudrions bien savoir si l'on a raison.

Emilie. Cette question mérite bien d'être examinée à loisir.

Florence. Nous vous prions de vouloir le faire; car nous comptons beaucoup sur vos lumières.

Emilie. De quel luxe voulez-vous parler? est-ce de celui des habits, ou des meubles, ou de la table?

Crescence. Le luxe a-t-il une si grande étendue?

Emilie. Oui; il s'étend à toutes ces choses, et même encore au delà.

Florence. Nous ne pensons qu'au luxe des habits.

Emilie. Je veux bien ne vous entretenir que de celui-là, mais à condition que vous étendrez ce que nous en dirons à celui des meubles et de la table, et de tout ce qui en peut être susceptible.

Crescence. Dites-nous d'abord ce que l'on entend par le luxe des habits.

Emilie. On entend tout ce qui est au-dessus de l'état des personnes dans les habits, les parures et les ornemens dont on use, non pour le besoin, mais pour frapper les yeux des autres.

Florence. Pourquoi dites-vous, pour frapper les yeux des autres?

Emilie. Parce que c'est la fin qu'on se propose principalement dans le luxe des habits.

Crescence. On ne se regarde donc pas soi-même dans ces sortes de choses ?

Emilie. Je ne dis pas qu'on ne se regarde pas aussi soi-même ; mais je dis qu'on a pour fin principale de frapper les yeux des autres : car qui voudrait se donner la peine de s'habiller magnifiquement, de se parer superbement, s'il ne devait être vu de personne ?

Florence. Que prétend-on en cela ?

Emilie. Se faire regarder et admirer, se rendre plus recommandable, et s'attirer plus de considération.

Crescence. Mais n'est-ce pas là une vanité ?

Emilie. Vous le voyez ; car quoi de plus vain que de se repaître l'esprit et le cœur de choses aussi frivoles ? J'avoue qu'il faut avoir l'esprit bien petit pour se contenter de cette fumée.

Florence. Mais appelez-vous fumée et choses frivoles, l'estime, l'honneur et la considération des hommes ?

Emilie. Oui, quand cela ne tombe que sur des habits, des parures et des ornemens.

Crescence. Regardez-vous de même toute estime, tout honneur et toute considération ?

Emilie. Non, quand ils ont pour fondement la vertu et le mérite ; encore y aurait-il de la vanité si on ne recherchait la vertu et le mérite que dans cette vue-là.

Florence. Quelle règle faut-il donc garder pour se vêtir et s'orner d'une manière convenable ?

Emilie. Il faut que chacun consulte son état ; car c'est un renversement de l'ordre et de la raison, que l'Artisan soit vêtu comme le Marchand, le Marchand comme le Magistrat.

Crescence. Mais n'est-on pas en sureté, quand on s'habille comme ceux de son état ?

Emilie. Non, si ceux de son état ont déjà excédé : car en les suivant, on excédera aussi.

Florence. Pour moi, je me consolerais si on en demeurait là.

Emilie. Hélas ! vous avez quelque raison ; car ordinairement on ne se contente pas de les copier, on tâche encore de les surpasser ; et en excédant toujours un peu au-dessus des autres, on ne connaît plus rien dans les états, et tout est confondu.

Crescence. Ce que vous dites est vrai.

Emilie. Et combien y a-t-il aujourd'hui de femmes d'Artisans qui égalent les femmes de Marchands ; et de ces dernières, combien y en a-t-il qui vont de pair avec les Marquises et les Duchesses ? Je ne sais pas même s'il n'y en a point qui égalent les Princesses.

Florence. Voilà un grand désordre et un grand abus.

Emilie. Oui; et désordre et abus sur lesquels on ne fait point de réflexion, et dans lesquels on meurt comme on a vécu.

Crescence. Sans doute que ces personnes portent au tribunal de la pénitence tous ces excès.

Emilie. Elles s'accuseront bien et très-scrupuleusement de quelque léger excès dans le boire et le manger ; mais je ne sais si elles pensent seulement à s'accuser de ces excès scandaleux.

Florence. Mais ce serait à un Confesseur zélé et éclairé à leur ouvrir les yeux là-dessus.

Emilie. Quelque zélé et éclairé que vous supposiez un Confesseur, si ces personnes ne s'en accusent, ou n'en conviennent étant interrogées, il est bien difficile qu'il y remédie.

Crescence. C'est apparemment qu'elles ne croient pas qu'il y ait du mal.

Emilie. Il y en a pourtant un très-grand, puisque rien n'est plus opposé à l'esprit de la religion.

Florence. Montrez-nous-le, de grâce, et faites-nous sentir cette opposition.

Emilie. Volontiers. Que nous prêche plus fortement la religion, que le mépris de nos corps ?

Crescence. Est-ce que notre corps est méprisable ? Saint Paul (1) ne dit-il pas que personne ne hait sa chair ?

(1) Ephes. 5. 29.

Emilie. Ces paroles de l'Apôtre ne veulent pas dire autre chose, sinon que chacun, par un amour de la vie qui est naturel, a soin de son corps; mais ce soin du corps n'empêche pas de le mépriser par les endroits qui le rendent méprisable.

Florence. Par où, s'il vous plaît, est-il méprisable?

Emilie. Regardez son origine, qui est la terre; regardez sa fin, qui sont les vers, la pourriture et la poussière; regardez son composé, qui est une source d'infirmités; regardez de combien de péchés il a été souillé, et vous le trouverez par ces endroits très-méprisable.

Crescence. Il est vrai; mais, malgré cela, on doit en avoir soin.

Emilie. Je n'en disconviens pas, et c'est sur cela que je vous ai dit que je ne condamnais que les soins excessifs qui sont inséparables du luxe; mais tout ce qui va au delà d'un soin raisonnable, n'est plus excusable.

Florence. Quelle raison en avez-vous?

Emilie. C'est que ces soins excessifs ne s'accordent plus avec ce mépris chrétien que nous inspire la religion, par rapport à toutes les humiliations du corps que je viens de vous exposer.

Crescence. Ces humiliations sont grandes.

Emilie. Non-seulement elles sont grandes, mais elles sont très-réelles: convient-il après cela de n'être occupé que de ce corps, et d'en faire son idole tous les jours de la vie, en lui sacrifiant tout pour le vêtir, l'orner et l'embellir?

Florence. Nous ne pouvons nier tout cela.

Emilie. Agir de la sorte, c'est oublier qu'on a une âme d'une excellence infiniment au-dessus du corps.

Crescence. Mais ces personnes peuvent tout à la fois prendre soin de l'un et de l'autre.

Emilie. En avez-vous bien vu comme cela? Car

comment donner des attentions à son ame, quand on les donne toutes à son corps ?

Florence. Nous ne croyons pas que cela soit incompatible.

Emilie. L'expérience convainc que qui ne pense qu'à son corps, n'est guère occupé de son ame.

Crescence. Mais que faut-il faire pour son ame, qu'on ne puisse faire en ne s'occupant que de son corps ?

Emilie. Il faut l'orner de toutes les vertus, ornemens qui demandent bien des choses.

Florence. En quoi, s'il vous plaît ?

Emilie. Pour tout dire en deux mots, il faut y mettre une ressemblance entière avec Jésus-Christ, puisque, suivant l'Apôtre, on ne peut être sauvé sans cette ressemblance.

Crescence. Nous souhaiterions un détail, afin de mieux comprendre l'ouvrage qu'il y a à faire.

Emilie. Le voici : il faut y mettre la pénitence de Jésus-Christ, son humilité, son mépris des choses de la terre, son amour pour les biens du ciel, son zèle pour la gloire de son Père et le salut des ames, et sa compassion pour les pauvres, toutes choses incompatibles avec le luxe.

Florence. Faites-nous voir cette incompatibilité.

Emilie. Vous conviendrez d'abord que le luxe est incompatible avec la pénitence de Jésus-Christ, puisque le luxe n'est occupé que des soins du corps, tandis que la pénitence de Jésus-Christ lui faisait oublier jusqu'aux besoins de son corps.

Crescence. Expliquez cela davantage, s'il vous plaît.

Emilie. J'y consens : ce divin Sauveur n'avait qu'un seul habit, très-simple, pour se couvrir selon la bienséance, se garantir des injures de l'air : il marchait toujours à pied, quoiqu'il fît de longs voyages : souvent le temps lui manquait pour prendre ses repas, et il se refusait le sommeil nécessaire, passant les nuits en prière. Ajoutez à cela qu'il n'avait pas une pierre où reposer sa tête.

Florence. Nous avouons que ce portrait est bien opposé à la conduite des personnes qui donnent dans le luxe.

Emilie. Le luxe n'est pas moins incompatible avec l'humilité de Jésus-Christ ; cette humilité lui faisait cacher avec soin tout ce qui pouvait lui attirer la vue, l'estime, la considération des hommes ; et les personnes qui se livrent au luxe ne le font que pour attirer les yeux de tout le monde, et se faire estimer et considérer.

Crescence. Nous ne pouvons encore contredire cette vérité, elle est trop éclatante.

Emilie. Comparez maintenant le luxe avec le mépris que Jésus-Christ avait pour les choses de la terre, et vous verrez que l'esprit de ceux qui s'abandonnent au luxe, ne respire que ce que Jésus-Christ méprisait.

Florence. Voilà une grande difformité.

Emilie. Mettez présentement en parallèle le luxe avec l'amour de Jésus-Christ pour les biens du ciel, et vous verrez que ceux qui sont enivrés de l'amour du luxe, ne songent seulement pas à ces biens, et qu'il ne leur arrive presque point de les désirer ; et si Dieu leur laissait le choix, je ne doute point qu'ils ne préférassent les délices de cette vie aux délices de l'éternité.

Crescence. Cet aveuglement serait prodigieux.

Emilie. On peut dire encore hardiment qu'il est souverainement opposé au zèle de Jésus-Christ pour la gloire de Dieu et le salut des ames, puisque la conduite des personnes qui y sont ensevelies est un scandale perpétuel.

Florence. Quel scandale y a-t-il, s'il vous plaît, dans cette conduite ?

Emilie. Le voici : c'est que ces personnes ne prêchent continuellement que la vanité, l'orgueil, la mollesse, la complaisance pour elles-mêmes ; poison qui s'avale à tous momens par ceux qui en sont les admirateurs, et qui leur donne la mort. Quoi de plus opposé au zèle de la gloire de Dieu et du salut des ames ?

Crescence. Nous n'avions pas pensé à tout cela jusqu'ici.

Emilie. Quoi encore de plus opposé à la compassion de Jésus-Christ pour les pauvres, que le luxe ? Pendant qu'on s'endette de tous côtés, qu'on se ruine pour fournir à son luxe, comment pouvoir assister les pauvres, et partager son pain avec eux, comme faisait Jésus-Christ, tout pauvre qu'il était ?

Florence. Mais ce n'est pas un péché de ne pas assister les pauvres, quand on ne le peut pas.

Emilie. Il est vrai, quand ce n'est pas par sa faute qu'on s'est mis dans cette impuissance, comme font tous ceux qui donnent dans le luxe.

Crescence. Mais ces personnes peuvent avoir un cœur compatissant pour les pauvres, lors même qu'elles ne leur donnent rien.

Emilie. Voyez-le dans la personne du mauvais riche de l'évangile, qui refusait à Lazare, même ce qui ne lui coûtait rien, comme les miettes qui tombaient de sa table : ne vous y trompez pas, la dureté pour les pauvres est une chose inséparable du luxe.

Florence. Ce mal est bien plus grand que nous ne pensions.

Emilie. Oui ; et ce qui est déplorable, c'est que personne n'y pense, et que ce mal est presque universel.

Crescence. Que faut-il faire pour se garantir de ce mal ?

Emilie. C'est 1. de se vêtir et de s'orner toujours un peu au-dessous de son état, plutôt qu'au-dessus. 2. C'est de se conformer toujours aux plus modestes de son état, selon le conseil des Saints. 3. C'est de gémir lorsqu'on se trouve obligé par son état de porter certains ornemens, comme faisait la reine Ester (1), qui disait à Dieu dans ces occasions :

(1) Chapitre XIV. 16.

Vous savez, Seigneur, la nécessité où je me trouve, et qu'aux jours où je parais dans la magnificence et dans l'éclat, j'ai en abomination la marque superbe de ma gloire, que je porte sur ma tête, que je la déteste comme un linge souillé et qui fait horreur, et que je ne la porte point dans les jours de mon silence, c'est-à-dire, lorsqu'elle ne paraissait pas en public. 4. C'est d'accumuler dans son cœur des sentimens d'humilité, à proportion qu'on se trouve dans la nécessité de paraître extérieurement dans l'élévation par la pompe et la magnificence des habits et des ornemens.

Florence. Nous vous remercions infiniment de ces instructions, nous en ferons toutes l'usage que vous pouvez en attendre.

SUR L'ESPRIT DE MORTIFICATION.

AGAPE.

Dites-nous, je vous prie, pourquoi la mortification étant si commune dans le monde, l'esprit de mortification y est si rare.

Cunégonde. Dites-moi vous-même pourquoi y ayant dans le monde tant de personnes humiliées, il y en a si peu qui soient humbles.

Flavie. C'est à vous à nous dire l'un et l'autre.

Cunégonde. La raison de l'un et de l'autre est facile à trouver.

Agape. Oui, pour une personne éclairée comme vous.

Cunégonde. La voici : c'est parce qu'on ne reçoit presque jamais volontairement les mortifications et les humiliations. C'est presque toujours malgré soi : ainsi l'on est mortifié et humilié sans avoir l'esprit de mortification ni l'esprit d'humilité.

Flavie. Il faut donc les embrasser volontairement, pour avoir ces deux vertus ?

Cunégonde. N'en doutez pas ; autrement c'est souffrir comme les démons, sans vertu, sans mérite.

Agape. La perte que l'on fait est alors bien grande.

Cunégonde. Elle est si grande, qu'aucun esprit humain ne peut la comprendre.

Flavie. Il me semble que je la comprends. N'est-ce pas autant de degrés de grâce et de gloire que l'on perd ?

Cunégonde. Vous dites bien, il me semble ; car pour comprendre cette perte dans son étendue, il faudrait savoir le prix d'un degré de grâce et de gloire, et ajouter tous ces degrés ensemble ; ce qui compose une perte infinie, et par conséquent incompréhensible à l'esprit humain.

Agape. Pour moi, je souscris à ce que vous dites, et je comprends seulement que cette perte est au-dessus de tout ce qu'on en peut dire et penser, puisque le moindre degré de grâce vaut mieux que tous les trésors de l'univers.

Cunégonde. Vous pensez très-juste, et vous vous exprimez encore mieux.

Flavie. Si l'on ne peut comprendre cette perte, apprenez-nous du moins à l'éviter.

Cunégonde. Persuadez-vous d'abord, que la vertu résidant principalement dans la volonté, il n'y a point de vertu dans tout ce que nous souffrons involontairement, et sans acceptation de la part de la volonté.

Agape. Mais la volonté toute seule n'est pas capable de faire cette acceptation.

Cunégonde. Je ne vous dis pas le contraire ; je sais bien que dans toutes les choses du salut nous avons besoin de la grâce ; mais aussi avec cette grâce nous pouvons tout.

Flavie. Entrez, s'il vous plaît, en matière, et dites-nous ce que vous entendez par l'esprit de mortification.

Cunégonde. Comme il y a de la différence entre l'humilité, l'habitude de l'humilité, et l'esprit d'humilité ; aussi y a-t-il de la différence entre la mortification, l'habitude de la mortification, et l'esprit de mortification.

Agape. On ne nous a jamais parlé de cette différence.

Cunégonde. Elle est néanmoins très-réelle.

Flavie. Faites-nous le voir, de grâce.

Cunégonde. L'humilité, c'est de faire quelqu'acte pour s'humilier ; l'habitude de l'humilité, c'est d'en faire des actes à toute rencontre et en toute occasion ; l'esprit d'humilité, c'est de se plaire dans l'humiliation, c'est d'aimer et de rechercher l'abjection en toute chose, c'est d'avoir pour but principal, en tout ce que nous faisons, disons ou désirons, de nous humilier et avilir.

Agape. Cette différence est sensible.

Cunégonde. La différence est la même pour la mortification.

Flavie. Quoique nous la comprenions, cela nous fera plaisir de l'entendre de votre bouche.

Cunégonde. Je veux bien vous obéir, et répéter ce que je viens de dire, en changeant seulement les termes. La mortification, c'est de faire quelque acte pour se mortifier ; l'habitude de la mortification, c'est d'en faire des actes à toute rencontre et en toute occasion ; l'esprit de mortification, c'est de se plaire dans la mortification, c'est de l'aimer et de la rechercher en toute chose, c'est d'avoir pour but principal, en tout ce que nous faisons, nous disons ou désirons, de nous mortifier.

Agape. Sur ce pied, il n'est personne qui ait cet esprit ; car personne ne se plaît dans la mortification.

Cunégonde. Vous en dites beaucoup, quand vous dites personne, c'est que vous ne connaissez pas tout le monde.

Flavie. Quand nous disons personne, c'est parmi ceux qui tombent sous nos yeux.

Cunégonde. Au moins vous ne disconviendrez pas que Jésus-Christ n'ait eu cet esprit dans un degré sublime.

sur l'Esprit de mortification.

Agape. Non, nous n'en disconvenons pas.

Cunégonde. Regardez-le depuis le premier moment de sa vie jusqu'au moment de sa mort, vous n'y verrez que cela.

Flavie. Mais il était Dieu, nous n'avons ni sa force ni sa vertu.

Cunégonde. Mais vous avez l'honneur d'être ses membres, et vous devez vivre de son esprit, ou bien vous renoncez à cette grande qualité.

Agape. Nous n'y renonçons pas, mais nous ne sommes pas encore des saintes.

Cunégonde. Vous êtes des chrétiennes, cela suffit.

Flavie. Mais cela est bien opposé aux sentimens naturels.

Cunégonde. Et moi je dis que cela est bien conforme aux sentimens de la grâce.

Agape. Il faut donc pour cela avoir beaucoup de grâce, et un grand amour de Dieu.

Cunégonde. J'en conviens; mais c'est à cet esprit que tous les chrétiens sont appelés par ces paroles de l'Apôtre : *Dépouillez-vous du vieil homme, et revêtez-vous de l'homme nouveau.*

Flavie. Est-ce là le sens de ces paroles ?

Cunégonde. Oui, c'est à cet esprit de mortification que l'Apôtre veut nous élever par ces paroles, après nous être premièrement dépouillées du péché, et revêtues de l'innocence.

Agape. Faites-nous, s'il vous plaît, le portrait d'une personne qui a l'esprit de mortification.

Cunégonde. C'est une personne qui ne recherche aucune satisfaction pour l'amour de la satisfaction même; c'est une personne qui ne prend aucune satisfaction, même nécessaire, qu'en gémissant et à regret; c'est une personne qui se plaît dans les mortifications, comme les gens du monde se plaisent dans les contentemens.

Flavie. Nous souhaiterions que vous nous fissiez voir cette personne dans toute sa conduite, dans ses repas, dans son repos, dans ses récréations, dans ses habits, dans ses meubles, dans ses infirmités, dans ses maladies, dans ses pertes, dans ses privations, dans ses contradictions, dans ses humiliations, dans ses heureux succès, dans ses conversations, au milieu des discordes, des médisances, des calomnies, des envies, des jalousies, des mépris et des moqueries.

Cunégonde. Si vous prenez la peine de méditer attentivement aux pieds de Jésus-Christ le portrait que je vous en ai fait, vous y trouverez tout ce que vous pouvez désirer, et la lumière de Jésus-Christ vous en fera bien plus comprendre que je ne pourrais vous en dire.

Agape. Nous consentons d'être renvoyées là; car en ces matières l'esprit de Dieu en apprend bien davantage que tous les discours.

Cunégonde. Vous m'édifiez beaucoup en parlant de la sorte.

Flavie. Ce que nous comprenons après vous avoir entendue, c'est que nous sommes très-éloignées de cet esprit de mortification, et que même nous désespérons d'y arriver.

Cunégonde. Ce qui est impossible à l'homme, est non-seulement possible, mais encore facile à Dieu; ainsi ne désespérez de rien, confiez-vous en sa bonté, et travaillez fidèlement et humblement: Dieu sait faire, avec des pierres, des enfans d'Abraham (1), c'est-à-dire, rendre dociles à sa grâce les cœurs les plus durs. Si vous travaillez sans découragement, avec la grâce vous ferez bien du chemin.

Agape. Nous attendons cette grâce, et nous soupirons après, pour avancer dans ce chemin.

Cunégonde. Ayez bon courage : le terme de ce chemin est la vie éternelle, où vous jouirez des plaisirs purs, sans mélange de mortifications.

(1) Luc. 3. 8.

SUR LA DANSE.

Balsamie.

Nous venons vous inviter à une récréation qui vous fera plaisir.

Césaire. Avant que de m'engager, expliquez-moi de quoi il s'agit.

Eusébie. Il s'agit d'une danse publique, où nous comptons de nous bien divertir.

Césaire. Quoi ! en pleine rue, devant tout le monde, et avec liberté chacun d'y prendre place ?

Balsamie. Oui, et c'est le plaisir.

Césaire. Il faut être de votre esprit et de votre goût pour trouver là du plaisir.

Eusébie. Hé ! de quel esprit et de quel goût sommes-nous donc ?

Césaire. D'un esprit et d'un goût qui a effacé toute honte et toute pudeur.

Balsamie. Vous ne serez donc pas de la partie ? Nous serions pourtant bien aises de vous y voir.

Césaire. C'est sur quoi vous ne pouvez compter.

Eusébie. Si vous n'y venez pas, vous troublerez notre joie.

Césaire. Je souhaiterais non-seulement troubler votre joie, mais encore la supprimer tout-à-fait.

Balsamie. Vous y trouvez donc du mal ?

Césaire. N'en doutez pas.

Eusébie. Faites-nous le voir, s'il vous plaît ?

Césaire. J'y consens, mais à une condition, qui est que vous vous rendrez dociles à mes paroles.

Balsamie. Nous vous le promettons.

Césaire. Dites-moi d'abord si l'on a jamais vu dans ces danses des filles vertueuses et bien nées ?

Eusébie. Nous confessons que non.

Césaire. Par cette réponse vous vous condamnez ;

et vous renoncez à la qualité de filles vertueuses et bien nées.

Balsamie. Vous tirez là une conséquence qui ne nous fait pas d'honneur.

Césaire. Il est vrai ; mais c'est de votre bouche même que je la tire.

Eusébie. Mais cela ne nous fait pas non plus de déshonneur.

Césaire. Il n'y a point de milieu : si cela ne vous fait pas honneur, comme vous en convenez, cela vous fait du déshonneur.

Balsamie. Et quel déshonneur ?

Césaire. C'est au moins de passer pour des filles légères, volages et évaporées.

Eusébie. C'est la vérité, nous ne le pouvons nier.

Césaire. Je n'en veux pas davantage pour m'interdire à jamais ces sortes de récréations.

Balsamie. Vous prononcez là une sentence bien sévère.

Césaire. Elle est encore plus raisonnable que sévère : car enfin je ne veux point, quoi que vous disiez, passer pour une fille légère, volage et évaporée.

Eusébie. N'y a-t-il que cela à craindre ?

Césaire. Allons plus loin : dites-moi, je vous prie, quel cas l'on fait de ces filles qui vont aux danses.

Balsamie. Nous savons qu'on en fait bien peu de cas, et qu'on les montre au doigt, en disant : ce sont des danseuses.

Césaire. Vous accommodez-vous bien de cela ? pour moi, je sais bien que je ne m'en accommoderais pas.

Eusébie. Nous nous en accommodons très-mal ; et pendant que nous paraissons au-dehors nous mettre au-dessus, intérieurement nous en avons bien du dépit.

Césaire. Il ne tient qu'à vous de vous épargner ce dépit.

Balsamie. Cela est bientôt dit : en vous écoutant nous voudrions bien y renoncer, et dans l'occasion nous nous y laissons aller.

Césaire.

Césaire. Vous n'avez donc guère de résolution, ni d'amour de votre réputation ?

Eusébie. Mais enfin cela n'y fait pas une grande brèche.

Césaire. Plus grande que vous ne pensez.

Balsamie. Nous ne le voyons pas.

Césaire. Il faut vous le faire voir ; je ne répète pas ce que j'ai dit ; je vais plus loin : y a-t-il beaucoup d'honneur de se joindre à une troupe de libertins et de libertines ?

Eusébie. Mais tous ne le sont pas.

Césaire. C'est donc au moins, selon vous, la plus grande partie : le tout où la plus grande partie, je n'y vois pas une grande différence ; et de quelque manière que vous le preniez, assurément cela ne vous fait point d'honneur.

Balsamie. Mais nous ne prenons point de part à leur libertinage.

Césaire. Pouvez-vous vous aveugler jusqu'à ce point, de dire que vous vous joignez à des libertins et à des libertines, sans prendre part à leur libertinage ? Voyons s'il est vrai.

Eusébie. Nous consentons à cet examen.

Césaire. Il sera bientôt fait ; voyez toutes les chansons qui s'y chantent, pesez toutes les paroles qui s'y disent, et considérez toutes les libertés qui s'y prennent : n'entrez-vous pas pour votre part dans toutes ces choses, qui sont un pur libertinage ?

Balsamie. On ne peut vous résister, la force et l'évidence de ces raisons nous obligent de vous céder.

Césaire. Regardez encore toutes les suites malheureuses des liaisons qui se forment dans ces danses.

Eusébie. Il n'y a rien à craindre de ce côté-là : la danse finie, chacun se retire chez soi.

Césaire. J'entends bien ; mais s'y retire-t-on seule ? et combien de funestes rendez-vous prennent là leur naissance ?

Balsamie. Nous voyons bien que, sans fréquenter

les danses, vous en savez tout autant que celles qui les fréquentent.

Césaire. Il vaudrait bien mieux l'ignorer que de le savoir; mais le bruit de ce scandale est si éclatant, qu'il n'est personne qui n'en entende parler.

Eusébie. Tout ce que vous en dites commence à nous en dégoûter.

Césaire. Plût à Dieu que mes paroles non-seulement commençassent, mais achevassent de vous en dégoûter, vous et toutes les autres !

Balsamie. Vous ne parlez que des filles.

Césaire. C'est que les filles s'étant retirées, on ne verra plus de danses; car on ne voit point de garçons danser seuls.

Eusébie. Plus vous avancez, plus vous nous confondez.

Césaire. Je voudrais bien encore savoir s'il est bien modeste pour des filles de se donner tous les mouvemens qui sont inséparables de la danse.

Balsamie. Quelle immodestie y a-t-il à cela ?

Césaire. J'en laisse la décision à des personnes plus habiles que moi ; mais en gros cela ne me paraît guère modeste.

Eusébie. On ne pourra donc plus se récréer ?

Césaire. N'y a-t-il donc dans le monde que cette sorte de récréation? n'y en a-t-il pas même un grand nombre plus convenable à des filles ?

Balsamie. On ne sait pas où se sauver avec vous.

Césaire. Regardez encore pour un moment les suites funestes de ces danses, et vous aurez bientôt pris votre parti.

Eusébie. Montrez-nous-les, s'il vous plaît.

Césaire. La perte de l'innocence et de l'honneur, les haines, les jalousies, les querelles, les batteries en sont les suites ordinaires.

Balsamie. Vous en dites beaucoup.

Césaire. Nous voyons toutes ces suites dans un seul exemple rapporté dans l'Ecriture.

Eusébie. Quel est-il ?

Césaire. Celui de Dina, fille unique de Jacob, et sœur des douze Patriarches.

Balsamie. Racontez-nous-en l'histoire, elle nous est inconnue.

Césaire. Cette fille, qui était des plus sages et des mieux élevées, eut la curiosité d'aller voir danser; elle y fut enlevée et déshonorée; injure qui fut vengée par ses frères aux dépens d'une ville entière, dont ils firent un carnage horrible.

Eusébie. Mais les suites de nos danses ne vont pas si loin.

Césaire. Je le veux; mais elles vous y exposent, et les moins coupables n'en reviennent point si innocentes qu'elles y ont été.

Balsamie. Nous ne pouvons désavouer que nous n'en rapportions toujours quelque péché au-delà de ceux que nous y avions portés.

Césaire. Quand il n'y aurait que cela, n'en serait-ce pas assez pour leur dire un adieu éternel? Où est donc la crainte de Dieu et l'amour de votre conscience?

Eusébie. Il est vrai; mais c'est qu'on se laisse entraîner au torrent de l'exemple et de la coutume.

Césaire. Ah! si vous pensiez que Dieu vous voit là et vous entend, et qu'il vous jugera, pourriez-vous vous résoudre à y aller?

Balsamie. Si nous avions ces pensées, nous nous tiendrions chez nous.

Césaire. On ne peut donc y aller qu'en perdant tout souvenir de Dieu et de ses jugemens. Quelle extrémité!

Eusébie Voilà, à la vérité, une grande extrémité, à laquelle nous ne pensions pas.

Césaire. Avez-vous pensé encore que les démons, aussi-bien que vous, y sont assemblés par troupes, pour y chercher leur proie, et qu'il n'y a peut-être aucun ni aucune de la bande qui n'ait son démon particulier?

Balsamie. N'en dites pas davantage, cela nous fait peur : de notre vie nous n'y remettrons les pieds.

Césaire. C'est ce que je demande, et pour votre honneur, et pour votre conscience.

Eusébie. Vous serez contente; nous suivrons désormais votre exemple, nous en serons plus satisfaites en toute manière.

Césaire. Faites-en l'épreuve, et vous m'en donnerez des nouvelles. Adieu, je les attends.

SUITE DE LA CONVERSATION
SUR LA DANSE.

BALSAMIE.

Nous avons bien pesé tout ce que vous avez dit sur la danse; mais heureusement cela ne nous regarde pas.

Césaire. Cela vous regarde plus que vous ne pensez.

Eusébie. Mais nous n'allons pas aux danses publiques; vous n'avez parlé que de celles-là.

Césaire. Il est vrai; mais ce que j'ai dit de celles-là regarde aussi les autres.

Balsamie. Vous confondez donc les unes et les autres, celles qui sont publiques, et celles qui se font en secret?

Césaire. Non, je ne les confonds pas, mais je dis qu'elles sont également périlleuses. D'ailleurs appelez-vous secrètes des danses dont le public est averti, et dont le bruit se fait entendre aux passans?

Eusébie. Il est vrai qu'elles ne sont pas secrètes dans ce sens; mais elles le sont dans un autre, puisque c'est entre quatre murailles qu'elles se font; d'ailleurs nous n'y appelons que des personnes d'élite.

Césaire. Encore un coup, celles-là ne valent pas mieux que les autres, parce que les mêmes dangers s'y rencontrent. Après cela quelle élite? Il n'est personne qui ne voie en quel sens ce mot doit être pris; ce qui ne fait point d'honneur à ces personnes d'élite.

Balsamie. Donnez-y tel sens que vous voudrez, mais la chose est vraie.

Césaire. Si ces personnes sont d'élite, c'est apparemment parce qu'elles se distinguent par leur hardiesse, par la profanation des jours saints, et par leur absence des divins offices.

Eusébie. Vous en dites beaucoup.

Césaire. Je conviens du beaucoup; mais le malheur, c'est que cela est vrai.

Balsamie. Mais permettez-moi de vous dire que ce n'est pas de quoi il s'agit.

Césaire. Vous me ferez plaisir de me remettre dans le chemin, si je m'en écarte.

Eusébie. Vous avez dit que les danses faites en particulier ne valaient pas mieux que les publiques, c'est ce que nous souhaitons savoir.

Césaire. Jusqu'ici nous n'avons rien dit qui s'écarte de ce but.

Balsamie. Bien des personnes ne blâment pas néanmoins celles qui se font en particulier.

Césaire. Je ne les blâme pas non plus, quand elles se font dans les circonstances qui les rendent innocentes; mais alors on n'en fait pas métier, on n'y emploie pas les jours saints, ni les heures destinées au service divin; on y choisit son monde, et on y garde toutes les règles de la modestie et de la bienséance.

Eusébie. Les nôtres sont justement comme cela.

Césaire. Si cela était, personne ne les condamnerait : tout le monde les condamne.

Balsamie. Laissons là les nôtres; vous leur en voulez : nous aurons beau les blanchir, elles seront toujours noires à vos yeux prévenus.

Césaire. Si vos yeux n'étaient pas plus prévenus que les miens, vous les verriez noires tout comme moi.

Eusébie. Pourquoi donc l'Ecriture parle-t-elle des danses sans les blâmer?

Césaire. C'est ce que vous aurez peine à montrer,

Balsamie. N'est-il pas écrit que David dansa devant l'arche au son des instruments ?

Césaire. Est-ce par là que vous prétendez vous autoriser ?

Eusébie. Mais oui : voilà un Saint, un Roi, un Prophète qui danse, et personne ne le reprend.

Césaire. Si vos danses étaient comme celle-là, personne ne vous reprendrait non plus. Il était seul, et animé d'un saint transport en la présence de l'arche ; il marquait à Dieu sa joie et sa reconnaissance.

Balsamie. On nous avait fait entendre autre chose.

Césaire. Lisez vous-même ; il n'y a rien de plus.

Eusébie. Mais les libertins se servent de cet exemple pour autoriser leurs danses.

Césaire. Ce mot de libertins décide en cette matière ; et vous voyez combien grossièrement ils vous trompent en vous en imposant.

Balsamie. Nous le voyons à présent.

Césaire. Que ne citent-ils plutôt en leur faveur l'exemple des Israélites qui dansèrent autour du veau d'or, pendant que Moïse était en conversation avec Dieu sur la montagne ?

Eusébie. Ils n'ont garde : ils savent trop bien que cette danse était une danse accompagnée d'idolâtrie et de plusieurs excès, qui furent punis par la mort de vingt-trois mille personnes.

Césaire. Je ne sais pourtant que cet exemple qui leur soit favorable.

Balsamie. Nous en savons un autre, qui est rapporté dans l'Evangile, sans qu'il y soit aucunement blâmé. Ceci est bien plus fort, et vous rendra sans réplique.

Césaire. C'est ce qu'il faut examiner attentivement. J'avoue qu'il faudra que je me taise, si l'Evangile parle pour vous contre moi.

Eusébie. C'est l'exemple de la fille d'Hérodiade, qui dansa devant le Roi, et qui lui plut si extrêmement, qu'il lui promit de lui donner tout ce qu'elle lui demanderait, quand même ce serait la moitié de son royaume. Il n'y a que l'approbation, et pas un mot de condamnation : que pourrez-vous répondre à cela? L'endroit est décisif pour nous contre vous.

Césaire. Ne triomphez pas encore ; attendez, et examinons auparavant.

Balsamie. Nous attendrons tant qu'il vous plaira ; car nous sommes bien assurées pour le coup du succès.

Césaire. Ne criez pas encore victoire ; car je ne sais rien qui vous condamne tant.

Eusébie. Vous le dites; mais cela ne se trouve point dans l'Evangile : c'est ce qui nous rend bien fortes.

Césaire. Si c'est là toute votre force, je vous trouve bien faibles.

Balsamie. Mais tout cela n'est que des mots. Nous sentons que vous ne temporisez que parce que vous n'avez rien de solide à dire contre cet exemple.

Césaire. Hé bien ! voyons s'il est vrai : pour moi je ne trouve aucune circonstance de cette histoire qui ne porte condamnation.

Eusébie. Faites-nous le voir.

Césaire. C'était une Princesse qui dansait devant le Roi, en présence de sa cour, une fois en passant, dans un jour de réjouissance extraordinaire : je vous laisse à penser si cette première circonstance vous favorise beaucoup.

Balsamie. Il s'en faut bien que nous soyons de l'état de cette Princesse, aussi-bien que nos spectateurs. Nous n'attendons point non plus des occasions extraordinaires, toutes occasions nous sont bonnes.

Césaire. Vous voilà donc déjà condamnées, de votre propre aveu, par cette première circonstance.

Eusébie. Les autres nous seront peut-être plus favorables.

Césaire. C'est ce qu'il faut examiner. C'est à la vérité une Princesse, mais une Princesse fille d'une impudique et d'une adultère.

Balsamie. Quelle conséquence voulez-vous tirer de là ?

Césaire. C'est à vous à la tirer.

Eusébie. Voulez-vous dire que toutes les mères des filles qui dansent sont des impudiques et des adultères?

Césaire. A Dieu ne plaise.

Balsamie. Cette circonstance ne dit donc rien?

Césaire. Elle dit beaucoup.

Eusébie. Et quoi?

Césaire. Cela s'entend assez sans le dire.

Balsamie. Voilà bien du mystère, parlez.

Césaire. Le moins qu'on puisse dire, c'est qu'une mère chaste et modeste n'eut jamais de fille qui fût une danseuse de profession.

Eusébie. Nous vous passons cela.

Césaire. En voilà assez pour condamner toutes les mères qui non-seulement laissent aller leurs filles aux danses, mais qui les y mènent.

Balsamie. Nous voyons bien que vous êtes inflexible sur cet article.

Césaire. Regardez la fin malheureuse de cette danse, et vous en aurez encore plus d'horreur.

Eusébie. Quelle en fut la fin?

Césaire. Vous le savez mieux que moi, puisque c'est vous qui proposez cette danse pour vous autoriser.

Balsamie. Voulez-vous parler de la mort de saint Jean-Baptiste?

Césaire. Ah! je n'ose ouvrir mes oreilles à cette barbarie, ni permettre à ma langue d'en parler.

Eusébie. Et pourquoi, s'il vous plaît?

Césaire. Ah! ne me parlez point d'une danse qui a eu un dénouement de cette nature.

Balsamie. Est-ce là ce qui vous inspire tant d'horreur pour les danses?

Césaire. J'avoue que cela y contribue beaucoup. Quoi! un Saint du caractère de saint Jean, un Saint qui a eu l'innocence en partage dès le sein de sa mère, un Saint que le Roi respectait, périr par une funeste danse, et vous voulez que je n'en aie pas d'horreur !

Eusébie. Mais nos danses n'ont rien de semblable.

Césaire. Et moi je vous dis qu'elles ont ordinairement un plus triste sort.

Balsamie. Expliquez-vous, nous ne vous comprenons pas.

Césaire. Ce n'est plus Jean-Baptiste que l'on y fait mourir, c'est Jésus-Christ.

Eusébie. Si cela était, vous auriez raison de dire que nos danses ont un plus triste sort.

Césaire. Que d'ames y perdent l'innocence ! ce qui ne se peut faire sans donner la mort à Jésus-Christ.

Balsamie. Ce que vous dites n'est que trop vrai.

Césaire. Et que de péchés griefs y commettent ceux qui avaient déjà perdu l'innocence ! ce qui ne se peut faire encore sans donner de nouveau la mort à Jésus-Christ.

Eusébie. Nous voudrions bien pouvoir nier cela, mais nous ne le pouvons.

Césaire. Après cela, venez me dire que ces divertissemens sont innocens.

Balsamie. Nous ne le disons pas, mais il en est qui le disent.

Césaire. Ah ! si l'on voyait le carnage que les démons font des ames dans ces assemblées ténébreuses, qui oserait y mettre le pied ?

Eusébie. Les démons trouvent donc bien là de quoi s'engraisser ?

Césaire. Oui, et du sang des ames, qui ont coûté le sang d'un Dieu.

Balsamie. C'est donc pour les démons une grande joie de se trouver là ?

Césaire. Ajoutez, et une grande tristesse pour les Anges.

Eusébie. Nous ne voulons ni réjouir les démons, ni attrister les Anges.

Césaire. Il faut donc vous interdire pour jamais ces sortes de récréations.

Balsamie. Notre résolution en est prise, et nous l'exécuterons avec la grâce de Dieu.

Césaire. Croyez-moi, on ne lit point que Jésus-Christ, ni la Sainte Vierge, ni les Apôtres se soient amusés à ces sortes de récréations.

Eusébie. Je le pense bien : aussi étaient-elles indignes des personnes de ce rang.

Césaire. En qualité de chrétiennes, n'êtes-vous pas les membres de Jésus-Christ ? n'avez-vous pas la Sainte Vierge pour mère, et les Apôtres pour docteurs ? pourquoi ne voudriez-vous pas leur ressembler ?

Balsamie. C'est bien notre dessein.

Césaire. Jésus-Christ n'a jamais ri, et il a frappé de malédiction ceux qui rient, et vous voudriez encore prendre part aux folles joies du monde ?

Eusébie. Nous y renonçons pour jamais.

Césaire. En y renonçant, vous ne faites qu'exécuter ce que vous avez promis dans le Baptême.

Balsamie. Est-ce que les danses font partie des pompes du démon, auxquelles nous avons renoncé dans le Baptême ?

Césaire. Oui, elles en font partie, aussi-bien que les spectacles, et toutes les maximes et vanités du monde.

Eusébie. Ceci nous confirme merveilleusement dans notre résolution.

Césaire. Point de paradis, pensez-y bien, point de paradis, sans l'accomplissement des promesses que vous avez faites au Baptême.

Balsamie. Le paradis vaut incomparablement mieux que toutes les folles joies du monde : ainsi nous ne balançons pas un moment sur le parti que nous avons à prendre.

Césaire. Je vous félicite sur une si sage résolution, et j'apprendrai avec joie la fidélité que vous aurez à la tenir.

Eusébie. Le temps vous en apprendra plus que nos paroles.

Césaire. Adieu. Je le souhaite.

SUITE DE LA CONVERSATION SUR LA DANSE.

Balsamie.

Encore un mot, s'il vous plaît, sur le sujet qui nous occupait hier.

Césaire. Comment ! avez-vous déjà changé de sentiment et de Religion ?

Eusébie. Non, par la grâce de Dieu, nous pensons aujourd'hui comme nous pensions hier.

Césaire. Que voulez-vous donc de plus ?

Balsamie. Un petit éclaircissement.

Césaire. Et sur quoi ?

Eusébie. C'est que l'on nous a dit que saint François de Sales, dont nous savons que vous respectez les sentimens, vous est contraire sur ce point.

Césaire. Si ce qu'on vous a dit est vrai, je suis prête de quitter mon sentiment, pour me conformer au sien.

Balsamie. Mais, pour le sûr, ce Saint dit dans sa *Philotée* (1) que les danses sont choses indifférentes de leur nature.

Césaire. Je le dis aussi après lui, et je vous l'ai déjà dit ; apparemment que vous ne vous en souvenez plus. Tous les Docteurs pensent de même : ainsi ce n'est pas un sentiment qui soit particulier à ce saint Evêque.

Eusébie. Nous ne demandons que cela ; et cela seul détruit tout ce que vous avez dit de plus fort contre les danses.

Césaire. En parlant de la sorte, vous faites voir que vous n'entendez pas ce que veulent dire ces paroles du saint Evêque.

(1) 3.e Part. Chap. 33.

Balsamie. Qui dit une chose indifférente, ne dit-il pas une chose qu'on peut faire ou ne pas faire, selon qu'on le juge à propos ?

Césaire. Ce saint Evêque n'a pas seulement dit que les danses étaient choses indifférentes; mais il a ajouté, de leur nature, pour marquer qu'elles n'étaient ni bonnes ni mauvaises par elles-mêmes; mais qu'elles pouvaient devenir bonnes ou mauvaises, selon la fin que l'on s'y propose, et les circonstances qui s'y rencontrent.

Eusébie. Nous n'en avions pas cette idée.

Césaire. C'est pourtant là l'idée qu'il faut en avoir.

Balsamie. Nous chantions déjà victoire en nous-mêmes; mais nous voyons bien que nous n'y sommes pas encore.

Césaire. Je suis bien aise que vous le voyiez, et que vous le disiez vous-mêmes.

Eusébie. Mais enfin ce saint Evêque permet les danses.

Césaire. Je les permets aussi, mais en la manière que je vous ai dite : néanmoins examinons comment il les permet ; c'est alors qu'il y aura bien à déchanter.

Balsamie. Nous y consentons.

Césaire. Voici comme il s'explique au même endroit : il en est des danses comme des champignons, dont les meilleurs ne valent rien, et qui font toujours mal, s'ils ne sont bien apprêtés. Si donc par quelque occasion de laquelle vous ne puissiez pas bien vous excuser, il faut aller à la danse, prenez garde que votre danse soit bien apprêtée. Mais comment faut-il qu'elle soit accommodée ? de modestie, de dignité et de bonne intention. Mangez en peu, et peu souvent (disent les médecins, en parlant des champignons); car pour bien apprêtés qu'ils soient, la quantité leur sert de venin. Dansez peu, et peu souvent; car faisant autrement, vous vous mettrez en danger de vous y affectionner.

Eusébie. Je ne vois rien là qui soit favorable à la danse, comme on nous l'avait fait entendre.

Césaire. Remarquez bien qu'il dit que les meilleures danses ne valent rien ; qu'on n'y doit aller que dans quelque occasion dont on ne puisse bien s'excuser ; qu'il n'y faut aller qu'avec modestie, dignité et bonne intention ; qu'il faut danser peu, et peu souvent, de peur de s'y affectionner.

Balsamie. Nous avouons qu'il est bien peu de personnes, si même il en est, qui gardent toutes ces règles.

Césaire. C'est justement ce qui rend les danses si blâmables, et ce qui fait que toutes les personnes sages les blâment.

Eusébie. Elles ont bien raison, quand tous ces assaisonnemens ne s'y trouvent pas.

Césaire. Ne dites plus que saint François de Sales les favorise, car il en est bien éloigné.

Balsamie. Nous nous garderons bien désormais de le dire, après vous avoir entendue.

Césaire. Ecoutez ce qu'il ajoute : mais selon la façon ordinaire avec laquelle cet exercice se fait, il est fort penchant et incliné du côté du mal, et par conséquent plein de dangers et de périls ; chacun y porte de la vanité à l'envi ; et la vanité est une si grande disposition aux mauvaises affections et aux amours dangereux, qu'aisément tout cela s'engendre dans les danses.

Eusébie. Ceci est bien fort : je ne vois point dans ces paroles la douceur et la modération ordinaire du saint Evêque.

Césaire. Ce n'est point à moi qu'il faut dire cela, mais à ceux qui vous ont dit que ce Saint leur était favorable.

Balsamie. Si nous le leur disions, ils ne pourraient le croire.

Césaire. Il leur sera facile de s'en convaincre, ils n'ont qu'à lire.

Eusébie. Quoi ! ce sont les propres paroles du saint Evêque que vous avez rapportées ?

Césaire. Si vous en doutez, vous n'avez qu'à vous en convaincre par vos propres yeux.

Balsamie. Il n'est pas nécessaire : nous savons que vous n'êtes pas capable de nous en imposer.

Césaire. Cela est bien obligeant : néanmoins je vous exhorte de les lire.

Eusébie. Continuez, de grâce, et achevez de nous instruire.

Césaire. Voici encore ce que dit ce saint Evêque : comme les champignons étant spongieux et poreux, attirent aisément toute l'infection qui est autour d'eux, même le venin des serpens ; de même les danses attirent ordinairement les vices et les péchés qui règnent en un lieu ; les querelles, les envies, les moqueries et les folles amours. Et comme ces exercices ouvrent les pores de ceux qui les font, aussi ouvrent-ils les pores du cœur : au moyen de quoi si quelque serpent sur cela vient souffler aux oreilles par quelque parole lascive, quelque muguetterie, quelque cajolerie ; ou si le basilic vient jeter des regards impudiques, des œillades d'amour, les cœurs sont fort aisés à se laisser saisir et empoisonner.

Balsamie. Nous n'avons plus ni langue ni paroles pour répliquer, tant notre surprise est grande.

Césaire. Puisque vous avez commencé, écoutez jusqu'au bout : ces impertinentes récréations, dit-il, sont ordinairement dangereuses ; elles dissipent l'esprit de dévotion, affaiblissent les forces du cœur, refroidissent la charité, et réveillent dans l'ame mille sortes de mauvaises affections : c'est pourquoi il en faut user avec une grande prudence.

Eusébie. Ce n'est pas là certainement approuver les danses, mais plutôt les condamner bien sévèrement.

Césaire. Voici par où il conclut son discours : mais sur-tout on dit qu'après les champignons il faut boire du vin précieux ; et je dis qu'après les danses il faut user de quelques saintes et bonnes considérations qui empêchent les dangereuses impressions que le vain plaisir qu'on a reçu pourrait donner à nos esprits.

Balsamie. Ce Saint ne propose-t-il point quelques-unes de ces considérations ?

Césaire. Voici celles qu'il propose tout de suite. 1. Au même temps que vous étiez à la danse, plusieurs ames brûlaient au feu de l'enfer pour les péchés commis en la danse, ou à cause de la danse. 2. Plusieurs Religieux et personnes de piété étaient à la même heure devant Dieu, chantaient ses louanges, et contemplaient sa bonté. O que leur temps a été bien plus heureusement employé que le vôtre! 3. Tandis que vous avez dansé, plusieurs ames sont décédées en grande angoisse : mille milliers d'hommes et de femmes ont souffert de grands travaux dans leurs lits, dans les hôpitaux et dans les rues, de la goutte, gravelle et fièvre ardente. Hélas! ils n'ont eu nul repos : n'avez-vous point de compassion d'eux? et pensez-vous qu'un jour vous gémirez comme eux, tandis que d'autres danseront comme vous avez fait? 4. Notre-Seigneur, Notre-Dame, les Anges et les Saints vous ont vu là. Ah! que vous leur avez fait grande pitié, voyant votre cœur amusé à une si grande niaiserie, et attentif à cette fadaise! 5. Hélas! tandis que vous étiez là, le temps est passé, la mort s'est approchée : voyez qu'elle se moque de vous, et qu'elle vous appelle à sa danse, en laquelle les gémissemens de vos proches serviront de violons, et où vous ne ferez qu'un seul passage de la vie à la mort. Cette danse est le vrai passe-temps des mortels, puisqu'on y passe en un moment du temps à l'éternité, ou des biens ou des peines.

Eusébie. Nous voilà bien détrompées, nous en allons détromper bien d'autres.

Césaire. Dieu le veuille : je le souhaite, j'en attends des nouvelles.

SUR LE BAPTÊME.

GEORGIE.

Il y a long-temps que je désire vous entendre sur les cérémonies du Baptême : voudriez-vous que ce fût tout présentement?

Bénédicte. Je suis toute prête, dès que vous parlez.

Julie. On ne peut répondre plus obligeamment.

Bénédicte. Je ne désire que de pouvoir vous contenter.

Georgie. Nous sommes persuadées que vous le ferez sans peine.

Bénédicte. Parlons maintenant des cérémonies qui précèdent le Baptême, et réservons les autres pour un autre temps.

Julie. Très-volontiers. Pourquoi d'abord bénit-on solennellement l'eau qui doit servir au Baptême ?

Bénédicte. C'est pour tirer cette eau de son état commun, et la faire passer au rang des choses saintes.

Georgie. Qu'est-ce que l'Eglise fait pour cela ?

Bénédicte. Elle fait sur cette eau des prières magnifiques qui marquent les mystères et les miracles que Dieu a opérés par cet élément. Elle emploie le souffle du Prêtre, et y fait descendre le cierge pascal, pour montrer par ce souffle et par ce feu la vertu du Saint-Esprit qui descend dans l'eau, et la rend capable d'effacer les péchés et de purifier les ames : elle y mêle pour le même effet de l'huile sainte et du saint chrême.

Julie. On ne peut donc baptiser qu'avec cette eau ainsi sanctifiée ?

Bénédicte. Non, quand le Baptême se donne solennellement : mais dans le cas de nécessité, on peut se servir de toute sorte d'eau, pourvu qu'elle soit naturelle.

Georgie. J'entends bien tout cela. Pourquoi fait-on rester l'enfant qui doit être baptisé, à l'entrée de l'église ?

Bénédicte. C'est parce que l'église étant la maison des fidelles, on ne peut y entrer tandis qu'on est dans l'infidélité. C'est aussi pour marquer qu'on ne peut entrer dans le temple de la sainteté, tandis qu'on est ennemi de Dieu par le péché. C'est enfin pour nous faire souvenir qu'Adam par son péché nous a non-seulement chassés du paradis terrestre, mais encore nous a fermé le ciel.

Julie. Voilà bien de quoi réfléchir. Pourquoi donne-t-on à l'enfant le nom de quelque Saint ou de quelque Sainte?

Bénédicte. C'est pour montrer qu'il va, en quittant la famille du démon (qui est celle des méchans) entrer dans la famille de Jésus-Christ (qui est celle des Saints). C'est aussi pour lui donner un protecteur auprès de Dieu, et un modèle de la vie qu'il doit mener après le Baptême.

Georgie. Voilà encore une grande instruction. Pourquoi le Prêtre souffle-t-il légèrement sur le visage de l'enfant, en disant : Sors, démon, de cette image de Dieu, et fais place au Saint-Esprit?

Bénédicte. C'est pour chasser le démon de cet enfant. Il se sert du souffle pour marquer avec quelle facilité le démon est dissipé par la vertu de Dieu.

Julie. N'y a-t-il point quelqu'autre mystère dans ce souffle?

Bénédicte. Il nous fait encore souvenir que Dieu par son souffle anima autrefois Adam d'une ame raisonnable, et que c'est par le souffle de Jésus-Christ que les Apôtres furent animés du Saint-Esprit le jour de la résurrection de ce divin Sauveur.

Georgie. Qu'est-ce que tout cela nous insinue?

Bénédicte. Que cet enfant va bientôt recevoir une vie toute nouvelle et toute divine par le souffle de l'Esprit divin.

Julie. Tout ce que vous dites nous charme. Pourquoi le Prêtre fait-il le signe de la croix sur le front de l'enfant, en lui disant : Je mets le signe de la sainte croix de Jésus-Christ notre Sauveur sur votre front, au nom du Père, et du Fils, et du Saint-Esprit. Ainsi soit-il? Et pourquoi fait-il la même chose sur la poitrine, en répétant les mêmes paroles?

Bénédicte. C'est pour sceller l'esprit et le cœur de cet enfant du sceau de Jésus-Christ, et marquer que Jésus-Christ le regarde désormais comme étant à lui. C'est aussi pour empêcher le démon de rien entreprendre sur son esprit et sur son cœur.

Georgie. Pourquoi encore ?

Bénédicte. C'est pour lui apprendre que toutes ses pensées et toutes ses affections ne doivent plus être qu'en la croix de Jésus-Christ.

Julie. Et pourquoi met-on le signe de la croix en ces endroits apparens ?

Bénédicte. C'est afin que tout le monde le voie, et que le baptisé se glorifie désormais de porter hautement la marque et la livrée de Jésus-Christ.

Georgie. Mais cette livrée n'a-t-elle pas quelque chose d'ignominieux ?

Bénédicte. Non : Jésus-Christ lui a enlevé toute son ignominie, et l'a couverte de gloire pour jamais, en la choisissant pour l'instrument de son triomphe.

Julie. Que fait le Prêtre ensuite ?

Bénédicte. Il récite trois oraisons sur l'enfant, ayant la main étendue sur lui.

Georgie. Que demande-t-il à Dieu en récitant ces oraisons ?

Bénédicte. Il demande à Dieu qu'il conduise cet enfant au saint Baptême, et qu'il le remplisse des vertus chrétiennes.

Julie. Pourquoi a-t-il toujours la main étendue sur l'enfant ?

Bénédicte. C'est pour marquer qu'il demeure toujours sous la protection de l'Eglise, qui s'en est mise en possession.

Georgie. Je trouve tout ceci très-instructif. Pourquoi le Prêtre met-il un peu de sel béni dans la bouche de l'enfant, en lui disant : Recevez le sel de la sagesse, afin que le Seigneur vous soit propice pour la vie éternelle. Ainsi soit-il ?

Bénédicte. Le sel étant le symbole de la sagesse, cette cérémonie nous marque le goût que le baptisé doit prendre à la Doctrine chrétienne et à toutes les choses du salut, et aussi le soin qu'il doit prendre d'assaisonner toutes ses actions de la sagesse chrétienne, afin qu'elles soient au goût de Dieu.

Julie. N'y a-t-il point d'autre mystère dans ce sel que l'on met dans la bouche de l'enfant ?

Bénédicte. Comme le sel a aussi la vertu de préserver de la corruption, c'est encore un avertissement au baptisé de se conserver pur de la contagion du siècle.

Georgie. Je n'aurais jamais cru tant de mystères dans des actions qui paraissent si simples.

Bénédicte. Tout ce que l'Eglise fait dans ces cérémonies lui étant inspiré de Dieu, il n'est pas surprenant que cela renferme tant de mystères.

Julie. Qu'est-ce que le Prêtre fait ensuite ?

Bénédicte. Il récite deux oraisons pour demander encore à Dieu sa protection sur l'enfant, puis il fait le premier exorcisme, qui est encore suivi d'une oraison pour la même fin.

Georgie. Qu'est-ce que cet exorcisme ?

Bénédicte. C'est un commandement solennel que le Prêtre fait au démon de la part de Dieu, et au nom de la Sainte Trinité, de quitter l'enfant, et d'en abandonner la possession.

Julie. Comment le Prêtre traite-t-il le démon dans cet exorcisme ?

Bénédicte. Il le traite avec mépris, en l'appelant l'esprit impur, maudit, damné.

Georgie. De quoi le fait-il souvenir ?

Bénédicte. De la sentence de condamnation que Dieu a prononcée contre lui.

Julie. Que lui ordonne-t-il en l'appelant démon maudit ?

Bénédicte. Il lui ordonne de rendre gloire au Dieu vivant et véritable, à Jésus-Christ son Fils, et au Saint-Esprit, en quittant cet enfant que Dieu appelle à la grâce du saint Baptême.

Georgie. Que lui défend-il en l'appelant encore maudit ?

Bénédicte. Il lui défend d'oser jamais violer le signe de la sainte croix qu'il a mis sur son front.

Julie. Pourquoi le Prêtre est-il découvert pendant les oraisons, et couvert pendant les exorcismes ?

Bénédicte. Il est découvert pendant les oraisons, parce qu'il parle à Dieu, à qui il adresse ses humbles prières pour l'enfant; et il est couvert pendant les exorcismes, parce qu'il parle au démon, à qui il commande avec autorité de la part de Dieu.

Georgie. Pourquoi le Prêtre fait-il un second exorcisme, en menaçant le démon des supplices qui l'attendent au dernier jour, et en lui commandant de nouveau de sortir de l'enfant, pour rendre gloire à Dieu, qui, par sa grâce, en va faire son temple?

Bénédicte. Ce second exorcisme marque l'opiniâtreté du démon, qui est un esprit rebelle et désobéissant, qui ne cède qu'à l'autorité de Dieu, et qui ne céderait pas, s'il n'y était forcé par une si grande autorité.

Julie. Pourquoi le Prêtre, le parrain et la marraine ont-ils la main étendue sur la tête de l'enfant pendant le second exorcisme?

Bénédicte. C'est pour mieux faire sentir que l'Eglise le prend en sa possession, en le mettant comme à l'ombre de la puissante protection de Dieu; c'est aussi pour marquer que le Saint-Esprit va descendre sur lui par le Baptême, et va venir se reposer dans son ame.

Georgie. Je suis dans l'admiration d'entendre toutes ces beautés Pourquoi le Prêtre touche-t-il avec un peu de salive les oreilles et les narines de l'enfant en forme de croix, en disant: *Ephpheta,* c'est-à-dire *sois ouverte en odeur de suavité?*

Bénédicte. C'est pour marquer que par la grâce et la sagesse de Jésus-Christ notre chef, figurées par la salive qui descend de la tête, les oreilles de cet enfant, sur-tout celles de son cœur, vont être ouvertes aux vérités chrétiennes, et fermées pour jamais au mensonge et à l'erreur; et que l'odeur de ces mêmes vérités va pénétrer jusqu'à son ame, qui sera aussi pour toujours fermée à la mauvaise odeur du mensonge et de l'erreur.

Julie. Que dit le Prêtre ensuite parlant au démon?

Bénédicte. Et toi, ô démon, sors promptement de cet enfant, prends la fuite, et sache que ton jugement est proche. Au nom du Père, et du Fils, et du Saint-Esprit. Ainsi soit-il.

Georgie. Que dit le Prêtre à l'enfant, en le touchant ?

Bénédicte. Entrez dans le temple de Dieu, afin que vous ayez la vie éternelle. Ainsi soit-il.

Julie. Sont-ce là toutes les cérémonies qui précèdent le Baptême ?

Bénédicte. Oui ; et je suis assurée que vous êtes charmées de tous les mystères qu'elles renferment.

Georgie. Vous avez raison ; mais le contentement que celles-ci nous donnent, ne ralentit en rien le désir que nous avons de savoir les autres.

Bénédicte. Un peu de patience, et vous serez bientôt satisfaites.

Julie. Nous comptons sur votre parole.

SUITE DE LA CONVERSATION
SUR LE BAPTÊME.

GEORGIE.

Le plaisir que nous avons eu en vous entendant sur les cérémonies qui précèdent le Baptême, fait que nous attendons le reste avec impatience.

Bénédicte. Votre zèle pour vous instruire me fait aussi bien du plaisir. La première cérémonie, sitôt que l'enfant est entré dans l'église, est la récitation du Symbole et de l'Oraison dominicale.

Julie. Quelle est l'origine et la raison de cette cérémonie ?

Bénédicte. Elle vient de ce qu'anciennement on faisait apprendre par cœur l'un et l'autre aux cathécumènes, c'est-à-dire à ceux que l'on instruisait pour le Baptême.

Georgie. On ne les leur donnait donc point par écrit ?

Bénédicte. Non, pour deux raisons; la première, de peur qu'en les transcrivant, il ne s'y glissât quelque faute ; et la seconde, de peur qu'ils ne tombassent entre les mains des infidelles.

Julie. Pourquoi les fait-on réciter aux parrains et marraines ?

Bénédicte. C'est pour suppléer à l'enfant, qui ne peut les réciter ; c'est aussi pour s'assurer de la foi des parrains et marraines.

Georgie. Pourquoi les fait-on réciter sitôt que l'enfant est entré dans l'Eglise ?

Bénédicte. C'est pour montrer qu'on n'entre dans l'Eglise que par la foi, et qu'on n'y persévère que par la prière.

Julie. Pourquoi les récite-t-on debout ?

Bénédicte. C'est pour montrer qu'on est prêt de combattre jusqu'au sang pour la foi que l'on professe. On garde aussi cette même posture en récitant l'Oraison dominicale, pour marquer qu'on a l'esprit et le cœur élevés vers les biens que l'on demande.

Georgie. Pourquoi récite-t-on le *Credo* avant le *Pater ?*

Bénédicte. C'est qu'on ne peut rien demander à Dieu, si l'on ne croit auparavant.

Julie. Mais l'on n'observe pas cet ordre dans les prières ordinaires.

Bénédicte. On l'observe encore à la messe, où l'on récite le *Credo* avant le *Pater* : mais quand l'on croit, il n'importe par où l'on commence. Peut-être commence-t-on par le *Pater* dans les prières ordinaires, parce que c'est la première et la plus excellente de toutes les prières.

Georgie. Tout cela est admirable. Pourquoi l'enfant est-il présenté au Baptême par ses parrain et marraine ?

Bénédicte. C'est parce qu'il est non-seulement incapable, mais encore indigne de s'y présenter : incapable, parce qu'il ne peut rien demander; indigne, parce qu'il est dans le péché.

Julie. A quoi s'engagent les parrains et les marraines en faisant cette fonction ?

Bénédicte. Ils répondent pour l'enfant, et deviennent ses cautions envers Dieu et envers l'Eglise.

Georgie. De quoi répondent-ils à Dieu et à l'Eglise ?

Bénédicte. Que l'enfant sera fidelle à garder toutes les promesses qu'il va faire, et toutes les conditions de l'engagement qu'il va contracter.

Julie. Voilà pour les parrains et marraines un grand engagement.

Bénédicte. Ajoutez, et bien solennel, puisqu'il se fait en la présence des Anges, et à la face des saints autels.

Georgie. Les parrains et les marraines auront donc un grand compte à rendre au tribunal de Jésus-Christ ?

Bénédicte. Oui, très-grand, s'ils n'ont pas rempli toutes leurs obligations.

Julie. Ceci fait trembler pour les parrains et les marraines, qui ne regardent le plus souvent leur fonction que comme une action de bienséance et de pure cérémonie.

Bénédicte. Vous voyez que cela est bien plus sérieux que l'on ne pense communément dans le monde.

Georgie. Je le vois, et j'en suis effrayée. Que fait le Prêtre ensuite ?

Bénédicte. Il demande à l'enfant s'il renonce à satan, à ses pompes et à ses œuvres ; à quoi l'enfant répond par la bouche de ses parrain et marraine qu'il y renonce : et interrogé trois fois, il répond aussi trois fois.

Julie. Que déclare solennellement l'enfant par ces trois renoncemens ?

Bénédicte. Il déclare qu'il ne veut jamais avoir d'union ni de société avec le démon ; qu'il déteste et abhorre toutes ses œuvres, qui sont les péchés, et qu'il porte son horreur jusqu'à ses pompes, qui sont le luxe, le faste et toutes les vanités du monde.

Georgie. Peut-on bien comprendre quel est le

malheur d'un chrétien qui renonce ensuite à son renoncement, et qui se plonge sans pudeur dans tout ce qui a fait la matière de ce renoncement ?

Bénédicte. On ne peut dire combien il est grand, puisque par cette conduite il devient un perfide à l'égard de Dieu, par l'injuste préférence qu'il fait du démon à Dieu.

Julie. Ceci est digne de grande réflexion. Pourquoi le Prêtre fait-il une onction avec l'huile sainte à la poitrine et entre les épaules de l'enfant en forme de croix ?

Bénédicte. Il lui fait cette onction à la poitrine, pour lui marquer que la grâce, représentée par cette huile, va lui rendre aimable le joug de Jésus-Christ; il la lui fait ensuite entre les épaules, pour lui faire entendre que cette même grâce va lui rendre léger le fardeau de Jésus-Christ.

Georgie. Pourquoi donc trouvons-nous ce joug de Jésus-Christ si peu aimable, et son fardeau si pesant ?

Bénédicte. C'est parce que nous ne conservons pas cette grâce, qui seule peut nous y faire trouver cette douceur et cette légèreté.

Julie. Il est donc bien important de conserver toujours cette grâce, qui nous est marquée par cette double onction ?

Bénédicte. Il est plus important qu'on ne le saurait dire.

Georgie. Pourquoi le Prêtre change-t-il ici d'étole?

Bénédicte. Jusque-là le Prêtre se sert d'une étole violette pour marquer l'état de péché dans lequel l'enfant a été jusqu'alors : ensuite il en prend une blanche, pour marquer l'état d'innocence où il va entrer. Et comme la couleur violette marquait le deuil et la tristesse de ce premier état, aussi la couleur blanche marque la joie du second état ; joie qui est dans toute l'Eglise, et qui s'étend jusqu'au ciel, puisque les Anges mêmes s'en réjouissent.

Julie. Qu'est-ce que le Prêtre demande ensuite à l'enfant ?

Bénédicte.

Bénédicte. Il lui demande en abrégé s'il croit toutes les vérités contenues au symbole, et s'il veut être baptisé.

Georgie. Pourquoi lui fait-il cette demande avant que de le baptiser ?

Bénédicte. C'est pour s'assurer de sa foi et de sa volonté, parce qu'on ne doit baptiser que ceux qui le veulent, et qui promettent de croire tout ce qui est de la foi.

Julie. Que fait le Prêtre ensuite ?

Bénédicte. Il le baptise. Arrêtons-nous ici pour considérer attentivement cette grande merveille.

Georgie. Développez-nous cette merveille, s'il vous plaît.

Bénédicte. En même temps que le Prêtre verse l'eau et prononce les paroles, le ciel s'ouvre pour cet enfant, et l'enfer lui est fermé ; le Père éternel paraît, et le démon prend la fuite ; le Saint-Esprit descend dans son ame, et y répand ses dons, et toutes les souillures du péché en sont effacées, et Dieu le déclare son fils bien-aimé ; et d'enfant de colère qu'il était auparavant, et d'ennemi de Jésus-Christ qu'il était, il devient un de ses membres, et ne compose plus qu'un même corps avec lui et avec tous les fidèles, qui en sont aussi les membres ; et tout cela en un instant : quoi de plus merveilleux ?

Julie. Il se fait donc, par la puissance et la miséricorde de Dieu, une nouvelle génération de cet enfant ?

Bénédicte. Oui ; il acquiert en un moment un nouvel être, une nouvelle vie et de nouvelles inclinations, c'est-à-dire un être, une vie et des inclinations toutes divines. Il passe tout-à-coup de la difformité des démons à la beauté des Anges, de la mort à la vie, et d'un état de damnation éternelle à un état de salut qui n'aura point de fin.

Georgie. Avez-vous tout dit ? est-ce là tout ce qui regarde cette merveille ?

Bénédicte. Non, ce n'est pas tout : il devient le temple de la Sainte Trinité, l'héritier de Dieu, et le cohéritier de Jésus-Christ, et il acquiert le droit de participer à tous les biens des fidelles, particulièrement de se nourrir du corps et du sang de Jésus-Christ tous les jours de la vie, jusqu'à ce qu'il aille au ciel, pour y jouir de Dieu même et de tous les biens pendant l'éternité.

Julie. Hélas! après tant de faveurs on ne devrait plus pécher.

Bénédicte. Vous avez raison, si vous entendez parler des péchés mortels; car il est étonnant qu'après avoir reçu tant de grâces, l'on tombe encore dans des péchés qui nous replongent dans la disgrace de Dieu comme auparavant, et qui nous fassent perdre tant de belles prérogatives.

Georgie. Je dis même qu'on ne devrait plus pécher du tout.

Bénédicte. C'est ce qui arriverait, si nous suivions toujours en toutes choses les mouvemens secrets de l'esprit de Dieu et de sa grâce. Mais comme la concupiscence, c'est-à-dire l'inclination au péché, nous est laissée après le Baptême, c'est ce qui fait que nous ne pouvons éviter entièrement tous les péchés; cette concupiscence nous en faisant toujours commettre quelques-uns, malgré notre attention et notre vigilance.

Julie. Mais comment Dieu nous a-t-il laissé, à nous qui sommes ses enfans bien-aimés, cette malheureuse source du péché?

Bénédicte. Il aurait pu sans doute nous l'ôter; mais s'il ne l'a pas fait, c'est pour nous tenir dans une continuelle humilité, dans une infatigable vigilance.

Georgie. Je trouve tout cela aussi admirable qu'instructif. Passons, si vous l'avez pour agréable, aux cérémonies qui suivent le Baptême.

Bénédicte. Je le veux bien, pourvu que vous m'accordiez un petit moment pour respirer.

SUITE DE LA CONVERSATION
SUR LE BAPTÊME.

Géorgie. Pardonnez à notre zèle, si nous venons sitôt à la charge ; c'est que notre empressement est grand.

Bénédicte. Je n'ai rien à vous pardonner, car je ne trouve rien que de louable dans votre zèle.

Géorgie. Nous voudrions encore savoir ce qui reste des cérémonies du Baptême.

Bénédicte. La première cérémonie qui suit le Baptême, est l'onction que le Prêtre fait avec le saint chrême sur le haut de la tête du baptisé, en disant : Que le Dieu tout-puissant, Père de Notre-Seigneur Jésus-Christ, qui vous a fait renaître de l'eau et du Saint-Esprit, et qui vous a pardonné tous vos péchés, vous oigne du chrême du salut, en Jésus-Christ Notre-Seigneur, pour la vie éternelle. Ainsi soit-il.

Géorgie. Qu'est-ce que cette onction nous marque ?

Bénédicte. Elle nous marque que le baptisé participe à l'onction spirituelle, d'où vient le nom de Christ et de chrétien.

Julie. En quelle qualité Jésus-Christ a-t-il reçu cette onction ?

Bénédicte. En qualité de Roi, de Prêtre et de Prophète.

Géorgie. Le baptisé, en recevant l'onction du saint chrême, participe donc à ces trois qualités de Jésus-Christ ?

Bénédicte. Oui, il participe à sa royauté, à son sacerdoce, et à sa qualité de Prophète.

Julie. Comment participe-t-il à sa royauté ?

Bénédicte. En ce qu'il reçoit la grâce qui le doit fait régner sur ses passions et sur toutes ses inclinations déréglées.

Georgie. Comment participe-t-il à son sacerdoce ?

Bénédicte. En ce qu'il reçoit la grâce, qui le met en état d'offrir à Dieu tous les jours des hosties d'agréable odeur, qui sont les saintes pensées, les saints désirs et les saintes actions.

Julie. Comment participe-t-il à sa qualité de Prophète ?

Bénédicte. En ce qu'étant rempli du Saint-Esprit, il prévoit par la lumière de ce même Esprit le néant des choses de la terre, et la solidité et la grandeur des biens éternels.

Georgie. N'y a-t-il point d'autres mystères dans le saint chrême ?

Bénédicte. Vous y en trouverez encore, si vous considérez les propriétés de l'huile et du baume dont il est composé.

Julie. Découvrez-nous ces mystères, nous ne les voyons pas.

Bénédicte. L'huile nous marque par la propriété qu'elle a de s'étendre, l'effusion des grâces du Saint-Esprit dans l'ame du baptisé ; et par celle qu'elle a d'éclairer, de nourrir et d'adoucir, combien la grâce éclaire l'ame, la nourrit et adoucit ses peines.

Georgie. Expliquez-nous de même les propriétés du baume.

Bénédicte. Le baume par sa bonne odeur nous représente celle que le baptisé doit répandre dans toute l'Eglise par la sainteté de sa vie ; et comme on emploie le baume à ensevelir les morts, il nous fait souvenir que nous sommes morts et ensevelis avec Jésus-Christ, pour ne plus vivre de la vie des passions et du vieil homme, et que nous devons mener après le Baptême la vie d'une personne ensevelie, en nous cachant au monde par la retraite, et en nous éloignant avec soin de ses mœurs et de ses maximes.

Julie. Voilà des explications bien admirables ; continuez, s'il vous plaît.

Bénédicte. Le Prêtre met ensuite le chrémeau sur la tête de l'enfant, en lui disant : Recevez cette robe blanche, que vous porterez pure et sans tache devant le tribunal de Jésus-Christ, afin que vous ayez la vie éternelle. Ainsi soit-il.

Georgie. D'où vient cette cérémonie ?

Bénédicte. Ce chrémeau tient lieu de la robe blanche dont on revêtait autrefois les baptisés au sortir des eaux sacrées, et qu'ils portaient pendant sept jours, c'est-à-dire pendant la semaine de Pâques, ou celle de la Pentecôte.

Julie. Que signifie cette robe blanche ?

Bénédicte. Elle signifie plusieurs choses.

1. La délivrance de la tyrannie du démon, et la liberté des enfans de Dieu, qui est donnée au nouveau baptisé, parce qu'anciennement on revêtait de blanc les esclaves à qui on donnait la liberté.

2. Cette robe blanche marque que le baptisé s'est dépouillé de la robe sale du péché, et qu'il s'est revêtu de la blancheur de l'innocence.

3. Elle nous fait souvenir d'avoir toujours dans nos actions la pureté que nous avons reçue dans notre nouvelle naissance, et de conserver la clarté angélique que nous y avons acquise.

4. C'est pour faire voir que nous avons été lavés et blanchis dans le sang de l'Agneau, qui est J. C.

5. C'est pour signifier la gloire de la Résurrection du Fils de Dieu, qui opère une vie nouvelle dans l'ame du baptisé, et qui lui donne droit à cette gloire, même pour son corps.

6. C'est pour représenter cette robe nuptiale qui donne droit et entrée au festin des noces de l'Agneau.

7. Enfin elle nous représente Jésus-Christ même, dont nous avons été revêtus dans le Baptême, et dont nous devons être tellement couverts, qu'on ne voie en nous que Jésus-Christ, que son humilité, que sa charité, que sa douceur, que sa patience, et ses autres vertus.

Georgie. Je ne croyais pas qu'il y eût tant de merveilles dans cette robe blanche. Pourquoi le Prêtre lui met-il ensuite à la main un cierge allumé, en disant : Recevez cette lampe allumée, et gardez votre Baptême sans reproche, afin que quand le Seigneur viendra aux noces, vous puissiez aller au-devant de lui, avec tous les Saints, dans la Cour céleste, et que vous viviez dans les siècles des siècles. Ainsi soit-il.

Bénédicte. Ce cierge allumé signifie : 1. Les trois vertus divines qui sont infuses dans l'ame du baptisé; la foi par sa lumière, l'espérance par sa flamme qui monte en haut, et la charité par sa chaleur.

2. Il signifie que le baptisé doit se consumer tout entier pour Dieu.

3. Il représente cette lampe allumée avec laquelle nous devons aller à l'heure de la mort au-devant de l'Epoux, comme des vierges sages.

4. Il avertit le baptisé de mettre en pratique ces paroles de Notre-Seigneur (1) : *Que votre lumière luise ainsi devant les hommes, afin qu'ils voient vos bonnes œuvres, et qu'ils glorifient votre Père qui est dans les cieux*; et celles de saint Paul (2) : *Maintenant vous êtes lumière en Notre-Seigneur; marchez comme des enfans de lumière. Or le fruit de la lumière consiste en toute sorte de bonté, de justice et de vérité.*

5. C'est encore en signe de joie pour la victoire remportée sur le démon. C'est aussi pour cette même raison qu'en quelques églises on sonne les cloches.

Julie. Pourquoi le Prêtre met-il le cierge allumé à la main de l'enfant ?

Bénédicte. C'est pour lui marquer qu'il ne suffit pas d'avoir intérieurement les vertus chrétiennes, qu'il faut encore les produire au-dehors par les œuvres.

Georgie. Par où finissent toutes ces cérémonies ?

Bénédicte. Par la récitation de l'Evangile de saint Jean, par la bénédiction du Prêtre, et par l'enregistrement du nom de l'enfant dans le livre de l'église.

Julie. Pourquoi cet Evangile et cette bénédiction, puisque cet enfant est si rempli de grâces ?

---

(1) Matth. 5. 16.   (2) Eph. 5. 8. 9.

Bénédicte. C'est pour demander à Dieu qu'il conserve toutes ces grâces, et pour attirer sur lui ce secours par la vertu des paroles du Verbe éternel, et par la bénédiction du Prêtre.

Georgie. Y a-t-il quelque instruction dans cet enrégistrement ?

Bénédicte. Cela marque que l'enfant est enrôlé dans la milice de Jésus-Christ pour combattre sous ses étendards ; cela marque aussi que son nom est écrit au ciel, au livre de vie, s'il garde fidellement la grâce de son Baptême.

Julie. Pourquoi l'Eglise a-t-elle voulu qu'on tînt registre de notre Baptême ?

Bénédicte. C'est afin que nous n'oubliions jamais ce jour de grâce et de bénédiction, et que nous nous en souvenions éternellement ; c'est aussi afin de nous faciliter le moyen d'en faire tous les ans une mémoire solennelle, en reconnaissance d'un si grand bienfait.

Georgie. C'est avec bien de la raison que nous désirions de savoir le sens de toutes ces cérémonies ; car, sans ces explications, nous les voyions, mais sans intelligence.

Bénédicte. Que tout ce que nous avons dit vous inspire un grand respect, non-seulement pour celles que vous comprendrez, mais encore pour celles que vous ne comprendrez pas ; car il n'y a rien dans l'Eglise qui ne soit grand, et qui ne soit digne d'une grande vénération.

Julie. Je le comprends à présent ; j'aurai désormais dans l'esprit que les plus petites choses qui s'y pratiquent couvrent de grands mystères, et je me porterai à les respecter toutes.

Bénédicte. Quiconque est animé de l'esprit du christianisme pense de la sorte, et ne néglige rien de toutes les pratiques de l'Eglise, et même il s'en fait honneur.

Georgie. Voilà quelle sera désormais la règle de notre conduite.

Bénédicte. Si vous le faites, vous vous attirerez la considération de tous les gens de bien, et, ce qui est bien plus, la bénédiction de Dieu en cette vie et en l'autre.

SUR LE RESPECT DANS LES ÉGLISES.

MODESTE.

Avant que de vous quitter, nous souhaiterions bien vous entendre sur un sujet qui nous paraît bien important.

Lumineuse. Vous savez que vous n'avez qu'à parler pour être satisfaite.

Néomise. C'est sur le respect dans les églises.

Lumineuse. Ce sujet est d'autant plus important, que c'est un devoir bien mal observé.

Modeste. Nous le voyons comme vous, et nous ne cessons d'en gémir.

Lumineuse. Qui ne gémirait en voyant les profanations qui s'y commettent tous les jours ?

Néomise. Hélas! on n'y voit de toutes parts qu'immodestie et qu'irrévérence.

Lumineuse. C'est la vérité, qu'on ne discerne presque plus les lieux saints des lieux profanes.

Modeste. C'est, je pense, ce qui attire sur nous tant de châtimens.

Lumineuse. N'en doutez pas ; car ces profanations irritent Dieu justement, et l'engagent à nous en punir sévèrement.

Néomise. Prévenez-nous, s'il vous plaît, contre ce mal.

Lumineuse. Il n'est besoin, pour le faire, que de réveiller notre foi endormie.

Modeste. Réveillez-la, de grâce.

Lumineuse. Considérez d'abord que chaque église est un ciel sur la terre.

Néomise. Ceci nous donne déjà une grande idée de nos églises.

Lumineuse. C'est une vérité certaine que Dieu y fait sa demeure comme dans le ciel, et qu'il y réside jour et nuit.

Modeste. Il n'est personne parmi les chrétiens qui doute de cette vérité.

Lumineuse. Pourquoi donc, ne doutant point de cette vérité, s'y comportent-ils comme s'ils en doutaient ?

Néomise. C'est leur peu de foi qui en est la cause.

Lumineuse. J'ai donc raison de dire que pour retrancher tant de profanations qui s'y commettent, il ne faut que réveiller notre foi endormie.

Modeste. Apprenez-nous-en les moyens.

Lumineuse. Ah ! si chaque église est un ciel où Dieu réside comme dans sa maison, avec quel saint tremblement devons-nous y entrer, et avec quelle sainte frayeur devons-nous y paraître !

Néomise. Mais cette maison n'est point environnée de gardes, comme le sont les palais de nos Rois.

Lumineuse. Parler ainsi, c'est montrer que vous n'y voyez que ce qui est sensible et qui frappe les yeux du corps; car si vous aviez les yeux du cœur bien éclairés, vous y verriez les Anges faire ce que les gardes font dans les palais des Rois.

Modeste. Ceci nous paraît nouveau.

Lumineuse. Ne doutez pas un moment que le Seigneur des Seigneurs n'ait toujours autour de sa personne une cour très-nombreuse, composée des Esprits célestes, qui sont ses favoris.

Néomise. Il y a donc des Anges autour du trône de ce Dieu de majesté, d'autres répandus dans l'église pour observer tout ce qui s'y passe, et d'autres pour en garder les portes ?

Lumineuse. Pourquoi en douterions-nous ?

Modeste. Avez-vous quelque preuve de ce que vous avancez-là ?

Lumineuse. Saint Chrisostome (1) nous dit que l'église est la retraite des Anges et des Archanges, le

―――――
(1) Hom. 36. in I. ad Cor.

palais de Dieu, et le ciel même. Imaginez-vous, dit-il (1), lorsque vous voyez que l'on tire les rideaux de l'autel, que vous voyez le ciel qui s'ouvre, et les Anges qui descendent sur la terre.

Néomise. Ce Saint ne dit-il que cela ?

Lumineuse. Il ajoute (2) qu'il voyait presque à toute heure l'église remplie d'une grande multitude d'Anges, principalement lorsqu'on offrait le saint sacrifice. Aussitôt, dit-il, que le Prêtre commence d'offrir le saint sacrifice, un grand nombre d'Esprits bienheureux, descendant du ciel, revêtus de robes éclatantes, baissant les yeux et se courbant, environnent l'autel avec un grand silence et avec un profond respect, jusqu'à la fin du vénérable mystère ; puis se répandant çà et là par toute l'église, ils accompagnent les Evêques, les Prêtres et les Diacres lorsqu'ils distribuent aux fidelles le saint corps et le précieux sang, et les assistent avec beaucoup de soin et d'attention dans ce ministère. Quantité de Saints nous fournissent de pareils exemples.

Modeste. Nous avouons ingénûment que nous n'avons point encore pensé à tout ce merveilleux.

Lumineuse. Pensez-y désormais, et vous n'aurez plus de peine à vous tenir dans l'église dans la plus exacte modestie.

Néomise. Si cela était, nos Anges empêcheraient d'entrer dans nos églises ceux qui en sont indignes, comme font les gardes qui sont à l'entrée des palais des Rois.

Lumineuse. Ils n'empêchent personne, parce que tout le monde y est bien venu à demander des grâces à ce Roi, dont les richesses étant immenses, ne peuvent jamais être épuisées, ni même diminuées.

Modeste. Mais les indignes en devraient être éloignés, et anciennement ils l'étaient.

Lumineuse. Je vous l'accorde. Mais aujourd'hui plus l'on est misérable, mieux l'on est reçu, pourvu

---

(1) Hom. 3. in Ep. ad Eph.
(2) Ep. S. Nili ad Anast., t. 5, p. 2, Bibl. Patr.

que l'on reconnaisse sincèrement sa misère, et que l'on veuille sincèrement la quitter.

Néomise. Mais si l'on n'a pas ces dispositions, convenez donc qu'on est indigne d'y entrer.

Lumineuse. J'en conviens avec vous ; et si l'on y entre visiblement, invisiblement l'on en est rejeté.

Modeste. Nous avons toujours ce que nous demandons.

Lumineuse. Je ne vous le dispute pas en cette façon.

Néomise. Mais cette influence de personnes que nous voyons dans nos églises ne fatigue-t-elle pas ce grand Roi ?

Lumineuse. Non ; il en fait ses délices, et il n'est affligé que quand il ne voit personne à qui communiquer ses faveurs. D'ailleurs, il sait écouter et répondre à des milliers de personnes à la fois ; ce que ne peuvent faire les Puissances de la terre, dont les richesses ni l'attention ne sont pas infinies.

Modeste. Nous comprenons cela facilement.

Lumineuse. Ne vous contentez pas de le comprendre, ne cessez de l'admirer.

Néomise. Mais un aussi grand Roi devrait, ce me semble, avoir des palais plus riches et plus magnifiques.

Lumineuse. Si nous voulions lui élever des temples proportionnés à sa grandeur, toute la terre avec ses richesses n'y pourraient suffire ; mais comme il est toujours amateur de la pauvreté, il se contente du peu que nous pouvons lui donner.

Modeste. Tout cela nous charme et nous enlève.

Lumineuse. Dans les siècles qui ont précédé Jésus-Christ, lorsque les hommes avaient besoin, encore plus qu'aujourd'hui, d'être frappés par quelque chose de sensible, Dieu avait commandé de lui élever un temple, qui était une des merveilles du monde.

Néomise. Faites-nous-en la peinture, s'il vous plaît ?

Lumineuse. Il était bâti de pierres magnifiques,

revêtu en dedans de bois de cèdre, avec des lames d'or qui brillaient de toutes parts.

Modeste. Si nous avions encore des temples de cette richesse et de cette magnificence, il semble que cela imprimerait plus de respect.

Lumineuse. Il est vrai, aux yeux de la chair; mais aux yeux de l'esprit éclairé de la foi, la majesté seule de Jésus-Christ suffit pour imprimer ce respect.

Néomise. Marquez-nous en détail le respect que vous nous demandez, et qui est nécessaire pour honorer Jésus-Christ dans nos églises.

Lumineuse. Puisque chaque église est un ciel sur la terre, il faut nous y comporter comme les Anges et les Saints se comportent dans le ciel.

Modeste. Mais nous ne sommes ni Anges ni Saints.

Lumineuse. Je ne demande pas non plus que vous atteigniez à leur perfection : il suffira que vous en approchiez le plus qu'il vous sera possible.

Néomise. Que font les Anges et les Saints dans le ciel ?

Lumineuse. Je veux bien satisfaire à votre demande, pourvu que vous me laissiez respirer un moment.

Modeste. Très-volontiers. Ce que vous demandez est trop juste.

SUITE DE LA CONVERSATION
SUR LE RESPECT DANS LES ÉGLISES.

MODESTE.

Après vous être un peu reposée, voulez-vous bien que nous reprenions notre conversation ?

Lumineuse. Parlez, je suis prête à vous répondre.

Néomise. Vous nous avez proposé les Anges et les Saints du ciel pour modèles de la conduite que nous devons tenir dans nos églises ; apprenez-nous, s'il vous plaît, ce qu'ils y font.

Lumineuse. Ils y honorent Dieu par leur pureté, par leurs adorations, par leurs actions de grâces et par leurs louanges.

Modeste. En quatre mots vous dites tout.

Lumineuse. C'est afin que vous le reteniez mieux.

Néomise. Voilà apparemment ce que vous souhaitez que nous fassions dans nos églises ?

Lumineuse. Oui, autant que vous en serez capables.

Modeste. Il faut donc être pur pour entrer dans les églises ?

Lumineuse. Oui, ou réellement, ou en désir.

Néomise. Expliquez-nous, s'il vous plaît, ce que vous entendez par réellement, ou en désir.

Lumineuse. J'entends que vous n'ayez aucun de ces péchés qui nous rendent ennemis de Dieu, ou que vous en ayez une vraie douleur, et une ferme résolution de vous en séparer.

Modeste. Vous nous proposez-là un grand ouvrage.

Lumineuse. Il ne faut pourtant pas moins de pureté pour être digne d'entrer dans nos églises, et pour mériter d'être exaucé de notre Dieu.

Néomise. Mais le Publicain, qui était plein de péchés, ne laissa pas d'entrer dans le temple.

Lumineuse. Entrez-y comme lui, je vous le permets. Il resta à la porte, se trouvant indigne d'avancer plus loin ; il ne levait pas les yeux vers le ciel, sachant qu'il se l'était fermé par ses péchés ; il frappait sa poitrine en signe de contrition, et pour marquer le désir sincère qu'il avait de la pureté.

Modeste. Sans cette disposition, on ne peut donc entrer dans nos églises, ni assister au saint sacrifice ?

Lumineuse. Je vous l'ai dit, et je vous le répète : on est rejeté de Dieu invisiblement.

Néomise. Mais c'est par les grâces du saint sacrifice que l'on obtient celle de la conversion ?

Lumineuse. Vous avez raison, quand on y assiste dans les dispositions du Publicain.

Modeste. Qui y assiste autrement, n'obtient donc pas la grâce de la conversion ?

Lumineuse. Non : car il y assiste comme ceux qui répandaient le sang de Jésus-Christ sur le Calvaire, ou du moins comme ceux qui consentaient à l'effusion de ce sang, et non pas pour s'en appliquer le mérite.

Néomise. Ce que vous nous dites nous fait trembler.

Lumineuse. Vous faites bien de trembler, mais n'en restez pas là.

Modeste. Que demandez-vous de plus ?

Lumineuse. Je demande que vous travailliez sérieusement pour avoir la pureté nécessaire.

Néomise. Nous comprenons bien ceci ; qu'entendez-vous par les adorations ?

Lumineuse. J'entends tout ce qui se fait dans les églises pour marquer que nous reconnaissons Dieu pour notre Souverain, et Jésus-Christ pour notre Dieu et notre Sauveur.

Modeste. Comment les Anges et les Saints marquent-ils leurs adorations dans le ciel ?

Lumineuse. En se prosternant devant Dieu, en se voilant devant sa majesté, et en mettant leur couronne à ses pieds.

Néomise. Voilà donc ce qu'il faut faire dans nos églises, pour les imiter ?

Lumineuse. Oui, il faut toujours y être prosterné au moins de cœur et d'esprit ; il faut se voiler devant sa grandeur ; il faut mettre à ses pieds tout ce qui nous distingue dans le monde, pour lui en faire hommage.

Modeste. Pourquoi faut-il y être toujours prosterné ?

Lumineuse. C'est pour marquer le sentiment que nous avons de notre néant et de notre bassesse aux yeux de sa majesté.

Néomise. Que dire donc et que penser de ces personnages qui à peine s'y mettent à genoux ?

Lumineuse. Qu'ils ont oublié leur néant et leur bassesse, et qu'ils viennent insulter aux humiliations de leur Sauveur et de leur Dieu.

Modeste. Pourquoi faut-il s'y voiler ?

Lumineuse. Pour marquer qu'on ne peut soutenir l'éclat de sa grandeur.

Néomise. C'est donc bien mal fait d'y paraître dans l'éclat des parures et dans la magnificence des habits, encore souvent immodestes?

Lumineuse. C'est oublier tout à la fois combien l'homme est petit, et combien Dieu est grand; c'est perdre de vue le néant d'où l'on est sorti, et la poussière dans laquelle on retournera; en un mot, c'est vouloir paraître quelque chose, tandis que l'on n'est rien.

Modeste. Pourquoi faut-il mettre à ses pieds toute marque de distinction?

Lumineuse. Pour marquer qu'il n'y a que Dieu seul de grand et de puissant.

Néomise. Pourquoi encore?

Lumineuse. Pour marquer que toute grandeur vient de lui, et ne subsiste que par lui.

Modeste. Ceux-là sont donc bien éloignés de ces sentimens, qui y disputent des rangs et des préséances, sans autre fondement que l'ambition?

Lumineuse. C'est effacer dans son cœur toute religion, et ne se conduire que par l'esprit mondain.

Néomise. Un peu de vraie humilité parerait toutes ces disputes, qui sont d'un très-mauvais exemple dans le lieu saint.

Lumineuse. Vous l'avez dit. Mais que cette vertu est rare, sur-tout parmi les gens du siècle!

Modeste. Nous sommes très-instruites de ce qui regarde les adorations, passons aux actions de grâces, et dites-nous de quoi les Anges et les Saints remercient Dieu dans le ciel.

Lumineuse. De leur bonheur, et de tout ce qui les y a conduits.

Néomise. Les Saints ne remercient donc pas Dieu seulement des biens qu'ils ont reçus en ce monde?

Lumineuse. Ils le remercient encore de toutes les croix dont Dieu les y a affligés; et les martyrs le remercient en particulier de tous les supplices qu'ils y ont endurés.

Modeste. Prétendez-vous que nous les imitions encore en ce point dans nos églises ?

Lumineuse. En le prétendant, je crois ne prétendre rien que de juste et de raisonnable.

Néomise. Pour les biens, nous en tombons d'accord ; mais pour les maux, cela nous fait hésiter. Est-ce que les maux peuvent être le sujet de nos actions de grâces ?

Lumineuse. Oui, car Dieu ne nous les envoie que dans le dessein qu'ils servent à nous conduire dans le ciel.

Modeste. Si les chrétiens se conduisaient de la sorte, ils seraient bien éloignés de se plaindre et de murmurer dans leurs peines.

Lumineuse. S'ils se conduisaient par les lumières de la foi, non-seulement ils ne se plaindraient pas, et ils ne murmureraient pas dans leurs peines, mais ils en rendraient de continuelles actions de grâces.

Néomise. On ne peut se refuser à l'évidence de vos paroles ; passons à la quatrième occupation des Anges et des Saints, qui sont les louanges, et dites-nous comment ils louent Dieu.

Lumineuse. Sans cesse et sans relâche ils disent : Saint, Saint, Saint est le Seigneur Dieu tout-puissant, qui était, qui est, et qui sera toujours.

Modeste. Ne donnent-ils des louanges qu'à Dieu ?

Lumineuse. Ils louent encore le Sauveur, en disant : L'Agneau qui a été égorgé est digne de recevoir puissance, divinité, sagesse, force, honneur, gloire et bénédiction.

Néomise. Ne se lassent-ils point dans ces louanges ?

Lumineuse. Quoiqu'ils n'aient jamais de repos, ils ne se lassent point, parce que le plaisir qu'ils y trouvent leur paraît toujours nouveau.

Modeste. Est-ce là ce qu'il faut faire encore dans nos églises, pour achever d'imiter les Anges et les Saints dans le ciel ?

Lumineuse. Oui, il faut s'y occuper des louanges du Créateur et du Rédempteur.

Néomise. Comment faut-il les louer?

Lumineuse. Avec joie, avec plaisir, et il faut tout quitter pour cet aimable devoir.

Modeste. Mais si des affaires nous en détournent?

Lumineuse. Aucune affaire ne doit entrer en comparaison avec celle-là.

Néomise. Mais si ces affaires sont indispensables, comme il arrive quelquefois?

Lumineuse. Il faut alors gémir d'être privé d'une si grande consolation, se trouver en esprit dans l'assemblée des fidèles, et réparer cette perte par des prières faites en particulier.

Modeste. Vous ne permettriez donc pas de lui préférer des parties de plaisir et de divertissement?

Lumineuse. Non, parce que vous ne devez trouver dans le monde aucun plaisir, ni aucun divertissement aussi agréable.

Néomise. Nous trouvons tout cela admirable: mais vous ne nous parlez point de prières.

Lumineuse. Être pur, adorer, remercier, louer, ne sont-ce pas d'excellentes prières?

Modeste. Nous voudrions encore des prières particulières.

Lumineuse. Je vous contenterai en vous parlant de la messe.

Néomise. Vous nous ferez plaisir, mais ne tardez pas, de grâce.

SUR LA MESSE.

ALFONSINE.

Vous vous êtes engagée de nous parler de la messe, et de nous marquer ce qu'il faut faire pour la bien entendre.

Chérubine. Il est vrai, et je ne l'ai pas oublié.

Dulcissime. C'est ce que nous attendons avec bien de l'empressement.

Chérubine. Il est juste de vous satisfaire.

Alfonsine. Vous ne sauriez le faire trop promptement.

Chérubine. Pour le faire, je n'ai qu'à vous représenter ce que c'est que la messe, ce qui y a rapport, et ce qui s'y fait.

Dulcissime. Voilà bien de quoi nous satisfaire.

Chérubine. Je vous dirai d'abord que le sacrifice de la messe et celui de la croix ne sont pas deux sacrifices, mais le même, puisque c'est la même hostie et le même Sacrificateur.

Alfonsine. Nous y voyons néanmoins bien de la différence.

Chérubine. Il est vrai : mais cette différence n'est que dans la manière ; Jésus-Christ s'étant offert lui-même sur la croix d'une manière sanglante, et s'offrant sur l'autel, par le ministère des Prêtres, d'une manière non sanglante.

Dulcissime. Nous comprenons cela : n'y a-t-il point d'autre différence ?

Dulcissime. En voici encore une. C'est que Jésus-Christ, en s'offrant une seule fois sur la croix, nous a mérité toutes les grâces de la sanctification ; et en s'offrant tous les jours sur l'autel, il nous en fait l'application.

Alfonsine. Ces grâces sont-elles appliquées également à tous ?

Chérubine. Non pas également à tous, mais suivant les dispositions de chacun.

Dulcissime. Il importe donc beaucoup d'y venir bien préparé ?

Chérubine. Oui, beaucoup.

Alfonsine. Quelles dispositions demandez-vous ?

Chérubine. Je demande principalement que l'on soit en état de grâce, ou dans un désir sincère d'y entrer, si on n'y est pas.

Dulcissime. Quand est-ce que l'on a ce désir sincère ?

Chérubine. C'est quand on a une véritable douleur de ses péchés, une sincère résolution de les quitter, et une volonté positive de s'en confesser au plutôt.

Alfonsine. Nous sommes encore en peine d'une chose : c'est de savoir si le sacrifice de la messe profite autant aux absens qu'aux présens.

Chérubine. Ne doutez pas qu'il ne profite davantage aux uns qu'aux autres, toutes choses égales de part et d'autre.

Dulcissime. Auxquels, s'il vous plaît ?

Chérubine. Aux présens.

Alfonsine. Si cela est, c'est donc une sainte pratique d'y assister tous les jours ?

Chérubine. Oui, une des plus saintes, et en même temps des plus avantageuses.

Dulcissime. Pourquoi, s'il vous plaît, des plus avantageuses ?

Chérubine. Parce qu'en y assistant comme il faut, on en retire toujours beaucoup de grâces.

Alfonsine. En vous entendant, nous prenons la résolution de n'y jamais manquer.

Chérubine. Cette résolution est bien édifiante ; mais quand vous ne le pourrez pas d'une présence corporelle, assistez-y du moins en esprit, afin de ne rien perdre des biens qu'il procure.

Dulcissime. Apprenez-nous ce qu'il faut faire pour en profiter.

Chérubine. En y allant, imaginez-vous être dans la troupe des filles de Jérusalem, qui suivaient Jésus-Christ allant au Calvaire chargé de sa croix, et mêlez vos larmes avec les leurs.

Alfonsine. Est-ce sur Jésus-Christ qu'il faut pleurer ?

Chérubine. C'est principalement sur nous, puisque ce sont nos péchés qui ont été la cause de sa mort.

Dulcissime. Ces pensées sont bien propres à nous procurer du recueillement dans le chemin.

Chérubine. Sachez que toutes les distractions qui nous accompagnent souvent pendant le saint Sacrifice, ne viennent la plupart du temps que du peu de recueillement que nous avons en y allant.

Alfonsine. Nous sentons la vérité de ces paroles.

Chérubine. Si vous le sentez, profitez-en, de grâce ; et vous verrez que votre recueillement sera bien plus grand pendant la sainte messe.

Dulcissime. Que faut-il faire en entrant dans l'église ?

Chérubine. Il faut prendre de l'eau bénite avec un esprit de foi et de componction.

Alfonsine. Pourquoi avec un esprit de foi ?

Chérubine. Pour nous rappeler la vertu de cette eau dans le Baptême, et nous la faire regarder comme une eau sanctifiée par les prières de l'Église.

Dulcissime. Pourquoi avec un esprit de componction ?

Chérubine. Pour mériter, par l'usage saint de cette eau sanctifiée, la rémission de nos fautes journalières.

Alfonsine. Comment faut-il regarder l'église en y entrant ?

Chérubine. Il faut la regarder comme le palais de Dieu, où il réside jour et nuit, au milieu de ses Anges, et se laisser saisir de la sainte frayeur qu'inspire un lieu si saint, et une si grande majesté.

Dulcissime. Quelle est la première action qu'il faut y faire ?

Chérubine. C'est d'y adorer Dieu dans un saint tremblement.

Alfonsine. Qu'y faut-il faire ensuite ?

Chérubine. Il faut dresser son intention.

Dulcissime. Quelle intention doit-on avoir en entendant la sainte messe ?

Chérubine. C'est premièrement d'honorer Dieu par Jésus-Christ. Secondement, c'est d'obtenir la rémission de nos péchés. Troisièmement, c'est de lui demander toutes les grâces qui nous sont nécessaires. Quatrièmement, c'est de le remercier de toutes celles que nous avons reçues. Ce sont là les quatre fins du sacrifice, et celles que nous devons toujours nous proposer.

Alfonsine. Voilà de quoi nous occuper en attendant que la messe commence.

Chérubine. C'est le conseil que je vous donne, au lieu de vous ennuyer, comme il arrive quelquefois.

Dulcissime. Nous en profiterons désormais.

Chérubine. Vous pouvez encore penser au Verbe éternel, se revêtant de notre humanité dans le sein de Marie, tandis que le Prêtre se revêt de ses ornemens dans la sacristie, et considérer son amour excessif pour les hommes, qui l'a réduit à un si grand abaissement.

Alfonsine. Avec ces réflexions nous ne nous ennuierons plus, lorsque nous serons obligées d'attendre.

Chérubine. Je suis bien aise de trouver le moyen de vous y aider.

Dulcissime. Venons, s'il vous plaît, à ce qui a rapport à la messe.

Chérubine. Je le veux bien ; mais donnez-moi le temps d'y penser un peu, et cependant réfléchissez sur ce que je viens de vous dire.

Alfonsine. Nous l'allons faire.

SUITE DE LA CONVERSATION SUR LA MESSE.

ALFONSINE.

Nous vous avons donné le temps que vous avez demandé.

Chérubine. J'en avais besoin. Parlez maintenant, je suis prête à vous écouter et à vous répondre.

Dulcissime. Nous serions satisfaites de savoir les raisons de tout ce qui a rapport à la messe.

Chérubine. Proposez vous-mêmes, et je vous dirai ce que j'en sais.

Alfonsine. Nous voudrions savoir d'abord pourquoi on allume des cierges à la messe, et même en d'autres occasions.

Chérubine. Quand il fait clair, ce n'est pas par besoin, mais pour d'autres raisons.

Dulcissime. Ce sont justement ces raisons que nous voudrions savoir.

Chérubine. Il y en a plusieurs. C'est pour faire honneur à Jésus-Christ, et lui marquer notre respect; c'est pour témoigner notre joie; c'est pour faire entendre que Jésus-Christ est la vraie lumière, et que nous sommes nous-mêmes des enfans de lumière.

Alfonsine. Ces quatre raisons sont bien belles.

Chérubine. C'est de tout temps que, pour faire honneur aux personnes qualifiées, on a porté des lumières devant elles. C'est un usage reçu et pratiqué par-tout de faire des illuminations dans les temps de réjouissance. Les deux autres raisons sont des instructions muettes, mais parlantes.

Dulcissime. Est-ce pour les mêmes raisons que l'on porte des cierges à côté de la croix dans les processions, à côté de l'Evangile quand on le va chanter, et devant le Prêtre lorsqu'il va à l'autel, ou aux encensemens?

Chérubine. Oui, c'est pour faire honneur à la croix, à l'Evangile, et au Prêtre, qui représente Jésus-Christ. C'est aussi pour les trois autres raisons.

Alfonsine. Nous goûtons bien ces raisons, mais il nous reste une difficulté.

Chérubine. Peut-on la savoir?

Dulcissime. C'est au sujet des morts que l'on environne de lumière. Ce peut bien être pour leur faire honneur; mais ce ne peut être pour témoigner notre joie, puisque tout le monde est dans la tristesse.

Chérubine. C'est pour l'une et pour l'autre. Il est vrai que, selon les sentimens naturels, on est dans la tristesse; mais, selon les sentimens de la foi, on doit être dans la joie.

Alfonsine. Quoi! dans la joie, en voyant les morts en proie à la corruption et à la pourriture?

Chérubine. C'est cela qui nous afflige, joint à la perte sensible que nous en faisons; mais quand nous considérons que leurs ames sont délivrées des misères et des périls de cette vie, nous devons être dans la joie.

Dulcissime. Ce que vous dites est trop clair pour n'y pas souscrire : mais la quatrième raison a-t-elle lieu à l'égard des morts ?

Chérubine. Oui, puisque ce sont des enfans de lumière, et que ces cierges allumés autour d'eux sont un symbole de la véritable lumière qui environne leurs ames.

Alfonsine. Ces réponses sont très-satisfaisantes. Est-ce pour les mêmes raisons que l'on tient toujours une lampe allumée devant le saint Sacrement ?

Chérubine. Oui, pour les mêmes raisons ; c'est aussi en imitation de la lampe qui devait toujours brûler devant le sanctuaire de l'ancien Testament.

Dulcissime. Dites-nous présentement pourquoi on brûle de l'encens dans les églises, sur-tout au saint sacrifice de la messe.

Chérubine. C'est encore en imitation de l'encens que l'on brûlait dans l'ancien temple, où il y avait un autel uniquement destiné à cela, que l'on appelait l'autel des parfums.

Alfonsine. Que signifie cet encens ?

Chérubine. Trois choses : la bonne odeur des vertus, l'ardeur et l'élévation de nos prières, l'obligation de nous consumer pour Dieu.

Dulcissime. Où trouvez-vous ces trois choses ?

Chérubine. Dans la bonne odeur de l'encens, dans la fumée qui s'élève en haut, et dans l'usage de l'encens qui se consume en brûlant.

Alfonsine. Où voyons-nous ces trois choses d'abord ?

Chérubine. En Notre-Seigneur Jésus-Christ, dont les vertus ont répandu une odeur capable d'embaumer tous les cœurs, dont les prières, par leur ferveur, s'élevaient sans cesse jusqu'au trône de Dieu, et dont la vie était un holocauste perpétuel, aussi-bien que sa mort sur la croix, le feu de sa charité l'ayant toujours consumé et pendant sa vie et à sa mort.

Dulcissime. En qui voyons-nous ensuite ces trois choses ?

Chérubine. Dans la sainte Vierge, dans les Apôtres, dans les Martyrs, et généralement dans tous les Saints, par la bonne odeur de leurs vertus, par la ferveur de leurs prières, et par le feu de leur charité qui les a tous consumés.

Alfonsine. Où doit-on encore trouver ces trois choses ?

Chérubine. Dans tous les chrétiens, dont la vie doit exhaler par-tout une odeur de sainteté, dont les prières doivent sans cesse s'élever vers le ciel, et que le feu de la charité doit continuellement consumer pour Dieu.

Dulcissime. Pourquoi offre-t-on de l'encens à Dieu ?

Chérubine. C'est en reconnaissance de sa souveraine majesté. C'est pour cette même raison qu'on en offre à Jésus-Christ lorsqu'on encense la croix.

Alfonsine. Pourquoi encense-t-on les dons qui sont sur l'autel ?

Chérubine. C'est pour demander à Dieu qu'il les reçoive comme un encens d'une agréable odeur.

Dulcissime. Mais on encense encore les images de la sainte Vierge et des Saints, leurs reliques, les fidèles vivans, et même les morts : pourquoi ?

Chérubine. C'est pour nous faire souvenir que les Saints ont rempli pendant leur vie les trois significations de l'encens, et pour nous avertir d'être soigneux à les remplir. A l'égard des morts, c'est parce que nous croyons pieusement qu'ils les ont remplies.

Alfonsine. Y a-t-il aussi des instructions dans les ornemens dont les Prêtres se servent à l'autel ?

Chérubine. N'en doutez pas.

Dulcissime. Nous voudrions bien les savoir.

Chérubine. Il y en a jusque dans les couleurs de ces ornemens.

Alfonsine. En effet, pourquoi ces différentes couleurs ? une seule serait bien plus commode.

Chérubine. C'est pour marquer les différentes vertus

vertus qui ont éclaté dans les mystères que l'on célèbre, ou dans les Saints que l'on honore.

Dulcissime. Marquez-nous-les, s'il vous plaît.

Chérubine. Le blanc marque l'innocence et la pureté; le rouge, la charité; le violet, la modestie et la pénitence; le vert, la fermeté; le noir, le deuil et la tristesse.

Alfonsine. Chaque ornement a-t-il aussi sa signification particulière ?

Chérubine. Oui; l'amict que l'on met sur la tête signifie la retenue dans les paroles et dans les regards; l'aube, la pureté et l'innocence; la ceinture, la chasteté; le manipule, la patience; l'étole, la douceur et la légéreté du joug de Jésus-Christ; la chasuble, l'assemblage de toutes les vertus.

Dulcissime. Pourquoi y a-t-il une croix sur la chasuble ?

Chérubine. C'est pour mieux représenter Jésus-Christ portant sa croix.

Alfonsine. J'ai encore quelque chose à vous demander sur l'eau bénite et les processions; mais ce sera pour la première entrevue.

Chérubine. Choisissez votre temps, le mien sera toujours prêt.

SUITE DE LA CONVERSATION
SUR LA MESSE.

ALFONSINE.

Y A-T-IL aussi quelque mystère dans la bénédiction de l'eau qui se fait avant la messe les dimanches ?

Chérubine. Oui, tout en est plein.

Dulcissime. Faites-nous les connaître.

Chérubine. Non-seulement le Prêtre bénit l'eau, mais encore il en asperse les fidelles.

Alfonsine. Pourquoi cela, s'il vous plaît ?

M

Chérubine. C'est pour les avertir qu'il faut être pur pour assister dignement au saint sacrifice.

Dulcissime. Quelle est la vertu de l'eau bénite ?

Chérubine. C'est d'éloigner le démon ; c'est de servir à la guérison des malades ; c'est d'attirer sur nous les secours de Dieu.

Alfonsine. C'est donc une bonne pratique d'en avoir toujours chez soi, d'en prendre le matin et le soir, et lorsqu'on se trouve exposé à quelque tentation, ou à quelque danger, comme dans les temps d'orage ?

Chérubine. Oui, très-bonne ; et l'on en reçoit toujours du secours, lorsqu'on l'emploie avec piété et religion.

Dulcissime. J'ai ouï dire qu'elle avait la vertu d'effacer les péchés véniels.

Chérubine. Je vous l'ai dit en vous recommandant d'en prendre en entrant dans l'église.

Alfonsine. Nous comprenons à présent pourquoi on use de l'eau bénite ; mais pourquoi en jette-t-on sur les morts ?

Chérubine. C'est pour rappeler le souvenir de l'eau du Baptême, dans laquelle ils ont été sanctifiés; c'est pour marquer que nous leur souhaitons encore la même pureté et la même innocence; c'est pour éloigner d'eux le démon, afin qu'il ne trouble point leur repos; c'est pour adoucir les peines qu'ils pourraient endurer pour leurs péchés.

Dulcissime. J'entends bien les trois premières raisons; mais pour la quatrième j'y trouve de la difficulté.

Chérubine. Si l'eau bénite, prise dans un esprit de componction, a la vertu d'effacer les péchés véniels, combien plus effacera-t-elle les peines dues à ces péchés, si, en jetant de l'eau bénite sur ces morts, nous avons soin de demander pardon pour eux !

Alfonsine. Il ne faut donc pas se contenter de jeter de l'eau bénite sur les morts ?

Chérubine. Non, il faut encore s'humilier devant Dieu pour eux, et demander qu'il leur fasse miséricorde.

Dulcissime. Venons aux processions ; je n'en vois pas bien l'utilité. Ne serait-il pas mieux de se tenir dans le recueillement, comme font certaines personnes?

Chérubine. Non, il vaut mieux suivre l'Eglise dans ses pratiques, que son goût particulier.

Alfonsine. Fais-nous-en donc voir l'utilité.

Chérubine. L'origine de ces processions avant la messe vient des stations qui étaient en usage dans les premiers siècles de l'Eglise.

Dulcissime. Expliquez-nous ce que vous entendez par stations.

Chérubine. Comme il y avait plusieurs églises dans une même ville, et que l'Evêque y allait dire la messe tour à tour avec son clergé et le peuple, on appelait cela station.

Alfonsine. Mais station et procession sont choses différentes?

Chérubine. Vous avez raison ; mais il n'y a point de station sans procession, puisque la procession n'est autre chose que la marche du clergé et du peuple, pour se rendre au lieu de la station.

Dulcissime. On ne peut mieux expliquer ce que c'est que la procession ; mais on n'en voit plus le besoin, puisque c'est toujours dans la même église que l'on dit la messe.

Chérubine. Quand les processions ne serviraient qu'à nous faire souvenir de cette antiquité, on ne pourrait pas dire qu'elles fussent inutiles; mais il y a encore d'autres raisons.

Alfonsine. Dites-nous-les, de grâce.

Chérubine. C'est pour imiter les saintes femmes qui vinrent de Galilée à Jérusalem pour embaumer le corps de Notre-Seigneur ; c'est pour honorer Jésus-Christ, qui alla après sa résurrection de Jérusalem en Galilée; c'est pour faire aspersion de l'eau bénite dans les lieux voisins de l'église; c'est pour nous faire souvenir que nous sommes des voyageurs sur la terre, toujours en mouvement jusqu'à ce que nous soyons rentrés dans le ciel, qui est notre patrie.

Dulcissime. On peut donc regarder l'église d'où l'on sort et où l'on rentre, comme l'image du ciel, d'où nous avons été chassés par le péché, et où nous espérons rentrer par la pénitence, après le pélerinage de cette vie.

Chérubine. Oui, et c'est une pensée dont on peut s'occuper utilement pendant les processions.

Alfonsine. Pourquoi y porte-t-on la croix en triomphe ?

Chérubine. C'est pour marquer que nous marchons à la suite de Jésus-Christ notre chef, sous l'étendard de la croix.

Dulcissime. Est-ce pour la même raison qu'on y porte la bannière ?

Chérubine. C'est pour marquer que pour suivre Jésus-Christ il faut marcher sur les traces des Saints, dont les exemples sont plus à notre portée. C'est aussi pour marquer que nous marchons avec confiance sous leur protection.

Alfonsine. Pourquoi porte-t-on deux lumières à côté de la croix ?

Chérubine. C'est pour les raisons que nous avons dites.

Dulcissime. Pourquoi porte-t-on des chapes certains jours ?

Chérubine. Ces chapes ont été établies d'abord pour se garantir de la pluie, et c'est pour cette raison qu'on les nomme pluviaux. Ensuite on les a converties en ornemens.

Alfonsine. Comment faut-il aller à ces processions ?

Chérubine. Avec ordre, modestie, piété et silence. Si on n'y chante pas, il faut y prier.

Dulcissime. Les autres processions ont-elles le même but que celles des dimanches ?

Chérubine. Non, elles ont chacune leur raison particulière. Les unes se font en actions de grâces ; les autres en esprit de pénitence ; les autres pour honorer quelque mystère de Jésus-Christ ; les autres enfin pour honorer la sainte Vierge ou les Saints.

Il faut dans chacune entrer dans l'esprit et dans l'intention de l'Eglise.

Alfonsine. Nous vous laissons un moment pour respirer. Nous allons de notre côté méditer tout ce que nous venons d'entendre.

SUITE DE LA CONVERSATION
SUR LA MESSE.

ALFONSINE.

Continuons, si vous l'avez pour agréable.

Chérubine. J'y suis toute disposée.

Dulcissime. Parcourons, s'il vous plaît, tout ce qui se fait à la messe, et donnez-nous en l'explication.

Chérubine. Très volontiers.

Alfonsine. Que représente le Prêtre debout au milieu de l'autel, avant que de commencer la messe ?

Chérubine. Il représente Jésus-Christ méditant son grand sacrifice.

Dulcissime. Que représente le Prêtre descendant de l'autel ?

Chérubine. Il représente Jésus-Christ allant au jardin des olives.

Alfonsine. Que représente le Prêtre au bas de l'autel, priant, s'humiliant, frappant sa poitrine ?

Chérubine. Il représente Jésus-Christ priant et s'humiliant au jardin des olives, à la vue du calice qui lui était présenté.

Dulcissime. Que représente le Prêtre remontant à l'autel ?

Chérubine. Il représente Jésus-Christ se relevant de sa prière, et allant avec courage au-devant de ses ennemis, et de la mort même.

Alfonsine. Pourquoi le Prêtre a-t-il les mains jointes pendant tout ce temps, et en plusieurs autres endroits de la messe ?

Chérubine. C'est pour témoigner qu'il se regarde comme un criminel devant son juge.

Dulcissime. Que faut-il faire pendant que le Prêtre récite le *Confiteor* ?

Chérubine. Il faut le réciter avec un grand sentiment de ses péchés.

Alfonsine. Pourquoi frappe-t-on sa poitrine trois fois en le récitant ?

Chérubine. C'est pour marquer que le péché prenant sa naissance dans notre cœur, nous voudrions, s'il était possible, le briser et le réduire en poussière, pour faire place à un autre qui ne fût plus sujet au péché.

Dulcissime. Que dit le Prêtre en montant à l'autel ?

Chérubine. Ôtez-nous, Seigneur, nos iniquités, nous vous en supplions, afin que nous méritions d'entrer dans votre cœur avec un esprit pur.

Alfonsine. Pourquoi le Prêtre baise-t-il l'autel aussitôt qu'il y est monté ?

Chérubine. C'est par respect et par amour pour le lieu où Jésus-Christ va être immolé ; c'est pour implorer le secours des Saints, dont les reliques reposent sous cet autel, et s'unir de cœur et d'esprit à leurs mérites ; c'est aussi en signe de réconciliation avec Jésus-Christ, dont l'autel est l'image.

Dulcissime. Quelle prière fait-il en même temps ?

Chérubine. Celle-ci : Nous vous prions, Seigneur, par les mérites de vos Saints dont les reliques sont ici, et par les mérites de tous les Saints, de vouloir me pardonner tous mes péchés.

Alfonsine. Pourquoi le Prêtre répand-il ensuite de l'encens tout autour de l'autel, après avoir encensé le crucifix ?

Chérubine. C'est pour les raisons que nous avons dites en parlant de l'encens.

Dulcissime. Qu'est-ce que l'Introït ?

Chérubine. C'est le commencement de la messe. Le prêtre fait le signe de la croix pour le bien commencer, à l'imitation des premiers chrétiens, qui le faisaient au commencement de toutes leurs actions. Cet Introït est composé d'une antienne, d'un verset tiré d'un pseaume, et du *Gloria Patri*. Anciennement ce pseaume se disait ou se chantait tout entier.

Alfonsine. D'où vient ce nom d'Introït ?

Chérubine. De ce qu'anciennement ces paroles se chantaient pendant que le peuple entrait et s'arrangeait ; et aujourd'hui c'est parce que le Prêtre entre à l'autel pendant qu'on les chante.

Dulcissime. Dites-nous, s'il vous plaît, ce que c'est que le *Kyrie*, que l'on répète jusqu'à neuf fois.

Chérubine. Le *Kyrie* est composé de deux mots grecs, qui veulent dire : *Seigneur*, ou *Christ, ayez pitié de nous*. On l'adresse trois fois au Père, trois fois au Fils, et trois fois au Saint-Esprit. On le répète beaucoup de fois, pour marquer le grand besoin que nous avons de la miséricorde de Dieu, et on élève fortement la voix pour marquer le vif sentiment que nous avons de nos misères.

Alfonsine. Qu'est-ce que le *Gloria in excelsis* ?

Chérubine. C'est une hymne que l'on appelle l'hymne des Anges, parce qu'elle commence par les paroles dont les Anges se servirent en annonçant aux pasteurs la naissance de Jésus-Christ.

Dulcissime. Qui a composé le reste ?

Chérubine. C'est l'Eglise.

Alfonsine. Quel nom lui donne-t-on encore ?

Chérubine. On l'appelle l'hymne de la glorification.

Dulcissime. Pourquoi, s'il vous plaît ?

Chérubine. Parce qu'elle ne parle que de louer Dieu, de le bénir, de l'adorer, de le glorifier, et de lui rendre grâces, à cause de sa grande gloire, dont ensuite elle fait le détail.

Alfonsine. Que faut-il faire pendant le *Gloria in excelsis* ?

Chérubine. Il faut s'unir aux Anges pour glorifier Dieu sur la terre, comme ces Esprits saints le glorifient dans le ciel.

Dulcissime. Comment appelle-t-on l'oraison qui suit le *Gloria in excelsis ?*

Chérubine. On l'appelle Collecte.

Alfonsine. Pourquoi, s'il vous plaît ?

Chérubine. Parce que le Prêtre y rassemble, pour ainsi dire, tous les vœux des assistans.

Dulcissime. Que fait le Prêtre avant que de dire cette oraison ?

Chérubine. Il baise l'autel, se tourne vers les assistans, étend les bras, et dit en latin ces paroles, *Que le Seigneur soit avec vous*, en s'inclinant un peu.

Alfonsine. Expliquez-nous toutes ces cérémonies, s'il vous plaît.

Chérubine. Le Prêtre baise l'autel pour montrer que c'est de Jésus-Christ qu'il reçoit tout ce qu'il peut désirer et donner aux fidelles ; il se tourne vers les assistans, et s'incline pour les saluer : il étend les bras pour marquer qu'aucun n'est exclus de sa charité ; il leur dit, *Que le Seigneur soit avec vous,* pour les avertir qu'il va prier en leur nom, et pour leur marquer que nous ne pouvons prier utilement, si Jésus-Christ n'est avec nous, et n'anime nos prières par son esprit.

Dulcissime. Que répondent les assistans au Prêtre ?

Chérubine. Ils répondent aussi en latin : *Que le Seigneur soit aussi avec votre esprit.* C'est un souhait réciproque des assistans, par lequel ils témoignent désirer pareillement que l'esprit de Jésus-Christ anime la prière que le Prêtre va faire au nom de toute l'assemblée.

Alfonsine. Pourquoi le Prêtre a-t-il les mains élevées pendant cette oraison, et à toutes celles qu'il dit à la messe ?

Chérubine. C'est pour marquer qu'il voudrait déjà tenir et posséder ce qu'il demande à Dieu. Anciennement on élevait même les bras, comme pour embrasser : c'est aussi pour imiter la manière dont Jésus-Christ a prié en croix.

Dulcissime. Que répondent les fidelles à la fin de cette oraison et des autres ?

Chérubine. Amen, qui est un mot hébreu, qui veut dire, *cela est vrai,* ou *que cela soit ainsi,* ou *j'y consens ;* et par cet *Amen* les fidelles ratifient ce que le Prêtre a demandé en leur nom.

Alfonsine. Que faut-il faire pendant cette oraison et à toutes les autres ?

Chérubine. Il faut être très-attentif à Dieu, et lui demander intérieurement tout ce que le Prêtre demande pour toute l'assemblée.

Dulcissime. Qu'est-ce que l'Epître ?

Chérubine. C'est une lecture qui porte ce nom, parce qu'elle est ordinairement tirée des Epîtres de saint Paul, ou des autres Apôtres.

Alfonsine. Que faut-il faire pendant l'Epître ?

Chérubine. Il faut la lire, et se nourrir entièrement des vérités qui y sont renfermées.

Dulcissime. Si on ne peut la lire ?

Chérubine. Il faut s'exciter à l'amour de ces vérités.

Alfonsine. Comment appelle-t-on ce qui suit l'Epître ?

Chérubine. On l'appelle Graduel.

Dulcissime. Dites-nous ce que c'est.

Chérubine. Ce sont des prières tirées de l'Ecriture.

Alfonsine. Pourquoi appelle-t-on cela Graduel ?

Chérubine. Parce que cela se chantait autrefois sur les degrés du pupitre.

Dulcissime. Pourquoi ces prières entre l'Epître et l'Evangile ?

Chérubine. C'est pour mettre un intervalle entre ces deux lectures. C'est pour donner au peuple le temps de méditer la première lecture. C'est aussi pour donner au Diacre le temps de se préparer pour l'Evangile.

Alfonsine. Qu'est-ce que l'*Alleluia* que l'on chante ordinairement au Graduel ?

Chérubine. C'est un mot hébreu, qui veut dire *Louez Dieu,* et par conséquent une invitation que le Prêtre fait à toute l'assemblée de se répandre en louanges à la vue de Dieu, et de ses grandes miséricordes.

Dulcissime. De quoi est suivi l'*Alleluia* des grandes fêtes ?

Chérubine. D'une Prose, qui est une hymne à la louange du mystère ou du Saint dont on fait la fête ; et en la lisant on y trouve les caractères particuliers du mystère que l'on célèbre, ou du Saint que l'on honore.

Alfonsine. Quand il n'y a point d'*Alleluia*, que chante-t-on à la place ?

Chérubine. On chante le Trait, appelé ainsi, ou parce qu'il se chante tout de suite par un seul, ou peut-être parce qu'il se chante en traînant la voix.

Dulcissime. Pourquoi avant l'Evangile change-t-on de côté le livre qui est sur l'autel ?

Chérubine. C'est pour marquer que les Juifs ayant refusé de croire l'Evangile, il a été porté ailleurs.

Alfonsine. Quel avertissement est-ce pour les fidelles ?

Chérubine. De prendre garde d'être rebelles à l'Evangile, de peur qu'il ne leur arrive le même châtiment.

Dulcissime. Mais par la grâce de Dieu, l'Evangile est annoncé tous les jours parmi nous.

Chérubine. Ce n'est pas assez qu'il soit annoncé, il faut le goûter, l'aimer, le pratiquer ; car autrement, c'est comme s'il nous était déjà enlevé.

Alfonsine. Il y a donc bien des chrétiens à qui il est déjà enlevé ?

Chérubine. Il n'y en a que trop malheureusement ; car combien en est-il qui n'ont ni goût ni amour pour l'Evangile, et par conséquent point de pratique ?

Dulcissime. Cela fait trembler.

Chérubine. Tremblez, mais n'en demeurez pas là ; montrez par toute votre conduite que vous goûtez, que vous aimez, que vous pratiquez l'Evangile.

Alfonsine. Que fait le Diacre pour se préparer à chanter l'Evangile ?

Chérubine. Il se met à genoux et prie; il prend le livre avec bien du respect sur l'autel, il s'humilie devant le Prêtre, lui demande sa bénédiction, qu'il reçoit en lui baisant la main.

Dulcissime. Qu'est-ce que tout cela signifie?

Chérubine. Il prie à genoux pour obtenir de Dieu un cœur et des lèvres pures. Il prend le livre sur l'autel avec respect, pour marquer que c'est de Jésus-Christ qu'il reçoit sa mission. Il s'humilie devant le Prêtre, lui demande sa bénédiction, et lui baise la main, pour marquer sa dépendance à l'égard du Prêtre qui représente Jésus-Christ.

Alfonsine. Avec quel appareil le Diacre va-t-il chanter l'Evangile?

Chérubine. Il est précédé de lumières et d'encens, et porte l'Evangile comme en triomphe; et aussitôt qu'il paraît, tout le monde se lève et se tient debout.

Dulcissime. Que veut dire cela? pourquoi cet appareil?

Chérubine. Le Diacre portant l'Evangile est précédé de lumières et d'encens, pour marquer que l'Evangile est cette lumière et cette bonne odeur qui a dissipé toutes les ténèbres et toute la corruption de l'erreur et du péché. Il le porte comme en triomphe, pour marquer la victoire que l'Evangile a remportée sur l'erreur et sur le péché. Tout le monde se lève et se tient debout par respect pour l'Evangile, et aussi pour marquer qu'on est prêt à lui rendre toute obéissance.

Alfonsine. Quelles sont les cérémonies qui accompagnent le chant de l'Evangile?

Chérubine. Le Diacre salue le peuple, et se sert des mêmes paroles que le Prêtre, fait le signe de la croix avec le pouce sur l'Evangile, puis sur son front, sur sa bouche et sur son cœur; ce que font pareillement tous les assistans; puis il est encensé.

Dulcissime. Ces cérémonies ont-elles quelques significations?

Chérubine. Les voici. Le Diacre salue le peuple, en lui souhaitant que le Seigneur soit avec lui pour lui ouvrir l'esprit et le cœur aux vérités qu'il va annoncer, et pour l'avertir de redoubler son attention et son respect ; et le peuple lui répond, *qu'il soit aussi avec votre esprit*, pour lui désirer la grâce dont il a besoin pour bien et dignement annoncer l'Evangile. Il fait le signe de la croix sur l'Evangile, pour attirer cette grâce par les mérites de la croix de Jésus-Christ : il le fait ensuite sur son front, sur sa bouche et sur son cœur ; ce que font aussi tous les assistans, pour marquer qu'ils ne rougiront point de l'Evangile, qu'ils le confesseront de bouche, et qu'il sera toujours gravé dans leur cœur. C'est comme un sceau sacré qu'ils mettent sur leur front, sur leur bouche et sur leur cœur, afin que le démon n'entreprenne jamais de les faire changer de résolution ; enfin on l'encense par respect pour l'Evangile.

Alfonsine. Pourquoi fait-on baiser l'Evangile ensuite au Prêtre et au Clergé, et les encense-t-on ?

Chérubine. Pour marquer que l'Evangile, ayant été publié dans Jérusalem, s'est répandu ensuite partout le monde à l'odeur de sa vertu.

Dulcissime. Que fait le Prêtre ensuite ?

Chérubine. Il monte en chaire pour expliquer l'Evangile qui vient d'être annoncé.

Alfonsine. De quoi est accompagnée cette explication ?

Chérubine. De prières pour toute l'Eglise, et de la publication des choses nécessaires à savoir ; comme les Jeûnes et les Fêtes, les Mariages, les Monitoires, les Ordonnances des Evêques, et autres choses semblables.

Dulcissime. Quel nom a-t-on donné à tout cela ?

Chérubine. On l'a appelé le *Prône*, parce que tout cela se fait pour ceux qui sont dans la nef de l'Eglise; car *Prône*, qui est un mot grec, veut dire Nef.

Alfonsine. Pourquoi chante-t-on aussitôt le *Credo* ?

Chérubine. C'est pour faire une profession solennelle des vérités que l'on vient d'annoncer, et de toutes celles que l'on croit.

Dulcissime. Qu'est-ce qui suit cette profession de foi ?

Chérubine. C'est l'*Offrande*. Repassez ce que nous venons de dire ; dans un moment je suis à vous.

SUITE DE LA CONVERSATION SUR LA MESSE.

ALFONSINE.

On voit bien, à la diligence que vous avez faite, que vous êtes de parole.

Chérubine. Je ne veux rien refuser à votre empressement.

Dulcissime. Nous en sommes à l'Offrande, continuez, de grâce.

Chérubine. Le Prêtre commence l'Offrande par le salut ordinaire. Rappelez ce que je vous ai dit avant la Collecte ; c'est la même chose.

Alfonsine. Nous nous en souvenons bien.

Chérubine. Le Prêtre, après avoir dit tout haut, *Oremus*, PRIONS, pour avertir de redoubler ses prières, récite tout bas une Antienne qui a rapport à l'Offrande, et que le chœur chante.

Dulcissime. Que faut-il faire pendant cette Antienne ?

Chérubine. Il faut se préparer pour l'Offrande.

Alfonsine. Que fait le Prêtre après cette Antienne ?

Chérubine. Il offre le pain ; et cependant le Diacre met du vin dans le calice et le Sous-Diacre un peu d'eau, que le Prêtre bénit, et qu'il offre avec le vin.

Dulcissime. Pourquoi le Prêtre bénit-il l'eau, et non pas le vin ?

Chérubine. Parce que l'eau représente le peuple, et le vin Jésus-Christ.

Alfonsine. Mais pourquoi ce mélange de l'eau avec le vin ?

Chérubine. Pour imiter Notre-Seigneur, qui en mit dans la coupe qu'il consacra ; pour représenter l'union de la nature humaine avec la nature divine, et l'union des fidelles avec Jésus-Christ ; et aussi pour rappeler le souvenir du sang et de l'eau qui sortirent du côté de Notre-Seigneur.

Dulcissime. Je n'aurais pas cru tant et de si sublimes mystères dans ce mélange.

Chérubine. Ce n'est pas moi qui les y ai trouvés, c'est toute la tradition.

Alfonsine. Cela nous donne une grande idée de toutes les cérémonies de l'Eglise, puisque dans les moindres on y trouve de si grandes choses.

Chérubine. Je suis bien aise que cela vous fasse cette impression ; vous en concevrez plus d'estime et de respect.

Dulcissime. Pourquoi le Diacre offre-t-il le calice avec le Prêtre, en récitant la même prière, et tenant le pied du calice ?

Chérubine. Parce que le Diacre représente le peuple.

Alfonsine. Que doit faire le peuple en même temps ?

Chérubine. Il doit s'unir au Diacre, et s'offrir à Dieu.

Dulcissime. Quelle prière fait ensuite le Prêtre, étant incliné profondément ?

Chérubine. Celle-ci : Nous nous présentons devant vous, Seigneur, avec un esprit humilié et un cœur contrit ; recevez-nous, et faites que notre sacrifice soit tel aujourd'hui qu'il vous soit agréable, ô Dieu Notre-Seigneur !

Alfonsine. Quelle prière fait-il en se relevant, et tenant les yeux et les mains élevées vers le ciel, et faisant un signe de croix sur le pain et le vin ?

Chérubine. Il dit : Venez, ô Sanctificateur, Dieu tout-puissant et éternel ! et bénissez ce sacrifice préparé pour la gloire de votre saint nom.

Dulcissime. Pourquoi le Prêtre encense-t-il les dons et l'autel en récitant des prières ?

Chérubine. C'est pour leur faire honneur, et pour demander à Dieu qu'ils s'élèvent à lui comme la fumée de l'encens.

Alfonsine. Que fait le Prêtre ensuite ?

Chérubine. Il reçoit les offrandes du peuple.

Dulcissime. Quelle est aujourd'hui la principale de ces offrandes ?

Chérubine. C'est le pain bénit, qu'on appelle aussi *eulogie*, qui est un mot grec, qui veut dire *prière* ou *bénédiction*, à cause de la prière et bénédiction du Prêtre sur ce pain.

Alfonsine. Que présente-t-on avec ce pain ?

Chérubine. On présente un cierge, auquel on attache une pièce de monnaie, selon la faculté des personnes.

Dulcissime. Est-ce que les offrandes doivent être proportionnées à la faculté des personnes ?

Chérubine. Oui, Dieu l'avait marqué dans l'ancienne loi : aussi ne convient-il pas que les riches n'offrent pas à Dieu plus que les pauvres.

Alfonsine. Vous dites que ces offrandes se font à Dieu, nous croyions que c'était au Prêtre.

Chérubine. Si vous ne considérez dans votre offrande que la personne du serviteur, et non pas celle du maître, vous avez perdu votre récompense.

Dulcissime. Nous en serions bien fâchées.

Chérubine. Je vous dis la vérité ; Dieu ne vous tiendra compte que de ce que vous lui aurez donné.

Alfonsine. Je ne pense pas à tout cela, je suis simplement la coutume.

Chérubine. Croyez-moi, sanctifiez cette coutume, en songeant que c'est à Dieu même que vous faites votre offrande.

Dulcissime. Mais les offrandes ne sont-elles pas pour le Prêtre ?

Chérubine. Elles sont, à la vérité, pour le Prêtre,

parce que Dieu n'en ayant pas besoin, les lui cède ; mais c'est toujours à Dieu qu'on les fait, et c'est à lui qu'elles appartiennent.

Alfonsine. Nous profiterons désormais de ces lumières.

Chérubine. Je le souhaite pour le profit qui vous en reviendra.

Dulcissime. Et quel profit nous en revient-il ?

Chérubine. Cent fois autant en cette vie, et ensuite la vie éternelle.

Alfonsine. Cette récompense est bien grande.

Chérubine. Sachez que Dieu, qui est infiniment riche, ne se laisse jamais vaincre en libéralité, et que quiconque lui donne une obole, il la lui rend au centuple.

Dulcissime. Ceci est bien consolant.

Chérubine. Oui, pour ceux qui agissent en tout cela par esprit de religion.

Alfonsine. Pourquoi, s'il vous plaît, le Prêtre fait-il baiser la paix à ceux qui viennent à l'offrande ?

Chérubine. C'est pour marquer qu'on n'y doit venir qu'avec un esprit de paix et d'union avec le prochain, suivant la parole de Jésus-Christ même.

Dulcissime. Il faut donc s'abstenir d'y aller, quand on a quelque peine contre le prochain ?

Chérubine. Jésus-Christ n'a point dit qu'il fallût s'en abstenir, mais qu'il fallait aller auparavant se réconcilier, puis venir et offrir son présent.

Alfonsine. Je croyais qu'il n'y avait qu'à rester à sa place.

Chérubine. Vous feriez alors deux fautes : la première, de ne vous pas réconcilier ; la seconde, de frustrer Dieu de l'offrande qui lui est due à tant de titres.

Dulcissime. Et à quels titres ?

Chérubine. N'est-ce pas à lui qu'appartiennent la terre et tous les biens qui y sont ? En second lieu, possédez-vous quelque chose en ce monde qui ne soit le fruit de sa bénédiction, plus que de votre travail et de votre industrie ?

Alfonsine. A ce que je vois, vous en faites une dette.

Chérubine. Oui, et une dette divine.

Dulcissime. Je croyais que c'était une chose libre et indifférente.

Chérubine. Voilà comme on croit, quand on n'est pas instruit, ou qu'on n'a guère de religion.

Alfonsine. Sur ce pied, tout le monde est donc obligé d'aller à l'offrande?

Chérubine. L'Eglise, à la vérité, n'en a pas fait une loi, elle laisse cela à la piété des fidelles; mais en consultant la religion, personne ne doit s'en dispenser, s'il n'en est indigne.

Dulcissime. Qui sont ceux qui en sont indignes?

Chérubine. Ceux qui n'ont pas satisfait au devoir pascal, ceux qui sont en inimitié, ceux qui feraient l'offrande d'un bien qui ne serait pas à eux, ceux enfin dont la vie est scandaleuse.

Alfonsine. Si on est pauvre, et qu'on ne puisse rien donner à Dieu, que faut-il faire?

Chérubine. Il faut toujours aller à l'offrande, pour marquer publiquement qu'on n'a de peine contre personne, et pour offrir à Dieu sa pauvreté avec un cœur plein de soumission pour cet état.

Dulcissime. Ceux qui sont en état de lui offrir quelque chose, doivent-ils se contenter de cette offrande d'une partie de leurs biens?

Chérubine. Ils doivent encore s'offrir eux-mêmes et tout ce qui est à eux, mais principalement leur cœur et leur volonté.

Alfonsine. Pourquoi distribue-t-on, après l'offrande, le pain qui a été béni, à tous les assistans?

Chérubine. C'est en signe de communion, afin qu'il soit vrai de dire que nous participons tous à un même pain, tant ceux qui ne communient pas, que ceux qui communient.

Dulcissime. Doit-on le manger dans l'église?

Chérubine. Si on suivait ce qui a été réglé dans plusieurs Conciles, on ne le distribuerait qu'après la messe, ce qui marque que l'intention de l'Eglise n'est pas qu'on le mange dans l'église, mais qu'on l'emporte chez soi, qu'on en fasse part aux absens, et qu'on le mange avec grand respect, prenant bien garde d'en laisser rien tomber par terre, pour en éviter la profanation.

Alfonsine. Pourquoi le Prêtre, après l'offrande, lave-t-il ses doigts ?

Chérubine. C'est pour avoir plus de propreté extérieure, ce qui marque en même temps l'extrême pureté intérieure qu'il faut avoir pour toucher le corps de Jésus Christ.

Dulcissime. Que fait le Prêtre ensuite ?

Chérubine. Tenant les mains jointes sur l'autel, et étant profondément courbé, il offre de nouveau le pain et le vin à la Sainte Trinité, en mémoire de la passion, de la résurrection et de l'ascension de Notre-Seigneur Jésus-Christ, en l'honneur de la sainte Vierge, de saint Jean-Baptiste, des saints Apôtres Pierre et Paul, de tous les Saints, et en particulier de ceux dont les reliques sont présentes.

Alfonsine. Que fait-il après cela ?

Chérubine. Il se tourne vers le Peuple pour la dernière fois jusqu'après la communion, comme pour prendre congé d'eux, et ne plus vaquer qu'à la grande action qu'il va faire, et il se recommande à leurs prières, en disant : Priez, mes frères, que mon sacrifice et le vôtre soit agréable à Dieu le Père tout-puissant

Dulcissime. Qu'est-ce que l'assemblée répond à ces paroles du Prêtre ?

Chérubine. Que le Seigneur reçoive ce Sacrifice de vos mains pour l'honneur et la gloire de son saint nom, pour notre utilité, et pour l'avantage de toute la sainte Eglise.

Alfonsine. Que fait le Prêtre après cette réponse ?

Chérubine. Il prie en secret, et récite une oraison que l'on nomme, pour cette raison, Secrète : d'autres pensent qu'on l'a ainsi appelée, parce qu'autrefois on ne la disait qu'après que les catéchumènes et les pénitens étaient sortis de l'église ; ce qui a fait appeler la messe jusqu'à leur sortie, la messe des catéchumènes, parce qu'ils pouvaient y assister jusqu'après l'instruction ; et le reste, la messe des fidelles, parce qu'il n'y avait que les fidelles qui y assistassent, les portes étant exactement gardées. D'autres personnes pensent que cette oraison n'a été ainsi appelée que parce qu'elle se disait sur les dons qui devaient être consacrés, après qu'ils avaient été mis à part, et séparés de ceux qui ne devaient pas l'être.

Dulcissime. De quoi est suivie la Secrète ?

Chérubine. Elle est suivie de la Préface, et c'est ce que nous expliquerons à la première entrevue, si vous l'avez pour agréable.

Alfonsine. A la première entrevue, soit ; car nous ne voulons point vous fatiguer.

SUITE DE LA CONVERSATION SUR LA MESSE.

ALFONSINE.

Achevez, de grâce, l'explication que vous nous avez promise.

Chérubine. Je ne le désire pas moins que vous ; car je trouve bien du plaisir à m'entretenir avec des personnes qui ont tant de zèle pour s'instruire.

Dulcissime. Voici la dernière question : De quoi est suivie la secrète ?

Chérubine. Elle est suivie de la préface, qui est comme l'introduction aux prières du canon, et une invitation à rendre des actions de grâces au Seigneur pour la grande merveille qui va s'opérer par la consécration.

Alfonsine. Par où commence la préface ?

Chérubine. Par le *Per omnia*, qui est la conclusion de la secrète.

Dulcissime. Que fait le Prêtre ensuite ?

Chérubine. Il salue le peuple avec les paroles ordinaires, mais sans se retourner vers l'assemblée, parce qu'il est entré comme dans l'intérieur de l'église et dans le secret de Dieu, d'où il ne sortira qu'après la communion.

Alfonsine. Quel avertissement donne-t-il par ces paroles, *Sursùm corda*, élevez vos cœurs ?

Chérubine. Il avertit les fidelles de quitter toutes les pensées du monde et de la terre, pour ne plus s'occuper que de Jésus-Christ qui va s'immoler sur l'autel.

Dulcissime. Que répondent les fidelles ?

Chérubine. Habemus ad Dominum, nous les élevons au Seigneur ; et par là ils lui donnent assurance qu'ils sont tels qu'il le désire ; et sans cette assurance de la part des fidelles, le Prêtre ne continuerait pas.

Alfonsine. A quoi les exhorte-t-il ensuite ?

Chérubine. Il les exhorte à rendre à Dieu de très-humbles actions de grâces, à quoi les fidelles répondent : Cela est digne, cela est juste.

Dulcissime. Que contient la préface ?

Chérubine. Une solennelle action de grâces à Jésus-Christ Notre-Seigneur, dans laquelle il est fait mention des différens ordres des Anges qui louent Dieu, le glorifient et l'adorent dans un saint tremblement. En finissant, le Prêtre demande que nos voix soient jointes à celles des Anges pour lui rendre sur la terre un pareil honneur.

Alfonsine. Par où finit la préface ?

Chérubine. Par une protestation solennelle de la sainteté de Dieu, en répétant trois fois : Saint, Saint, Saint est le Seigneur Dieu des armées. Votre gloire remplit les cieux et la terre. *Hosanna* au plus haut des cieux. Béni soit celui qui vient au nom du Seigneur. *Hosanna* au plus haut des cieux.

Dulcissime. Que veut dire ce mot *Hosanna* ?

Chérubine. C'est un mot hébreu qui veut dire, *sauvez-nous maintenant; sauvez-nous, je vous prie.* Le premier est adressé à Dieu, et le second à Jésus-Christ.

Alfonsine. Que fait le Prêtre en commençant les prières du canon?

Chérubine. Il lève les yeux et les mains vers le ciel, puis il s'incline profondément, et baise l'autel.

Dulcissime. Pourquoi cela, s'il vous plaît?

Chérubine. Pour marquer de nouveau le grand besoin qu'il a du secours de Dieu et des Saints à la vue de son indignité.

Alfonsine. Pourquoi a-t-on donné à ces prières le nom de canon?

Chérubine. Parce que ces prières ne changent point, et qu'elles sont toujours les mêmes, quelqu'office que l'on fasse.

Dulcissime. C'est donc ce que veut dire le mot de *canon?*

Chérubine. Oui, c'est un mot grec qui veut dire un *ordre,* une *règle,* une *loi,* qui ne change point.

Alfonsine. Qu'est-ce donc que l'on doit entendre par le canon de la messe?

Chérubine. On doit entendre la règle fixe et invariable de la consécration.

Dulcissime. Cela nous fait plaisir; car ce mot nous donnait une toute autre idée.

Chérubine. Voilà l'idée que vous y devez attacher.

Alfonsine. Combien le canon contient-il d'oraisons?

Chérubine. Il en contient cinq.

Dulcissime. Pour qui le Prêtre prie-t-il dans la première?

Chérubine. Pour toute l'Eglise, nommément pour le Pape, qui en est le chef, pour l'Evêque du diocèse, pour le Roi, pour ceux qu'il veut recommander en particulier, et pour tous les assistans.

Alfonsine. De qui fait-il mémoire?

Chérubine. De la sainte Vierge, des Apôtres et

de quelques Martyrs, en demandant le secours de leurs prières.

Dulcissime. Que fait le Prêtre en prononçant la seconde oraison ?

Chérubine. Il étend les mains sur l'oblation, demande à Dieu qu'elle lui soit agréable, et qu'il veuille bien par sa bonté conduire nos jours dans la paix, nous préserver de la damnation, et nous mettre au nombre de ses élus.

Alfonsine. Que contient la troisième oraison ?

Chérubine. Elle contient l'histoire de l'institution de l'eucharistie, et en même temps la consécration.

Dulcissime. Pourquoi le Prêtre se prosterne-t-il aussitôt après la consécration du pain ?

Chérubine. C'est pour adorer Jésus-Christ présent sur l'autel.

Alfonsine. Pourquoi élève-t-il l'hostie à la vue du peuple ?

Chérubine. C'est pour imiter l'élévation de Jésus-Christ en croix ; c'est pour en faire une offrande au Père éternel ; c'est aussi afin que tous les assistans lui rendent leurs adorations.

Dulcissime. Pourquoi le Prêtre fait-il les mêmes choses après la consécration du vin ?

Chérubine. C'est pour les mêmes raisons.

Alfonsine. Faut-il se contenter de se prosterner extérieurement ?

Chérubine. Il faut encore se prosterner intérieurement, en reconnaissant Jésus-Christ notre victime pour notre Dieu et notre Sauveur.

Dulcissime. Dites-nous, s'il vous plaît, la raison de tous ces signes de croix que le Prêtre fait sur l'hostie et sur le calice, soit avant, soit après la consécration.

Chérubine. Avant la consécration, c'est pour bénir et sanctifier les dons offerts ; et après la consécration, c'est pour marquer que le sacrifice de la messe et celui de la croix ne sont que le même sacrifice, et que toutes les grâces qui nous sont appliquées dans celui de la messe sont le fruit de celui de la croix.

Alfonsine. De qui le Prêtre fait-il mémoire dans cette oraison ?

Chérubine. Il fait mémoire de la bienheureuse passion et résurrection de Notre-Seigneur, et de sa glorieuse ascension, en demandant à Dieu qu'il veuille recevoir ces dons comme il a reçu ceux d'Abel, d'Abraham et de Melchisédech, afin que tous ceux qui y participeront soient remplis de grâce et de bénédiction céleste.

Dulcissime. Pour qui le Prêtre prie-t-il dans la quatrième oraison ?

Chérubine. Il prie pour les fidelles trépassés, tant pour ceux qu'il veut recommander en particulier que pour tous en général, en demandant à Dieu pour eux un lieu de rafraîchissement, de lumière et de paix.

Alfonsine. Expliquez-nous ces trois dernières paroles.

Chérubine. Il demande un lieu de rafraîchissement contre les ardeurs du feu, un lieu de lumière contre les ténèbres, et un lieu de paix contre les angoisses de ces ames privées de la claire vue de Dieu.

Dulcissime. Que fait le Prêtre dans la cinquième oraison ?

Chérubine. Il fait mémoire de plusieurs Saints, en demandant à Dieu que nous autres pécheurs ayons par sa bonté quelque part à leur bonheur.

Alfonsine. Que fait-il ensuite ?

Chérubine. Il élève la sainte hostie sur le calice, en rendant gloire à la sainte Trinité par Jésus-Christ, avec Jésus-Christ et en Jésus-Christ.

Dulcissime. Par où commencent les prières qui servent de préparation à la communion ?

Chérubine. Par l'oraison dominicale, dans laquelle nous demandons à Dieu notre pain quotidien ; ce pain qui est descendu du ciel, et qui surpasse toute substance.

Alfonsine. Pourquoi le Sous-diacre et le Diacre tiennent-ils la patène élevée pendant le *Pater ?*

Chérubine. C'est pour avertir les fidelles que le temps de la communion est proche, et qu'il est nécessaire de redoubler sa ferveur.

Dulcissime. Pourquoi le Prêtre rompt-il l'hostie en trois parts ?

Chérubine. Pour imiter Notre Seigneur, qui rompit le pain lorsqu'il le consacra.

Alfonsine. Pourquoi en met-il une part dans le calice avec le précieux sang ?

Chérubine. C'est pour mieux faire voir que ce n'est qu'un même sacrement du corps et du sang de Jésus-Christ.

Dulcissime. Pourquoi le Prêtre répète-t-il trois fois l'*Agnus Dei*, qui veut dire : Agneau de Dieu, qui ôtez les péchés du monde, ayez pitié de nous ; et la troisième fois : donnez nous la paix ?

Chérubine. C'est pour marquer le besoin que l'on a de la pureté et de la paix pour bien communier.

Alfonsine. Pourquoi tout de suite fait-on baiser la paix ?

Chérubine. C'est pour marquer qu'on ne peut manger dignement la chair de l'Agneau sans tache, sans la paix et la concorde avec le prochain.

Dulcissime. Pourquoi le Prêtre baise-t-il l'autel avant que de baiser la paix, en la souhaitant au Diacre et à tous les assistans ?

Chérubine. C'est pour témoigner qu'il ne la donne aux autres qu'après l'avoir reçue lui-même de Jésus-Christ.

Alfonsine. Pourquoi le Prêtre récite-t-il encore quelques oraisons avant la communion ?

Chérubine. C'est pour demander de nouveau les dispositions nécessaires pour communier dignement.

Dulcissime. Pourquoi frappe-t-il trois fois sa poitrine, en disant chaque fois : Seigneur, je ne suis pas digne que vous entriez chez moi ; dites seulement une parole, et mon ame sera guérie ?

Chérubine.

Chérubine. C'est pour protester hautement de son indignité.

Alfonsine. Que dit-il avant que de prendre le corps de Jésus-Christ ?

Chérubine. Il dit : Je prendrai le pain du ciel, et j'invoquerai le nom du Seigneur.

Dulcissime. Que dit-il en prenant le corps de Jésus-Christ ?

Chérubine. Il dit : Que le corps de Notre-Seigneur Jésus-Christ garde mon ame pour la vie éternelle. Ainsi soit-il.

Alfonsine. Que dit-il avant que de prendre le précieux sang ?

Chérubine. Il dit : Que rendrai-je au Seigneur pour tous les biens qu'il m'a faits ? Je prendrai le calice du salut, et j'invoquerai le nom du Seigneur, en publiant ses louanges, et je serai délivré de mes ennemis.

Dulcissime. Que dit-il en prenant le précieux sang ?

Chérubine. Il dit : Que le sang de Notre-Seigneur Jésus-Christ garde mon ame pour la vie éternelle. Ainsi soit-il.

Alfonsine. Que fait-il après la communion des fidelles ?

Chérubine. Il fait les ablutions, en récitant des oraisons qui tendent à demander la conservation des grâces qu'il vient de recevoir par la sainte communion.

Dulcissime. Pourquoi reporte-t-on le livre du côté de l'épître après la communion ? y a-t-il là quelque mystère ?

Chérubine. On y en trouve un grand.

Alfonsine. Quel est-il, s'il vous plaît ?

Chérubine. C'est le retour de l'Evangile aux Juifs, et leur conversion avant la fin du monde.

Dulcissime. Cela est bien admirable. Dites-nous par où finit la messe.

Chérubine. Par une antienne que l'on appelle communion, et qui se chante au chœur pendant la communion des fidelles ; et par une oraison que l'on appelle post-communion, et qui contient l'action de grâces.

Alfonsine. Que veulent dire ces paroles, *Ite, missa est?*

Chérubine. C'est une permission aux assistans de se retirer, comme le *Benedicamus* est une invitation à rester.

Dulcissime. Que reçoivent les assistans avant que de se retirer?

Chérubine. Ils reçoivent la bénédiction du Prêtre, qui est une image de celle que Jésus-Christ donnera à ses élus au dernier jour.

Alfonsine. Quel Evangile récite-t-il après, ou à l'autel, ou en s'en retournant à la sacristie?

Chérubine. L'Evangile de saint Jean, qui parle de l'éternité du Fils de Dieu et de son incarnation.

Dulcissime. Apprenez-nous présentement ce qu'il faut faire pour bien entendre la messe.

Chérubine. Je vous conseille d'avoir un livre où soit l'exercice de la messe, et d'y lire attentivement toutes les prières qui y sont.

Alfonsine. Si on ne sait pas lire?

Chérubine. Prenez un chapelet, et le récitez avec la même attention.

Dulcissime. Il ne serait donc pas permis de s'y occuper de la passion de Notre-Seigneur?

Chérubine. Cette manière est encore bonne, si vous le pouvez.

Alfonsine. Quel conseil nous donnez-vous pour la communion?

Chérubine. C'est de n'assister jamais à la sainte messe sans y communier, ou sacramentellement, ou spirituellement.

Dulcissime. Il faudrait être bien parfaite pour cela.

Chérubine. Il ne faut pour cela que vivre en véritable chrétienne.

Alfonsine. Mais nous ne pouvons pas communier sacramentellement, quand nous n'en avons pas la permission.

Chérubine. Il est vrai ; mais pour la communion spirituelle, vous n'avez besoin d'aucune permission.

Dulcissime. Apprenez-nous la manière de la faire.

Chérubine. Volontiers. Communier spirituellement, c'est attirer Jésus-Christ dans son cœur, avec son esprit et ses grâces, en désirant ardemment de le recevoir, en gémissant d'être privé de ce bonheur, et en s'humiliant de n'être pas en état de le faire.

Alfonsine. Est-ce là tout ce qu'il faut faire ?

Chérubine. Si vous y joignez la résolution de faire tout ce qui dépendra de vous, pour vous mettre en état de communier sacramentellement, votre communion spirituelle sera encore meilleure et plus fructueuse.

Dulcissime. Nous ne passerons rien de tout ce que vous nous marquez.

Chérubine. Si vous le faites, vous en retirerez bien du profit.

Alfonsine. Que faut-il faire après la messe ?

Chérubine. Il faut rester un peu de temps pour remercier Dieu.

Dulcissime. De quoi faut-il s'occuper en revenant de la messe ?

Chérubine. Il faut s'occuper de la contrition de ces Juifs, lesquels, ayant vu crucifier Jésus-Christ, s'en retournaient frappant leur poitrine ; ou de la joie des pasteurs revenant de la crèche, après y avoir vu et adoré Jésus-Christ.

Alfonsine. Nous sentons un vrai désir de faire tout cela.

Chérubine. Je suis réjouie de voir vos dispositions, et je compte qu'elles vous attireront chaque fois de nouvelles grâces.

Dulcissime. C'est ce que nous désirons.

Chérubine. C'est ce que je vous souhaite.

SUR L'ÉGALITÉ D'ESPRIT.

Alausie. Il y a long-temps que vous avez promis de nous parler de l'égalité d'esprit ; voudriez-vous bien exécuter votre promesse ?

Bérénice. Ce n'est pas la volonté qui me manque, c'est le temps, et encore plus le talent pour m'en bien acquitter.

Célerine. Nous vous passons le premier ; mais nous ne pouvons vous passer le second.

Bérénice. Croyez-moi, c'est l'un et l'autre. Il y a presque autant de danger à se prévenir en faveur des personnes, comme à se prévenir contre elles.

Alausie. Nous ne croyons pas que ce soit prévention, mais justice, fondée sur la vérité.

Bérénice. Je vois bien qu'il faut vous céder ; mais en me réservant de penser sur cela comme je dois pour rendre témoignage à la vérité.

Célerine. Nous attendons de vous les éclaircissemens que nous vous demandons depuis si long-temps.

Bérénice. L'égalité d'esprit consiste à éviter les hauts et les bas où se laissent aller ceux qui ne l'ont pas.

Alausie. Cette vertu est donc bien nécessaire dans le commerce de la vie ?

Bérénice. Très-nécessaire ; car comment vivre avec des personnes qui n'ont aucune assiette d'esprit sur laquelle on puisse compter ?

Célerine. J'en ai rencontré quelquefois comme cela : ce sont de vrais bouchons d'épines, que l'on ne sait par où prendre.

Bérénice. Vous avez raison ; car ils ont autant de lubies qu'il y a de mois dans l'année, de jours dans le mois, et d'heures dans le jour.

Alausie. Cela fait pitié : ces personnes apparemment n'ont ni esprit ni raison ?

Bérénice. Ils ont l'un et l'autre : mais l'humeur les domine tellement, que leur esprit et leur raison sont comme le soleil, lorsqu'il est enveloppé dans un nuage.

Célerine. Le soleil est alors comme s'il n'était pas.

Bérénice. Il est toujours, mais son action est empêchée et très-affaiblie.

Alausie. Vous leur laissez donc toujours de l'esprit et de la raison ?

Bérénice. Oui, mais un esprit et une raison enveloppés dans un nuage d'humeur.

Célerine. Mais le nuage étant dissipé, le soleil reparaît dans toute sa splendeur.

Bérénice. Il en est de même de ces personnes : le nuage d'humeur ôté, ils sont pleins d'esprit et de raison.

Alausie. Si ce nuage ne paraissait que par intervalles, passe ; mais le malheur est qu'il paraît souvent.

Bérénice. Ils en sont les plus à plaindre.

Célerine. Je n'en sais rien : car je pense qu'ils souffrent moins que ceux qu'ils font souffrir.

Bérénice. Sur quoi, de grâce, appuyez-vous ce que vous avancez ?

Alausie. Sur ce qu'ils ne s'aperçoivent pas de ce nuage qui offusque leur esprit et leur raison, et qu'il n'est personne qui ne l'aperçoive et n'en souffre.

Bérénice. Je ne le voulais pas dire ; mais je vous avoue qu'en pensant ainsi, vous pensez juste.

Célerine. Quel remède à cela ?

Bérénice. Comme on ne peut bannir ces personnes de la société, il faut les supporter comme on supporte les autres malades.

Alausie. Les autres malades sont bien plus aisés à supporter : car ou ils guérissent, ou ils meurent ; mais ceux-ci ne guérissent ni ne meurent.

Bérénice. Toute la différence, c'est que leur maladie est plus longue ; il n'est donc question que de s'armer d'une plus longue patience.

Célerine. Nous voyons bien que c'est-là le remède, mais ce remède coûte cher.

Bérénice. Je vous entends : c'est que vous ne voudriez pas souffrir dans un lieu où il n'y a que souffrances à attendre.

Alausie. Vous avez raison, mais c'est qu'on se lasse des souffrances qui ne finissent point.

Bérénice. Que vous souffriez de cette façon ou d'une autre, qu'importe ? puisque toujours il vous faut souffrir.

Célerine. Mais ne pourrait-on pas guérir ces personnes ?

Bérénice. Vous seriez bien habile si vous pouviez le faire.

Alausie. Il n'y aurait qu'à leur faire entendre raison.

Bérénice. J'y consens, mais je ne m'en charge pas.

Célerine. Pourquoi, s'il vous plaît ?

Bérénice. Je vous l'ai dit : c'est que leur raison enveloppée dans l'humeur n'est point susceptible de raison.

Alausie. Laissons-les donc comme des malades incurables, et résolvons-nous à souffrir.

Bérénice. Croyez-moi, c'est le plus court.

Célerine. Mais tout le monde n'est pas comme cela ?

Bérénice. On serait bien à plaindre si cela était.

Alausie. Il est donc des personnes douées de cette vertu, que vous appelez l'égalité d'esprit ?

Bérénice. Oui, il en est, et ces personnes sont très-aimables.

Célerine. Il est donc bien gracieux de vivre avec de telles personnes ?

Bérénice. Oui, car on les trouve toujours égales.

Alausie. Quoi ! les peines, les chagrins, les traverses ne les dérangent point ?

Bérénice. Non, elles ont toujours un air serein et un abord facile au milieu même des événemens les plus fâcheux.

Célerine. Si elles ne sentent point toutes ces choses, elles sont donc insensibles ?

Bérénice. Elles y sont très-sensibles pour elles-mêmes ; mais elles prennent bien garde de le faire sentir aux autres.

Alausie. Elles cachent donc tout cela entre Dieu et elles ?

Bérénice. C'est ce qu'elles tâchent de faire avec le secours de la grâce.

Célerine. Ce n'est donc pas par tempérament qu'elles sont comme cela ?

Bérénice. Que dites-vous là, par tempérament ? il n'y a point de tempérament qui puisse seul nous faire porter les peines chrétiennement.

Alausie. C'est donc par vertu ?

Bérénice. N'en doutez pas. L'égalité d'esprit n'est point un don de la nature, mais un don de Dieu.

Célerine. Il faut donc bien le demander à Dieu ?

Bérénice. Vous avez raison ; mais il n'en faut pas demeurer là, il faut encore travailler pour l'avoir.

Alausie. Quel travail faut-il faire ?

Bérénice. Il faut avec la grâce dominer ses humeurs, et résister à ses inclinations.

Célerine. J'étais tentée de croire qu'on venait au monde avec cette vertu.

Bérénice. Détrompez-vous : la vertu ne naît point avec nous ; c'est le fruit de la grâce et du travail.

Alausie. Nous voilà mieux instruites que nous n'étions.

Bérénice. Profitez-en, et suivez ces leçons ; car elles sont certaines.

Célerine. Nous avons encore quelque chose à vous demander : si ces personnes sont fixes et stables dans leurs desseins, dans leurs résolutions, et dans leurs entreprises ?

Bérénice. Elles y sont très-fixes et très-stables.

Alausie. On ne les voit donc pas former des desseins, prendre des résolutions, faire des entreprises, puis changer tout-à-coup ?

Bérénice. Non, car ce ne serait plus avoir l'esprit égal ; lequel esprit ressemble en quelque chose à Dieu, qui est toujours le même.

Célerine. On ne les voit donc pas voltiger de place en place et de lieu en lieu ?

Bérénice. Non, à moins que des raisons de providence ne les y obligent.

Alausie. En est-il de même de l'humeur ?

Bérénice. Que voulez-vous dire ?

Célerine. Je veux dire, s'ils ne sont pas tantôt de bonne humeur, et tantôt de mauvaise.

Bérénice. Leur esprit ferme et toujours égal ne leur permet pas ces vicissitudes et ces alternatives.

Alausie. On les aborde donc toujours aisément et sans crainte ?

Bérénice. Oui, parce que l'on compte d'en être toujours écouté paisiblement.

Célerine. On n'a donc pas besoin de longs détours, de grands circuits, et de préfaces étudiées pour leur proposer ce qu'on a à leur dire ?

Bérénice. Non, car la confiance que l'on a de les trouver toujours égales, fait qu'on leur dit tout simplement ce que l'on pense.

Alausie. Mais si ce qu'on leur dit n'est pas à propos ?

Bérénice. L'on souffre sans peine d'en être repris, persuadé que l'on est que quand ils le font, c'est qu'il est nécessaire.

Célerine. Voilà un aimable caractère d'esprit.

Bérénice. Travaillez à devenir telles, et vous serez la consolation de tous ceux avec qui vous serez en relation.

Alausie. Nous y allons travailler.

Bérénice. Je souhaite que vous y réussissiez.

SUITE DE LA CONVERSATION
SUR L'ÉGALITÉ D'ESPRIT.

Alausie.

Nous comprenons à présent ce que c'est que l'égalité d'esprit, nous souhaiterions bien l'avoir.

Bérénice. Comme c'est la vertu des vertus, il faut tout faire pour l'avoir.

Célerine. Apprenez-nous ce qu'il faut faire.

Bérénice. Il faut premièrement être doué d'une grâce singulière.

Alausie. Nous dire cela, c'est nous dire ce qu'il faut avoir, et non pas ce qu'il faut faire.

Bérénice. Vous me pardonnerez ; car en vous disant qu'il faut être doué d'une grâce singulière, c'est vous dire qu'il faut travailler pour l'avoir.

Célerine. Mais quel travail faut-il faire ?

Bérénice. Il faut beaucoup la demander, et beaucoup s'humilier pour s'en rendre digne.

Alausie. C'est vraiment là un travail.

Bérénice. Ne vous arrêtez donc plus aux mots ; allez plus loin, pénétrez en le sens.

Célerine. Sans la prière et le soin de s'humilier beaucoup, on ne peut donc recevoir cette grâce ?

Bérénice. Non, car ordinairement elle est le fruit de l'un et de l'autre.

Alausie. Nous commencerons donc par-là.

Bérénice. Si vous le faites, vous attirerez en vous l'esprit de grâce, et avec cette grâce vous viendrez facilement à bout de tout le reste.

Célerine. Quel usage faudra-t-il faire de cette grâce ?

Bérénice. Il faudra avec son secours vous rendre la maîtresse de vos humeurs, et savoir leur commander, comme Jésus-Christ commandait aux vents et à la mer.

Alausine. Est-ce que notre cœur est comme une mer exposée aux vents et à la tempête ?

Bérénice. Les humeurs sont dans notre cœur ce que les vents et la tempête sont sur la mer.

Célerine. Comment résister à ces vents et à ces tempêtes ?

Bérénice. Si vous étiez seule, je vous plaindrais, comme j'aurais plaint les Apôtres, s'ils avaient été seuls lorsque la tempête s'éleva contre eux.

Alausie. Mais les Apôtres n'apaisèrent pas cette tempête ?

Bérénice. Ils l'apaisèrent dans un sens, puisque ce fut à leur prière que Jésus-Christ l'apaisa.

Célerine. Voilà donc ce qu'il faut faire, quand le vent et la tempête de nos humeurs s'élèvent contre nous ?

Bérénice. Le voilà précisément : recourez aussitôt à Jésus-Christ, priez-le de dire un seul mot, et aussitôt le calme sera grand.

Alausie. Mais si Jésus-Christ dort comme il faisait alors ?

Bérénice. Éveillez-le comme firent les Apôtres, évitant néanmoins de tomber dans leur défiance.

Célerine. Vous nous demandez donc plus de perfection qu'aux Apôtres ?

Bérénice. Je demande que vous imitiez leurs vertus, sans imiter leurs défauts.

Alausie. Nous serions bien contentes de leur ressembler.

Bérénice. Oui, dans le recours qu'ils eurent à Jésus-Christ, mais non dans leur défiance. Ne savez-vous pas que Jésus-Christ les en reprit, pour nous apprendre à l'éviter ?

Célerine. Vous nous demandez beaucoup.

Bérénice. Je ne vous demande autre chose, sinon que, dans ces occasions de vents et de tempêtes intérieures, vous recouriez à Jésus-Christ sans défiance.

Alausie. Nous ferons nos efforts pour suivre votre avis.

Bérénice. O que vous en serez bien récompensées sur-le-champ! car d'une parole ce divin Sauveur, qui est dans votre cœur comme dans une barque exposée aux vents et aux tempêtes, apaisera le soulèvement de toutes vos humeurs, et votre tranquillité sera grande.

Célerine. Voilà donc la manière de devenir maître de ses humeurs?

Bérénice. Avec Jésus-Christ tout est non-seulement possible, mais facile.

Alausie. Nous n'y faisions pas attention.

Bérénice. Vous voyez, par ce que je viens de vous dire, combien je vous applanis de difficultés.

Célerine. Nous le voyons maintenant. Que faut-il faire encore pour avoir cette égalité d'esprit?

Bérénice. Il ne faut vouloir que ce que Dieu veut, et comme il le veut, et à mesure qu'il le veut.

Alausine. Voilà encore une grande perfection que vous nous demandez.

Bérénice. J'en conviens; mais sans cela vous ne parviendrez jamais à l'égalité d'esprit.

Célerine. Et pourquoi, s'il vous plaît?

Bérénice. C'est que vous aurez toujours des volontés opposées à celles de Dieu, et cette opposition vous causera des révoltes intérieures, continuelles, et par conséquent des variétés d'esprit sans nombre.

Alausie. Nous concevons cela.

Bérénice. Si vous le concevez, n'hésitez donc pas à le mettre en pratique.

Célerine. Nous le voudrions bien, mais cela nous paraît difficile.

Bérénice. Parlons cœur à cœur, et dans la vérité: en est-il moins quand vous ne vous soumettrez pas à la volonté de Dieu? les choses changent-elles de face pour cela?

Alausie. Vous avez raison; mais c'est que nous voudrions toujours faire un peu notre volonté.

Bérénice. Je vous entends, et je savais bien que c'était cela qui vous tenait.

Célerine. Aussi comment vivre sans faire sa volonté ? Cela est bien dur.

Bérénice. Encore un coup, je voyais bien que c'était là votre maladie.

Alausie. Guérissez-nous-en, et nous vous serons bien redevables.

Bérénice. Je ne sais point de meilleur moyen que de n'avoir point d'autre volonté que celle de Dieu : alors sans faire sa volonté, on la fait toujours.

Célerine. Et comment accorder cela ?

Bérénice. Cela est bien facile : on ne fait jamais sa volonté propre et déraisonnable, et on fait toujours sa volonté juste et bonne.

Alausie. Mais nous serions bien aises de faire quelquefois notre propre volonté.

Bérénice. Ah ! c'est cette propre volonté qui est la mort de l'égalité d'esprit.

Célerine. Comment donc faire ?

Bérénice. C'est de sacrifier la volonté propre à l'égalité d'esprit ; car, tout compté, tout rabattu, il vaut mieux faire mourir l'une que l'autre.

Alausie. Il faut donc s'y résoudre : n'y a-t-il que cela à faire ?

Bérénice. Il y a encore une chose à faire.

Célerine. Dites-nous-la, de grâce.

Bérénice. C'est d'agir toujours en paix et tranquillement.

Alausie. Mais comment agir en paix et tranquillement quand on a bien des choses à faire, et que tout le monde veut être servi à la fois ?

Bérénice. Croyez-moi, on n'avance jamais tant l'ouvrage, que quand on agit en paix et tranquillement ; c'est le vrai moyen de contenter tout le monde, sans perdre l'égalité d'esprit.

Célerine. Mais l'un demande une chose à droite, et l'autre en demande une autre à gauche ; l'un crie d'une façon, et l'autre crie d'une autre : comment faire si l'on ne s'empresse ?

Bérénice. Si vous pouvez vous empresser sans

vous troubler, à la bonne heure; mais cela n'est guère faisable.

Alausie. Nous tâcherons de le faire.

Bérénice. Apparemment que vous serez plus habiles que Marthe, dont l'empressement fut repris de Jésus-Christ, parce qu'elle se troublait en s'empressant.

Célerine. Nous n'avons garde de nous dire plus habiles, ni même de le penser.

Bérénice. Croyez-moi, allez doucement, c'est le moyen d'aller bien vîte.

Alausie. Cela se contredit.

Bérénice. Non; car on ne va jamais si vîte en ouvrage que quand on va doucement.

Célerine. On voit bien que vous n'êtes pas amie de la précipitation ni de la turbulence.

Bérénice. J'en serais amie comme vous, si j'en voyais l'utilité.

Alausie. Mais on va plus vîte.

Bérénice. Dites, on fait plus de bruit et de fracas, on étourdit davantage; mais dans la vérité on fait moins d'ouvrage.

Célerine. Il me semble qu'on en fait davantage.

Bérénice. Et moi je suis persuadée qu'on en fait moins. Et d'ailleurs, outre que ces tourbillons sont bien sujets à des vapeurs qui s'élèvent de l'humeur, c'est qu'ils ne font les choses qu'à demi et imparfaitement.

Alausie. Il faut donc cesser d'agir en tourbillons, afin de nous posséder nous mêmes, de ne faire peine à personne, et de faire les choses plus parfaitement?

Bérénice. Si vous prenez ce parti, vous verrez qu'avant qu'il soit peu vous goûterez la douceur de l'égalité d'esprit.

Célerine. Cette douceur, à vous entendre, est donc bien grande?

Bérénice. Faites-en l'expérience, et vous m'en direz des nouvelles.

Alausie. C'est une douceur qui nous est inconnue jusqu'à présent.

Bérénice. Je vous plains bien, car il n'est point de douceur semblable : l'Ecriture la compare à celle d'un festin continuel.

Célerine. Nous sommes bien désireuses de la goûter?

Bérénice. Il faut pour cela ne rien passer de tout ce que je vous ai dit.

Alausie. Nous y sommes bien déterminées.

Bérénice. Je le souhaite, rien ne me fera plus de plaisir.

Célerine. Vous serez satisfaite : comptez sur notre parole.

SUR L'ESPRIT ET LE JUGEMENT.

Antonie.

Il y a long-temps que je désire vous entendre parler sur une matière qui excite justement notre curiosité.

Pauline. Comme je n'ai pas le don de deviner, je ne puis savoir quelle est cette matière.

Ausonie. Je ne suis pas moins empressée que ma compagne, et ma curiosité n'est pas moins grande que la sienne.

Pauline. Expliquez-vous, et nous tâcherons de vous satisfaire autant que nous le pourrons.

Antonie. C'est sur l'esprit et le jugement que nous voudrions vous entendre parler.

Pauline. Vous choisissez là une matière bien ample et bien étendue. Dites-moi donc ce que vous désirez en savoir en particulier.

Ausonie. Nous voudrions savoir ce que c'est, et quelle différence vous y mettez.

Pauline. L'esprit, c'est ce qui produit en nous les pensées ; et le jugement, c'est ce qui les conduit et les met en œuvre. Voilà la différence.

Antonie. Cette réponse nous satisfait ; mais lequel des deux est préférable ?

sur l'Esprit et le Jugement.

Pauline. Ce sont deux meubles excellens, et tous deux très-estimables, quand ils sont joints ensemble.

Ausonie. Nous n'en doutons pas ; aussi ce n'est pas ce que nous demandons.

Pauline. Quoi donc, s'il vous plaît ?

Antonie. C'est lequel est préférable.

Pauline. Il est des personnes qui préfèrent l'esprit ; mais tout le monde n'est pas de leur avis.

Ausonie. Y a-t-il deux avis là-dessus ? Pour moi je donnerais aussi la préférence à l'esprit.

Pauline. Quand vous parlez de la sorte, vous ne jugez que sur les apparences, et vous n'approfondissez pas.

Antonie. Quoi de plus agréable que l'esprit ? Avec de l'esprit on est bien venu par-tout, et par-tout l'on brille.

Pauline. En voilà assez pour les esprits superficiels, et non pour toutes sortes d'esprits.

Ausonie. Que faut-il donc de plus ? Quoi de plus agréable qu'une personne à qui les pensées viennent en foule, et toutes plus agréables les unes que les autres ? Que l'on passe de bons quarts-d'heure avec de telles personnes !

Pauline. Sans y penser, vous avez dit un bon mot, quand vous avez dit de bons quarts-d'heure : voilà de quoi décider la question.

Antonie. Mais si ces personnes font passer de bons quarts-d'heure, ils en feraient bien passer davantage, s'ils voulaient s'en donner la peine.

Pauline. Hé bien ! je le veux : mais au bout du compte, à quoi aboutit cela ? où en est le fruit, si on en reste là ?

Ausonie. Mais ces personnes sont capables de tout.

Pauline. Vous en dites beaucoup : examinons s'il est vrai.

Antonie. Nous consentons à cet examen, et nous espérons d'y trouver notre compte.

Pauline. Je vous passe que leurs discours sont enjoués, plaisans, agréables ; mais y trouve-t-on toujours le juste et le solide ? et combien de ces discours auraient besoin de réforme, si on les pesait au poids du sanctuaire!

Ausonie. Cela peut être; mais dans les compagnies on ne pense point à cela, on ne songe qu'à ce qui fait plaisir et à ce qui divertit.

Pauline. Mais des hommes, et encore plus des chrétiens, ne doivent rien dire qui blesse la raison ou la religion.

Antonie. Nous en convenons, mais l'air d'enjouement avec lequel on dit tout cela, fait qu'on ne pense point alors à la raison et à la religion.

Pauline. C'est néanmoins ce que personne ne doit jamais perdre de vue.

Ausonie. Il est vrai; mais toutes les personnes d'esprit ne sont pas comme cela.

Pauline. Vous me pardonnerez : quand ils ne consultent pas le jugement, la plupart de leurs paroles sont inconsidérées et pleines d'indiscrétion.

Antonie. C'est un grand défaut.

Pauline. Je suis bien aise que vous le voyiez; mais allons plus loin, et considérons-les dans leur conduite.

Ausonie. Je crains pour eux, si vous venez à ce second examen.

Pauline. Nous en resterons là si vous souhaitez.

Antonie. Non, de grâce; continuez, nous cherchons à être instruites.

Pauline. Je ne le dirais pas, si tout le monde ne le voyait; mais souvent ceux qui ont le plus d'esprit sont ceux qui font les plus grandes fautes.

Ausonie. Comment cela peut-il arriver?

Pauline. En voici la première cause ; c'est qu'ils se fient à leur esprit, et qu'ils ne prennent avis de personne : or quelqu'esprit que l'on ait, il est toujours bien court et bien borné.

Antonie. Mais si leur esprit leur suffit, pourquoi en aller emprunter ailleurs?

Pauline. Quand je vous ai dit que le plus grand esprit était toujours bien court et bien borné, ne *vous* ai-je pas assez fait sentir que nul esprit ne se suffit à lui même ?

Ausonie. Je voudrais que tous les hommes entendissent et comprissent cette vérité.

Pauline. Il n'est personne qui n'ait besoin de l'entendre et de la comprendre.

Antonie. Nous voyons bien que de l'intelligence de cette vérité dépend la bonne conduite, et qu'elle en est le fondement.

Pauline. Pour réussir en chaque chose, il faut toujours consulter ceux qui ont plus de lumière que nous, et suivre leurs conseils : c'est sagesse d'agir de la sorte.

Ausonie. Nous ne sommes pas surprises si les personnes qui passent pour avoir de l'esprit réussissent quelquefois si mal : en voilà la cause, ne la cherchons pas plus loin.

Pauline. Oui, et c'est un grand malheur.

Antonie. Tout des plus grands.

Pauline. Ce n'est pas tout ; leur vivacité ne leur permet pas souvent de voir les suites de ce qu'ils entreprennent ; fondés sur leur esprit, ils croient tout voir, sans quelquefois rien voir.

Ausonie. Ce portrait nous fait pitié.

Pauline. Je ne dis pourtant rien que je ne voie souvent.

Antonie. Vous demandez donc bien des réflexions avant que de s'embarquer en quelqu'affaire ?

Pauline. Je demande que l'on prévoie l'issue de toutes les voies différentes que l'on peut prendre, et que l'on ne hasarde jamais d'en tenter aucune, sans savoir comment en sortir, même honorablement.

Ausonie. Mais nous ne voyons rien de plus propre à cela que beaucoup d'esprit.

Pauline. Vous avez raison, quand ce beaucoup d'esprit est guidé par beaucoup de jugement.

Antonie. Tout cela nous fait comprendre que vous n'êtes pas pour l'esprit tout seul.

Pauline. Vous avez raison ; car toutes les extrémités où jette l'esprit tout seul, me le font plus craindre que désirer.

Ausonie. Hé! de grâce, quelles sont ces extrémités?

Pauline. Avec le plus d'esprit l'on vit souvent sans religion, et l'on est, dans les affaires du salut, moins clairvoyant que les plus grossiers des paysans.

Antonie. Voilà une grande extrémité!

Pauline. Et dans les affaires domestiques, quel désordre! Souvent l'on dépense quatre fois autant que l'on a de bien; et si l'on vit grassement, si l'on est vêtu superbement, c'est aux dépens du public.

Ausonie. Cette extrémité est encore déplorable.

Pauline. Pendant que l'on vit, on ne voit que des créanciers qui aboient, et après la mort tout est vendu; encore souvent n'y a-t-il pas assez pour satisfaire au quart des dettes.

Antonie. Nous ne sommes pas surprises si vous n'êtes pas du sentiment de ceux qui donnent la préférence à l'esprit.

Pauline. C'est la vérité que je préfère plutôt le jugement.

Ausonie Mais avec du jugement on a souvent très-peu d'esprit.

Pauline. J'en conviens; mais, quoi qu'il en soit, le jugement est toujours, selon moi, préférable.

Antonie. Et pourquoi, s'il vous plaît?

Pauline. C'est que le jugement fait la bonne conduite, et la bonne conduite est préférable à tout l'esprit du monde.

Ausonie. Mais on n'a pas la réputation de personne d'esprit?

Pauline. Il est vrai; mais on a tout le fruit de l'esprit, qui est la bonne conduite; car l'esprit ne nous est donné que pour cela.

Antonie. On serait bien aise d'avoir l'un et l'autre.

Pauline. Je serais bien de votre goût; mais comme avoir de l'esprit ne dépend pas de nous, il faut se contenter de ce que Dieu nous en a donné, et s'appliquer à ce qui dépend de nous, avec l'aide de Dieu, qui est d'en faire un bon usage.

Ausonie. Voilà de salutaires leçons.

Pauline. Beaucoup d'esprit et beaucoup de jugement font une personne accomplie ; mais quand on ne peut avoir l'un et l'autre, je dis que l'un est préférable à l'autre ; savoir, le jugement.

Antonie. Nous souscrivons à votre sentiment ; il est trop judicieux pour ne nous y pas rendre.

SUR LA MÉDECINE.

MÉLANIE.

Vous voilà bien triste et bien abattue : qu'avez-vous, s'il vous plaît ?

Fabiole. On le serait à moins : ignorez-vous à quoi je suis condamnée ?

Mélanie. Quoi ! êtes-vous tombée entre les mains de la justice ?

Fabiole. Je ne mets guère de différence entre y tomber et tomber entre celles de la médecine.

Mélanie. Que dites-vous là ? y pensez-vous bien ? y avez-vous bien pensé ? cette disposition tient du désespoir.

Fabiole. Vous avez raison, car on se désespérerait volontiers quand on voit des médecins ou des chirurgiens.

Mélanie. Quoi ! voilà ce qui vous rend si triste et si abattue ? J'ai cru, à vous voir, que tous vos parens venaient de mourir à l'instant.

Fabiole. Une médecine, je vous l'avoue, ou une saignée, m'affligent presque autant. Sommes-nous donc au monde pour être ainsi déchirées ou livrées à l'amertume ? À ce prix je n'estime plus la vie.

Mélanie. Permettez-moi de vous parler comme votre amie : voilà une grande faiblesse ; ce n'est plus la raison qui vous fait parler, c'est l'impression de la peine : où est donc votre vertu ? C'est bien en manquer que de craindre une piqûre d'épingle, ou un moment de dégoût. Votre santé ne doit-elle pas vous être plus chère ?

Fabiole. J'aime la santé; mais je ne l'aime plus quand elle coûte tant.

Mélanie. Je pensais comme vous quand j'étais enfant; mais depuis que j'ai cessé d'être enfant, je ne pense plus de la sorte, et je n'ai nulle peine à me résoudre à tout cela quand il le faut.

Fabiole. Voilà sans doute un grand courage : que n'ai-je donc autant de raison, afin d'avoir autant de courage !

Mélanie. Je suis ravie de vous voir mieux penser, et j'ai de la joie de ce que vous avez honte de votre faiblesse.

Fabiole. Je ne puis le cacher, ma honte est aussi grande que ma faiblesse; mais désormais je veux être raisonnable pour n'être plus faible.

Mélanie. Vous ne serez donc plus l'ennemie des remèdes, ni des personnes qui les ordonnent ?

Fabiole. Non, quand il sera nécessaire; car de vous dire que je les aimerai, ne vous y attendez pas.

Mélanie. Il serait déraisonnable de les aimer, quand ils ne sont pas nécessaires. Je serai bien contente, si vous vous y soumettez quand on vous l'ordonnera.

Fabiole. Si vous ne me demandez que cela, je me rends, et je vous cède la victoire.

Mélanie. Je suis enchantée de vous voir prendre un parti si sage, et je souhaite que vous recouvriez promptement une santé qui m'est aussi chère que la mienne.

SUR LA SANTÉ.

Alodie.

Nous voudrions bien aujourd'hui nous entretenir sur la santé. J'avoue d'abord ce que je pense : je ne demande pas à vivre long-temps ; mais je voudrais bien vivre sainement.

Aselle. Pour moi je souhaiterais l'un et l'autre.

Atale. Comment peut-on souhaiter de vivre long-temps dans une terre où l'on vit si malheureusement ?

Aselle. Je ne sais que vous dire, il y a toujours du plaisir à vivre.

Alodie. Oui, à vivre heureuse.

Aselle. Heureuse ou malheureuse, je suis bien aise de vivre.

Atale. Vous n'y pensez pas : est-ce vivre que de vivre malheureuse ?

Aselle. Il est vrai ; mais le plaisir de vivre l'emporte.

Alodie. Croyez-moi, ne songez qu'à vivre sainement, et votre plaisir sera plus grand.

Aselle. Dites-moi donc vous, pourquoi vous désirez tant de vivre sainement ?

Atale. C'est premièrement pour être en état de travailler utilement.

Aselle. Je trouve ce motif raisonnable.

Alodie. Il l'est en effet ; car à quoi est-on bon quand on n'a pas la santé ?

Aselle. Il est vrai qu'on est bien à charge à soi-même, et encore plus aux autres.

Atale. Ceci me touche ; mais je suis encore plus touchée de voir qu'on devient inutile au monde.

Aselle. N'y a-t-il que cela qui vous touche dans la privation de la santé ?

Alodie. Je suis encore touchée de me voir, en

perdant la santé, dans la nécessité de tomber entre les mains des médecins.

Aselle. Mais c'est un bien de trouver ce secours dans une maladie.

Atale. Ah ! quel bien !

Aselle. Oui, c'en est un véritable.

Alodie. Hé bien ! je vous le cède volontiers, et à quiconque voudra le prendre.

Aselle. Mais c'est Dieu qui a créé la médecine, et qui nous ordonne d'obéir au médecin.

Atale. Il est vrai ; mais Dieu ne nous ordonne pas d'en avoir besoin, et nous permet de faire tout ce que nous pourrons pour nous en passer.

Aselle. Heureux qui pourrait s'en passer !

Alodie. Quand nous désirons la santé, ce n'est pas par aucune opposition que nous ayons à la médecine ou aux médecins.

Aselle. Pour quelles raisons donc ?

Atale. Si vous ne les voyez pas, vous devez les sentir : pour moi je penserais volontiers que quand Dieu a parlé de la sorte de la médecine et des médecins, les choses n'étaient pas sur le pied qu'elles sont aujourd'hui.

Aselle. Et sur quel pied sont-elles donc ?

Alodie. Hélas ! aujourd'hui il vaudrait presque autant mourir que de tomber entre leurs mains.

Aselle. Vous en dites beaucoup, et voilà une expression bien forte.

Atale. Ne voyez-vous pas que, pour guérir entre leurs mains, il faut auparavant être réduit au tombeau ?

Aselle. C'est apparemment leur sévérité, et non leur art, que vous n'approuvez pas.

Alodie. Vous l'avez dit, ce n'est que cela : leur art, il est bon, il est nécessaire ; mais aujourd'hui je ne sais comment il est mené.

Aselle. N'en soyez pas surprise, puisque la sévérité est aujourd'hui à la mode.

Atale. Mode tant qu'il vous plaira, cela n'accommode guère les pauvres patiens.

Aselle. Vous voudriez apparemment des médecins qui vous guérissent sans vous affaiblir et sans vous faire de mal ?

Alodie. Oui, voilà ceux que j'aimerais, et je les appellerais alors de bons et de savans médecins.

Aselle. Il faudra, à ce que je vois, vous en faire de tout exprès.

Atale. Ne m'en faites point, de grâce; mais cherchons plutôt les moyens de nous en passer entièrement.

Aselle. Si vous pouvez y réussir, je n'aurai point de peine à me ranger de votre parti.

Alodie. Enfin il est des personnes qui en toute leur vie n'en ont pas besoin.

Aselle Je voudrais bien leur ressembler, apprenez-moi ce secret.

Atale. Ayez d'abord un bon tempérament, car sans ce fondement il est difficile d'élever bien haut l'édifice de la santé.

Aselle. Vous débutez là d'abord par une chose qui ne dépend pas de nous : cela serait bien si nous étions les maîtresses de nous en choisir un.

Alodie. Vous parlez très-juste ; néanmoins, sans ce bon tempérament vous ne pouvez compter sur la santé.

Aselle. C'en est donc fait, si le tempérament n'est pas bon.

Atale. Comment voulez-vous bâtir quelque chose de bon sur un fondement ruineux ?

Aselle. Cela m'afflige.

Alodie. Ajoutez pour ceux qui n'ont pas un bon tempérament ; car, grâce à Dieu, le vôtre est très-bon.

Aselle. On peut donc bâtir dessus hardiment ?

Atale. Oui, vous n'avez qu'à vous mettre à l'œuvre.

Aselle. Dites-moi ce qu'il faut faire.

Alodie. Craignez Dieu premièrement, et l'aimez de toutes vos forces.

Aselle. Qu'est-ce que cela a de commun avec la santé ?

Atale. Le voici : c'est que la crainte de Dieu et

son amour nous empêchent de pécher, et que le péché est cause de bien des maladies.

Aselle. C'est apparemment pour cela que Notre-Seigneur commençait par remettre les péchés à ceux qu'il voulait guérir, et qu'il disait à ceux qu'il avait guéris : Allez, et ne péchez plus.

Alodie. Vous l'avez dit, c'était pour nous faire comprendre cette vérité.

Aselle. Il est donc bien important de recourir à la pénitence quand on est malade?

Atale. C'est par où il faut commencer, pourvu qu'on songe en même temps à réparer le mal que l'on a fait, et le tort que l'on pourrait avoir causé.

Aselle. Ce n'est donc pas assez de demander pardon?

Alodie. Non, il faut encore faire les réparations nécessaires; et comme plusieurs ne le font pas, aussi ne guérissent-ils point, ou bien tard.

Aselle. C'est donc là ce qui rend la science des médecins si fautive, et qui émousse la pointe de leurs remèdes les plus efficaces?

Atale. N'en cherchez point d'autre cause.

Aselle. A vous entendre, il faut donc bien se garder de pécher, si on veut conserver la santé?

Alodie. Oui; car avec tout le bon régime que vous pourrez observer, si vous offensez Dieu, il vous punira par des maladies et des infirmités, s'il ne vous punit point autrement.

Aselle. Il est pourtant bien des personnes très-déréglées qui jouissent d'une bonne santé, tandis que des personnes très vertueuses en sont dépourvues.

Atale. Ne vous arrêtez point à ces exemples; ce sont des exceptions de la règle générale : d'ailleurs, ce qui ne leur est point arrivé pourra dans la suite leur arriver.

Aselle. Cette réponse ne dit rien des personnes vertueuses qui sont privées de la santé.

Alodie. Si ce n'est point pour leurs péchés passés, c'est du moins pour exercer leur patience, ou pour mériter une plus grande couronne dans le ciel.

Aselle.

Aselle. Je ferai grande attention à toutes ces raisons: continuez, de grâce.

Atale. Je vous ai dit le principal, car la santé dépend beaucoup plus de la bénédiction de Dieu, que de tous les soins que vous pourrez y apporter.

Aselle. Je sais parfaitement que la santé est un don de Dieu; mais je n'ignore pas aussi que Dieu veut qu'on donne des attentions pour la conserver.

Alodie. Nous en sommes persuadées comme vous; mais avant que de vous parler de ces attentions, nous avons encore quelque chose à vous dire.

Aselle. Parlez, je suis prête à vous écouter.

Atale. Prenez garde encore à une chose.

Aselle. Quelle est-elle?

Alodie. C'est la manière dont vous recevez le corps de J. C. dans la sainte communion.

Aselle. Cela a-t-il encore quelque rapport à la santé?

Atale. Oui, un très-grand, puisque saint Paul (1) nous assure que de son temps plusieurs étaient malades et languissans, et même mouraient, faute de faire le discernement qu'ils devaient du corps du Seigneur.

Aselle. Je conçois à présent le rapport.

Alodie. Concevez-le, et donnez désormais toute votre attention pour bien et dignement recevoir ce précieux corps.

Aselle. Les maladies, les langueurs, et la mort même, sont donc quelquefois la punition des communions mal faites?

Atale. C'est l'Apôtre qui nous en assure: on ne peut vous citer de plus grande autorité.

Aselle. Ceci mérite bien qu'on y pense.

Alodie. Comprenez encore, s'il vous plaît, que si les communions mal faites sont la cause de ces maux, les communions bien faites produisent des effets tout contraires.

Aselle. Que voulez-vous dire par là?

(1) 1. Cor. 11, 30.

O

Atale. Je veux dire que les communions bienfaites éloignent les maladies, les langueurs, et la mort même, quand il est utile au salut des personnes.

Aselle. Voilà de grands avantages auxquels je ne pensais pas.

Alodie. Ils méritent bien néanmoins qu'on y pense.

Aselle. Et comment cela se fait-il, de grâce ?

Atale. Le voici, il est aisé à comprendre ; car si Jésus-Christ dans la sainte communion communique à nos corps son immortalité pour la vie future, comment ne leur communiquera-t-il pas la santé, la force et la vigueur pour la vie présente ?

Aselle. Je suis charmée de ces explications : venons présentement aux attentions qu'il faut donner pour la conserver.

Alodie. Très-volontiers ; mais permettez-moi auparavant de dire un mot à une personne. Dans un moment je suis à vous.

Aselle. Je vous attends de pied ferme ; mais faites-moi le plaisir de ne vous pas gêner.

SUITE DE LA CONVERSATION
SUR LA SANTÉ.

ATALE.

Quand il vous plaira, nous continuerons à nous entretenir sur la santé.

Aselle. Je suis si contente du commencement de notre conversation, que j'aspire bien après le reste.

Alodie. Que voulez-vous savoir de plus ?

Aselle. Ce qui reste à faire pour conserver la santé.

Atale. Il faut d'abord ne vous point écouter, et laisser passer nombre de petits accidens qui arrivent aux meilleures santés, sans seulement y faire attention.

Aselle. Cette première leçon me paraît sévère.

Alodie. Si vous êtes de ces personnes qui à chaque instant se tâtent le pouls, n'espérez jamais d'avoir une bonne santé ; car pour un oui ou pour un non elles appellent les médecins, qui, d'une légère indisposition, en font une maladie sérieuse.

Aselle. Je vois bien les suites de cette grande délicatesse.

Atale. Si vous les voyez, évitez-les avec soin ; car ces sortes de personnes s'imaginent à toute heure être malades, lors même qu'elles se portent le mieux.

Aselle. Je prends bien la résolution d'éviter cet écueil.

Alodie. Faites-vous ensuite à la fatigue le plus qu'il vous sera possible, en ne vous choyant que raisonnablement : c'est par ce moyen que vous vous ferez une santé forte et robuste.

Aselle. Vous ne voulez donc point de tous ces paravents et de tous ces contre-châssis, ni de toutes ces doubles portes ?

Atale. Croyez-moi, toutes les personnes qui vivent dans le duvet et dans le coton, ne peuvent avoir qu'une santé fort chancelante.

Aselle. Je croyais que c'était tout cela qui faisait une bonne santé, et qui la conservait long-temps.

Alodie. C'est au contraire ce qui la ruine et la perd : il faut bien plutôt s'accoutumer à sentir un peu la rigueur de chaque saison.

Aselle. Voilà pour moi des leçons bien nouvelles.

Atale. Accoutumez-vous encore à une nourriture simple et grossière : car les mets délicats ne produisent jamais qu'une santé faible et délicate.

Aselle. Je le comprends et j'y souscris sans peine.

Alodie. Ce n'est pas assez : il faut encore, en vivant de la sorte, ne prendre en tout temps que ce qui est nécessaire pour entretenir la santé, et rien au-delà.

Aselle. Ceci est plus difficile.

Atale. Ne voyez-vous pas qu'en donnant à votre estomac plus d'ouvrage qu'il n'en peut faire, vous le ruinez, et vous vous faites un amas d'humeurs, qui, venant à se corrompre, vous causeront inévitablement des maladies et des infirmités.

Aselle. Il faudra donc manger par poids et boire par mesure ?

Alodie. Cela n'est point nécessaire : une personne accoutumée à la vie simple et frugale, connaît, sans balance et sans mesure, quand il faut s'arrêter.

Aselle. Mais si, par hasard, l'on vient à excéder cette règle ?

Atale. Il n'y a rien à craindre quand l'excès est léger, et que cela arrive rarement ; on en est quitte pour retrancher au repas suivant ce en quoi on a excédé au repas précédent.

Aselle. N'y a-t-il que cela à observer dans la nourriture ?

Alodie. Il faut encore n'user que de nourritures bienfaisantes et convenables à l'estomac.

Aselle. Mais si la compagnie nous engage quelquefois à faire autrement ?

Atale. Il faut toujours recevoir gracieusement ce que l'on vous présente, et le laisser adroitement sur votre assiette ; et si l'on vous presse de le manger, il faut le faire sans vous expliquer, mais modérément.

Aselle. Mais si cela est nuisible à la santé ?

Alodie. Tout ce que l'on mange une fois en passant et avec modération, n'y peut jamais nuire, au moins notablement.

Aselle. Je vous sais bon gré de toutes ces leçons.

Atale. Il faut encore, tant que vous pourrez, manger toujours aux mêmes heures, et ne vous permettre jamais, sans une vraie raison, de manger hors le repas.

Aselle. Cet article ne me fera point de peine, car j'y suis toute accoutumée.

Alodie. Accoutumez-vous encore à vous lever et à vous coucher tous les jours à une même heure, car rien ne contribue tant à la santé que l'ordre et la règle.

Aselle. Mais de quelle manière faut-il travailler durant le jour ?

Atale. Evitez le plus que vous pourrez l'empressement et la précipitation, et faites chaque chose comme si vous n'aviez que celle-là à faire, et comme si aucune autre ne devait suivre : par ce moyen vous ferez bien toute chose, et vous n'altérerez jamais votre santé.

Aselle. Mais comment travailler doucement quand on est bien pressé ?

Alodie. Le vrai moyen de travailler vite est de travailler doucement.

Aselle. Je vous entends, mais je ne vous comprends pas.

Atale. Regardez travailler deux personnes, dont l'une se possédera en travaillant, et l'autre se précipitera ; et vous verrez à la fin que la première aura fait plus d'ouvrage que l'autre.

Aselle. J'aime mieux vous en croire que d'en faire l'épreuve.

Alodie. Joignez encore à toutes ces règles le soin d'éviter l'excès en toutes choses, non-seulement dans le boire et le manger, comme je vous l'ai dit, mais encore dans le repos et le travail, dans le dormir et dans les veilles, dans la joie et dans la tristesse, dans les récréations et dans les mortifications ; en un mot, en toutes choses.

Aselle. Sans doute que vous avez tout dit ?

Atale. Non, j'ai encore une chose de grande importance à vous recommander.

Aselle. Et quelle est-elle ? peut-il y avoir encore quelque chose après tout ce que vous avez dit ?

Alodie. La voici ; écoutez-la bien et la pratiquez encore mieux : c'est de bannir le chagrin loin de vous, car rien n'est plus contraire à la santé.

Aselle. Cela serait bon, s'il dépendait de nous.

Atale. Dites-moi, je vous prie, à quoi sert le chagrin, et si on en a jamais vu un bon effet ?

Aselle. Je sais qu'il n'est bon qu'à nous tourmenter, et qu'il n'a jamais rien changé à l'état des choses.

Alodie. Je vous condamne par votre propre bouche : pourquoi donc vous y livrer ?

Aselle. Je voudrais bien faire autrement, et je ne le puis.

Atale. Vous le pourriez, si vous consultiez votre foi, et si vous vous conduisiez en toutes choses par sa lumière.

Aselle. Il est vrai que le chagrin ne remédie à rien.

Alodie. Vous auriez donc plutôt fait d'adorer Dieu dans tous les événemens, et de vous soumettre humblement à sa sainte volonté ?

Aselle. C'est ce qu'il faudrait faire, et c'est ce que l'on ne fait pas.

Atale. On cesse alors d'agir en chrétien, qui reconnaît Dieu auteur de tous les événemens, excepté le péché ; et même en personne raisonnable, qui sait par les lumières de la raison que le chagrin ne peut prévenir aucun mal ni y remédier.

Aselle. On est donc bien simple de se chagriner?

Alodie. Je ne sais dans le monde qu'une seule chose qui doive nous chagriner, qui est le péché ; encore ce chagrin, s'il vient du Saint-Esprit, est modéré et se convertit bientôt en paix et en consolation.

Aselle. Et quand on manque de pain, ou qu'on est à la veille d'en manquer, ne peut-on pas aussi se chagriner ?

Atale. Comme je suis compatissante, je vous le passerais, si le chagrin donnait du pain quand on en manque, ou en procurait quand on est près d'en manquer ; mais comme le chagrin ne produit jamais ces effets, je ne vous conseille pas même en ces cas de vous y abandonner.

Aselle. Que faire donc alors ?

Alodie. Ayez recours à Dieu, qui n'abandonne jamais ceux qui se confient véritablement en sa pro-

sur la Santé.

vidence, et qui emploient fidellement les talens que Dieu leur a donnés pour s'en procurer.

Aselle. Mais enfin on se soulage, et on se console en se chagrinant.

Atale. Quel soulagement et quelle consolation que de s'abîmer dans la peine !

Aselle. Apprenez-moi donc un autre moyen.

Alodie. Je vous l'ai dit : jetez-vous entre les bras du Seigneur, et le suppliez de venir à votre secours; et pour ne le point tenter, servez-vous de tous les moyens qu'il vous a donnés, pour vous secourir vous-même.

Aselle. Je voudrais bien pouvoir mettre en pratique cette dernière leçon.

Atale. Sans cette pratique, je ne vous promets point de santé, parce que le chagrin en a fait plus mourir que l'épée.

Aselle. En faisant toutes ces choses, je puis donc compter sur une bonne santé ?

Alodie. Oui, avec le secours de Dieu et sa bénédiction : car c'est là que vous devez toujours regarder principalement.

Aselle. C'est aussi ce que je ne cesserai de demander à Dieu et d'attendre de sa bonté, afin d'être en état de le bien servir, et de mériter par là de jouir après cette vie d'une santé éternelle.

Atale. Voilà encore la fin que vous devez vous proposer dans la conservation de la santé.

Aselle. C'est cette fin que je veux aussi me procurer, et non pas simplement de jouir de la santé.

Alodie. Ces dispositions nous édifient et nous consolent.

Aselle. Je souhaite néanmoins, pour vous remercier de vos instructions, pouvoir l'employer aussi à ce qui pourra vous être utile.

Atale. Nous n'en attendions pas moins d'une personne de votre vertu et de votre politesse.

SUR LA FRÉQUENTATION DES SACREMENS.

Ermine. Nous venons vous demander des conseils pour le temps où nous ne serons plus dans cette maison.

Faustine. Sur quoi, s'il vous plaît, souhaitez-vous que je vous donne des conseils ?

Anyse. Sur ce qui regarde l'usage des sacremens.

Faustine. Je vous dirai en peu de mots que vous n'aurez qu'à faire, n'étant plus ici, ce que vous faisiez y étant.

Ermine. Nous serons bien contentes si nous pouvons le faire.

Faustine. Hé ! de grâce, qui vous en empêchera ?

Anyse. Le monde et les embarras du monde.

Faustine. Seriez-vous assez faibles pour craindre les discours du monde ?

Ermine. Nous savons que ce serait une grande faiblesse.

Faustine. Croyez-moi, laissez dire le monde, et faites toujours votre devoir.

Anyse. Mais avec la meilleure volonté, on est souvent arrêté par les embarras, qui sont si fréquens dans le monde.

Faustine. Ce sont justement ces embarras qui vous rendent les sacremens plus nécessaires, pour vous y conserver dans la sainteté que demande le christianisme.

Ermine. Nous savons que l'on trouve de grands secours dans les sacremens.

Faustine. Ce sera l'usage saint des sacremens qui vous remplira de grâce, de force et de lumière, et qui vous empêchera de succomber sous le poids de ces embarras.

Anyse. Nous le comprenons, et nous désirerions bien suivre vos conseils.

Faustine. Ah! qui est bien convaincu de la vertu des sacremens, se donne bien de garde de les négliger.

Ermine. Nous savons que leur vertu est très-grande.

Faustine. Par celui de la pénitence, vous conserverez votre ame toujours exempte des souillures du péché.

Anyse. Nous sommes instruites que ce sacrement produit cet effet dans ceux qui le reçoivent comme il faut.

Faustine. Cette pureté attirera en vous l'Esprit saint, lequel, résidant dans votre ame comme dans son temple, y répandra mille lumières qui vous empêcheront de vous égarer.

Ermine. Cet avantage est bien considérable.

Faustine. Jésus-Christ fera aussi ses délices de demeurer dans votre cœur; et vous y communiquera des grâces sans nombre.

Anyse. Ce que vous dites nous encourage merveilleusement.

Faustine. De cette présence de Dieu en vous, résultera une paix dont la douceur surpasse tout sentiment, une tranquillité qui sera comme un festin continuel, et une joie qui se répandra jusque sur votre extérieur.

Ermine. Si ce sacrement opère tant de merveilles, que sera-ce donc de l'Eucharistie, qui est le sacrement des sacremens?

Faustine. Votre ame nourrie et engraissée de la chair et du sang de l'Agneau sans tache, sera remplie d'une force et d'un courage à l'épreuve de tout.

Anyse. Nous n'aurons donc plus rien à craindre de la part de nos ennemis?

Faustine. Par vous-même vous aurez toujours à craindre; mais avec Jésus-Christ vous deviendrez plus forte que tous vos ennemis.

Ermine. Qui sont ces ennemis?

Faustine. Le démon avec toutes ses ruses, le monde avec tous ses artifices, et la chair avec tous ses attraits.

Anyse. Avec la sainte communion, on surmonte donc toutes ces choses?

Faustine. Oui, l'on devient terrible aux démons mêmes.

Ermine. Si tant de personnes succombent sous les efforts de tous ces ennemis, elles n'ont donc qu'à s'en prendre à elles-mêmes?

Faustine. Oui, car tous les jours elles reçoivent diverses blessures; et négligeant de les guérir, ces blessures deviennent mortelles: tous les jours elles s'affaiblissent; et négligeant de se fortifier, elles ne sont plus propres au combat.

Anyse. Cette conduite ne nous paraît ni chrétienne, ni raisonnable.

Faustine. Que penserait-on d'un soldat qui ne prendrait point de nourriture avant que d'aller au combat, ou qui étant blessé dans la mêlée, négligerait de se faire panser? Voilà ce que font ceux qui négligent les sacremens.

Ermine. Mais, pour profiter des sacremens, ne faut-il pas bien s'y préparer?

Faustine. Ce que vous dites est juste, car on ne les reçoit jamais indifféremment.

Anyse. Expliquez-nous ce que vous entendez par ce mot *indifféremment*.

Faustine. C'est-à-dire, que si les sacremens ne profitent pas, ils nuisent.

Ermine. Que faut-il faire pour que cela ne soit pas?

Faustine. Il faut premièrement ne s'en approcher jamais par habitude.

Anyse. Quand est-ce qu'on s'en approche de cette manière?

Faustine. C'est quand on s'en approche par la raison seulement que c'est le jour où l'on a coutume de communier, sans songer attentivement si l'on a les dispositions pour le faire utilement,

Ermine. Que faut-il faire encore ?

Faustine. Eviter de s'en approcher par respect humain.

Anyse. Quand est-ce que l'on s'en approche de cette seconde manière ?

Faustine. C'est quand on s'en approche par la seule raison que l'on craint que le monde ne s'aperçoive que l'on ne communie pas.

Ermine. Ne demandez-vous que cela ?

Faustine. Je demande encore que vous y apportiez les dispositions nécessaires pour le faire saintement.

Anyse. Nous serions bien aises de les savoir en détail.

Faustine. Comme il s'agit de deux sacremens, et que les dispositions en sont différentes, si vous le trouvez bon, nous en parlerons séparément.

Ermine. Cela nous fera encore plus de plaisir.

Faustine. Ce sera quand il vous plaira, je serai toujours prête.

Anyse. Nous vous aurons les dernières obligations, car ce sont des instructions qui nous serviront toute la vie.

SUR LA CONFESSION.

ERMINE.

Nous venons vous demander les instructions que vous nous avez promises.

Faustine. Volontiers : par où voulez-vous que nous commencions ?

Anyse. Par la confession, si vous l'avez pour agréable.

Faustine. Il faut premièrement faire choix d'un bon confesseur.

Ermine. Quelles qualités doit avoir un confesseur pour être censé bon ?

Faustine. Il faut qu'il ne soit extrême en rien, et qu'il ait avec cela les autres qualités que l'on a coutume de demander dans un confesseur.

Anyse. Lequel trouvez-vous le meilleur entre ceux qui sont bons?

Faustine. Celui qui nous fait marcher avec douceur et prudence par la voie étroite de l'évangile; voie qui conduit surement au ciel.

Ermine. De quoi faut-il traiter avec lui?

Faustine. De tout ce qui regarde la conscience, et rien autre chose.

Anyse. J'aimerais pourtant bien un confesseur qui, après avoir satisfait à ce qui regarde la conscience, m'instruisît de ce qui regarde la doctrine, afin d'en pouvoir parler dans les occasions.

Faustine. C'est en Sorbonne, et non au confessionnal, qu'il faut aller pour entendre parler de doctrine; et vous n'ignorez pas que la porte nous en est fermée pour de bonnes raisons.

Ermine. La science est pourtant une chose bien agréable.

Faustine. Parler de la sorte, c'est parler comme notre première mère, laquelle s'est perdue, elle, son mari, et toute sa postérité, par le désir de la science.

Anyse. Vous voulez donc que nous demeurions toute notre vie dans l'ignorance?

Faustine. Oui, et non.

Ermine. Qu'est-ce à dire, oui?

Faustine. C'est-à-dire, que je veux que vous demeuriez dans l'ignorance des choses qui ne vous sont pas nécessaires, et que vous ne pourriez savoir sans quelque péril.

Anyse. Qu'est-ce à dire, non?

Faustine. C'est à dire, que je ne veux pas que vous demeuriez dans l'ignorance des choses qui vous sont nécessaires pour vous sauver.

Ermine. Vous ne nous permettez donc rien au-delà?

Faustine. Non, rien: car ce ne serait plus vous

sur la Confession.

aimer que de vous permettre des choses qui pourraient être nuisibles.

Anyse. Il faut donc nous borner à cela, nous y renfermer ?

Faustine. Si vous le faites, vous vous procurerez une grande tranquillité, et vous acquerrez une grande réputation.

Ermine. Nous y sommes déterminées.

Faustine. Après le choix d'un bon confesseur, il faut travailler à bien connaître l'état de votre conscience.

Anyse. Quel examen faut-il faire ?

Faustine. Il faut vous examiner comme créature raisonnable, comme chrétienne, et comme chrétienne d'un certain état et d'une certaine profession.

Ermine. Quel examen y a-t-il à faire comme créature raisonnable ?

Faustine. Il faut voir si vous suivez en toutes choses la lumière de la raison, et non pas les impulsions de la chair et du sang ; je veux dire des passions, de l'humeur et du caprice.

Anyse. Quel examen y a-t-il à faire comme chrétienne ?

Faustine. Il faut voir si vous vous conduisez en tout suivant les règles de l'Evangile et les maximes du christianisme.

Ermine. Quel examen y a-t-il à faire, comme chrétienne, d'un certain état et d'une certaine profession ?

Faustine. Il faut voir si vous remplissez jusqu'à un iota tous les devoirs de votre état et de votre profession.

Anyse. N'est-ce donc pas assez de vivre régulièrement comme créature raisonnable et chrétienne ?

Faustine. Quand vous vivriez, si cela se pouvait, comme des Anges, suivant ces deux qualités, vous serez éternellement les compagnes des démons, si vous manquez à remplir les devoirs de votre état et de votre profession.

Ermine. Vous faites monter bien haut les devoirs de notre profession.

Faustine. Oui, si haut que j'en fais dépendre votre salut autant que de l'accomplissement de vos devoirs en qualité de créature raisonnable et de chrétienne.

Anyse. Je trouve cela bien fort.

Faustine. Récriez-vous sur cet article tant qu'il vous plaira, je n'en puis rien rabattre, ni moi, ni personne.

Ermine. C'est à nous à y faire nos attentions.

Faustine. Je vous le conseille, si vous avez gravé dans le cœur l'amour de votre salut.

Anyse. Suffit-il de connaître l'état de sa conscience pour aller aussitôt à la confession ?

Faustine. Non, il faut encore avoir une véritable contrition.

Ermine. Dites-nous ce que c'est.

Faustine. C'est une douleur de l'ame, et une détestation du péché, avec un ferme propos de n'y plus retomber.

Anyse. Faites-nous comprendre jusqu'où doit aller cette douleur.

Faustine. Regardez Magdeleine fondant en larmes aux pieds de Jésus-Christ ; regardez saint Pierre qui commence à pleurer pour ne cesser jamais de pleurer ; regardez Jésus-Christ lui-même au jardin des olives, le visage contre terre, baigné dans une sueur de sang, et vous le comprendrez.

Ermine. Vous nous proposez là d'excellens modèles, mais bien au-dessus de nos forces.

Faustine. Ah ! si vous conceviez ce que c'est que le péché, vous ne diriez pas cela.

Anyse. Faites-nous le comprendre.

Faustine. Perdre Dieu, l'éternité bienheureuse, son ame, et se précipiter dans les maux éternels ; voilà les suites d'un seul péché mortel.

Ermine. Voilà bien de quoi être affligé jusqu'à

sur la Confession.

verser des torrens de larmes, et tous les jours de sa vie.

Faustine. Hélas ! nous pleurons tous les jours et bien amèrement les moindres choses, qui nous sont chères, et nous sommes insensibles à une perte infinie !

Anyse. Le péché est donc quelque chose de bien haïssable ?

Faustine. Il l'est plus que tous les maux du monde réunis ensemble.

Ermine. Je comprends cela, puisqu'il nous prive de tous les vrais biens, et qu'il nous fait tomber dans des maux éternels.

Faustine. Vous comprenez juste : travaillez donc à le détester autant qu'il est détestable.

Anyse. C'est à quoi nous allons donner tous nos soins.

Faustine. Jamais rien ne mérita mieux votre travail.

Ermine. Nous y sommes bien résolues.

Faustine. Vous ferez bien ; mais de là il faut passer au ferme propos.

Anyse. Expliquez-nous bien nettement ce que c'est.

Faustine. C'est une détermination pleine, entière, absolue de quitter le péché, et de n'en commettre jamais aucun, même véniel, de propos délibéré.

Ermine. N'est-ce pas assez d'être dans la disposition de tâcher et de s'essayer de n'en plus commettre ?

Faustine. Non, car ce n'est pas là un ferme propos ; ce n'est qu'un dessein, ou tout au plus une résolution telle qu'elle, de faire ce que l'on pourra, si cela se rencontre.

Anyse. Vous demandez donc plus ?

Faustine. Ce n'est pas moi, c'est Dieu ; sans quoi il n'y a point de réconciliation avec sa divine majesté.

Ermine. Nous croyions qu'il suffisait de tâcher et d'essayer de se corriger.

Faustine. Non, il faut être pleinement, entièrement, absolument déterminé.

Anyse. Sur ce pied, il est bien peu de vrai ferme propos.

Faustine. C'est aussi ce qui cause tant de rechutes malheureuses, qui déshonorent si fort le christianisme.

Ermine. Ainsi disposées, que nous faut-il faire ?

Faustine. Il faut aller se prosterner aux pieds du confesseur, comme aux pieds de Jésus-Christ.

Anyse. Pourquoi comme aux pieds de Jésus-Christ ?

Faustine. C'est pour dissiper toutes ces vaines craintes et toutes ces mauvaises hontes que le démon nous suscite souvent aux approches du confessionnal.

Ermine. Est-ce toujours le démon qui excite en nous ces craintes et ces hontes ?

Faustine. Elles peuvent venir aussi de notre orgueil ou de notre faiblesse ; mais le plus souvent c'est le démon qui les excite.

Anyse. Voilà un bon remède pour les dissiper, qui est de ne regarder que Jésus-Christ.

Faustine. Il est bon en effet, car il n'est personne qui n'eût été avec une libre confiance se confesser à Notre-Seigneur, lorsqu'il était sur la terre d'une manière visible.

Ermine. C'est ce que je veux faire désormais pour me tromper saintement : je ne penserai plus autre chose, sinon que c'est à Jésus-Christ même que je vais me confesser.

Faustine. Faites comme vous dites, et vous n'aurez ni crainte ni honte ; et d'ailleurs vous ne vous tromperez pas, puisque tout confesseur tient la place de Jésus-Christ, le représente, et est revêtu de son autorité.

Anyse. Je ferai aussi la même chose, et par ce moyen, je n'aurai aucune peine à me confesser.

Faustine. Enfin, quand il vous en resterait un

peu, il ne faudrait pas vous en affliger, parce qu'elle fera partie de votre pénitence.

Ermine. Cela est encore bon à savoir.

Faustine. Soyez encore persuadée d'une chose, qui est, pour l'ordinaire : c'est que Jésus-Christ met dans la bouche du confesseur les paroles qu'il vous dit, et que par conséquent vous devez les écouter comme les paroles de Jésus-Christ même.

Anyse. C'est à quoi l'on ne pense guère.

Faustine. Faute d'y penser, on se prive des lumières et de l'onction, qui sont inséparables des paroles de Jésus-Christ.

Ermine. Vous nous apprenez là de merveilleux secrets.

Faustine. Je les crois bons, et je vous exhorte à les mettre en pratique.

Anyse. Comment faut-il s'expliquer en confession ?

Faustine. Le plus humblement, le plus simplement, le plus naïvement, le plus brièvement, et le plus clairement que vous pourrez.

Ermine. Que faut-il éviter soigneusement ?

Faustine. L'inutilité, le superflu, et l'embrouillement.

Anyse. Pourquoi, s'il vous plaît ?

Faustine. Afin que le confesseur voie tout d'un coup l'état de votre ame, et qu'il puisse plus facilement y remédier.

Ermine. Avec quelle disposition doit-on écouter le confesseur ?

Faustine. Avec la même docilité que vous écouteriez Jésus-Christ même, s'il vous parlait.

Anyse. Comment faut-il exécuter la pénitence qu'il nous enjoint ?

Faustine. Avec une grande fidélité pour le temps, le lieu et la matière.

Ermine. Cet article est-il de conséquence ?

Faustine. De très-grande, puisque les péchés ne sont remis qu'à cette condition.

Anyse. Les péchés ne sont donc pas remis, tant que la pénitence n'est point accomplie ?

Faustine. Ils ne le sont pas pleinement : d'ailleurs le sacrement n'est pas entier, puisqu'il y manque une de ses parties.

Ermine. Quoi ! cela va jusque-là ?

Faustine. Je ne vous dis rien que de vrai.

Anyse. Il faut donc être bien ponctuel dans l'exécution de sa pénitence ?

Faustine. On ne saurait trop l'être, à cause des conséquences que je viens de vous marquer.

Ermine. On ne pourrait donc point la différer, ni y rien changer ?

Faustine. Il faut bien s'en donner de garde, parce que ce serait faire tort au sacrement et à soi-même.

Anyse. En quelle posture et dans quel esprit faut-il recevoir l'absolution ?

Faustine. Dans la posture la plus humiliée, et dans l'esprit le plus contrit.

Ermine. Pour exciter cette contrition que faut-il faire ?

Faustine. Il faut s'imaginer être aux pieds de la croix de Jésus-Christ, et que le sang de ses plaies coule sur nous pour nous purifier.

Anyse. Que faut il faire étant sorti du confessionnal ?

Faustine. Il faut remercier Dieu d'une si grande grâce, accomplir fidèlement sa pénitence, et garder un grand silence sur tout ce qui nous a été dit dans la confession.

Ermine. Pourquoi faut-il garder ce grand silence ?

Faustine. Parce que ce qui se dit là est sacré, et que c'est une espèce de profanation de le répandre indiscrètement.

Anyse. Nous croyions qu'il n'y avait que le confesseur qui fût obligé au secret.

Faustine. Les pénitens doivent aussi ce respect à tout ce qu'on leur dit, de ne le jamais répéter inconsidérément.

Ermine. Mais si cela peut être utile à d'autres ?

Faustine. Dites-le alors; mais non comme l'ayant appris en confession, et sans jamais citer le confesseur : car ce serait imprudence et inconsidération.

Anyse. Quelle résolution faut-il prendre?

Faustine. D'être plus fidelles à l'avenir, d'éviter soigneusement les occasions du péché, et de travailler à vaincre vos mauvaises inclinations.

Ermine. A quoi faut-il se déterminer?

Faustine. A se faire de continuelles violences en ce monde, plutôt que de brûler éternellement en l'autre.

Anyse. Quoique le premier soit rude, il n'est pas à comparer à l'autre.

Faustine. Vous avez raison, et il n'y a point de comparaison à faire entre ces deux partis.

Ermine. C'en est fait, notre résolution est prise.

Faustine. Je me réjouis de voir votre courage.

Anyse. A quoi ne se résoudrait-on point, quand on voit qu'il s'agit d'une éternité?

Faustine. Voilà ce que j'appelle parler raison, mais raison très-sage et très-éclairée.

Ermine. Nous vous remercions de votre instruction, dont nous sommes très-satisfaites; nous attendons celle que vous nous avez promise sur la communion.

Faustine. Ce sera quand il vous plaira; car je suis toute dévouée à ce qui peut vous faire plaisir.

SUR LA COMMUNION.

ERMINE.

Nous sommes très-satisfaites de ce que vous nous avez dit sur la confession; nous vous en demandons autant sur la communion.

Faustine. J'y suis toute préparée, et rien ne me

fait plus de plaisir que de voir le zèle que vous avez pour vous instruire.

Anyse. Nous désirons savoir ce qu'il faut faire pour faire une bonne communion.

Faustine. C'est à quoi je n'épargnerai rien pour vous satisfaire.

Ermine. Nous vous aurons de grandes obligations.

Faustine. Je souhaiterais d'abord que vous prissiez trois jours pour vous y préparer.

Anyse. Que ferons-nous pendant ces trois jours?

Faustine. Vous vaquerez à la retraite et à la prière, au recueillement et aux élévations de cœur à Dieu ; vous ferez de saintes lectures, vous visiterez le saint sacrement, vous vous mortifierez, et vous ferez des aumônes si vous en êtes en état.

Ermine. Que ferons nous ensuite, de peur de nous rendre coupables de la profanation du corps et du sang de Jésus-Christ?

Faustine. Vous vous éprouverez soigneusement avant que de recevoir la sainte Eucharistie ; et après avoir bien examiné l'état de votre conscience, vous le ferez connaître fidèlement à votre confesseur, afin que, suivant vos dispositions, il vous permette ou vous diffère la communion.

Anyse. Quand est-il à propos d'aller trouver son confesseur?

Faustine. Si vous le pouvez la veille, ce sera le mieux, afin que vous ne soyez plus occupée que de Jésus-Christ, que vous devez recevoir.

Ermine. Que nous conseillez-vous de faire le soir devant la communion?

Faustine. Je vous conseille de vous retirer de bonne heure pour méditer à loisir sur les dispositions de votre ame, et sur la grandeur du bienfait de l'Eucharistie.

Anyse. Quels livres nous conseillez-vous pour nous aider dans cette méditation?

Faustine. Choisissez ceux qui seront propres à

allumer dans votre cœur une fervente dévotion pour le saint sacrement.

Ermine. Quel doit être le fruit de cette méditation?

Faustine. C'est de vous pénétrer d'amour et de reconnaissance pour Jésus-Christ.

Anyse. Par quelle prière finirons-nous cette méditation?

Faustine. Par celle-ci : Mon Dieu, préparez vous-même mon cœur ; faites par votre grâce que j'entre dans des dispositions qui soient dignes de vous ; dissipez ma langueur, fortifiez ma faiblesse, embrasez-moi de ferveur ; faites que je reçoive avec amour ce que votre amour me prépare ; donnez-moi la foi de Zachée, l'humilité du Centenier, les larmes de saint Pierre, la pénitence de Magdeleine, la pureté de saint Jean, et les sacrées dispositions de la sainte Vierge et de tous les Saints.

Ermine. Que nous conseillez-vous pour la nuit?

Faustine. Si vous vous éveillez, occupez-vous aussitôt du grand bonheur qui doit vous arriver ; dites, dans le transport de votre amour : Qui me donnera, ô divin Jésus ! de vous recevoir dans mon cœur, de m'unir à vous, et de vous posséder à jamais ? O qu'il me tarde de voir ce moment heureux !

Anyse. Que témoignerons-nous à Jésus-Christ dès le matin?

Faustine. Aussitôt que vos yeux seront ouverts, témoignez à Jésus-Christ le zèle dont votre cœur est enflammé, et dites-lui : Mon ame, Seigneur, vous a désiré toute la nuit, et dès le point du jour je vous cherche ; je brûle d'une soif ardente pour vous, et mon cœur vous désire avec une ardeur incroyable : comme le cerf altéré soupire avec impatience après les sources des eaux rafraîchissantes, ainsi mon ame altérée vous souhaite ardemment.

Ermine. Comment faut-il commencer la journée?

Faustine. Aussitôt que vous serez levées, prosternez-vous devant Dieu, adorez-le humblement, et priez quelque temps, afin de recevoir, par le secours de la prière, les grâces et les vertus qui vous sont nécessaires pour communier dignement.

Anyse. De quelles considérations pourrons-nous nous servir ?

Faustine. Considérez avec étonnement la bonté avec laquelle Jésus-Christ se donne à vous, et écriez-vous pleines d'admiration : Qu'est-ce que l'homme, Seigneur, pour mériter que vous vous souveniez de lui, et que vous l'honoriez ainsi de vos visites? D'où me vient ce bonheur, ô mon Dieu! que vous daigniez vous abaisser jusqu'à moi ? qui suis-je, pour vous recevoir ? O Dieu plein de majesté! l'Eglise ne cesse d'admirer votre profond abaissement dans le sein de la plus pure de toutes les Vierges : les Juifs mêmes se sont scandalisés autrefois de vous voir entrer dans la maison des pécheurs, et manger avec eux. Ah! je dois craindre que les Anges ne s'étonnent de ce que vous me souffrez à votre table.

Ermine. Prescrivez-nous, s'il vous plaît, ce qu'il faut faire durant la messe.

Faustine. Durant la messe, rendez-vous attentives à toutes les cérémonies du saint sacrifice, laissez-vous pénétrer de tous les sentimens de reconnaissance, d'amour et d'anéantissement qu'inspire la vue de Jésus immolé sur l'autel.

Anyse. Marquez-nous encore ce qu'il faut faire à mesure que nous avancerons vers le temps de la communion.

Faustine. Il faut produire des actes de foi et d'espérance, de charité et d'humilité, d'adoration et de reconnaissance, et conserver toujours un extérieur le plus modeste, le plus recueilli et le plus respectueux qu'il est possible.

Ermine. Conduisez-nous par vos conseils jusqu'au moment de la communion.

Faustine. Dans ce moment, adorez intérieurement Jésus-Christ au-dedans de vous-mêmes, invitez le ciel et la terre à prendre part à votre bonheur, et écriez-vous toutes transportées hors de vous :

Mon ame, bénissez le Seigneur, et que toutes mes entrailles louent son saint nom. C'est maintenant que je ne trouve plus rien d'estimable sur la terre ; la vie me paraît ennuyeuse, et ce me serait un avantage de quitter ce monde, présentement que mes yeux ont vu le Sauveur, et que mon ame a trouvé celui qu'elle aime : je le possède, je ne le quitterai jamais.

Anyse. Que faut-il faire après la communion ?

Faustine. Possédez en paix un si grand trésor, et goûtez en silence un bien si délicieux ; rassemblez toutes les puissances de votre ame autour de Jésus-Christ, pour lui faire hommage ; écoutez-le dans le secret de votre cœur, et recevez avec joie les paroles qui sortent de sa bouche ; cachez-les dans le plus intime de vous-mêmes, et abandonnez-vous à tous les divers sentimens que vous inspirent l'amour et la reconnaissance.

Ermine. Que ferons-nous ensuite ?

Faustine. Tantôt abaissez-vous devant Jésus-Christ à la vue de vos misères, tantôt animez-vous par la confiance en sa bonté ; d'autres fois, unissez-vous à lui par amour ; demandez-lui tous vos besoins, et le priez d'arrêter pour toujours sur vous ses regards de miséricorde.

Anyse. Comment faut-il passer le reste du jour ?

Faustine. Le reste du jour, conservez un profond recueillement ; regardez de temps en temps Jésus-Christ dans votre cœur, et le priez de vous embraser du feu divin de son amour : en même temps, appliquez-vous à des actions de piété et de religion ; tranchez-vous le jeu, les divertissemens et les compagnies du monde, dans la crainte de diminuer ou d'éteindre en vous l'esprit de Jésus-Christ.

Ermine. Que faut-il faire pour se mettre en état de manger plus souvent le pain des Anges ?

Faustine. Ne pensez qu'à faire sans cesse de nouveaux progrès dans la vertu ; déracinez de votre ame jusqu'aux moindres affections du péché ; détachez votre cœur des choses de la terre ; portez vos pensées vers le ciel, et que votre occupation continuelle soit de dompter vos passions, de détruire vos mauvaises habitudes, de vaincre vos inclinations déréglées, de rompre votre propre volonté, de mortifier vos sens, afin de conformer votre vie aux actions de Jésus-Christ et aux règles de l'Evangile.

Anyse. Vous nous avez demandé trois jours de préparation, combien nous en demandez-vous pour l'action de grâce ?

Faustine. Je vous en demande autant.

Ermine. Que faudra-t-il faire pendant ces trois jours ?

Faustine. Vous occuper sans cesse du grand bonheur que vous avez reçu, goûter cette joie et ce plaisir avec un grand épanchement de cœur, et en remercier Dieu encore plus par vos actions que par vos paroles.

Anyse. Nous nous retirons bien contentes, pour aller méditer toutes ces vérités, dont notre cœur est tout pénétré.

SUR LE DÉSIR DE LA COMMUNION.

ISABELLE.

Je me sens un grand attrait pour la communion ; mais je ne sais si je dois le suivre.

Iphigénie. Ce n'est pas moi que vous devez consulter là-dessus, mais la personne qui vous conduit.

Isidore. J'ai aussi un pareil attrait, et je suis dans le même embarras.

Iphigénie. Je ne puis vous répondre que ce que j'ai déjà répondu.

Isabelle. Ce n'est pas un conseil que nous vous demandons, c'est une instruction.

Iphigenie. A la bonne heure : car autrement je ne pourrais vous répondre.

Isidore.

Isidore. Dites-nous seulement ce que vous pensez: car nous savons que c'est au Père spirituel à en décider.

Iphigénie. Pour vous satisfaire, il n'y a qu'à examiner la qualité de votre attrait.

Isabelle. Est-ce qu'il y a plusieurs sortes d'attraits?

Iphigénie. Il en est de l'attrait pour la communion, comme de la faim corporelle.

Isidore. Y a-t-il plusieurs faims corporelles?

Iphigénie. Il y en a de deux sortes : l'une qui vient de la bonne digestion, et l'autre qui est causée par le déréglement de chaleur de l'estomac.

Isabelle. Comment connaître cela?

Iphigénie. On connaît que la digestion est bonne, par une nouvelle vigueur que l'on ressent dans tous les membres; vigueur qui est produite par la distribution générale de la nourriture dans tout le corps.

Isidore. Nous comprenons bien cela.

Iphigénie. On connaît le déréglement de la chaleur de l'estomac, quand les nourritures ne profitent point, et laissent toujours dans la même faiblesse.

Isabelle. Faites-nous, s'il vous plaît, l'application de cela à la sainte communion.

Iphigénie. Cela est aisé : l'on fait bonne digestion de cette viande spirituelle, quand on sent une nouvelle vigueur dans toutes les parties de l'ame, par la distribution générale de cette sainte nourriture.

Isidore. Cela est bien merveilleux.

Iphigénie. Oui ; une bonne communion nous doit transformer en Jésus-Christ, selon cette parole que saint Augustin met dans la bouche de ce divin Sauveur : *Je ne serai point changé en vous, mais vous serez changés en moi.*

Isabelle. On doit donc voir Jésus-Christ agissant et opérant dans tous ceux qui communient?

Iphigénie. Oui, ces personnes doivent avoir Jésus-Christ au cœur, au cerveau, en la poitrine, aux yeux, aux mains, en la langue, aux oreilles, et ainsi du reste.

Isidore. Que fait Jésus-Christ par-tout là ?

Iphigénie. Il redresse tout, il purifie tout, il mortifie tout, il vivifie tout : il aime dans le cœur, il entend au cerveau, il anime dans la poitrine, il voit aux yeux, il parle en la langue, il écoute aux oreilles, et ainsi des autres.

Isabelle. Vous voudriez donc qu'une personne qui communie fût un autre Jésus-Christ ?

Iphigénie. Ce n'est pas moi qui le veux, c'est la raison : car comment se nourrir de Dieu sans se diviniser en quelque sorte ? Et n'est-ce pas ce que l'Apôtre veut dire, lorsqu'il fait ainsi parler celui qui communie : Je vis, non plus moi, mais Jésus-Christ vit en moi ?

Isidore. Ce que vous dites est juste, mais bien difficile à réduire en pratique.

Iphigénie. Pas tant que vous pensez, puisque c'est Jésus-Christ qui opère tout cela en celui qu'il a une fois changé en lui-même. Il ne faut pour cela que le laisser faire, en secondant fidellement son action, et se bien donner de garde de lui résister.

Isabelle. Il ne faut donc plus voir de faiblesse dans ces personnes ?

Iphigénie. Les faiblesses involontaires ne nuisent point à cette perfection, elles y aident au contraire.

Isidore. Hé ! comment cela ?

Iphigénie. En tenant l'ame toujours dans un profond abaissement devant Dieu à la vue de ses faiblesses, et dans une entière dépendance de son secours.

Isabelle. Nous comprenons à présent les effets d'une bonne communion; faites-nous voir le contraire.

Iphigénie. Le voici : c'est quand une ame demeure toujours dans le même état, et ne fait aucun progrès dans la vertu.

Isidore. Cela est bien général.

Iphigénie. Voici du particulier : c'est quand elle

ne devient ni plus humble, ni plus obéissante, ni plus détachée d'elle-même, ni plus mortifiée, ni plus douce, ni plus patiente ; en un mot, qu'elle vit toujours selon ses passions.

Isabelle. Ce mot de passions est bien fort.

Iphigénie. Je n'entends pas, par ce mot, des passions grossières, mais des passions fines et déliées, que l'on entretient soigneusement.

Isidore. L'ardeur de communier dans ces personnes est donc semblable à cette faim qui vient du déréglement de la chaleur de l'estomac ?

Iphigénie. Oui, toute semblable.

Isabelle. Ces personnes sont bien à plaindre.

Iphigénie. Il en est d'autres qui ne le sont pas moins.

Isidore. Qui sont-elles ?

Iphigénie. Ce sont celles qui donnent dans une autre extrémité, et qui communient sans aucune faim spirituelle de la sainte communion.

Isabelle. Pourquoi dites-vous sans aucune faim spirituelle ?

Iphigénie. Pour vous marquer que celle-là suffit ; l'autre, que l'on appelle sensible, ne dépendant pas de nous.

Isidore. Est-ce un grand mal de communier sans aucune faim, ni spirituelle, ni sensible ?

Iphigénie. Vous le devez comprendre, puisque c'est marquer du dégoût pour une viande si excellente.

Isabelle. Quel remède à cela ?

Iphigénie. Le remède qu'on apporte aux estomacs ou déréglés, ou régorgeant d'humeurs.

Isidore. Il faut donc avoir recours aux médecins spirituels ?

Iphigénie. Oui, et faire avec une extrême docilité tout ce qu'ils vous prescriront.

Isabelle. Mais s'ils nous prescrivent la diète et d'autres remèdes pénibles ?

Iphigénie. Si vous êtes résolues à vous guérir, rien ne vous coûtera.

Isidore. Il faut donc suivre votre conseil.

Iphigénie. Après cela vous mangerez avec délices cette nourriture céleste, et vous y trouverez des douceurs incomparables.

Isabelle. Notre résolution est prise : mille remercîmens de toutes vos instructions.

SUR LES OBSTACLES
A L'AVANCEMENT
DANS LA VERTU.

DAUPHINE.

Nous avons un grand désir d'avancer dans la vertu; mais il nous semble que nous reculons plutôt que d'avancer.

Euphémie. Vous savez néanmoins, et on vous le répète si souvent, que ne pas avancer, c'est reculer.

Fructueuse. Nous le savons, et c'est ce qui fait notre peine.

Euphémie. Mais en avez-vous bien sérieusement recherché la cause ?

Dauphine. Nous nous sommes contentées jusqu'ici d'en gémir.

Euphémie. Cela ne suffit pas : il faut aller jusqu'à la racine du mal, pour y apporter le remède convenable.

Fructueuse. Nous avons attribué cela à nos péchés.

Euphémie. Ce ne sont pas les péchés seulement qui arrêtent dans le chemin de la vertu.

Dauphine. Découvrez-nous, de grâce, les autres obstacles, afin que nous y remédiions promptement.

Euphémie. Ne serait-ce point que vous ne veilleriez pas assez sur vos inclinations naturelles, sur l'humeur, sur la propre volonté, et sur le jugement propre ?

Fructueuse. Mais nous ne voyons point de mal en tout cela.

Euphémie. Il ne s'agit point ici de reculer, mais d'avancer. Un marchand ne se contente pas de ne pas perdre, il veut encore gagner, et il regarde toutes les occasions où il manque à gagner, comme de vraies pertes et de vrais obstacles à s'enrichir.

Dauphine. Nous ne pensions point à cela.

Euphémie. Voilà justement ce qui fait que vous n'avancez point, et que vous perdez tant dans le commerce de la vie spirituelle.

Fructueuse. Faites-nous-le comprendre.

Euphémie. Toutes les fois que vous suivez vos inclinations naturelles, sans autre raison que de les suivre, vous manquez à vous contraindre, à vous faire violence, à remporter la victoire sur vous-mêmes : agir ainsi, n'est ce pas manquer à gagner ?

Dauphine. Mais on n'est point obligé à cela.

Euphémie. Vous me pardonnerez, si l'on veut avancer dans la vertu.

Fructueuse. Vivre de la sorte, c'est passer sa vie dans la gêne.

Euphémie. Un marchand regarde-t-il comme une gêne l'attention continuelle où il est de ne laisser échapper aucune occasion de gagner ?

Dauphine. Cela nous paraît une gêne.

Euphémie. C'est apparemment que vous n'avez pas le même désir d'avancer dans la vertu, qu'un marchand a de gagner.

Fructueuse. Mais cela ne diminue pas la grâce.

Euphémie. Je le souhaite, mais cela ne l'augmente pas non plus; et pour avancer, il faut l'augmenter sans cesse, puisque l'avancement consiste dans cette augmentation.

Dauphine. En dites-vous autant de l'humeur ?

Euphémie. J'en dis tout autant; car quand elle domine, elle est à la grâce ce que l'ivraie est à l'égard de la bonne semence; elle l'empêche de croître et de fructifier.

Fructueuse. Cette comparaison dit beaucoup.

Euphémie. Il est vrai ; mais voyez si elle dit trop.

Dauphine. C'est à quoi nous ne pensions pas non plus.

Euphémie. Ne vous plaignez donc plus si vous n'avancez pas, en voilà la cause.

Fructueuse. Que faut-il donc que nous fassions désormais ?

Euphémie. Il faut doucement combattre votre humeur, et ne la point laisser prévaloir.

Dauphine. Nous aimerions bien mieux l'abolir tout-à-fait.

Euphémie Ce serait le mieux : mais si vous ne pouvez en venir à bout, du moins ne la laissez jamais dominer.

Fructueuse. Y a-t-il autant à craindre pour la propre volonté ?

Euphémie. Tout autant.

Dauphine. Mais quel mal y a-t-il à contenter la propre volonté ?

Euphémie. Et moi je vous demande, quel bien y a-t-il à le faire ?

Fructueuse. Je crois facilement qu'il n'y a pas de bien.

Euphémie. Remarquez vous que c'est vivre dans une inmortification continuelle ?

Dauphine. Nous vous l'accordons.

Euphémie. Hé ! dites-moi, l'immortification est-elle un bon moyen d'augmenter la grâce, d'où dépend l'avancement dans la vertu ?

Fructueuse. Nous voyons et nous sentons bien cet inconvénient.

Euphémie. Il y en a encore un autre : c'est qu'en faisant toujours sa volonté, on est bien mal disposé à faire celle des autres.

Dauphine. N'est-ce pas assez d'être toujours prête à obéir à Dieu et à ses supérieurs ?

Euphémie. Cela est bon ; mais, de grâce, une personne accoutumée à faire sa volonté, obéit-elle toujours de bon cœur, même à Dieu et à ses supérieurs ?

Fructueuse. Elle le doit.

Euphémie. C'est bien dit, elle le doit ; mais le fait-elle toujours ? cette longue habitude de faire sa volonté ne lui livre-t-elle pas mille assauts en ces occasions, et ne lui fait-elle pas sentir mille répugnances ?

Dauphine. Nous ne l'éprouvons que trop.

Euphémie. Je suis bien aise que vous en conveniez. Mais, dites-moi, une personne qui a un grand désir d'avancer dans la vertu, doit-elle se contenter d'obéir à Dieu et à ses supérieurs ? C'est ne faire que ce que le plus imparfait des chrétiens est obligé de faire.

Fructueuse. Je comprends bien que cette personne est obligée à quelque chose de plus.

Euphémie. Faites-le donc, et étendez votre obéissance à toute personne et à toute occasion indifféremment : c'est-là où vous ferez briller et éclater votre vertu.

Dauphine. Nous y sommes résolues.

Euphémie. Quel mérite auriez-vous, et quel progrès feriez-vous, si vous n'alliez pas jusque-là ?

Fructueuse. Que demandez-vous de nous par rapport au propre jugement ?

Euphémie. Je demande que vous ne l'écoutiez pas plus que tout le reste.

Dauphine. Quel danger y trouvez-vous ?

Euphémie. C'est qu'en l'écoutant, il vous persuadera toujours que vous avez raison.

Fructueuse. Hé ! n'est-ce pas une bonne chose d'agir toujours dans cette persuasion ?

Euphémie. Non, quand c'est par suffisance, entêtement et aveuglement que l'on croit toujours avoir raison.

Dauphine. Ce que vous dites là nous surprend.

Euphémie. Le vrai humble, loin de croire avoir toujours raison, craint souvent de ne pas l'avoir.

Fructueuse. Mais qu'importe ce que l'on pense, pourvu que l'on obéisse ?

Euphémie. Sans doute que vous n'y pensez pas, quand vous parlez de la sorte.

Dauphine. Quel mal y a-t-il donc ?

Euphémie. Ne voyez-vous pas que vous perdez par là tout le fruit de l'obéissance ? Vous obéirez au-dehors; mais vous n'obéirez pas dans votre cœur, puisqu'en obéissant, votre propre jugement vous fera penser, ou que l'on a tort de vous commander, ou que l'on vous commande mal.

Fructueuse. Il est vrai que cela arrive quelquefois comme vous le dites.

Euphémie. Que pensez-vous vous-même d'une telle obéissance ? est-elle bien propre à vous faire avancer dans la vertu ?

Dauphine. Non, sans doute.

Euphémie. Ne demandez donc plus pourquoi vous n'avancez point, et pourquoi vous êtes toujours en même état : en voilà la cause.

Fructueuse. On ne peut vous être plus obligé que nous le sommes de cette découverte ; nous en profiterons avec le secours de la grâce.

Euphémie. Je le souhaite de tout le zèle dont je vous aime.

SUR LES CONTESTATIONS.

JOCONDE.

Nous venons vous consulter au sujet d'une contestation que l'on vient de nous former.

Généreuse. Je vous plains si vous êtes d'humeur à soutenir les contestations.

Honorate. Comment ne les pas soutenir ? Vous voulez donc que nous passions pour des imbécilles ?

sur les Contestations.

Généreuse. Je vous plains, encore un coup, si vous êtes de cette humeur.

Joconde. Il faudra donc laisser perdre son bien, abandonner son honneur, et laisser prévaloir les opinions contraires aux nôtres?

Généreuse. Je ne dis pas cela; mais je dis que vous êtes à plaindre, si vous avez l'esprit de contestation.

Honorate. Nous dire cela, ce n'est pas nous donner les conseils que nous cherchons.

Généreuse. Vous voudriez apparemment que je vous dise de tenir bon, et de ne vous relâcher en rien, afin de l'emporter sur vos adversaires?

Joconde. C'est une autre extrémité que nous n'attendons pas d'une personne de votre lumière et de votre sagesse.

Généreuse. Que me demandez-vous donc?

Honorate. Nous vous demandons de vouloir balancer les raisons de part et d'autre, et de nous dire d'avancer ou de reculer.

Généreuse. De quoi s'agit-il? quelle est la matière de votre contestation?

Joconde. N'importe sur quoi elle roule. Aujourd'hui ce sera sur une chose, et demain sur une autre: donnez-nous des règles qui nous servent pour toute contestation.

Généreuse. Je le veux bien. Supposons d'abord qu'il soit question de bien temporel.

Honorate. Que pensez-vous qu'il faille faire?

Généreuse. Je pense que, si vous pouvez disposer de ce bien sans intéresser personne, ni votre conscience, vous devez plutôt l'abandonner que de contester.

Joconde. Mais en suivant votre conseil, nous serions bientôt ruinées.

Généreuse. Cela n'est point à craindre.

Honorate. Et qui en empêchera?

Généreuse. Jésus-Christ, dont vous suivez le conseil.

Joconde. Mais le monde pourrait abuser de notre facilité.

Généreuse. Dieu ne le permettra pas ; et si, pour obéir à Jésus-Christ, vous perdiez quelque portion de votre bien, il vous le rendra au centuple, même dès cette vie.

Honorate. Ce que vous dites là est bien consolant.

Généreuse. C'est la vérité que je vous dis. Jésus-Christ qui a dit (1) : *Si quelqu'un veut plaider contre vous pour vous prendre votre robe, abandonnez-lui encore votre manteau*, peut-il laisser cela sans récompense ?

Joconde. Ces paroles sont décisives.

Généreuse. Ah ! si en contestant on ne perdait que son bien ; mais l'on perd souvent bien davantage.

Honorate. Que perd-t-on de plus, s'il vous plaît ?

Généreuse. On perd la charité, ou du moins on l'altère.

Joconde. Nous espérions que cela ne nous arriverait pas.

Généreuse. Vous dites bien, nous espérions ; certainement je ne voudrais pas être votre caution.

Honorate. Nous ferions du moins tout ce que nous pourrions pour cela.

Généreuse. Je veux pour un moment que vous en vinssiez à bout ; pouvez-vous répondre de ceux avec qui vous contesterez ?

Joconde. Mais si nous n'en sommes pas la cause ?

Généreuse. Alors vous n'aurez rien à vous imputer : mais vous en serez la cause, ou du moins l'occasion, si, pouvant céder sans intéresser personne, ni votre conscience, vous ne le faites pas.

Honorate. J'avoue que cette considération mérite d'être pesée.

Généreuse. Comptez-vous encore pour rien la paix du cœur que vous ne manquerez pas de perdre, ou du moins d'intéresser beaucoup ?

Joconde. Nous comptons cela pour beaucoup.

(1) Matth. 5. 40.

Généreuse. Vous avez raison ; car c'est cette paix qui fait la douceur de la vie.

Honorate. Nous sommes bien désireuses de la conserver.

Généreuse. Ne comptez pas néanmoins de la conserver dans les contestations.

Joconde. Nous n'y penserons que quand il sera nécessaire; ainsi notre paix ne sera guère interrompue.

Généreuse. Vous êtes donc les maîtresses de votre esprit ; si cela est, vous êtes les seules.

Honorate. Nous ne prétendons pas dire que la pensée de ces contestations ne nous viendra point à l'esprit, mais nous la chasserons.

Généreuse. Je le veux : mais vous obéira-t-elle ? Si vous la chassez par une porte, elle reviendra par l'autre.

Joconde. Vous avez bien mauvaise opinion de notre vertu.

Généreuse. Point du tout : je pense que vous voudriez sérieusement faire ce que vous dites, mais que vous n'en viendrez jamais à bout.

Honorate. Cela serait bien fâcheux.

Généreuse. Il est inutile de vouloir se tromper ; on ne peut aller contre l'expérience. Cette pensée vous troublera le jour et la nuit, jusqu'à vous causer des insomnies : elle ne vous épargnera pas même dans la prière, et dans les actions les plus saintes, jusqu'au pied des autels.

Joconde. Ce que vous dites là est bien capable de faire détester toute contestation.

Généreuse. Et votre repos, que deviendra-t-il, si ces contestations sont portées devant les juges ?

Honorate. Vous grossissez de plus en plus les suites fâcheuses des contestations.

Généreuse. Voyez si je ne dis rien qui ne se voie tous les jours.

Joconde. Il est vrai.

Généreuse. Que de courses, que d'assiduités, que de révérences ! et ajoutez, que de dépenses !

Honorate. Mais aussi nous aurons le dessus, car nous ne nous engagerons qu'à bonne enseigne.

Généreuse. Ne vous promettez pas cela, même avec la justice la plus claire et la plus certaine; car s'il est des juges intègres et éclairés, il en est qui ne sont ni l'un ni l'autre, au moins dans le même degré : or vous ne savez en quelles mains vous tomberez ; et, toute réflexion faite, rien n'est plus incertain que les jugemens des hommes.

Joconde. On ne peut donc jamais se promettre la victoire avec le droit le plus certain ?

Généreuse. Non : car tous les jours on perd de bonnes causes, et on en gagne de mauvaises.

Honorate. Nous pensions mieux que cela des juges.

Généreuse. Vous faites bien d'en penser avantageusement ; c'est un respect que vous devez à leur rang, à leurs lumières, et même à leurs qualités personnelles : mais, après tout, il n'est personne qui ne puisse se tromper.

Joconde. Mais en se trompant, ils ruinent les parties.

Généreuse. C'est le sort ordinaire des plaideurs, et la juste punition de leur entêtement.

Honorate. Il est pourtant des procès qu'on ne peut se dispenser de soutenir.

Généreuse. Il est vrai ; mais ce sont des fléaux pour ceux sur qui cette nécessité tombe.

Joconde. En vous écoutant, on se trouve disposé à sacrifier son bien, quand il se pourra, sans rien intéresser ; mais pour son honneur et sa réputation, on ne le peut jamais.

Généreuse. Pourquoi ne le peut-on pas ?

Honorate. C'est que l'honneur est plus cher que la vie.

Généreuse. Voilà justement une de ces fausses maximes qui ont cours dans le monde.

Joconde. Quoi ! vous traitez cette maxime de fausse ?

Généreuse. Oui, et je prétends être fondée en raisons.

Honorate. Vous êtes la première personne que j'aie entendu parler de la sorte.

Généreuse. Rien n'est pourtant plus vrai.

Joconde. Ayez la bonté de nous le faire voir.

Généreuse. Cela est bien aisé : sur quoi, je vous prie, est appuyé ce que l'on appelle honneur et réputation dans le monde ?

Honorate. Sur l'idée et le jugement des hommes.

Généreuse. Ce que vous dites est juste.

Joconde. Je pense comme ma compagne.

Généreuse. Suivant ce principe, dont vous convenez toutes les deux, quoi de plus variable, de plus incertain, et souvent de plus faux ! Un rien, un fantôme, une bagatelle, dérange toutes ces idées et tous ces jugemens.

Honorate. Nous en convenons encore.

Généreuse. Si cela est, ce que l'on appelle honneur dans le monde et réputation, n'est qu'un bien périssable comme les autres biens, et je ne vois pas qu'il faille tant s'en mettre en peine.

Joconde. Il est néanmoins recommandé dans la sainte Ecriture d'avoir soin de sa réputation.

Généreuse. Je le sais ; mais cela ne veut dire autre chose, sinon qu'il faut faire tout ce qui est nécessaire pour avoir une bonne réputation, et qu'il ne faut rien faire de contraire ; mais cela fait, il faut peu s'embarrasser de ce que les hommes pensent, et se contenter de ce que Dieu pense.

Honorate. Mais si les hommes pensent mal, lorsqu'ils devraient bien penser ?

Généreuse. Consolez-vous : il ne vous arrivera que ce qui est arrivé à Notre-Seigneur et à tant de Saints. Dites-moi, s'en sont-ils beaucoup mis en peine, et ont-ils entrepris des procès pour avoir des réputations ?

Joconde. Nous savons qu'ils ne s'en sont point mis en peine, et qu'ils n'ont intenté aucun procès pour cela.

Généreuse. Faites de même, et vous agirez non-seulement en chrétiens, mais encore en personnes d'esprit.

Honorate. Mais cela tient pourtant bien au cœur.

Généreuse. Oui, au cœur immortifié, et plein de l'amour de soi-même; mais non au cœur vraiment chrétien et plein de raison.

Joconde. Vous nous voulez bien parfaites ?

Généreuse. Je ne vous veux que chrétiennes et raisonnables, et en même temps vous débarrasser des suites fâcheuses des contestations.

Honorate. Y a-t-il d'autres suites que celles que vous nous avez dites en parlant des biens temporels ?

Généreuse. Non, ce sont les mêmes : la perte ou l'altération de la charité, de la paix du cœur, et du repos, sans parler des dépenses qui en sont inséparables.

Joconde. Nous voulons éviter tout cela.

Généreuse. Mais voici de quoi vous consoler dans la résolution que vous prenez : c'est que plus on veut détruire une réputation bien établie, plus on la fait briller et on la rend éclatante.

Honorate. Cela est bien consolant.

Généreuse. Croyez-moi, il en est de la réputation comme des cheveux, lesquels plus on les rase, plus ils deviennent épais.

Joconde. Si cela est, il n'y a qu'à demeurer en repos, et laisser dire le monde.

Généreuse. C'est ce que je vous conseille très-fort.

Honorate. Faut-il se conduire de même dans les contestations qui ne regardent que des opinions ?

Généreuse. Tout de même : il faut même s'échauffer encore moins sur celles-là que sur tout le reste.

Joconde. Pourquoi, s'il vous plaît ?

Généreuse. C'est qu'il est juste de laisser penser chacun comme il lui plaît, dans les choses libres.

Honorate. Ce n'est pas ce que l'on fait dans le monde.

Généreuse. On n'en est pas plus sage. Ce sont là de ces guerres que l'on entreprend bien à la légère.

Joconde. C'est que l'on voudrait ranger tous les autres à penser comme soi, quand il paraît plus de raison d'un côté que de l'autre.

Généreuse. Tant que les choses sont libres, c'est une témérité de vouloir gêner le monde.

Honorate. Mais si cela regarde la religion, n'est-ce pas zèle alors?

Généreuse. Non : je dis que c'est toujours témérité, parce que c'est blesser la liberté que chacun a de penser comme il lui plaît dans les choses non encore réglées et décidées.

Joconde. Ce que vous dites là paraît très-juste.

Généreuse. Il l'est en effet : car pourquoi vouloir mettre tout en combustion pour des choses où il est libre de penser comme l'on veut?

Honorate. On peut donc se ranger à son choix du côté que l'on voudra?

Généreuse. Si vous étiez des personnes d'étude et de science, je vous dirais oui ; mais n'étant ni l'une ni l'autre, je vous dis non.

Joconde. Et pourquoi, s'il vous plaît?

Généreuse. C'est que cela n'est ni de votre ressort, ni de votre compétence.

Honorate. Mais ce qui intéresse l'Eglise nous intéresse.

Généreuse. J'en conviens ; mais vous n'êtes pas établies juges pour régler les contestations qui naissent dans l'Eglise.

Joconde. Que faut-il donc que nous fassions?

Généreuse. Ce que vous feriez si vous vous trouviez dans un vaisseau menacé de péril : vous laisseriez le soin d'y pourvoir à ceux qui en sont chargés, et vous vous contenteriez d'élever les mains vers le ciel.

Honorate. Cette comparaison est juste.

Généreuse. Vous n'avez rien autre chose à faire ;

et en faisant ainsi, vous serez en paix, et vous attendrez l'événement.

Joconde. En paix, tranquillement, quand on est près de périr !

Généreuse. Vous appliquez ces paroles au vaisseau près de périr, et moi je l'applique à l'Eglise, vaisseau qui peut bien être attaqué de la tempête, mais qui ne peut jamais périr.

Honorate. Voilà donc ce que doivent faire les personnes particulières dans les contestations qui s'élèvent dans l'Eglise ?

Généreuse. Oui, si elles veulent conserver dans son entier la charité, la paix et le repos.

Joconde. Mais se conduire de la sorte, c'est être neutre ; ce qui n'est jamais permis, quand l'Eglise est attaquée.

Généreuse. Ce n'est pas être neutre que de prendre la défense de l'Eglise en la manière qui vous convient.

Honorate. C'est toujours être neutre entre ceux qui se débattent.

Généreuse. Cette neutralité est sage, puisqu'il ne vous appartient pas de décider lequel des deux a raison, et que vous n'avez ni caractère ni lumière pour cela.

Joconde. Voilà la conduite que nous tiendrons désormais.

Généreuse. J'ose dire que c'est la conduite la plus sage.

Honorate. Notre résolution est prise là-dessus.

Généreuse. Regardez pour un moment celles de votre état qui font autrement, et vous serez encore bien plus confirmées dans votre résolution.

Joconde. Faites-nous-les voir.

Généreuse. Ce sont des personnes trompées, qui ne savent ni ce qu'elles disent (1), ni ce qu'elles assurent si hardiment.

Honorate. Mais elles se donnent par-là le titre de savantes et de spirituelles.

(1) I. Tim. 1. 7.

Généreuse. J'aimerais bien mieux qu'elles se donnassent le titre de personnes humbles et modestes.

Joconde. Je serais bien de votre goût.

Généreuse. Si vous êtes de ce goût, il ne tiendra qu'à vous : vous n'avez qu'à vous renfermer humblement et modestement dans les bornes de votre état.

Honorate. Nous y sommes résolues.

SUR LA JALOUSIE.

TERTULLE.

Qu'avez-vous ? je vous trouve bien changée.

Zelie. Je suis charmée de vous rencontrer, pour vous faire part de ma peine.

Sabine. Eh ! quelle peine pouvez-vous avoir ?

Zelie. Elle est si grande, que je n'ai point de termes pour l'exprimer.

Tertulle. Nous vous regardions comme la personne du monde la plus heureuse.

Zelie. Il s'en faut bien que je sois heureuse.

Sabine. Et qu'est-ce qui peut troubler votre bonheur ?

Zelie. Je ne le cacherai pas : mon tourment est des plus grands.

Tertulle. Quoi ! n'êtes-vous pas votre maîtresse ?

Zelie. Il est vrai : personne ne me gêne ni ne me contraint, je fais ce que je veux, comme je le veux, et quand je le veux.

Sabine. Voilà bien de quoi être contente : qu'est-ce donc qui peut vous tourmenter ?

Zelie. Je le suis horriblement.

Tertulle. Ce mot d'horriblement nous fait peur. Quoi ! est-ce que les furies vous poursuivent ?

Zelie. Je crois facilement qu'il en est quelque chose.

Sabine. Nous ne pouvons ni le croire ni le penser.

Zelie. Je le pense bien, moi.

Tertulle. Quelles preuves en avez-vous?

Zelie. Je ne puis dormir, et le sommeil fuit loin de moi.

Sabine. Vous êtes à plaindre.

Zelie. Non-seulement je ne dors point, mais encore les meilleures nourritures me paraissent insipides, et je me trouve dévorée par un feu qui me pénètre jusqu'aux os.

Tertulle. Vous avez raison d'appeler cela un tourment; c'en est un véritable.

Zelie. Si je ne craignais pas trop dire, je vous dirais que je souffre comme une ame damnée.

Sabine. Cette expression est forte, et bien forte.

Zelie. Le malheur, c'est qu'elle est véritable.

Tertulle. Mais votre mal est-il sans remède?

Zelie. Hélas! je crois que tous les remèdes du monde ne pourraient le guérir, et que tous les médecins de l'univers n'y feraient que blanchir.

Sabine. C'est donc un mal bien désespéré?

Zelie. Pour moi je le pense, et je m'attends à y périr.

Tertulle. Voilà une triste ressource. Croyez-moi, il n'est point de mal qui ne trouve son remède.

Zelie. Le mien n'est point de ce genre.

Sabine. Hé! pourrait-on le savoir?

Zelie. Ah! si je pouvais le dire, je serais guérie.

Tertulle. Vous disiez tout-à-l'heure que ce mal était sans remède: je n'en sais point de plus aisé, puisqu'il n'y a qu'à ouvrir la bouche.

Zelie. Cela est bien aisé à dire; ce mal est de ceux qu'on n'ose avouer.

Sabine. Mais sans nous flatter, nous croyons être assez de vos amies, pour que vous n'ayez aucune peine à nous le dire.

Zelie. Il est vrai; cependant je ne saurais m'y résoudre.

Tertulle. Quoi! vous aimez mieux périr dans ce tourment que de parler?

sur la Jalousie.

Zelie. Hé bien ! il faut donc vous le dire..... cependant je n'ose le faire.

Sabine. Quelle faiblesse ! permettez-nous de vous le dire.

Zelie. Dès que je veux ouvrir la bouche, la honte me la vient fermer.

Tertulle. Croyez-moi, un moment de honte est bientôt passé.

Zelie. Hé bien ! je m'en vais vous le dire... Hélas ! je n'en ai pas la force.

Sabine. Quelle irrésolution ! vous en seriez déjà quitte.

Zelie. Voici ce que c'est... Non, je ne le puis dire.

Tertulle. Hé bien ! demeurez donc toujours dans votre état misérable.

Zelie. Mais j'en veux sortir, et je ne le puis.

Sabine. Ce sont vos affaires.

Zelie. Vous devenez donc indifférentes à mes maux.

Tertulle. Il le faut bien, puisque vous ne voulez pas guérir, lorsqu'il ne tient qu'à vous.

Zelie. Ah ! voici mon mal (j'ai bien de la peine à le dire) : le voici, c'est un esprit.... je ne puis achever.

Sabine. Quoi ! vous en restez là ?

Zelie. Il n'y a plus qu'un mot à dire : mais que ce mot me coûte ! c'est l'esprit de...

Tertulle. Achevez donc, si vous voulez, car nous nous ennuyons de tous vos délais.

Zelie. Enfin je ne puis le nommer par son nom : je m'en vais vous en dire les lettres, et vous les assemblerez ; car je mourrais de honte de dire le mot tout entier.

Sabine. Hé bien ! dites-en les lettres.

Zelie. C'est un J, un A, une L : devinez le reste.

Tertulle. Voilà bien des façons pour dire que c'est l'esprit de *jalousie* qui vous tourmente.

Zelie. Ah ! comme vous dites ce mot à pleine bouche !

Sabine. En savez-vous la raison ? C'est que notre cœur n'en est pas blessé comme le vôtre.

Zélie. Après tout me voilà bien soulagée, malgré toute la honte dont je suis couverte.

Tertulle. Quoi ! voilà ce qui vous tourmente si fort, qui vous ôte le sommeil, le boire et le manger, et qui vous dévore jusque dans les entrailles ?

Zélie. Oui, voilà mon mal, et je n'en sais point de plus cruel.

Sabine. Que vous êtes simple de vous tourmenter pour si peu de chose !

Zélie. Quoi ! si peu de chose ! ne recevoir toujours que de l'indifférence, tandis que les autres ne reçoivent que des marques de zèle et de bienveillance !

Tertulle. Quoi ! voilà ce qui vous dessèche l'esprit et le cœur, et qui vous rend si abattue !

Zélie. N'est-ce donc rien ?

Sabine. A mes yeux c'est un peu moins que rien.

Zélie. Hé ! prenez garde, vous allez augmenter ma maladie, au lieu de la guérir.

Tertulle. Si vous étiez seulement élevée d'un demi-pied au dessus de la terre et de vous-même, vous n'y penseriez seulement pas.

Zélie. Si cela se faisait aussi facilement que vous dites, cela serait bon.

Sabine. Pour moi, qui ne songe qu'à me mettre en dans l'esprit de Dieu, je suis toujours contente, de quelque manière que l'on me regarde.

Zélie. Quant à moi, je voudrais l'un et l'autre en même temps.

Tertulle. C'est justement le moyen de n'avoir ni l'un ni l'autre.

Zélie. Comment cela, s'il vous plaît ?

Sabine. C'est que l'esprit de jalousie ne manque pas de nous faire perdre les grâces de Dieu, et toutes les douceurs qui en sont inséparables.

Zélie. Si cela est, vous avez raison de dire que je perds tout à la fois l'un et l'autre.

Tertulle. Quel état plus déplorable !

Zelie. Je le sens, je le vois, et je n'en saurais sortir.

Sabine. Vous êtes bien à plaindre ; car pour en sortir, il ne faut qu'un grain de vraie humilité.

Zelie. Qu'est-ce que je ferai de ce grain de vraie humilité ?

Tertulle. Vous ferez mourir jusque dans la racine cette bonne opinion de vous même, qui vous fait penser que vous méritez quelque chose, et qui vous porte à vous égaler aux autres.

Zelie. Il faut donc, selon vous, ne s'estimer rien du tout ?

Sabine. Il n'y a point de vraie humilité sans cela ; et quand on ne s'estime rien du tout, on croit ne mériter rien, et on ne s'offense jamais d'être regardée comme telle.

Zelie. Si c'est là le remède à ma maladie, il est bien amer.

Tertulle. Je veux qu'il soit amer, mais les fruits en sont bien doux.

Zelie. Quels sont ces fruits ?

Sabine. Une paix souveraine que Dieu fait goûter au cœur vraiment humble.

Zelie. Comme j'aime la paix, et que je suis fatiguée de ma situation, je m'y détermine.

Tertulle. Cela est bien, mais il faut encore remédier au passé.

Zelie. Que voulez-vous dire par là ?

Sabine. Je veux dire que si vous avez reçu les sacremens en cet état, vous devez songer à y mettre ordre.

Zelie. Est-ce que vous pensez que tous les sacremens que j'ai reçus, ont été mal reçus ?

Tertulle. Consultez des personnes plus éclairées que moi ; mais cela est bien à craindre.

Zelie. Ce que vous me dites là me fait trembler.

Sabine. Vous faites bien de trembler, tandis qu'il y a encore du remède ; car si vous étiez morte en cet état, il n'y en aurait plus.

Zelie. Vous me jetez dans un grand embarras.

Tertulle. Nous ne vous y jetons pas, c'est vous-même qui vous y êtes mise, en conservant et nourrissant cet esprit de jalousie.

Zelie. Je me retire pour aller penser à ma conscience.

Sabine. Vous ne pouvez rien faire de mieux.

Zelie. Priez pour moi, j'en ai grand besoin.

SUR LA MORT.

Sérapie.

Nous nous rendons en diligence à vos désirs.

Rogate. Vous me faites plaisir ; car je suis dans une grande perplexité.

Talide. Quelle en peut être la cause ?

Rogate. C'est la pensée de la mort : je vois mes meilleures amies qui s'en vont tous les jours, et en les voyant partir, je songe que mon tour viendra bientôt, et cela me met dans l'état où vous me voyez.

Sérapie La consolation que nous pourrons vous donner, n'ira jamais à vous empêcher de mourir ; il faudra tôt ou tard que ce que vous voyez arriver aux autres, vous arrive.

Rogate. Hélas ! je ne le sais que trop, et c'est ce qui me trouble tant : la seule pensée de la mort me fait frémir, et je ne saurais me résoudre à mourir.

Talide. Il faut néanmoins vous y résoudre, puisque personne n'en est exempt, pas même les rois, ni ce qu'il y a de plus respectable dans le monde.

Rogate. Peu s'en faut que je ne perde l'esprit quand j'y pense, et que je ne m'abandonne au désespoir.

Sérapie. Voilà une grande extrémité ; à ce que je vois, vous voudriez donc toujours vivre ?

Rogate. Oui, je le voudrais.

Talide. Pensez-vous bien à ce que vous dites ?

Rogate. Oui, j'y pense bien.

Sérapie. Non, vous n'y pensez pas bien; et moi je vous dis que si la mort ne venait pas d'elle-même, vous seriez la première à l'appeler.

Rogate. Moi, l'appeler! non, jamais. Sa seule pensée me fait horreur.

Talide. A présent que vous jouissez délicieusement de la vie, je crois bien que vous ne l'appelleriez pas; mais dans quelques années, vous seriez bien impatiente si elle ne venait pas.

Rogate. Non, je ne l'appellerai jamais.

Sérapie. Croyez moi, c'est trop dire; il viendra un temps où sa pensée vous fera autant de plaisir qu'elle vous fait d'horreur.

Rogate. La pensée de la mort me faire plaisir! Oh, vous n'y pensez pas!

Talide. Pardonnez-moi, j'y pense bien.

Rogate. Dites-moi donc, de grâce, quand viendra ce temps?

Sérapie. Ce sera quand la mort, ayant déjà commencé à mettre la main sur vous, vous aura arraché les cheveux, les yeux et les dents, en tout ou en partie; ce sera quand elle vous aura creusé les joues et ridé le front; quand elle vous aura enlevé le sommeil et l'appétit: ce sera enfin quand elle vous aura tellement affaiblie, que vous serez devenue à charge à vous-même et aux autres.

Rogate. Alors comme alors; mais pour le présent je veux vivre, et je ne saurais souffrir qu'on me parle de la mort.

Talide. Parler ainsi, ce n'est plus parler raison; c'est renoncer à ce beau flambeau que Dieu a mis en chaque homme pour l'éclairer et le conduire sûrement.

Rogate. Aussi, pourquoi mourir? Il vaudrait mieux n'être point né.

Sérapie. Sachez que c'est en Dieu une miséricorde d'avoir condamné l'homme à la mort après son péché.

Rogate. Une miséricorde ! Dites plutôt une justice.

Talide. Je dis que c'est plutôt une miséricorde qu'une justice.

Rogate. Vous le dites ; je l'entends bien, mais je ne le conçois pas.

Sérapie. Ah ! si l'homme, dans la misère où il est réduit par le péché, ne devait point mourir, ce serait la plus grande de toutes les punitions.

Rogate. Cela ne peut pas être, puisque c'est la mort, qui est elle-même une punition encore plus grande.

Talide. Non, s'il vous plaît, puisqu'elle est la fin de tous les maux de cette vie.

Rogate. J'en conviens ; mais qu'il est triste de finir tous les maux de cette vie par un mal encore plus grand !

Sérapie. Ce mal est grand, à la vérité ; mais il cesse en quelque façon d'être un mal, quand il finit tous les autres.

Rogate. C'est un remède plus insupportable que le mal même.

Talide. Oui, selon votre prévention, mais non dans la vérité.

Rogate. Quoi ! n'être plus, ne voir plus, n'entendre plus, ne parler plus, ne sentir plus, n'agir plus ; être sans mouvement, pâle et défiguré, et exhaler une odeur de pourriture, qui fait qu'après nous avoir réduits sur la paille, mis à la porte, l'on s'empresse de nous cacher dans la terre !

Sérapie. C'est ici où la foi, si vous en avez, doit venir à votre secours.

Rogate. Vous vous exprimez comme si vous doutiez que j'aie de la foi.

Talide. Toutes vos réponses méritent justement ce doute.

Rogate. N'en doutez pas, s'il vous plaît, je fais profession d'être chrétienne.

Sérapie.

Sérapie. Permettez-moi de vous dire qu'on n'en voit rien dans vos paroles.

Rogate. Comment faut-il donc parler, pour parler en chrétienne ?

Talide. Il faut parler de la mort comme d'une miséricorde que Dieu exerce sur le pécheur, et l'envisager comme la matière d'une pénitence très-méritoire.

Rogate. Vous voulez donc qu'on ne pense point à son corps, et qu'on le livre impitoyablement aux vers et à la pourriture ?

Sérapie. Que vous le vouliez, ou que vous ne le vouliez pas, cela ne vous arrivera pas moins : il vous serait donc plus utile d'en faire la matière d'une pénitence très-méritoire.

Rogate. Est-ce qu'un cadavre défiguré et infecté peut être la matière d'une pénitence très-méritoire ?

Talide. Oui, par l'acceptation volontaire que l'on fait de cet état.

Rogate. Quoi ! ce n'est pas assez de tomber dans un état si humiliant, il faut encore que j'en fasse une acceptation volontaire ?

Sérapie. Oui, si vous voulez que cela vous serve de pénitence auprès de Dieu.

Rogate. Oh, que cela est rude !

Talide. Vous retombez encore dans votre langage tout payen, après nous avoir dit que vous faites profession d'être chrétienne.

Rogate. Je ne veux pas néanmoins y retomber, et je veux le désavouer entièrement.

Sérapie. Entrez donc dans les sentimens que je vous suggère, et acceptez volontairement cet état, pour en faire la matière d'une pénitence très-agréable à Dieu.

Rogate. Apprenez-moi donc à faire cette acceptation volontaire.

Talide. Consentez premièrement que votre ame soit séparée de votre corps, en punition des péchés qu'elle a commis en suivant plutôt les inclinations déréglées de ce corps, que la volonté de Dieu.

Rogate. Voilà le premier pas que vous me demandez ; je le trouve juste, mais qu'il m'en coûte !

Sérapie. Consentez ensuite que ce corps, en punition de son orgueil et de son ambition, soit caché dans la terre et foulé aux pieds.

Rogate. Je trouve cette disposition raisonnable, mais je ne puis nier qu'elle ne me coûte encore beaucoup.

Talide. Consentez aussi que pour l'amour désordonné que vous lui avez porté, et le trop grand soin que vous avez eu de lui donner ses aises et ses plaisirs, il retourne en pourriture, et soit la pâture des vers.

Rogate. J'ai bien de la peine à souscrire à tout cela ; cependant je le trouve juste.

Sérapie. Consentez encore que, pour l'attachement que vous avez eu aux biens périssables et aux créatures, et pour l'abus que vous en avez fait, vous en soyez privée et séparée.

Rogate. Ceci ne me paraît pas si pénible ; je m'y résous de bon cœur.

Talide. Outre cela, acceptez, en punition de l'oubli que vous avez fait de Dieu, l'oubli que l'on fera de vous après votre mort.

Rogate. Je trouve tout cela d'un grand sens ; je m'y soumets encore très-volontiers.

Sérapie. Je n'ai pas tout dit ; acceptez encore la privation de tout sentiment, en punition de vous être servie de tous vos sens pour offenser Dieu.

Rogate. Je me rends à tout cela ; j'en vois trop la justice.

Talide. J'ai encore un sacrifice à vous proposer, qui est de consentir à devenir par la mort un objet d'horreur à toutes les créatures, en punition de ce que vous avez si souvent recherché de leur complaire vainement.

Rogate. C'est donc en entrant dans tous ces sentimens, que l'on fait de sa mort une pénitence agréable aux yeux de Dieu ?

Sérapie. Oui, et tous ceux qui meurent sans ces sentimens, se causent à eux-mêmes un grand dommage.

Rogate. Hélas ! la plupart des mourans ne pensent qu'à leur mal, et ne songent guère à toutes ces choses.

Talide. Cela vient de ce que la plupart des chrétiens sont bien peu remplis des sentimens de la religion.

Rogate. Mais des personnes éclairées et charitables devraient les leur suggérer.

Sérapie. Ce n'est pas à quoi l'on manque : mais quand l'habitude de tous ces sentimens n'est pas dans le cœur, le mal a bientôt fait oublier ce que l'on peut entendre de meilleur.

Rogate. Je vous prie, lorsque je serai à ce moment, de m'en faire ressouvenir.

Talide. Je vous le promets ; mais je veux vous dire encore quelque chose de plus fort.

Rogate. Je ne pense pas qu'il y ait rien au-dessus de cela.

Sérapie. Vous me pardonnerez. Non-seulement vous pouvez faire de votre mort la matière d'une pénitence très-méritoire, mais vous pouvez encore vous en servir pour glorifier Dieu d'une manière très-excellente.

Rogate. Apprenez-moi cela ; je meurs d'envie de le savoir.

Talide. Il y a en Dieu une éternité, une grandeur infinie, une majesté sublime, une justice et une miséricorde sans bornes : par votre mort vous pouvez faire hommage à toutes ces perfections divines.

Rogate. Comment puis-je par ma mort faire hommage à l'éternité de Dieu ?

Sérapie. C'est en consentant de n'être plus ce que vous êtes, pour que Dieu seul subsiste et soit éternel.

Rogate. En dites-vous autant de la grandeur infinie de Dieu ?

Talide. Oui, vous pouvez lui faire hommage en voulant bien retomber en quelque sorte dans le néant, quant à une partie de vous-même, afin que lui seul soit grand.

Rogate. Comment puis-je faire hommage par ma mort à la sublime majesté de Dieu ?

Sérapie. C'est en consentant de tomber dans l'état d'humiliation où la mort nous réduit, pour que sa majesté seule soit reconnue.

Rogate. Comment, par ma mort, puis-je faire hommage à la justice de Dieu ?

Talide. C'est en lui satisfaisant pleinement par la destruction volontaire de votre corps.

Rogate. Comment ferai-je hommage par ma mort à la miséricorde de Dieu ?

Sérapie. C'est en ce que la justice ayant exercé sur vous tous ses droits par la mort, elle fait place à la miséricorde, pour exercer les siens dans toute leur étendue

Rogate. En admirant toutes les beautés que vous dites, il me vient dans l'esprit que nous perdons beaucoup en mourant. Cela est-il vrai ?

Talide. Cela est vrai des méchans, mais non des justes.

Rogate. Cela augmente encore mon admiration.

Sérapie C'est la vérité, qu'il n'y a que les méchans qui perdent en mourant.

Rogate. Tous perdent néanmoins également la vie, les biens, les parens, les amis et le monde entier.

Talide. Les méchans perdent tout cela sans ressource ; pour les justes, ils ne font qu'échanger tout cela en quelque chose d'incomparablement meilleur.

Rogate. Après tout, les méchans ne perdent point toutes ces choses dans un sens, puisqu'ils n'en ont plus besoin.

Sérapie. Quoiqu'ils n'en aient plus le même besoin, ils les aiment et les désirent toujours comme auparavant, et la privation de ces choses est un de leurs supplices.

Rogate. Je croyais qu'on était indifférent après la mort à toutes les choses de ce monde.

Talide. Voyez si cela est vrai dans l'exemple du mauvais riche, qui ne pouvant plus jouir de tout ce qu'il possédait en ce monde, bornait tous ses désirs à une goutte d'eau, qu'il ne put encore obtenir.

Rogate. S'il y avait lieu, il désirerait donc encore ces mêmes vins exquis et ces mêmes mets délicieux qui étaient servis sur sa table, et les autres biens ?

Sérapie. N'en doutez pas ; et s'il ne demande qu'une goutte d'eau, et qu'il la regarde encore comme une félicité dans l'excès de ses tourmens, c'est qu'il voit qu'il demanderait inutilement les autres biens.

Rogate. Enfin, je croyais qu'on ne désirait plus rien des choses de ce monde après la mort.

Talide. C'est ce qui vous trompe ; on désire et on aime toujours ce qu'on a désiré et aimé en ce monde, parce que l'ame en quittant son corps et ce monde, ne quitte point ses désirs et ses inclinations.

Rogate. C'est donc un cruel supplice de se voir dans l'impossibilité éternelle de jamais satisfaire aucun de ses désirs, ni aucune de ses inclinations ?

Sérapie. Quand les méchans n'auraient dans l'éternité que ce seul supplice, ils seraient bien punis ; mais ce n'est là que le moindre de leurs supplices.

Rogate. Mais n'est-ce pas la même chose pour les justes, et n'emportent-ils pas aussi avec eux leurs désirs et leurs inclinations ?

Talide. Oui ; mais comme leur désir et leur inclination dominante était Dieu, ce désir et cette inclination étant pleinement assouvis, ils sont contens, et ne désirent plus rien, parce qu'ils trouvent en Dieu avec plénitude tout ce qu'ils ont quitté en ce monde, qu'ils n'aimaient que pour Dieu.

Rogate. La mort des justes est donc bien aimable ?

Sérapie. C'est la connaissance de toutes ces choses qui faisait que les Saints soupiraient si fort après le moment de leur mort.

Rogate. Je comprends que si nous avions bien de la foi et bien de l'amour, nous ferions comme ces Saints.

Talide. On a vu des Martyrs appeler à eux tous les tourmens les plus terribles, pour les délivrer promptement de cette vie, et les faire jouir de Dieu.

Rogate. Pourquoi donc reculons-nous toujours, et désirons-nous que la mort s'éloigne de nous de plus en plus ?

Sérapie. N'en cherchez point d'autre cause que notre peu de foi et notre peu d'amour.

Rogate. Cependant ce sont des personnes édifiantes qui parlent et qui pensent comme cela.

Talide. C'est ce qui montre que l'on peut avoir une conduite édifiante, et n'avoir guère de foi ni guère d'amour.

Rogate. Ce que vous dites me surprend.

Sérapie. Je ne le dis qu'après saint Augustin, ce grand Docteur, qui disait qu'un chrétien, s'il est vrai chrétien, supporte la vie en patience, et reçoit la mort avec joie.

Rogate. Je voudrais bien ressembler à ce portrait.

Talide. Je suis bien aise de vous voir changer de langage : car celui-ci est différent de celui que vous avez tenu d'abord.

Rogate. Réjouissez-vous, vous m'avez convertie entièrement ; je ne craindrai plus la mort, en la regardant dans le point de vue où vous venez de me la faire voir.

Sérapie. Je ne suis pas surprise qu'on la craigne, et même qu'elle fasse horreur quand on la regarde autrement.

Rogate. Pour la trouver aimable, je ne la regarderai plus autrement.

Talide. Qui pourrait la trouver hideuse, après que Jésus-Christ, notre divin Chef, en a bien voulu sentir les aiguillons, pour nous la rendre toute délicieuse ?

Rogate. Jésus-Christ nous a donc mérité par sa mort, non-seulement de ne point mourir éternellement, mais encore de mourir saintement ?

Sérapie. Oui, c'est par les fruits salutaires de sa mort que nous avons reçu ce double avantage.

Rogate. Il faut donc penser en mourant à Jésus-Christ mourant ?

Talide. Oui, il y faut penser, et mourir pour son amour.

Rogate. Cela est bien consolant.

Sérapie. C'est pour insinuer ces dispositions aux mourans, qu'on leur présente l'image de Jésus-Christ crucifié, afin qu'ils unissent leurs souffrances à ses souffrances, et leur mort à sa mort.

Rogate. Je n'ai point d'expressions capables de vous marquer tout ce que je sens de reconnaissance pour des instructions si aimables et si consolantes.

Talide. Méditez-les bien, remplissez-vous-en, et comptez qu'elles vous aideront à faire une bonne mort.

SUR LA BONNE MORT.

Sérapie.

Nous venons savoir ce que vous pensez de notre dernière conversation sur la mort.

Rogate. En regardant la mort comme une miséricorde qui finit toutes nos misères, comme une pénitence qui expie tous nos péchés, et comme un moyen excellent de glorifier Dieu, j'avoue que je n'y ai plus tant d'opposition.

Talide. Nous sommes réjouies de voir que vous vous rendez à la force de ces vérités, qui parlent si hautement en faveur de la mort.

Rogate. Je confesse que je ne pensais point à tout cela, et que je ne me laissais frapper que de ce que la mort a de hideux et d'effrayant.

Sérapie. C'est agir et penser selon l'homme, et non selon le chrétien; c'est consulter les sens, et non la raison éclairée de la foi.

Rogate. Il faut donc changer de sentiment et aussi de langage? Apprenez-moi à bien mourir.

Talide. Tout ce que nous avons déjà dit de la mort, ne servira pas peu à vous procurer une bonne mort.

Rogate. Je voudrais savoir s'il ne faut rien de plus

Sérapie. Nous vous dirons à ce sujet ce que répondit un jour un grand Saint. Le lit d'une bonne mort, dit-il, doit avoir pour matelas la charité; mais il est bon d'avoir la tête appuyée sur les deux oreillers de l'humilité et de la confiance, et d'expirer avec une humble confiance en la miséricorde de Dieu.

Rogate. Je trouve cette réponse non-seulement belle, mais très-ingénieuse.

Talide. C'est apparemment pour la faire mieux retenir, que ce Saint s'est servi de ces expressions figurées.

Rogate. Je vous promets aussi de ne la jamais oublier.

Sérapie. Examinons donc ce que ce Saint a voulu nous dire par cette réponse que vous trouvez si belle et si ingénieuse.

Rogate. C'est ce que je demande.

Talide. Vous avez raison; car souvent l'on en reste aux mots, sans savoir ce que ces mots signifient.

Rogate. Ce que vous dites est juste. Que faut-il faire pour avoir la charité, de manière que l'on puisse dire que l'ame y soit étendue, couchée, et reposante comme sur un matelas?

Sérapie. Il faut avoir cette vertu dans toute son étendue.

Rogate. Quelle étendue faut-il qu'elle ait?

Talide. Il faut qu'elle monte jusque dans le ciel, qu'elle se répande sur toute la terre, et qu'elle descende jusque dans le purgatoire.

Rogate. Vous lui donnez là une grande étendue.

Sérapie. Elle ne doit pas en avoir moins, pour ressembler à ce matelas qui s'étend de toutes parts au-delà du malade.

Rogate. Que fait cette vertu dans le ciel?

Talide. Elle nous y fait aimer Dieu d'un amour souverain, et la sainte Vierge avec tous les Esprits bienheureux, d'un amour très-intime.

Rogate. Que voulez-vous dire, quand vous dites que la charité nous fait aimer Dieu d'un amour souverain?

Sérapie. Je veux dire qu'elle nous le fait aimer d'un amour autant au-dessus de tous les autres amours, que Dieu lui-même est au-dessus de toutes les créatures.

Rogate. Quand est-ce que nous aimons Dieu de cet amour souverain?

Talide. C'est quand nous pouvons dire avec saint Paul, par les sentimens d'une humble confiance (1) : Qui nous séparera de l'amour de Jésus-Christ ? Sera-ce la tribulation, ou les déplaisirs, ou la persécution, ou la faim, ou la nudité, ou les périls, ou le fer et la violence ?

Rogate. Que voulait dire le saint Apôtre en s'exprimant de la sorte ?

Sérapie. Il voulait dire que son amour pour Jésus-Christ était si fort et si grand, que toutes ces choses, ou réunies, ou séparées, ne seraient point capables de lui faire perdre Jésus-Christ.

Rogate. Faut-il être dans cette disposition pour avoir cet amour souverain ?

Talide. Oui, il faut être prêt à souffrir toutes ces choses, plutôt que de renoncer à l'amour de Jésus-Christ.

Rogate. C'est me demander beaucoup.

Sérapie. Je ne vous demande que ce que je dois vous demander. L'Apôtre saint Paul allait encore plus loin, lorsqu'il disait : Je suis assuré (par une ferme confiance) que ni la mort, ni la vie, ni les Anges, ni les Principautés, ni les Puissances, ni les choses présentes, ni les futures, ni la violence, ni tout ce qu'il y a de plus haut ou de plus profond, ni aucune autre créature, ne nous pourra jamais séparer de l'amour de Dieu en Notre-Seigneur.

Rogate. Je trouve ceci bien grand ; mais il y a des termes que je n'entends point.

Talide. Il est juste de vous en donner l'intelligence. L'Apôtre entend par la mort, la crainte de la mort ; par la vie, l'amour de la vie ; par les Anges, les démons ; par les Principautés, ceux d'entre les démons qui portent ce nom ; par les Puissances, les Grands et les Puissances du siècle ; par les choses présentes, les maux présens ; par les choses futures, les maux à venir ; par la violence, les cruautés qu'on peut exercer contre nous ; par ce

(1) Rom. 8. 4. 35.

qu'il y a de plus haut, l'espérance des honneurs ; et par ce qu'il y a de plus profond, la crainte des plus profondes humiliations.

Rogate. Tous ces sentimens héroïques sont bien dignes du grand Apôtre ; mais pour nous, qui sommes si faibles, nous n'oserions parler comme cela.

Sérapie. Si vous avez de la charité, vous devez parler de même, et avec les mêmes sentimens.

Rogate. Je le souhaite, et je prie Dieu de m'en faire la grâce. Dites-nous, s'il vous plaît, où la charité se répand ensuite.

Talide. Sur la terre, où elle fait aimer tous et chacun d'un amour cordial et sincère.

Rogate. La charité n'exclut donc personne de son cœur ?

Sérapie. Non, personne : car si une seule personne en était exclue, ce ne serait plus charité.

Rogate. Il y a pourtant bien des personnes dans le monde qui ne sont guère aimables, et même qui sont très-rebutantes.

Talide. Il est vrai ; mais ce sont justement ces personnes qui sont encore plus que les autres l'objet de la charité.

Rogate. Vous avancez là une chose bien ignorée, du moins dans la pratique.

Sérapie. Vous devez convenir qu'il ne faut pas beaucoup de charité, s'il est vrai qu'il en faille, pour aimer les personnes qui nous sont aimables, et qui ne nous font que du bien.

Rogate. Il est vrai ; mais c'est à quoi l'on ne pense pas.

Talide. Pensez-y, de grâce, et vous verrez que c'est la vérité.

Rogate. Mais enfin, que demandez-vous pour ces personnes ? Tout au plus, qu'on les supporte patiemment ?

Sérapie. La charité ne se contente pas de cela :

elle veut encore qu'on les aime véritablement, et qu'on leur fasse tout le bien que l'on peut.

Rogate. Mais l'on sent bien de la répugnance à cela.

Talide. Je le veux : mais si vous avez la charité, vous passerez par-dessus votre répugnance, et vous agirez avec ces personnes comme si vous aviez pour elles beaucoup d'inclination.

Rogate. Ce que vous dites là est bien parfait.

Sérapie. Cela est parfait, à la vérité; mais avec la charité seule on atteint à ce parfait.

Rogate. Je crains donc bien de ne l'avoir pas; car je sens pour ces personnes bien des aversions et des mépris secrets, que j'ai bien de la peine à contenir, sans parler de l'indifférence que je porte à tant de gens, sans la faire paraître que dans certaines occasions.

Talide. Vous dites bien, quand vous dites que vous craignez de n'avoir pas la charité : car lorsque tout cela est volontaire, il ne manque pas de blesser la charité.

Rogate. Je veux faire à l'avenir de plus sérieuses réflexions sur cela, que je n'ai fait jusqu'à présent.

Sérapie. Vous ferez très-sagement ; car la méprise, en cette matière, est toujours grande, et de grande conséquence.

Rogate. Vous demandez encore que la charité descende jusque dans le purgatoire : est-ce que l'on peut manquer de charité pour les ames qui y sont?

Talide. Comme c'est manquer de charité que de ne pas soulager les nécessiteux quand on le peut, c'est aussi en manquer pour ces ames, que de ne pas les soulager quand on en a le pouvoir.

Rogate. Mais l'Eglise n'y manque pas. Ne peut-on pas s'en reposer sur ses soins ?

Sérapie. Cela ne vous dispense pas de faire tout ce que vous pouvez. Que d'ames dans ces lieux, qui vous ont été chères lorsqu'elles étaient sur la terre !

et quelle dureté de les laisser languir jour et nuit, dans les feux dévorans, faute de les soulager!

Rogate. C'est à quoi, je vous avoue, je n'ai jamais songé, à moins que ce ne soit le jour des morts.

Talide. Si vous aviez bien de la charité pour ces ames, vous ne passeriez aucun jour, aucune nuit sans y penser, et d'une manière qui leur fût utile.

Rogate. Voilà donc ce qu'il faut faire pour avoir cette charité étendue que vous demandez?

Sérapie. Oui, et l'ouvrage n'est pas petit.

Rogate. Mais enfin, il suffit d'avoir tous ces sentimens à l'heure de la mort.

Talide. Hé bien, je le veux; mais pensez-vous que vous les aurez à cette dernière heure, si vous ne les avez pas eus auparavant?

Rogate. Dieu pourra me faire cette grâce.

Sérapie. J'en conviens, tout lui est possible; mais dans le cours ordinaire, les habitudes ne se forment pas si vite: vous ferez donc très-prudemment de les acquérir à loisir.

Rogate. Je n'y perdrai pas un seul moment.

Talide. Je vous le conseille, et vous ne sauriez commencer trop tôt.

Rogate. Est-ce la même chose, de grâce, de mourir dans la charité, pour la charité, et par la charité?

Sérapie. Ce n'est pas la même chose: car mourir dans la charité, c'est mourir comme les justes, avec la charité dans le cœur; mourir pour la charité, c'est mourir comme les martyrs, pour la cause de la charité; mourir par la charité, c'est mourir par les ardeurs et les saints excès de la charité, comme la sainte Vierge et quelques Saints que Dieu en a favorisés.

Rogate. Je suis charmée de savoir cette différence. Je voudrais encore savoir quelle différence il y a entre l'amour de complaisance et l'amour de bienveillance.

Talide. Par l'amour de complaisance, nous nous

réjouissons et nous prenons plaisir à considérer les grandes perfections de Dieu ; et par l'amour de bienveillance, nous lui désirons tout le bien que nous lui pouvons désirer ; et ce bien que nous lui désirons, est qu'il soit honoré par ses créatures.

Rogate. J'approuve le premier ; car il y a bien lieu de se réjouir des grandes perfections de Dieu : mais je n'approuve pas le second, parce qu'il fait entendre qu'il manque quelque chose à Dieu ; ce qui n'est pas possible.

Sérapie. Ce bien qui manque à Dieu de la part de ses créatures, n'ôte rien à son bonheur et à sa grandeur, parce qu'il est heureux et toujours grand par lui-même : ainsi vous ne devez pas plus désavouer le second que le premier.

Rogate. Néanmoins il lui manque quelque chose, puisqu'on le lui désire.

Talide. Ce n'est qu'un bien extérieur, qui n'ajoute rien à sa béatitude et à sa grandeur, mais qui lui étant justement dû, se tourne tout à l'avantage de ses créatures, quand il lui est rendu.

Rogate. Je comprends cela à présent, et je lui donne toute l'approbation dont je suis capable.

Sérapie. Nous recevons cette approbation avec joie.

Rogate. Outre la charité, vous avez encore demandé pour une bonne mort l'humilité et la confiance : expliquez-nous en peu de mots l'une et l'autre.

Talide. Vous savez ce que c'est que ces vertus, ainsi vous ne devez rien demander davantage.

Rogate. Vous me pardonnerez ; le détail me fera plaisir.

Sérapie. Il faut céder à votre empressement. L'humilité est une vertu qui nous tient toujours bien bas dans notre néant et dans notre misère, dont la plus grande est le péché ; et c'est là où Dieu se plaît à nous voir pour nous faire part de ses grâces et de ses miséricordes.

Rogate. Mais n'est-il point à craindre que cette disposition ne nous jette dans l'abattement et dans le désespoir ?

Talide. Non, si, après nous être ainsi humiliées à la vue de notre néant et de notre misère, nous nous relevons incontinent par la confiance en Dieu, en considérant l'immensité de sa miséricorde, et la surabondance des mérites de Notre-Seigneur Jésus-Christ.

Rogate. Il faut donc joindre ces deux vertus ensemble ?

Sérapie. Il ne faut jamais les séparer, si nous voulons toujours tenir notre ame dans un saint équilibre.

Rogate. Je n'entends pas ce mot.

Talide. Je veux dire, si nous ne voulons pencher ni du côté du désespoir, ni du côté de la présomption.

Rogate. Il faut donc espérer avec une humble confiance en la miséricorde de Dieu ?

Sérapie. Oui, et en faisant ainsi, vous suivrez le conseil des Saints, et vous mourrez de la mort des justes.

Rogate. C'est à quoi j'aspire de tout le zèle dont je suis capable.

Talide. Faites tout ce que nous avons dit, et vous serez favorisée de ce bonheur.

SUR LA MAUVAISE MORT.

ROGATE.

J'AI fait bien des réflexions sur tout ce que vous m'avez dit jusqu'ici de la mort : j'ai néanmoins encore quelque chose à vous demander.

Talide. Nous croyions vous avoir tout dit.

Rogate. Oui, sur la mort et sur la bonne mort: mais vous ne m'avez encore rien dit de la mauvaise mort.

Sérapie. Que voulez-vous savoir sur ce sujet?

Rogate. Je voudrais savoir ce qui la rend mauvaise.

Talide. Comme la présence de la charité dans le cœur est ce qui la rend bonne, son absence est ce qui la rend mauvaise.

Rogate. Quoi! il n'y a que cela qui la rende mauvaise?

Sérapie. Nous ne disons pas qu'il n'y ait que cela, mais nous disons que cela seul suffit pour la rendre mauvaise.

Rogate. Il y a donc encore autre chose?

Talide. Ne doutez pas que comme la charité attire après elle dans l'ame quantité de vertus, aussi son absence y attire quantité de péchés.

Rogate. C'est donc tout cela qui rend la mort mauvaise?

Sérapie. Oui; mais le principe est toujours l'absence de la charité.

Rogate. Je croyais que pour faire une mauvaise mort, il fallait être bien mauvais.

Talide. Non, il suffit de n'avoir point la charité.

Rogate. Quelle preuve en avez-vous?

Sérapie. Nous en avons plusieurs. La première est dans l'Evangile, où nous voyons les vierges folles rejetées de la salle du festin, qui est la figure du ciel, pour cela seulement qu'elles n'avaient point l'huile de la charité.

Rogate. En effet, il ne leur manquait que cela; car d'ailleurs elles étaient irreprochables, et passaient aux yeux des hommes pour des Saintes.

Talide. Nous sommes bien aises que, sans y penser, vous parliez pour nous contre vous.

Rogate. C'est qu'on ne peut se refuser à la vérité, quand elle est aussi palpable.

Sérapie. Voici une autre preuve. Celui, dit l'Apôtre saint Jean, qui n'aime point (il entend *d'un amour de charité*), demeure dans la mort; il marche dans les ténèbres, et il ne sait où il va.

Rogate. Ces paroles confirment merveilleusement ce que vous avez avancé.

Talide. Demeurer dans la mort, marcher dans les ténèbres, ne savoir où l'on va, n'est-ce pas un état bien déplorable ? C'est néanmoins l'état de toutes les personnes qui n'ont point de charité.

Rogate. On ne peut résister à la lumière de ces vérités.

Sérapie. Voici encore une autre preuve, qui n'est pas moins forte que les précédentes. Quand je parlerais, dit l'Apôtre, toutes les langues des hommes, et le langage même des Anges, si je n'ai point la charité, je ne suis que comme un airain sonnant et une cymbale retentissante : et quand j'aurais le don de prophétie, que je pénétrerais tous les mystères, et que j'aurais une parfaite science de toutes choses ; quand j'aurais encore toute la foi possible, jusqu'à transporter les montagnes, si je n'ai point la charité, je ne suis rien : et quand j'aurais distribué tout mon bien pour nourrir les pauvres, et que j'aurais livré mon corps pour être brûlé, si je n'ai point la charité, tout cela ne me sert de rien.

Rogate. Je comprends bien qu'on peut savoir toutes les langues, et parler comme un Ange, sans la charité : je comprends encore, qu'on peut posséder toutes les sciences humaines et divines, et n'avoir point la charité. Mais je ne comprends pas qu'on puisse transporter les montagnes par la grandeur de sa foi, distribuer tout son bien aux pauvres, et livrer son corps aux flammes pour le nom de Jésus-Christ, sans avoir la charité.

Talide. Cela est, à la vérité, difficile à comprendre ; mais cela n'est pas moins véritable, puisque le Saint-Esprit nous en assure par la bouche de l'Apôtre.

Rogate. Cela mérite bien d'être réfléchi mûrement et à loisir.

Sérapie. C'est à quoi nous vous exhortons, afin de n'être pas du nombre de ces vierges folles qui trouvèrent la porte du ciel fermée, et qui entendirent cette foudroyante parole de la bouche de Jésus-Christ même : Allez, je ne vous connais pas.

Rogate. Sur ce pied, on ne peut donc jamais savoir si on a la charité ?

Talide. Non, sans une révélation particulière.

Rogate. C'est une chose bien triste de passer ainsi sa vie dans cette incertitude !

Sérapie. Consolez vous ; il est des marques pour reconnaître si on l'a.

Rogate. Peut-il y en avoir de meilleures que de parler toutes les langues, que d'avoir l'éloquence même des Anges, que de posséder toutes les sciences, que de transporter les montagnes, que de donner tout son bien aux pauvres, et que de livrer son corps aux flammes pour Jésus-Christ ?

Talide. Oui ; car tout cela se peut faire par vanité, et en conservant quelque haine secrète dans son cœur, comme il est arrivé à quelques hérétiques

Rogate. Dites-nous ces marques que vous croyez meilleures.

Sérapie. Ce n'est pas moi qui vous le dirai, c'est l'Apôtre (1). La charité est patiente, elle est douce et bienfaisante ; la charité n'est point envieuse ; elle n'est point téméraire et précipitée ; elle ne s'enfle point d'orgueil, et n'est point ambitieuse ; elle n'est point dédaigneuse ; elle ne cherche point ses propres intérêts ; elle ne se pique et ne s'aigrit de rien ; elle n'a point de mauvais soupçons ; elle ne se réjouit point de l'injustice, mais elle se réjouit de la vérité ; elle tolère tout, elle croit tout, elle espère tout, elle souffre tout.

Rogate. Je trouve, à la vérité, ces marques meilleures que les autres ; mais je ne les entends pas bien toutes.

Talide. Il est juste de vous les faire entendre. La charité est patiente ; c'est-à-dire, qu'elle supporte

---

(1) 1. Cor. 15. 4.

sans murmure et sans soulèvement intérieur et extérieur, tous les maux qui lui viennent de la part de Dieu ou du prochain, par l'amour qu'elle leur porte.

Rogate. Expliquez-moi de même toutes les autres qualités de la charité.

Sérapie. Il faut vous obéir. La charité est douce et bienfaisante ; c'est-à-dire, qu'elle est gracieuse, affable, compatissante et libérale, ne se contentant pas de donner des paroles, mais joignant aux paroles les effets.

Rogate. J'entends bien cela : continuez, s'il vous plaît.

Talide. La charité n'est point envieuse ; c'est-à-dire, qu'elle se réjouit autant du bien qui arrive aux autres, que de celui qui lui arrive, et qu'elle s'attriste autant du mal d'autrui que du sien propre.

Rogate. Je trouve tout cela très-beau.

Sérapie. La charité n'est point téméraire et précipitée ; c'est-à-dire, qu'elle ne s'expose point témérairement au danger d'offenser Dieu, et que dans les affaires du salut, elle ne fait rien à la légère, et s'y conduit avec une grande maturité.

Rogate. On ne peut mieux expliquer toutes ces choses.

Talide. La charité ne s'enfle point d'orgueil et n'est point ambitieuse ; c'est-à-dire, qu'elle ne se glorifie jamais en elle-même du bien qu'elle fait, ou des bonnes qualités qu'elle a, sachant que toute la gloire en est due à Dieu ; c'est-à-dire, qu'elle aime mieux s'abaisser que de s'élever, et qu'elle préfère de servir les autres à leur commander.

Rogate. J'ai un grand plaisir à entendre tout cela.

Sérapie. La charité n'est point dédaigneuse ; c'est-à-dire, qu'elle ne méprise personne, intérieurement ni extérieurement, parce qu'elle n'arrête fixement ses yeux sur aucun défaut, et qu'elle ne les a ouverts que sur les bonnes qualités de chacun.

Rogate. J'admire tout cela, et le trouve merveilleux.

Talide. La charité ne cherche point ses propres intérêts ; c'est-à-dire, qu'elle sacrifie toujours ses intérêts à ceux de Dieu et du prochain, loin de sacrifier aux siens ceux de Dieu et du prochain.

Rogate. Je serais bien fâchée d'ignorer toutes ces explications.

Sérapie. La charité ne se pique et ne s'aigrit de rien, parce qu'elle est sans colère et sans vengeance, et qu'il n'y a que la colère et la vengeance qui soient capables de se piquer et de s'aigrir.

Rogate. Plus vous parlez, plus vous enchérissez.

Talide. La charité n'a point de mauvais soupçons, parce qu'elle ne peut se résoudre à penser mal de personne.

Rogate. Mon contentement ne fait qu'augmenter en vous écoutant.

Sérapie. La charité ne se réjouit point de l'injustice, mais elle se réjouit de la vérité, parce qu'elle ne peut prendre plaisir qu'à ce qui honore Dieu et lui procure de la gloire.

Rogate. Il n'y a plus que quatre mots ; achevez, de grâce.

Talide. La charité tolère tout ce qu'elle peut tolérer sans blesser sa conscience, attendant avec patience les momens favorables pour faire utilement la correction.

La charité croit tout ce qui contribue à l'honneur de Dieu et au bien du prochain.

La charité espère tout du côté de Dieu, à qui rien n'est impossible.

La charité souffre tout, quand il est question d'avancer par-là la gloire de Dieu et le salut du prochain.

Rogate. Je suis fâchée de ce que vous avez tout dit sur ces admirables caractères de la charité.

Sérapie. Voyez s'il vous reste encore quelque difficulté.

Rogate. Vous les avez si bien expliquées, qu'on ne peut être plus contente que je le suis.

Talide. Nous sommes ravies que ces explications vous fassent plaisir.

Rogate. Quiconque pratique toutes ces choses, a donc la charité ?

Sérapie. Oui, selon l'Apôtre.

Rogate. Il en est donc assuré ?

Talide. Oui, autant qu'on peut l'être en cette vie.

Rogate. Il peut donc demeurer en repos ?

Sérapie. Non ; il faut qu'il craigne toujours de ne l'avoir pas, parce qu'en cette vie, on ne peut absolument en être assuré que par une révélation.

Rogate. Pour moi, je crains bien de ne l'avoir pas, car je ne suis ni patiente, ni douce, ni bienfaisante ; je suis assez envieuse, et assez téméraire et précipitée. Je m'enfle aisément d'orgueil, et me nourris de pensées ambitieuses. Je suis fort dédaigneuse. Je ne saurais rien relâcher de mes intérêts, lors même qu'il s'agit de la gloire de Dieu et du salut du prochain. Je me pique et m'aigris très-facilement. Je suis très-sujette aux mauvais soupçons. Je me réjouis plutôt du mal que du bien. Je ne saurais rien tolérer. J'ai de la peine à croire du bien des autres, et encore plus à en bien espérer : enfin, je ne saurais rien souffrir.

Talide. Vous connaissez votre maladie ; remédiez-y promptement, car sans cela vous avez tout à craindre.

Rogate. Je le vois, et je le sens bien.

Serapie. N'en demeurez pas là, et corrigez-vous sans délai.

Rogate. Si je n'avais pas toutes ces dispositions à l'heure de la mort, je serais donc perdue sans ressource ?

Talide. Il est indubitable que si vous mourez sans la charité, vous aurez le sort des vierges folles.

Rogate. Cela me fait peur.

Sérapie. Vous faites bien de craindre tandis qu'il

y a du remède ; car la mort venue, il n'y en aura plus.

Rogate. J'y suis bien résolue.

Talide. Pour fortifier encore davantage votre résolution, représentez-vous l'état d'une ame qui sort de son corps sans la charité, et concevez, si vous le pouvez, son étrange surprise et son cruel désespoir.

Rogate. C'est ce que je crains, jusqu'à en frémir d'horreur.

Sérapie. On ne peut bien comprendre cette situation, tant elle est effroyable.

Rogate. Si je ne puis la bien comprendre, je souhaiterais du moins la bien appréhender pour n'y pas tomber.

Talide. Imaginez-vous que cette ame, au premier pas qu'elle fait hors de son corps, se trouve tout-à-coup environnée de l'immensité de Dieu ; et qu'au premier rayon de lumière, elle découvre qu'elle n'a point la charité, et par conséquent qu'elle est réprouvée pour jamais.

Rogate. Je croyais qu'elle était d'abord présentée au tribunal de Jésus-Christ, à qui le Père a donné tout jugement.

Sérapie. Vous croyez bien ; mais en un instant elle est accusée, jugée et condamnée sur l'absence de la charité, et sur un nombre infini de péchés inconnus jusqu'alors, qu'elle a commis faute d'avoir eu la charité.

Rogate. Qui sont les exécuteurs de cette sentence éternelle ?

Talide. Les démons, qui entraînent cette ame dans les abîmes éternels : et quand les démons ne l'y entraîneraient pas, elle s'y précipiterait d'elle-même comme dans son centre, n'y ayant que ce lieu qui convienne aux ames qui n'ont point la charité.

Rogate. Ce que vous dites là redouble mon frémissement.

Sérapie. Ne vous contentez pas d'en frémir ;

sur la mauvaise Mort. 383

profitez de ces lumières, pour prévenir un état si formidable.

Rogate. Que faut-il faire pour cela ?

Talide. Faites toutes choses dans la charité et par la charité.

Rogate. Que voulez-vous dire par ces mots, dans la charité et par la charité ? Sont-ce deux choses différentes ?

Sérapie. Oui, très-différentes.

Rogate. Faites-m'en voir la différence.

Talide. Cela est bien aisé. Agir dans la charité, c'est agir avec l'amour de Dieu dans le cœur ; et agir par la charité, c'est agir par le motif de cet amour.

Rogate. Demandez-vous que ce motif soit actuel ?

Sérapie. Ce serait le mieux, mais cela n'est pas nécessaire.

Rogate. De quoi vous contenterez-vous donc ?

Talide. Nous serons contentes, si le matin vous dressez votre intention, et si vous la renouvelez au commencement de chaque action principale.

Rogate. Vous ne la demandez donc pas au commencement de toutes les autres actions qui ne sont pas de conséquence ?

Sérapie. Non ; car comme ce serait une chose très-incommode dans le commerce de la vie civile, de peser les sous et les liards, ce serait aussi une chose pareillement incommode dans le commerce de la vie spirituelle, si l'on était obligé de peser chaque menue action, en la rapportant actuellement à Dieu.

Rogate. Pourquoi cela n'est-il pas nécessaire ?

Talide. C'est que Dieu, qui voit notre cœur, et qui lit dans notre volonté, se contente de cela.

Rogate. Je suis ravie d'apprendre tout cela, pour obvier à toute gêne d'esprit.

Sérapie. Vous pouvez compter que nous ne vous trompons pas.

Rogate. Je vous sais trop éclairées pour cela.

Talide. Faites cela exactement, et vous ferez toutes choses dans la charité et par la charité.

Rogate. La charité n'aura donc rien à craindre à ce dernier moment?

Serapie. Non, car la charité couvre la multitude des péchés.

Rogate. J'en prends aujourd'hui la résolution. Je ne veux plus vivre que dans les bras de cette vertu, afin d'avoir le bonheur d'y mourir.

Talide. Votre résolution est très-sage : persévérez-y jusqu'à la mort, et vous remporterez la couronne.

SUR LES CIEUX ET LES ASTRES.

Astérie.

Nous sommes en peine de savoir si vous ne désapprouverez pas le désir que nous avons d'être instruites de ce qui regarde ce qui est au-dessus de nos têtes.

Bénigne. Que voulez-vous dire par cette expression?

Elpide. Nous savons bien que les filles ne sont pas nées pour les sciences : aussi ne cherchons-nous pas à nous instruire pour être simplement savantes, mais pour de là nous élever à Dieu.

Bénigne. Je trouve ce motif très-louable, et je serais charmée de le pouvoir contenter : mais que voulez vous dire par ce qui est au-dessus de vos têtes?

Astérie. Nous entendons les cieux et les astres : nous souhaiterions en savoir le nombre, leurs différences, et leur distance de la terre.

Bénigne. Vous me demandez beaucoup, sur-tout à moi qui n'ai jamais bien étudié ces matières; je vous dirai seulement ce que j'en ai appris de personnes qui sont habiles dans cette science.

Elpide.

Elpide. Combien, s'il vous plaît, compte-t-on de cieux ?

Bénigne. Il y en a qui en comptent trois, et d'autres douze; mais les uns et les autres reviennent au même.

Astérie. Dites-nous leurs noms.

Bénigne. Ceux qui en comptent trois, appellent le premier, le ciel des Planètes ; le second, le ciel des Etoiles ; et le troisième, le ciel Empirée, qui est le séjour des Bienheureux.

Elpide. N'est-ce pas là tout ? y en a-t-il davantage ?

Bénigne. Ceux qui en comptent douze, les appellent ainsi : le ciel de la Lune, qui est au-dessus de l'air et des nues ; celui de Mercure, celui de Vénus, celui du Soleil, celui de Mars, celui de Jupiter, celui de Saturne, celui des Etoiles fixes, qu'on appelle le Firmament ; le premier Crystallin, le second Crystallin, celui qu'on appelle premier Mobile, et le ciel Empirée. Mais vous voyez que ces douze cieux ne sont que les trois autres divisés suivant les différens cercles que parcourent ces différens astres.

Astérie. Nous avions pensé jusqu'ici qu'il n'y avait qu'un ciel, qui est l'Empirée, où sont les Bienheureux.

Bénigne. Il n'y a aussi que celui-là qui mérite par son excellence le nom de ciel, à cause que c'est là que Dieu fait éclater sa gloire et sa grandeur aux yeux des Saints ; mais cela n'empêche pas qu'on n'en compte plusieurs autres avant celui-là.

Elpide. Mais nous ne comprenons pas les noms de ces douze cieux.

Bénigne. Je n'en suis pas surprise, mais bientôt vous allez les comprendre.

Astérie. C'est ce que nous attendons.

Bénigne. Pour cela, vous devez savoir que les astres se divisent en étoiles fixes et en étoiles errantes, que l'on appelle Planètes.

R

Elpide. Nous entendons ces noms, mais nous ne les comprenons pas.

Bénigne. Avec un peu de patience vous les comprendrez : allons pas à pas, et nous irons loin.

Astérie. Ne perdez aucun moment, car notre empressement est grand.

Bénigne. Il y a sept grandes Planètes ou Etoiles errantes, que l'on appelle Saturne, Jupiter, Mars, le Soleil, Vénus, Mercure, la Lune; et neuf petites, dont quatre tournent autour de Jupiter, et cinq autres autour de Saturne.

Elpide. Nous entendons cela à présent : mais pourquoi leur a-t-on donné ces noms?

Bénigne. Ne cherchez point de mystère dans ces noms, car il n'y en a point : on les a ainsi appelées pour les distinguer les unes des autres.

Astérie. Mais pourquoi les appelle-t-on Etoiles errantes?

Bénigne. C'est parce qu'elles sont toujours en mouvement, et qu'elles ne conservent pas entre elles une même distance, comme les étoiles qu'on appelle fixes.

Elpide. Toutes ces Etoiles errantes ou Planètes sont-elles lumineuses?

Bénigne. Il n'y a que le Soleil entre ces Etoiles errantes ou Planètes qui soit lumineux, ou, si vous voulez, qui ait de la lumière de lui-même. Toutes les autres sont des corps opaques, à peu près comme la terre, qui reçoivent comme elle la lumière du Soleil qui les éclaire, et ensuite la réfléchissent, c'est-à-dire, nous la renvoient.

Astérie. Nous trouvons tout cela parfaitement beau, et d'autant plus beau que cela nous est nouveau. Dites-nous ce que c'est que les Etoiles fixes.

Bénigne. Ce sont des corps lumineux comme le Soleil, et qui brillent par elles-mêmes, sans emprunter leur lumière du Soleil, comme celles qu'on appelle Planètes ou Etoiles errantes.

sur les Cieux et les Astres.

Elpide. Où sont-elles placées ?

Bénigne. Je vous l'ai dit, au huitième ciel, qu'on appelle firmament.

Astérie. Sont-elles en grand nombre ?

Bénigne. Leur nombre est si grand, qu'il n'y a que Dieu qui le sache : aussi est-il dit dans l'Ecriture que Dieu les appelle par leurs noms.

Elpide. Les hommes ne savent donc point leur nombre ?

Bénigne. Ils en connaissent un grand nombre, ils prétendent même pouvoir le déterminer ; mais il n'y a pas d'apparence, puisque de temps en temps ils en découvrent de nouvelles qu'ils n'avaient jamais vues.

Astérie. Pourquoi les appelle-t-on fixes ?

Bénigne. C'est parce qu'elles ne changent point de place dans le Firmament, et qu'elles sont toujours à une même distance les unes des autres.

Elpide. Nous entendons maintenant toutes ces choses, et nous les admirons au-delà de ce qui se peut dire : mais pourquoi mettez-vous la Lune dans le premier ciel ?

Bénigne. Parce que c'est l'astre le plus proche de la terre, et en même temps le plus petit.

Astérie. Elle paraît néanmoins plus grande que les autres Etoiles, et presque aussi grande que le Soleil.

Bénigne. Il n'y a que la terre qui soit plus grande que la Lune, et la Lune est plus petite que toutes les autres Etoiles.

Elpide. Nous diriez-vous bien la grandeur de la Terre et celle de la Lune ?

Bénigne. Très-volontiers : la Terre a trois mille lieues de largeur en tout sens, et la Lune n'en a que le quart, c'est-à-dire, sept cent cinquante lieues.

Astérie. Vous dites qu'elle est l'astre le plus proche de la terre : pourriez-vous bien nous en dire la distance ?

Bénigne. Elle n'en est éloignée que de cent mille lieues ; et c'est ce peu de distance, par rapport à l'éloignement du Soleil et des autres Étoiles, qui lui donne une si grande apparence.

Elpide. Fait-elle bien du chemin par jour, en parcourant son cercle ?

Bénigne. Elle n'a presque point de chemin à faire, en comparaison du vaste tour que le Soleil fait dans les espaces du ciel : car il est certain que la Lune n'achève par jour que cinq cent quarante mille lieues : ce n'est par heure que vingt-deux mille cinq cents lieues, et trois cent soixante-quinze lieues dans une minute.

Astérie. Cela nous paraît incroyable.

Bénigne. Vous dites bien cela nous paraît ; car les savans nous le donnent pour certain.

Elpide. Si cela est ainsi, cela est bien admirable.

Bénigne. Vous serez bien plus surprises quand je vous parlerai du Soleil.

Astérie. Hâtez-vous ; vous ne sauriez le faire assez promptement.

Bénigne. Je commencerai par sa grandeur : il est cent fois plus grand que la terre ; ainsi, si la terre a trois mille lieues de largeur en tout sens, comme je vous l'ai dit, le Soleil en a trois cent mille. Jugez par-là de sa superficie et de sa solidité.

Elpide. Nous cessons d'être surprises de ce que vous avez dit de la Lune : ceci est bien plus merveilleux.

Bénigne. Comprenez bien cette étendue, et vous comprendrez qu'un cent de terres comme la nôtre ne seraient pas toutes ensemble plus grosses que le Soleil.

Astérie. Pourquoi donc ne paraît-il guère plus grand que la Lune, qui n'est qu'un quart de notre terre pour la grosseur ?

Bénigne. Cela vient de son éloignement ; car il

sur les Cieux et les Astres.

est démontré qu'il ne peut pas y avoir moins de trente millions de lieues de la terre au Soleil.

Elpide. Il faudrait donc bien du temps pour descendre du Soleil en terre ?

Bénigne. Pour aider votre imagination, supposez une meule de moulin qui tomberait du Soleil en terre : donnez-lui la plus grande vitesse qu'elle soit capable d'avoir, et qu'en deux minutes elle fasse une lieue, en une heure trente, et en un jour sept cent vingt : ayant trente millions de lieues à traverser avant que d'arriver à la terre, il lui faudra, pour faire ce voyage, quatre mille cent soixante-six jours, qui font plus de onze années.

Astérie. Je me souviens que vous n'avez mis le Soleil que dans le quatrième ciel ; si cela est, les Etoiles que vous avez placées dans le huitième ciel, sont donc bien plus éloignées de nous ?

Bénigne. Vous l'avez dit : Saturne, qui est une des sept plus grandes Planètes, ou Etoiles errantes, et qui est dans le septième ciel, est au moins dix fois plus éloigné de la terre que le Soleil : vous dire cela, c'est vous dire que sa distance ne peut être moindre de trois cents millions de lieues.

Elpide. Sur ce pied, cette meule de moulin tombant de Saturne en terre, serait bien plus long-temps à y arriver.

Bénigne. Elle emploîrait dans ce chemin plus de cent dix ans.

Astérie. Cette Etoile que l'on appelle Saturne, et qui est dans le septième ciel, en fait-elle le tour chaque jour ?

Bénigne. Elle n'y manque pas. Concevez, si vous pouvez, quelle est l'immensité du chemin qu'elle fait chaque jour. Le cercle qu'elle décrit a plus de six cent millions de lieues de largeur, par conséquent plus de dix-huit cent millions de circonférence. Un cheval anglais qui ferait dix lieues par heure, n'aurait à courir que vingt mille cinq cent quarante-huit ans pour faire ce tour.

Elpide. Le Soleil, qui est une des sept grandes Planètes, fait-il chaque jour autant de chemin?

Bénigne. Il n'en fait pas tant que Saturne, puisqu'étant dans le quatrième ciel, son cercle n'est pas si grand; mais aussi il en fait beaucoup plus que la Lune, quoiqu'à peine on le voie marcher: son cours est beaucoup plus rapide que celui de la Lune, quoiqu'il le soit moins que celui de Saturne, ayant beaucoup moins de chemin à faire.

Astérie. Cela est incompréhensible.

Bénigne. Je n'ai pas tout dit sur le miracle de ce monde; laissez-vous instruire de la toute-puissance de votre Dieu.

Elpide. Que pouvez-vous dire de plus?

Bénigne. Savez-vous que cette distance de trente millions de lieues qu'il y a de la terre au Soleil, et celle de trois cent millions qu'il y a de la terre à Saturne, sont si peu de chose, comparées à l'éloignement qu'il y a de la terre aux Etoiles, que ce n'est presque rien.

Astérie. On ne peut donc dire quelle est cette distance de la terre aux Etoiles?

Bénigne. Non: elle est, si l'on ose parler ainsi, immensurable; de sorte que si quelqu'un était situé dans une Etoile, notre Soleil, notre Terre, et les trente millions de lieues qui les séparent, lui paraîtraient un même point. Cela est démontré.

Elpide. Si on ne peut absolument dire au juste quelle est la distance de la Terre aux Etoiles, pourrait-on dire quelle est la distance d'une Etoile à une autre Etoile?

Bénigne. Non, car on ne le sait pas; et quoiqu'elles paraissent très-proches les unes des autres, néanmoins leur distance est immense.

Astérie. Comment croire cette distance et leur

grandeur, puisqu'elles ne nous paraissent que comme des étincelles ?

Bénigne. Admirons plutôt comment, d'une hauteur si prodigieuse, elles peuvent conserver une certaine apparence, et comment nous ne les perdons pas toutes de vue.

Elpide. En vous écoutant, la terre qui nous paraissait si vaste et si prodigieusement étendue, ne nous paraît plus qu'un atome auprès de ces grands corps qui sont placés dans les cieux.

Bénigne. Vous avez raison, et nous ne devons regarder la terre, comparée aux astres, que comme un grain de sable qui ne tient à rien, et qui est suspendu au milieu des airs : néanmoins un nombre presque infini de globes de feu, et d'une grandeur inexprimable, d'une hauteur qui surpasse nos conceptions, tournent et roulent sans cesse autour de ce grain de sable, et traversent chaque jour sans interruption, depuis près de six mille ans, ces vastes et immenses espaces des cieux.

Astérie. Voilà bien du grand et du merveilleux dans ce récit !

Bénigne. Allez plus loin, et représentez-vous encore tous ces globes, ces corps immenses qui sont en marche depuis tant de siècles : ils ne s'embarrassent point, ils ne se choquent point, ils ne se dérangent point. Si le plus petit de tous venait à se déranger et à rencontrer la terre, que deviendrait la terre ?

Elpide. Plus vous parlez, plus vous augmentez notre admiration.

Bénigne. Allons jusqu'au bout. Tous ces grands corps, loin de se déranger, sont au contraire toujours en leur place, demeurant dans l'ordre qui leur est prescrit, suivant la route qui leur est marquée, et si paisiblement à notre égard, que personne n'a l'oreille assez fine pour les entendre marcher, et que le vulgaire ne pense pas même s'ils sont au monde.

Astérie. Vous ne dites rien que nous n'écoutions avec une extrême satisfaction.

Bénigne. Voici une autre merveille, et qui m'enchante. C'est que ces grands corps sont si précis et si constans dans leur marche, dans leurs révolutions et dans leurs rapports, qu'un petit homme relégué dans un coin de la terre, après les avoir observés, s'est fait une méthode infaillible de prédire à quel point de leur course tous ces astres se trouveront d'aujourd'hui en deux, en quatre, en vingt mille ans.

Elpide. Nous n'en sommes pas moins enchantées que vous : qu'est-ce donc qu'un homme auprès de tout cela ?

Bénigne. Si la terre entière n'est qu'un atome, qu'un grain de sable auprès de tous ces grands corps, il faut qu'un homme soit bien petit et bien peu de chose, car il n'y occupe pas une grande place ! et de là j'en conclus qu'il doit bien peu s'estimer, lui et tout ce qui est à lui.

Astérie. Néanmoins tout petit qu'il est, et tout méprisable qu'il se doive regarder, tout cela a été fait pour lui.

Bénigne. Il est grand de ce côté-là ; mais c'est une grandeur qu'il ne peut conserver qu'en s'estimant bien peu de chose, ou plutôt, en ne se regardant que comme rien, suivant ce que dit l'Apôtre.

Elpide. Je ne me souviens point que l'Apôtre dise cela.

Bénigne. Voici ses paroles (1) : *Si quelqu'un s'estime être quelque chose, il se trompe lui-même, parce qu'il n'est rien.*

Astérie. Voilà des paroles trop positives pour les contester : mais si tous les autres cieux sont si

(1) Galat. 6. 3.

sur les Cieux et les Astres. 393

-vastes, le dernier, qui est l'empirée, l'est donc bien davantage ?

Bénigne. Sans doute : il ne faut qu'un peu de réflexion pour le comprendre.

Elpide. Cela nous fait croire que le nombre des Saints qui le rempliront sera bien grand.

Bénigne. Il est vrai : néaumoins, en comparaison de ceux qui sont appelés, l'Evangile nous dit que le nombre des élus est très-petit.

Astérie. Je vois bien, à vous entendre, qu'il faut travailler très-sérieusement pour y arriver.

Bénigne. Je ne vois rien qui y encourage davantage que de considérer la grandeur des ouvrages de Dieu, grandeur qui nous fait comprendre que Dieu est encore plus grand.

Elpide. Nous nous retirons pour aller méditer toutes ces grandeurs, et nous vous remercions des lumières dont vous nous avez fait part : de notre vie nous ne les oublierons.

SUR LE CIEL

ET SUR L'ÉTAT DES BIENHEUREUX.

ASTÉRIE.

Vous nous avez fait voir dans la dernière conversation toutes les merveilles des cieux et des astres ; nous souhaiterions que vous nous fissiez voir de même toutes les merveilles du ciel qu'on appelle empirée.

Bénigne. Vous me demandez beaucoup, et bien au-delà de ce que je puis vous donner.

Elpide. Pourquoi, s'il vous plaît ?

Bénigne. C'est que nul œil n'a vu, nulle oreille

n'a entendu, et nul esprit n'a compris les merveilles de ce séjour bienheureux.

Astérie. Nous ne vous demandons pas non plus ce que personne ne sait, et même ne peut savoir; mais seulement ce que Dieu en a révélé et ce qui se peut dire.

Bénigne. Il est juste que vous vous contentiez de cela, puisque saint Paul lui-même, qui avait été ravi jusqu'au troisième ciel, ne pouvait pas dire ce qu'il y avait vu et entendu.

Elpide. Nous ne vous demandons pas davantage, et nous comprenons qu'il ne serait pas sage de vous demander quelque chose au-delà.

Bénigne. Si cela est, je m'essaierai de vous contenter.

Astérie. Commencez, s'il vous plaît.

Bénigne. Arrêtons-nous d'abord à ce qui en a été découvert au Disciple bien-aimé, et qu'il rapporte dans son livre de l'Apocalypse.

Elpide. Que vit cet Apôtre dans le ciel ?

Bénigne. (1) Il vit un trône dressé, où quelqu'un était assis, qui paraissait de la couleur d'une pierre de jaspe et de sardoine.

Astérie. Peut-on vous demander qui était assis sur le trône ?

Bénigne. C'était Dieu, qui avait pris cette forme sensible avec le brillant de ces pierres précieuses, pour se faire voir avec cet éclat aux yeux de cet Apôtre.

Elpide. De quoi était relevée la majesté de ce trône ?

Bénigne. Elle était relevée par un arc-en-ciel qui paraissait de couleur d'émeraude, qui l'environnait, et par sept lampes allumées qui étaient devant ce trône.

Astérie. N'y avait-il que ce seul trône ?

(1) Apoc. 4.

sur le Ciel, etc.

Bénigne. Il y en avait encore vingt-quatre autres autour de ce premier, sur lesquels étaient assis vingt-quatre vieillards, vêtus de robes blanches, et portant sur leurs têtes des couronnes d'or.

Elpide. Que représentent ces vingt-quatre vieillards?

Bénigne. Les douze Patriarches et les douze Apôtres.

Astérie. Que faisaient ces vingt-quatre vieillards?

Bénigne. Ils se prosternaient devant celui qui était assis sur le trône, et jetaient leurs couronnes à ses pieds.

Elpide. Que voulaient-ils marquer par-là?

Bénigne. Qu'ils tenaient de Dieu toute leur grandeur, et qu'il n'y a que Dieu qui soit grand par lui-même.

Astérie. Cela renferme une grande instruction.

Bénigne. Oui, et cela nous apprend à reconnaître en toutes choses la grandeur de Dieu, de qui nous tenons tout ce que nous sommes et tout ce que nous possédons.

Elpide. Saint Jean ne vit-il que cela?

Bénigne. Il vit encore au milieu du trône un Agneau, comme égorgé, qui était debout.

Astérie. Que représente cet Agneau, comme égorgé, qui était debout?

Bénigne. Il représente Jésus-Christ qui est mort pour nous. La douceur de cet Agneau marque la douceur de Jésus-Christ, qui dans sa passion n'a poussé aucune plainte. La blancheur de cet Agneau marque l'innocence et la pureté de Jésus-Christ, dans lequel il ne s'est jamais trouvé aucune souillure. Il est dit comme égorgé et debout, pour marquer qu'après être mort il est ressuscité, et qu'il jouit d'une vie glorieuse et immortelle.

Elpide. Les vingt-quatre vieillards rendaient-ils quelques honneurs à l'Agneau?

Bénigne. Ils se prosternaient aussi devant lui, ayant des harpes et des vases d'or pleins de parfums, qui sont les prières des Saints.

Astérie. Que signifient ces harpes et ces vases d'or pleins de parfums, qui sont les prières des Saints ?

Bénigne. Les louanges et les actions de grâces qu'ils rendent à Jésus-Christ pour tous les biens qu'ils ont reçus par ses mérites.

Elpide. De qui le trône est-il environné ?

Bénigne. De plusieurs chœurs d'Anges, dont le nombre était des milliers de milliers.

Astérie. Quelles sont les occupations de ces Anges ?

Bénigne. De louer Dieu continuellement, et d'exécuter ses ordres.

Elpide. Tous ces Anges sont-ils égaux en dignité ?

Bénigne. Ils sont distingués en trois hiérarchies, composées chacune de trois chœurs.

Astérie. Combien y a-t-il de chœurs d'Anges ?

Bénigne. Il y en a neuf, qui sont les Anges, les Archanges, les Principautés, les Puissances, les Vertus, les Dominations, les trônes, les Chérubins qui excellent en science, et les Séraphins, qui excellent en amour.

Elpide. Que veut dire le mot d'hiérarchie ?

Bénigne. Il veut dire un certain nombre d'Anges qui sont soumis à un Ange supérieur, comme à leur Chef et à leur Prince.

Astérie. Que veut dire le mot chœur ?

Bénigne. Il veut dire un nombre d'Anges qui sont de même ordre et de même classe.

Elpide. Nous pensions que tout était égal dans le ciel, et exempt des subordinations qui se trouvent sur la terre.

Bénigne. Non, tout n'y est pas égal, et il y règne une parfaite subordination, mais exempte des imperfections et des défauts de celles que l'on voit sur la terre.

Astérie. Ces explications, en nous instruisant nous font plaisir.

Bénigne. Saint Jean vit encore, outre cette prodigieuse multitude d'Anges, une multitude innombrable de Saints de toutes nations, de tous peuples et de toutes langues, qui étaient debout devant le trône et en la présence de l'Agneau, et qui étaient vêtus de robes blanches, et portant des palmes en leurs mains.

Elpide. Que marque cette multitude innombrable de Saints de toutes nations, de tous peuples et de toutes langues ?

Bénigne. Qu'il n'y a personne, de quelque nation, de quelque peuple et de quelque langue qu'il soit, qui ne puisse parvenir au salut.

Astérie. Que marquent ces robes blanches ?

Bénigne. La pureté et la sainteté qu'il faut avoir pour entrer dans le ciel.

Elpide. Où ces Saints ont-ils puisé cette pureté et cette sainteté ?

Bénigne. Dans le sang de l'Agneau : c'est-là où ils ont lavé et blanchi leurs robes.

Astérie. Mais le sang n'est guère propre à laver, et encore moins à blanchir.

Bénigne. Ne prenez pas ces paroles à la lettre ; cela ne veut dire autre chose sinon que c'est par les mérites du sang de Jésus-Christ, l'Agneau sans tache, que les Saints ont conservé ou réparé la pureté et sainteté de leur baptême.

Elpide. Pourquoi ont-ils des palmes en leurs mains ?

Bénigne. En signe des victoires qu'ils ont remportées ici-bas sur le démon, le monde et la chair.

Astérie. De quoi les Saints sont-ils affranchis dans cet état bienheureux ?

Bénigne. De toutes les tribulations qu'ils ont eues à souffrir en cette vie.

Elpide. Tous les maux sont donc bannis pour jamais de ce séjour bienheureux ?

Bénigne. Oui, car ils n'auront plus de faim ni de soif ; et le soleil, ni aucune autre chaleur, ne les incommodera plus, parce que l'Agneau qui est au milieu du trône sera leur pasteur ; et il les conduira aux fontaines des eaux vivantes, et Dieu essuiera les larmes de leurs yeux.

Astérie. Comment faut-il entendre ces dernières paroles ?

Bénigne. Cela veut dire que les Saints, dans la plénitude des joies qu'ils goûteront, ne se souviendront plus des maux passés, et qu'ils n'en craindront point de nouveaux.

Elpide. Tous les Saints sont-ils égaux dans la gloire ?

Bénigne. Souvenez-vous de ce que je vous ai dit des Anges ; c'est la même chose des Saints.

Astérie. Nous pensions qu'ils étaient tous égaux.

Bénigne. Ne le pensez plus : car comme une étoile, dit saint Paul, diffère d'une autre étoile en clarté, aussi les Saints seront différens dans la gloire; et c'est ce que Jésus-Christ nous fait entendre, quand il dit dans l'Evangile qu'il y a plusieurs demeures dans la maison de son Père. Néanmoins, quelque différens qu'ils soient en gloire, ils sont tous contens, et aucun d'eux n'envie la gloire des autres.

Elpide. Et d'où vient cette différence de gloire dans les Saints ?

Bénigne. De la diversité de leurs mérites : car celui qui aura plus aimé sera plus récompensé.

Astérie. N'y a-t-il pas des Saints qui, outre la gloire qui leur est commune, ont des couronnes particulières ?

Bénigne. Il y a les Martyrs, les Docteurs et les Vierges.

Elpide. Pourquoi, s'il vous plaît ?

Bénigne. Parce qu'ils ont remporté des victoires particulières : les Martyrs, en surmontant les tourmens qu'on leur a fait endurer ; les Docteurs, en conservant par leur doctrine la science du salut en eux et dans les autres ; et les Vierges, en surmontant généralement tous les assauts de la chair et du sang.

Astérie. Cela est bien capable d'encourager les cœurs lâches à la conquête du ciel.

Bénigne. Laissez-vous toucher de ces vérités, afin de remporter non-seulement la couronne générale des Saints, mais encore quelques-unes de ces couronnes particulières.

Elpide. Nous le désirons de tout notre cœur : mais continuez, nous prenons un grand plaisir à vous entendre.

Bénigne. Saint Jean vit encore la ville sainte, la Jérusalem céleste, environnée d'une grande et haute muraille, dont les fondemens étaient embellis de toutes sortes de pierres précieuses.

Astérie. De quoi cette muraille est-elle bâtie ?

Bénigne. Elle est bâtie de pierre de jaspe.

Elpide. Combien a-t-elle de portes ?

Bénigne. Elle en a douze, gardées par douze Anges ; et ces douze portes sont douze perles, et chaque porte est une perle.

Astérie. De quoi est la place de cette ville ?

Bénigne. Elle est d'un or pur, transparent comme du cristal.

Elpide. Ferme-t-on chaque jour les portes de cette ville ?

Bénigne. On ne les ferme point, parce qu'il n'y a point là de nuit.

Astérie. Qu'est-ce donc qui éclaire cette ville ?

Bénigne. Ce n'est ni le soleil ni la lune, mais la gloire de Dieu.

Elpide. Ce séjour est bien aimable !

Bénigne. Oui, très-aimable ; mais rien de souillé n'y entrera, ni aucun de ceux qui font des choses exécrables, et qui disent des mensonges.

Astérie. Il faut donc être pur pour y entrer ?

Bénigne. Quand on vous dit que rien de souillé n'y entrera, c'est vous dire que la moindre et la plus légère souillure en ferme, ou du moins en retarde l'entrée.

Elpide. Ces paroles méritent d'être pesées ; mais continuez, et dites-nous quelle est l'occupation de tous ces Saints dans le ciel.

Bénigne. C'est de voir Dieu, et de contempler ses perfections.

Astérie. Comment le voient-ils ?

Bénigne. A découvert, face à face, et tel qu'il est, sans voile et sans nuage.

Elpide. Ne se lassent-ils pas de voir et de contempler toujours le même objet ?

Bénigne. Non ; car plus ils le voient et le contemplent, plus ils désirent de le voir et de le contempler.

Astérie. Comment cela se peut-il faire ? car ici-bas on se lasse de ce qu'il y a de meilleur et de plus beau.

Bénigne. C'est que dans un objet infini, comme est Dieu, il y a de quoi voir et de quoi contempler sans fin, et dans cette vue et cette contemplation, des beautés dont on ne peut jamais se rassasier, quoiqu'on y soit toujours. Si on se lasse sur la terre de ce qu'il y a de meilleur et de plus beau, c'est que tout y est fini.

Elpide. Y a-t-il sur la terre quelque chose qui approche de cette vue et de cette contemplation ?

Bénigne. Non, puisque nous n'y voyons Dieu qu'à travers les obscurités de la foi, et dans ses ouvrages, qui sont autant de miroirs qui nous représentent seulement quelques rayons de ses perfections.

Astérie. Que produit dans les Saints cette vue et cette contemplation de Dieu et de ses perfections ?

Bénigne. Elle y produit l'amour, mais un amour qui, en excluant tout partage et toute tiédeur, les met dans un saint transport.

Elpide. Mais ce transport, que nous nous imaginons être des plus forts, ne trouble-t-il point leur raison ?

Bénigne. Non ; leur raison est encore plus sereine et plus épurée, parce que ce transport n'a rien qui tienne du délire de ceux de cette vie : car en même temps qu'il est des plus forts, il est des plus doux.

Astérie. Que produit un amour de cette nature ?

Bénigne. Des louanges sans interruption et sans distraction, bien différentes de celles de cette vie, qui ne peuvent être continuelles, ni sans quelque distraction.

Elpide. Que disent-ils dans leur saint transport ?

Bénigne. Saint, Saint, Saint est le Seigneur, Dieu tout-puissant, qui était, et qui est, et qui sera toujours. Vous êtes digne, ô Seigneur, de recevoir gloire, honneur et puissance, parce que vous avez créé toutes choses, et que c'est par votre volonté qu'elles subsistent et qu'elles ont été créées.

Astérie. Se bornent-ils aux louanges du Créateur ?

Bénigne. Ils s'étendent jusqu'aux louanges du Sauveur, et disent à haute voix : L'Agneau qui a été égorgé est digne de recevoir puissance, divinité, sagesse, force, honneur, gloire et bénédiction.

Elpide. Pour achever, dites-nous comment les Saints possèdent Dieu dans le ciel ?

Bénigne. Ils ne le possèdent point, comme à présent, par la grâce seulement, qui met bien Dieu dans le cœur des justes, mais qui ne le leur montre point à découvert ; mais ils le possèdent dans tout l'éclat et la splendeur de sa gloire.

Astérie. Combien de temps le posséderont-ils de cette sorte ?

Bénigne. Toujours, à jamais, éternellement : ce ne sera plus, comme ici-bas, avec la triste appréhension de le perdre à chaque moment, mais dans une pleine et entière assurance de le posséder sans fin.

Elpide. Voilà de grandes beautés que vous exposez aujourd'hui à nos yeux !

Bénigne. Je souhaite que ces mêmes yeux les contemplent un jour dans leur source.

Astérie. Nous avons encore plusieurs choses à vous demander sur l'état des corps des Saints dans le ciel, et sur la manière dont les Saints s'y comportent entre eux ; mais nous craignons de vous fatiguer.

Bénigne. Vous ne sauriez me fatiguer ; mais comme je pense que c'en est assez pour le présent, si vous souhaitez, ce sera pour une autre fois.

Elpide. Demain, s'il vous plaît, et à la même heure.

SUITE DE LA CONVERSATION

SUR LE CIEL

ET L'ÉTAT DES BIENHEUREUX.

Astérie.

Nous venons avec empressement à l'heure marquée.

Bénigne. Je suis réjouie de voir votre zèle. Je n'avais garde de manquer à la parole donnée.

Elpide. Il y a bien du plaisir d'avoir affaire à des personnes dont la parole et l'exécution sont la même chose.

Bénigne. Je n'ai pas oublié que c'est sur l'état des corps des Saints après la résurrection, que vous souhaitez que nous parlions aujourd'hui.

Astérie. Il nous faut encore cela pour être entièrement instruites de ce qui regarde le Ciel et l'état des Bienheureux.

Bénigne. Je commencerai par vous dire que les Saints auront dans le Ciel les mêmes corps qu'ils auront eus en cette vie.

Elpide. Mais tous ces corps sont en poussière : comment donc depuis le commencement du monde reconnaître la poussière de chacun de ces corps, sur-tout de ceux qui ont été exposés aux flammes, jetés au vent ou dans la mer, ou même dévorés par les bêtes ?

Bénigne. Ne soyez pas en peine de cela ; ce sont les affaires du Tout-puissant : il y a dans les trésors de sa science des marques certaines pour ne pas s'y méprendre.

Astérie. En portant nos vues jusque sur la toute-puissance, nous voyons et nous sentons bien que non-seulement rien n'est impossible, mais même que tout est facile.

Bénigne. Il est vrai que nos faibles esprits ne peuvent bien imaginer cela ; mais il nous suffit de savoir que cela est, parce que le Saint-Esprit l'a dit. D'ailleurs, ce ne seraient plus les corps des Saints qui ressusciteraient et qui seraient récompensés, si c'étaient des corps composés d'une autre poussière : ce qui ne peut ni se dire ni se penser, puisque ce seront leurs corps mêmes qui ressusciteront et qui seront récompensés.

Elpide. Nous nous soumettons sans peine à une telle autorité : mais en quel état ressusciteront les corps des Saints ?

Bénigne. Autant les corps des réprouvés seront hideux et horribles à voir, autant les corps des Saints seront beaux, éclatans et parfaits.

Astérie. Nous ne doutons ni de leur beauté, ni de leur éclat ; mais que voulez-vous dire par ce mot de parfaits ?

Bénigne C'est que tous les Saints ressusciteront dans un état de perfection, ayant tous leurs membres, n'ayant aucune difformité, et tous de la grandeur d'un homme parfait, et d'une jeunesse florissante.

Elpide. Quoi ! les enfans seront dans cet état, et tous ceux qui avaient quelque difformité, ou qui manquaient de quelques membres ?

Bénigne. Oui ; car Dieu donnera aux corps des Saints tout ce qui peut faire un corps accompli.

Astérie. Nous ignorions cette première merveille, qui nous charme et qui nous enchante.

Bénigne. Ce n'est encore rien en comparaison des merveilles que vous allez entendre.

Elpide. Dites-nous-les, de grâce.

Bénigne. Premièrement, tous ces corps ainsi ressuscités se porteront avec facilité vers Jésus-Christ dans les airs, aussitôt qu'il paraîtra au dernier jour.

Astérie. Que deviendront les Saints après que la dernière sentence sera prononcée ?

Bénigne. Ils s'élèveront, par la vertu que Dieu aura attachée à leurs corps, dans le ciel, pour y régner éternellement avec Jésus-Christ.

Elpide. Faites-nous voir les qualités de leurs corps dans ce règne admirable.

Bénigne. Ils ne seront plus sujets à la mort, ni à aucune infirmité qui puisse les y conduire ; et ils conserveront cette vie immortelle éternellement, sans avoir besoin d'alimens.

Astérie. Il est pourtant dit dans l'Evangile que les Saints seront assis à table dans le ciel avec Abraham, Isaac et Jacob.

Bénigne. Il est vrai : mais sur cette table ne seront pas servies des viandes corruptibles comme ici-bas, mais des viandes incorruptibles, qui ne seront autre chose que la vérité et la justice, ou, si vous voulez, Dieu même.

Elpide. Voilà des mets bien exquis et bien excellens.

Bénigne. Ce sont des mets proportionnés à l'état tout céleste des Saints dans la gloire.

Astérie. Nous ne pouvons vous entendre sans désirer de participer à cet état.

Bénigne. Vous y êtes appelées et destinées. Dieu ne vous a créées que pour cela : mais Dieu qui vous a créées sans vous, ne vous sauvera pas sans vous, c'est-à-dire, sans votre travail et sans une fidelle correspondance à toutes ses grâces.

Elpide. Continuez, s'il vous plaît, car ceci mérite bien d'être entendu.

Bénigne. Non-seulement les corps des Saints seront immortels ; ils seront encore impassibles.

Astérie. Expliquez-nous ce mot, s'il vous plaît.

Bénigne. C'est-à-dire, qu'ils ne seront plus sujets à aucune souffrance, et qu'ils jouiront d'une santé forte et vigoureuse, d'une santé entière et parfaite, incapable d'aucune altération.

Elpide. D'où leur viendra cette heureuse disposition ?

Bénigne. De l'incorruptibilité des humeurs qui composeront leurs corps : ce seront des humeurs toutes célestes et incapables de se corrompre jamais. Ajoutez à cela qu'il n'y aura rien au dehors dans ce séjour de la gloire, qui puisse diminuer la paix de leur cœur, la sérénité de leur visage, et la santé de leur corps.

Astérie. Voilà un état bien désirable, et qui mérite bien qu'on n'épargne rien pour y arriver !

Bénigne. C'est à quoi je vous exhorte de toutes mes forces : mais je ne veux pas oublier de vous dire que de l'incorruptibilité de ces humeurs célestes sortira continuellement une odeur si agréable, que l'odeur de toutes les fleurs de ce monde et de tous les parfums réunis ensemble, n'en saurait approcher.

Elpide. Nous n'avons jamais ouï dire cela.

Bénigne. Cela est bien aisé à concevoir : car de même que de la corruption des humeurs qui composent nos corps aujourd'hui, sort une odeur désagréable, aussi de l'incorruption de ces humeurs toutes célestes sortira une odeur des plus agréables.

Astérie. Nous comprenons cela, et nous l'admirons.

Bénigne. Voici quelque chose qui vous surprendra davantage : c'est l'éclat et la splendeur de ces corps, puisqu'ils seront brillans et éclatans comme le soleil, suivant la parole de Jésus-Christ même.

Elpide. Si cela est, comme nous n'en doutons pas, on ne pourra donc les regarder fixement, comme on ne peut regarder fixement le soleil ?

Bénigne. Vous ne dites pas cela sérieusement.

Astérie. Vous me pardonnerez, et la raison que nous en apportons, nous paraît juste.

Bénigne. Elle serait juste, si les yeux des Saints restaient dans l'état d'infirmité où ils sont sur la terre : mais leurs yeux étant fortifiés, ils verront, sans être éblouis, ce grand éclat et cette grande splendeur.

Elpide. Dieu nous fasse la grâce de le voir !

Bénigne. Il ne faut pour cela que profiter des grâces continuelles que le Seigneur vous fait, et y répondre fidellement.

Astérie. C'est à quoi, en vous entendant, nous sommes bien déterminées ; et ce que vous nous dites nous y encourage merveilleusement.

Bénigne. Ajoutez à tout cela que les corps des Saints pourront en un instant se transporter d'un lieu à un autre avec plus de facilité et de promptitude que l'aigle, dont le vol est si rapide, et qu'ils pourront pénétrer les corps les plus durs sans se blesser ni offenser ces corps.

Elpide. Nous comprenons aisément le premier : pour le second, nous ne pouvons le comprendre.

Bénigne. Voyez-le dans Jésus-Christ sortant du tombeau, et passant au travers de la pierre qui le fermait : ni il ne se blessa, ni il n'offensa cette pierre. Voyez-le encore dans l'apparition qu'il fit à ses Apôtres le même jour : ni il ne se blessa en entrant dans le lieu où ils étaient, quoique tout fût bien fermé ; ni il n'offensa l'endroit par où il passa.

Astérie. Nous ne cessons d'admirer toutes ces merveilles incompréhensibles à nos esprits.

Bénigne. N'en demeurez pas à l'admiration ; allez plus loin : mettez la main à l'œuvre pour mériter de voir toutes ces merveilles et d'y avoir part.

Elpide. C'est à quoi nous sommes bien résolues.

Bénigne. Je vous ai dit tout ce que vous désiriez savoir sur l'état des corps des Saints dans la gloire ; que désirez-vous savoir davantage ?

Astérie. Nous désirerions encore de savoir comment les Saints se comportent les uns avec les autres dans le ciel.

Bénigne. Ceci n'est pas difficile, et vous le comprendrez aisément.

Elpide. Dites-nous d'abord si les Saints se connaissent dans le ciel.

Bénigne. Ce n'est pas là une difficulté sérieuse, et je ne sais comment elle peut vous venir dans l'esprit.

Astérie. Nous savons néanmoins bien des personnes qui en doutent.

Bénigne. Je suis surprise d'un tel doute. Oui, les Saints se connaissent dans le ciel, et bien mieux que nous ne nous connaissons ici-bas sur la terre.

Elpide. Quoi ! le père connaît ses enfans, l'époux son épouse, le frère son frère, l'ami son ami, et ainsi des autres ?

Bénigne. Non-seulement ces personnes se connaissent, mais encore elles connaissent tous les Saints qui sont dans le ciel, et savent de quelle nation, de quel lieu, de quelle profession chacun a été, et par quelle voie il s'est élevé dans le ciel.

Astérie. Cela est bien merveilleux !

Bénigne. Ajoutez, et bien certain, et vous aurez dit ce qu'il faut dire sur cela.

Elpide. Mais actuellement, les Saints qui sont dans le ciel voient-ils ce qui se passe sur la terre ?

Bénigne. Ils y voient tout ce qui peut contribuer à leur félicité. Un roi voit ce qui se passe dans son royaume, un Evêque dans son diocèse, un père dans sa famille, et ainsi à proportion tous les autres Saints.

Astérie. Sur ce que vous venez de nous dire,

nous

nous croyons que les Saints se connaissent ; mais se parlent-ils ?

Bénigne. N'en doutez pas : ils se communiquent avec délices tout ce qui peut leur faire plaisir.

Elpide. Nous pensions que les Saints n'étaient occupés que d'une seule chose, qui est de voir Dieu.

Bénigne. Cette grande occupation ne les empêche pas de s'épancher les uns dans les autres, mais d'une manière qui tourne toute à la louange de Dieu, en se procurant des consolations ineffables.

Astérie. Voilà bien des beautés nouvelles pour nous.

Bénigne. Je suis charmée de pouvoir contribuer à vous les développer ; mais j'espère que la méditation vous les rendra encore plus belles et plus consolantes.

Elpide. Avant que de finir (et nous souhaiterions ne point finir), dites-nous, s'il vous plaît, si les Saints se donnent des témoignages réciproques d'amitié ?

Bénigne. Si la charité, quoique faible en cette vie, nous oblige de témoigner de l'amitié au prochain, quoique diversement, selon la diversité des personnes, la charité qui sera consommée dans les Saints, les y portera bien davantage.

Astérie. Mais les témoignages d'amitié marquent de la familiarité ; ce qui ne paraît pas convenir à l'état des Saints dans la gloire.

Bénigne. Je vois bien que vous mesurez ce qui se passe dans le ciel, selon les idées que vous avez de ce qui se passe sur la terre : mais corrigez ces idées, car elles ne peuvent servir de règle pour le ciel.

Elpide. Que voulez-vous dire par-là ?

Bénigne. Je veux dire qu'en ce monde tout ce qu'il y a de meilleur est environné de défauts et d'imperfections, et que dans le ciel, tout ce qui se trouve de bon sur la terre, s'y trouvera, mais sans défauts et sans imperfections.

Astérie. Expliquez-vous davantage, s'il vous plaît.

Bénigne. Je veux dire que l'amitié que les Saints auront dans le ciel les uns pour les autres, sera toute noble, toute céleste, toute divine, et que les témoignages qu'ils s'en donneront, seront de même espèce et de même nature.

Elpide. Toutes ces vérités ne sortiront jamais de nos esprits, et avec leur secours nous ne trouverons plus rien de pénible en cette vie, pour atteindre à ces sublimes récompenses.

Bénigne. Qui aurait toujours ces vérités dans l'esprit, regarderait comme peu de chose tout ce qu'il y a à faire et à souffrir pour y arriver.

Astérie. Il est vrai que c'est bien manquer de courage, que de se rebuter à la moindre difficulté qu'on rencontre dans le chemin qui conduit à la possession de biens si immenses.

Bénigne. Pour moi, j'en rougis à tous momens, et je ne cesse d'être surprise de tant de lâcheté qui se voit dans les personnes qui font profession de croire et d'espérer toutes ces choses.

Elpide. Renonçons pour jamais à notre lâcheté, et si nous avons à faire ou à souffrir quelque chose de difficile, songeons, pour nous animer et nous encourager, que toutes nos peines ne dureront que quatre instans, et qu'un bonheur inexprimable et sans fin en sera la couronne et la récompense.

Bénigne. Ces sentimens sont aussi sages que justes : faites ce que vous dites, et dans quatre momens l'éternité est à vous.

SUR LE DÉSIR DU CIEL.

BERTILE.

JE voudrais bien savoir pourquoi nous sommes si attachées à la terre, et pourquoi nous avons tant de peine à la quitter.

Céligne. Votre curiosité me paraît bien placée, et c'est une chose louable de rechercher la cause de cet attachement.

Valentine. Je serais bien aise aussi d'en savoir la raison : car on trouve bien peu de personnes qui en soient véritablement détachées.

Céligne. C'est une suite de notre aveuglement et de nos ténèbres.

Bertile. Je pensais que vous alliez dire que c'est parce que la vie est aimable, et parce que l'on y goûte bien des douceurs.

Céligne. Non, je n'ai garde d'apporter cette raison ; car je ne puis trouver aimable une vie qui n'est remplie que de chagrins et d'amertumes ; une vie qui est l'assemblage de tous les maux et de toutes les misères ; une vie que l'on n'est pas sûr de posséder le moment d'après ; une vie enfin qu'il faudra finir tôt ou tard par le supplice de la mort.

Valentine. Nous convenons qu'en la regardant de ce côté-là, elle n'est point aimable.

Céligne. Dites-moi donc de quel côté vous la trouvez aimable.

Bertile. Mais enfin, il est bien des personnes qui passent leur vie sans chagrin et sans amertume, et qui paraissent exemptes des maux et des misères qui accablent les autres.

Céligne. Ce portrait (permettez-moi de vous le

dire) ne se trouve que dans votre imagination ; car il n'est personne comme cela, sans en excepter les riches et les puissans du siècle.

Valentine. Je me figurais ces hommes au-dessus de toutes les infortunes de la vie.

Céligne. Et moi je vous dis qu'un paysan qui est homme de bien, qui a la santé et qui gagne sa vie à la sueur de son visage, vit plus content.

Bertile. Voilà donc du moins, selon vous, des hommes qui vivent contens.

Céligne. Ne me faites pas dire ce que je n'ai point dit : j'ai dit qu'ils vivent plus contens, et non pas qu'ils vivent contens ; car peut-on estimer heureuse une vie qui ne se procure le nécessaire qu'en essuyant toutes les rigueurs des saisons ?

Valentine. Tous les hommes, à vous entendre, sont donc malheureux ?

Céligne. Croyez-moi, il n'y a en cela que du plus ou du moins. Car il n'est personne qui n'ait beaucoup à souffrir ; et si souffrir c'est être malheureux, en ce sens j'accorde que tous les hommes le sont.

Bertile. Et qui est la cause de tout cela ?

Céligne. N'en cherchez point d'autre que le péché. Tous les hommes avant le péché étaient destinés à vivre heureux en ce monde : un seul péché les a rendus tous malheureux pour jamais, dans le sens que nous avons dit, et même en tout sens.

Valentine. Il n'y a donc point d'homme heureux sur la terre, selon vous ?

Céligne. Vous me pardonnerez : ceux-là y sont heureux, autant qu'on peut l'être en ce monde, qui supportent avec soumission, patience et courage, toutes les peines, en attendant et soupirant après une meilleure vie.

Bertile. Quoi ! vous trouvez ces hommes heureux ?

Céligne. Ils le sont, comme je viens de vous le dire, autant qu'on peut l'être en ce monde, par l'espérance qu'ils ont d'être un jour véritablement heureux.

Valentine. Mais enfin, l'on goûte par intervalles des douceurs en ce monde.

Céligne. Vous dites bien, par intervalles ; et encore ces intervalles sont bien courts et bien rapides.

Bertile. Nous convenons qu'ils sont courts : que voulez-vous dire par ce mot rapides ?

Céligne. Je veux dire que le moment qui les voit naître, les voit évanouir, pour laisser la place au chagrin et à l'amertume.

Valentine. Mais cela est-il vrai, à la rigueur ?

Céligne. Je n'en veux point d'autre garant que l'expérience.

Bertile. On ne peut donc compter de goûter aucune douceur en cette vie ?

Céligne. Je ne dis pas cela ; mais je dis que cette douceur est bien rare, bien courte, et bientôt envolée.

Valentine. Il est pourtant des personnes qui se divertissent bien, et long-temps.

Céligne. Ces divertissemens sont ou innocens, ou criminels. S'ils sont innocens, ils ne sont jamais longs ; s'ils sont criminels, ils déchirent l'ame dans chaque moment de leur jouissance.

Bertile. On ne voit point cela sur le visage de ces personnes.

Céligne. Savez-vous à qui je compare ces personnes qui se réjouissent d'une manière criminelle ? Je les compare à un homme, lequel, chargé de chaînes dans le fond d'un cachot, se divertirait en attendant qu'on vînt le prendre pour le mener au supplice.

Valentine. Cette comparaison est-elle juste ?

Céligne. Très-juste : car, comme ce criminel, ils sont bourrelés intérieurement au milieu de leurs plus grands divertissemens, dans l'attente d'une mort funeste.

Bertile. Mais on a vu des criminels se bien divertir, ne songeant point du tout à ce qui devait leur arriver le moment d'après.

Céligne. Croyez-moi; ils n'étaient pas au-dedans ce qu'ils paraissaient au-dehors : on a beau s'étourdir, on passe toujours de mauvais quarts-d'heures.

Valentine. C'en est donc fait, il ne faut point s'attendre à goûter aucune douceur en cette vie.

Céligne. Pour moi, je n'en connais point d'autre que celle d'une bonne conscience.

Bertile. Voilà donc le parti qu'il faut prendre ?

Céligne. C'est ce que vous devez faire, si vous êtes sage. Vous devez encore, outre cela, vous détacher tous les jours d'une terre où vous n'êtes que comme une exilée, une bannie, et une criminelle condamnée à la mort.

Valentine. Si cela est, nous avons donc espérance de voir finir nos misères ?

Céligne. Oui, lorsque vous serez arrivées dans votre patrie.

Bertile. Et quelle est cette patrie ?

Céligne. C'est le ciel, cette terre dont tous les maux sont bannis, et où tous les biens sont réunis.

Valentine. Mais il faut beaucoup souffrir, et encore mourir avant que d'y arriver.

Céligne. Vous devez compter tout cela pour rien, pourvu que vous y arriviez.

Bertile. Nous ne comptons pas cela pour rien.

Céligne. Si votre foi est grande, vous devez vous réjouir, en pensant au terme qui en effacera jusqu'au souvenir.

Valentine. Demandez donc au Seigneur qu'il augmente notre foi, afin de bien entrer dans cet esprit.

Céligne. Un voyageur, un exilé, un banni compte-t-il pour quelque chose les peines et les fatigues de son retour, quand il songe au plaisir qu'il goûtera lorsqu'il sera dans sa patrie ?

Bertile. Nous dire cela, c'est nous dire d'imiter ce courage.

Céligne. Vous l'avez dit; c'est mon intention, et vous ne sauriez mieux faire.

Valentine. Mais il faut, pour aller à sa patrie, quitter ses parens, ses amis et tout ce que l'on possède.

Céligne. Ne songez pas à ce qu'il faut quitter; ce n'est rien : songez à ce que vous retrouverez lorsque vous y serez arrivées.

Bertile. Que retrouverons-nous ?

Céligne. Une troupe de vos parens et de vos amis, qui sont allés devant, et qui vous tendent déjà les bras pour vous recevoir et vous embrasser.

Valentine. Cela est bien digne de nous encourager.

Céligne. Vous ne trouverez pas là, comme ici, de ces parens et de ces amis qui souvent ne nous aiment que pour eux, et non pour nous.

Bertile. Que voulez-vous dire par-là ?

Céligne. Je veux dire qu'en ce monde on n'aime le plus souvent que pour son intérêt ; mais dans le ciel on n'aimera personne pour soi, parce qu'on n'y aura plus besoin de rien, étant rempli de tous les biens ; mais uniquement pour Dieu.

Valentine. Plus vous parlez, plus vous enflammez notre désir.

Céligne. Jetez un seul regard sur ces biens immenses dont vous serez rassasiées avec plénitude, et votre désir sera encore bien plus enflammé.

Bertile. Hé ! de grâce, quels sont ces biens ?

Céligne. Une vie que nous ne verrons jamais finir, une santé que rien ne pourra altérer, une joie, une paix et un contentement qui surpassent tout ce qu'on en peut dire.

Valentine. Est-ce là tout ?

Céligne. Une société intime et familière avec les Anges et avec les Saints, sans en excepter la sainte Vierge, qui est la Reine de ce séjour bienheureux.

Bertile. Avez-vous tout dit ?

Céligne. Tout cela n'est rien encore en comparaison de ces délices inexprimables que vous goûterez en vous plongeant dans l'océan même de la Divinité.

Valentine. Nous souhaiterions que vous nous expliquassiez ces délices.

Céligne. Un Ange, ou quelqu'un des Saints pourrait vous en dire quelque chose : pour nous, nous n'avons point de termes pour exprimer une félicité qui nous est même incompréhensible.

Bertile. Voilà bien de quoi faire désirer le ciel et mépriser la terre.

Céligne. O ! disait un grand Saint, que la terre me paraît désagréable, lorsque je regarde le ciel !

Valentine. Sans être saintes, nous en disons déjà autant.

Céligne. C'est une bonne marque et un bon présage, si, en m'écoutant, vous entrez dans de si heureuses dispositions.

Bertile. C'est la vérité, et nous vous prions de le croire : nous ne voulons plus vivre que pour soupirer après notre céleste patrie.

Céligne. Faites ce que vous dites, et vous ne manquerez pas d'y arriver.

Valentine. Il ne faut donc que soupirer pour y arriver ?

Céligne. Il faut, outre cela, vivre déjà ici-bas comme étant citoyens du ciel.

Bertile. Nous ferons tout cela avec la grâce de Dieu ; car nous sommes fortement résolues d'y arriver.

Céligne. Je souhaite que nous nous y rencontrions, et que nous nous souvenions de cette aimable conversation : alors nous nous expliquerons bien mieux.

Valentine. Dieu nous en fasse la grâce.

Céligne. Ainsi soit-il.

SUR LA SAINTE VIOLENCE
QUI RAVIT LE CIEL.

EMMELIE.

Nous accourons avec notre confiance ordinaire, pour vous demander l'explication d'un endroit de l'Evangile que nous n'entendons pas.

Macrine. Vous pourriez vous adresser à quelqu'un plus habile que moi, et vous y trouveriez mieux votre compte.

Lampadie. On parle de la sorte, quand on a autant de modestie que vous en avez.

Macrine. Ce n'est point par modestie que je parle ainsi, mais par le sentiment de mon peu de capacité.

Emmelie. L'endroit qui nous arrête est celui-ci : *Le royaume des Cieux se prend par violence, et ce sont les violences qui l'emportent.*

Macrine. Pour vous contenter, je veux bien essayer de vous l'expliquer ; et si j'en viens à bout, ce sera par un effet du secours d'en haut.

Lampadie. Il ne nous importe comment vous le ferez, pourvû que vous le fassiez.

Macrine. Pensez qu'il s'agit ici de la conquête du ciel, conquête des plus grandes, et des plus avantageuses.

Emmelie. C'est justement ce qui nous donne tant d'ardeur pour en être instruites.

Macrine. Qui n'en fait pas la conquête, ne peut s'attendre qu'à une éternité de malheurs.

Lampadie. Apprenez-nous à éviter ce malheur, et à prendre la voie qui conduit au ciel; car nous comprenons facilement qu'il n'y a point de milieu.

Macrine. Pour cela, il se faut faire une violence continuelle, et se la faire sérieusement et tous les jours de la vie: car qui cesse un moment de combattre, se voit bientôt vaincu.

Emmelie. C'est à quoi nous sommes résolues, à quelque prix que ce soit, et coûte qui coûte.

Macrine. Si cela est ainsi, vous voilà déjà bien avancées; car qui a cette résolution, a déjà fait plus de la moitié de l'ouvrage.

Lampadie. Par où faut-il commencer, s'il vous plaît?

Macrine. Il faut commencer par combattre jusqu'au sang, pour ne laisser jamais entrer le péché mortel dans l'ame.

Emmelie. Nous en comprenons la nécessité.

Macrine. Vous savez qu'il n'en faut qu'un seul pour perdre ce qu'il y a de plus précieux, je veux dire la grâce et l'amitié de Dieu, et tous les dons qui en sont inséparables.

Lampadie. La seule idée de cette perte nous fait frayeur.

Macrine. Si cela est, comme je le crois, armez-vous donc pour cette sainte guerre; car vous n'avez pas seulement à combattre contre des hommes de chair et de sang, mais contre des Principautés, contre les Princes de ce monde, c'est-à-dire, de ce siècle ténébreux, contre les esprits de malice répandus dans l'air.

Emmelie. Voilà bien des ennemis, et des ennemis redoutables.

Macrine. Avec du courage, et soutenues de la grâce, vous en viendrez facilement à bout, pourvu que vous ne quittiez jamais votre sainte résolution.

Lampadie. Nous espérons de vaincre en celui et par celui qui nous fortifie.

Macrine. Pour y réussir, il faut bien garder toutes les avenues par où l'ennemi peut entrer, et y faire sentinelle jour et nuit.

Emmelie. Quelles sont les avenues qu'il faut garder principalement ?

Macrine. Votre esprit, vos yeux, vos oreilles, votre langue ; car c'est par ces portes que l'ennemi pénètre jusque dans le cœur : voilà celles qu'il faut mieux garder et défendre, parce que ce sont celles qui sont le plus fortement attaquées.

Lampadie. Le travail sera grand et pénible.

Macrine. Il ne saurait être ni trop grand ni trop pénible, quand il s'agit de la conquête de l'éternité : et d'ailleurs, s'il est grand et pénible, il ne sera pas long, puisqu'à chaque moment l'éternité est prête à s'ouvrir pour nous recevoir.

Emmelie. Ces paroles nous encouragent : n'y a-t-il que cela à faire ?

Macrine. Il faut encore combattre avec vigueur contre les péchés véniels.

Lampadie. Nous demandez-vous de n'en point commettre ?

Macrine. Je vous demanderais l'impossible : je vous demande seulement de n'en commettre aucun de propos délibéré, ni avec la volonté et l'affection de le commettre ?

Emmelie. Cela nous rassure.

Macrine. Vous devez savoir que tout péché véniel déplaît à Dieu, et par conséquent que la volonté et l'affection d'en commettre, quel qu'il soit, serait une résolution positive de déplaire à Dieu ; ce qui ne serait pas supportable dans une ame résolue à ravir le ciel par violence.

Lampadie. Mais enfin, ces péchés ne sont pas tant à craindre que les péchés mortels ?

Macrine. J'en conviens ; mais ils sont toujours à craindre ; et qui ne les craint pas, est en danger d'en commettre de mortels : car ce n'est qu'à force de craindre les petites fautes, qu'on évite les grandes.

Emmelie. Mais ces péchés n'ôtent pas la grâce et ne font pas perdre l'amitié de Dieu, comme ceux qui sont mortels.

Macrine. Il est vrai ; mais ils affaiblissent la grâce, et en l'affaiblissant, ils diminuent les forces de l'ame ; et une ame affaiblie est bien plutôt vaincue.

Lampadie. Il n'y a donc ni trève ni repos à espérer en cette vie ?

Macrine. Vous l'avez dit : toujours il faut être en garde ; toujours il faut veiller ; toujours il faut combattre. Il n'y a qu'à la mort qu'on peut et qu'il est permis de quitter les armes.

Emmelie. Sur ce pied, la vie est bien ennuyeuse.

Macrine. Je suis bien aise que vous le sentiez : c'est aussi ce qui faisait que les Saints soupiraient avec tant d'ardeur après la délivrance de ce corps de mort, pour aller se réunir avec Jésus-Christ dans le ciel.

Lampadie. Du côté de ce terme, l'on est bien ranimé ; mais de l'autre côté, l'on est bien lassé et fatigué.

Macrine. Il n'y a que les ames lâches qui se laissent abattre par le travail : car les ames fortes, envisageant la briéveté du travail et la longueur de la récompense, se relèvent et se raniment sans cesse.

Emmelie. Imitons donc les ames fortes, et ne soyons plus du nombre des ames lâches.

Macrine. Je suis consolée de vous entendre parler de la sorte, et de vous voir prendre ce parti.

Lampadie. Nous l'avons dit, et nous le disons encore, nous sommes résolues à la conquête du ciel, à quelque prix que ce soit, et coûte qui coûte.

Macrine. Continuez, persévérez dans cette résolution, et vous en goûterez un jour la douceur.

Emmelie. Est-ce là où vous bornez tout ce que vous nous demandez?

Macrine. Il faut, après cela, travailler sans relâche à détruire les imperfections, qui sont la source de tant de chutes dans le chemin du ciel.

Lampadie. Qu'entendez-vous par ces imperfections?

Macrine. J'entends certains penchans qui ne sont pas des péchés, mais qui ne manquent pas d'en produire, lorsque l'on n'a pas soin de les réprimer.

Emmelie. Donnez-nous, s'il vous plaît, quelque exemple qui nous fasse encore mieux comprendre cela.

Macrine. J'y consens. Les unes sont enclines à la colère, les autres à la tristesse; celles-ci à l'indolence, celles-là à l'immortification; d'autres à l'amour d'elles-mêmes, d'autres à la jalousie; celles-ci à la curiosité, celles-là à la vanité; d'autres à un zèle amer qui ne pardonne rien, et d'autres à une molle indulgence qui passe tout.

Lampadie. Nous vous entendons à présent. Mais comment détruire toutes ces inclinations qui sont en nous si enracinées?

Macrine. Il est pourtant nécessaire, et je vous le conseille très-fort.

Emmelie. Mais enfin ces inclinations, dites-vous, ne sont pas des péchés.

Macrine. Il est vrai, tant qu'elles ne sont pas volontaires ; mais ne voyez-vous pas combien elles en produisent, si une fois elles sont négligées ?

Lampadie. Voilà un troisième ouvrage, et qui n'est pas petit, auquel nous ne nous attendions pas.

Macrine. Pensez-y, de grâce, si vous voulez vivre dans cette continuelle violence qui ravit le ciel, et à laquelle vous êtes résolues.

Emmelie. Il y a apparence que vous avez tout dit, et que vous ne nous demandez rien davantage.

Macrine. Ne vous ennuyez pas, je n'ai pas tout dit. Il faut encore travailler, sans vous rebuter, depuis le matin jusqu'au soir, à remplir tous les devoirs de votre état.

Lampadie. Nous le pensions bien, sans que vous le dissiez.

Macrine. Mais pensiez-vous à la violence qu'il se faut faire sans cesse pour faire toutes choses en son temps, en son lieu, en sa manière, sans se détourner ni à droite ni à gauche ?

Emmelie. Est-il besoin de se faire violence pour cela ?

Macrine. N'en doutez pas ; autrement votre conduite ne sera qu'un continuel renversement de l'ordre : vous ferez le soir ce qu'il faudra faire le matin ; vous ferez demain ce qu'il fallait faire aujourd'hui ; vous ferez dans un lieu ce qu'il fallait faire dans un autre ; vous ferez de mauvaise grâce ce qu'il fallait faire d'une manière gracieuse : en un mot vous ne ferez rien, ni quand, ni où, ni comme il faut.

Lampadie. Qu'importe, pourvu que tout se fasse ?

Macrine. Soyez persuadée que ce n'est point

assez ; que pour bien faire chaque chose, il faut la faire en son temps, en son lieu et en sa manière.

Emmelie. Nous citériez-vous bien quelque exemple de ce que vous avancez là ?

Macrine. Je ne vous en citerai point d'autre que celui de Jésus-Christ, qui non-seulement observait jusqu'à un seul iota tout ce que son Père lui avait prescrit, mais encore qui s'assujettissait à le faire dans le temps, dans le lieu, et de la manière que son Père le lui avait marqué. Tout l'Evangile ne respire que cela.

Lampadie. Y a-t-il un si grand mal à faire autrement ?

Macrine. Ce n'est plus ressembler entièrement à Jésus-Christ ; ce n'est plus vivre dans cette sainte violence des enfans de Dieu ; ce n'est plus vivre dans un esprit d'ordre, et c'est s'exposer à perdre la grâce attachée à chaque moment pour bien faire chaque action.

Emmelie. On ne peut s'empêcher de souscrire à toutes ces raisons.

Macrine. Je suis ravie de vous voir convaincues par la force de la vérité : mais avant que de finir, j'ai encore quelque chose à vous demander.

Lampadie. Parlez-nous librement, vous ne sauriez nous faire plus de plaisir.

Macrine. C'est que je crains de vous surcharger.

Emmelie. Vous ne le sauriez faire.

Macrine. Je voudrais encore que vous vous exerçassiez à la mortification de vos répugnances naturelles ; que quelquefois vous laissassiez vos inclinations, même bonnes et légitimes, et que vous fissiez vos actions et supportassiez vos peines par l'esprit de Jésus-Christ, et non par un esprit tout naturel.

Lampadie. Nous avouons que jusqu'ici nous avons fait tout le contraire.

Macrine. Vous n'en avez pas mieux fait.

Emmelie. Nous laissions tout ce qui nous répugnait.

Macrine. Les payens en feraient bien autant.

Lampadie. Nous satisfaisions sans scrupule toutes nos inclinations qui ne nous paraissaient pas mauvaises.

Macrine. Convenez qu'il ne faut pas une grande vertu pour cela, ou plutôt qu'il n'en faut point du tout.

Emmelie. Nous ne faisions pas attention à l'esprit par lequel nous agissions et supportions nos peines.

Macrine. Soyez persuadées que ce qui n'est pas fait et souffert pour Dieu, et par l'esprit de Dieu, n'est plus d'aucun mérite pour le ciel.

Lampadie. Jusqu'ici nous avons donc fait de grandes pertes?

Macrine. Je vous le laisse à penser.

Emmelie. Nous y pensons, et nous en sommes vivement pénétrées.

Macrine. Vous avez raison ; car à chaque moment vous avez perdu des trésors immenses pour le ciel.

Lampadie. Nous voulons devenir plus attentives à ces pertes.

Macrine. Vous ferez très-sagement.

Emmelie. Mais il faudra pour cela une attention et une vigilance continuelles.

Macrine. Il est vrai ; mais quand il s'agit de ravir le ciel par violence, peut-on trop faire?

Lampadie. Nous en voyons la nécessité, et nous ne pouvons nous y refuser.

Macrine. Si vous en voyez la nécessité, ne différez donc pas d'en venir à la pratique.

Emmelie. Mais est-ce que toute bonne action qui est faite naturellement et sans vue de Dieu, ne mérite aucune récompense ?

Macrine. Je ne dis pas cela : je dis seulement qu'elle ne peut mériter le ciel.

Lampadie. Vous lui accordez donc du moins des récompenses temporelles, comme la santé, une longue vie, des richesses, une gloire temporelle ?

Macrine. Je vous passe tout cela : mais qu'est-ce que tout cela, si l'on doit perdre le ciel ?

Emmelie. Mais c'est le ciel que nous voulons conquérir, et qui est tout l'objet de nos désirs.

Macrine. Si cela est, comme j'en suis persuadée, faites donc tout ce que je viens de vous dire, sans en rien passer.

Lampadie. Vous nous avez tracé aujourd'hui un grand plan, et dressé un grand ouvrage ; mais nous ne nous rebutons pas.

Macrine. Je ne vous demande pas que vous fassiez tout à la fois : aujourd'hui une chose, et demain une autre : avec le temps et la grâce vous viendrez à bout de tout ; et à mesure que vous mettrez la main à l'œuvre, vous verrez que tout s'applanira et deviendra aisé.

Emmelie. En nous parlant de la sorte, vous nous encouragez merveilleusement, et il nous semble que nous allons tout faire sans peine.

Macrine. Je le souhaite, et je prie le Seigneur de vous en faire la grâce.

SUR LE CARÊME.

Agnès.

Voici du changement.

Cécile. De quel changement voulez-vous parler?

Lucie. Ne vous appercevez-vous pas que le monde ne va pas comme à l'ordinaire?

Cécile. Quoi! l'Etat est-il changé?

Agnès. Ce n'est point l'Etat, c'est l'Eglise.

Cécile. Quel changement y voyez-vous?

Lucie. Le monde ne mange plus, les églises sont toutes en deuil, jusque dans les rues le monde paraît triste.

Cécile. Que dites-vous là, on ne mange plus?

Agnès. Quand nous disons qu'on ne mange plus, nous ne voulons pas dire qu'on ne mange plus du tout, mais bien peu.

Cécile. Mais enfin, l'on mange?

Lucie. Oui, à midi, et puis c'est tout; encore, quel repas, où l'on ne voit ni viande, ni œufs, et le plus souvent que des légumes?

Cécile. Vous ne comptez donc point la collation?

Agnès. Hélas! non; car c'est si peu de chose, que cela n'en vaut pas la peine: ce n'est tout au plus que le dessert d'un autre repas; et à peine s'est-on mis à table, qu'on se relève.

Cécile. Il est vrai; mais ce peu est encore beaucoup, puisqu'anciennement on ne faisait qu'un repas vers le soir, sans collation.

Lucie. Cela était bien rigoureux!

Cécile. Dites plutôt qu'aujourd'hui l'on est bien relâché.

Agnès. Pouvait-on soutenir cette rigueur ?

Cécile. Sans doute, puisque cette manière de jeûner a duré plus de douze cents ans.

Lucie. On ne peut rien répliquer à cela. Dites-moi, s'il vous plaît, de qui l'Eglise est en deuil.

Cécile. De son cher Epoux. C'est la mort de Jésus-Christ qu'elle pleure, et ce sont les péchés de ses enfans qui l'ont mis à mort.

Agnès. Et quel est ce deuil de l'Eglise ?

Cécile. Ne remarquez-vous point qu'on n'y voit plus que les murailles ; et que tout y est caché, jusqu'aux images mêmes de Jésus-Christ et des Saints ?

Lucie. Cet extérieur, tel que vous le dépeignez, marque bien un grand deuil.

Cécile. Hélas ! il ne saurait être trop grand, quand il a pour objet la mort d'un Dieu.

Agnès. Mais pourquoi cacher les images de Jésus-Christ et des Saints ? Il me semble qu'il vaudrait mieux les montrer pour encourager à la pénitence.

Cécile. Il y a de bonnes raisons pour cela. La première, c'est pour ôter aux yeux tout ce qui pourrait les satisfaire, même saintement, afin qu'ils ne soient plus occupés qu'à pleurer.

Lucie. Dites-nous la seconde, s'il vous plaît.

Cécile. Volontiers : c'est pour marquer que ceux qui ne feront pas pénitence en cette vie de leurs péchés, ne verront jamais dans le ciel, ni Jésus-Christ ni les Saints.

Agnès. Ces raisons sont bien dignes d'attention.

Cécile. Elles le sont en effet.

Lucie. Continuez, s'il vous plaît, et dites-nous pourquoi le monde paraît triste.

Cécile. C'est que chacun s'applique à faire pénitence.

Agnès. Ne remarque-t-on dans les rues que la tristesse sur les visages ?

Cécile. On y voit encore plus de modestie dans l'extérieur, plus de retenue dans la conduite, et moins de dissipation qu'à l'ordinaire.

Lucie. Tout ce que vous dites est vrai.

Cécile. Convenez donc que ce temps est bien aimable, puisqu'on y est raisonnable.

Agnès. Mais à notre âge devons-nous prendre part à tout ce changement ?

Cécile. N'en doutez pas, puisque vous êtes chrétiennes et pécheresses.

Lucie. Il faudra donc que nous ne fassions qu'un seul repas à midi, et le soir une légère collation ?

Cécile. Votre âge encore tendre vous dispense de cette rigueur; mais il ne vous dispense pas de faire pénitence en votre façon.

Agnès. Et de quelle façon devons-nous faire pénitence ?

Cécile. Montrer plus de modestie dans votre extérieur; garder plus le silence et plus étroitement; faire quelque petit retranchement au déjeûner et au goûter, certains jours; mieux étudier, travailler et prier davantage.

Lucie. Vous nous en quittez à bon marché.

Cécile. Si vous approchiez de l'âge où l'on est obligé à jeûner, je vous dirais de jeûner deux ou trois fois par semaine, plus ou moins, suivant l'avis de votre Confesseur.

Agnès. Puisque vous demandez si peu, nous l'allons faire avec bien du zèle : priez pour nous, s'il vous plaît.

POUR INSPIRER DE L'ÉMULATION AUX ENFANS.

ANGÉLIQUE.

Parlez-moi naturellement : votre mémoire peut-elle fournir à tout ce que l'on vous donne à apprendre ?

Dorothée. A vous entendre, ne s'imaginerait-on pas qu'on nous donnerait à apprendre tous les livres du monde à la fois ?

Constance. Serait-il bien possible que cela ne fût pas ? néanmoins je me le suis laissé dire.

Dorothée. Je crois bien que vous vous l'êtes laissé dire ; mais je ne puis me persuader que vous en ayez rien cru.

Angélique. Le bruit en est si commun, qu'on est presque tenté de le croire.

Dorothée. Il ne manque à ce bruit que la vérité pour nous faire honneur.

Constance. Mais quoi ! ne vous donne-t-on pas à apprendre, sinon tous les livres, au moins un grand nombre de livres ?

Dorothée. Voici le fait. On nous donne à apprendre environ douze lignes par semaine ; ce qui revient à deux lignes par jour, et à un ou deux mots par heure. Est-ce là de quoi faire tant de bruit ?

Angélique. Je vous avoue dans la vérité que si ce peu écrase les mémoires, comme on le dit, il faut donc que ces mémoires soient aussi petites que des fourmis.

Dorothée. Je ne sais ce que c'est que de mentir,

je vous dis la vérité ; on ne nous donne rien de plus à apprendre.

Constance. Mais ne vous donne-t-on pas encore le Catéchisme, l'Epître et l'Evangile ?

Dorothée. Pour qui nous prenez-vous ? C'est aux petits enfans qu'on donne le Catéchisme : nous le savons dès l'âge de cinq ans ; nous n'avons la peine que de le rappeler dans notre mémoire.

Angélique. Mais au moins vous apprenez encore l'Epître et l'Evangile ?

Dorothée. Oui, quand notre tour vient ; et à peine vient-il une fois en trois mois.

Constance. Si je ne connaissais votre droiture et votre sincérité, j'aurais de la peine à vous croire, après tout ce que j'ai entendu.

Dorothée. Je n'y change rien, les choses sont précisément comme je vous le dis : si vous en doutez, je suis prête d'en faire preuve.

Angélique. Je sais pourtant de grandes filles qui trouvent ce joug insupportable.

Dorothée. Vous les mesurez apparemment par le corps, et non par l'esprit : néanmoins la véritable grandeur se prend de l'esprit et non du corps.

Constance. J'en sais même qui s'opiniâtrent, et qui n'allèguent pour toute raison que leur mémoire infirme.

Dorothée. Je les trouverais bienheureuses, si leur raison n'était pas encore plus infirme que leur mémoire

Angélique. Quel remède à cette maladie ?

Dorothée. Tout le monde le sait : dispensez-moi de m'en expliquer.

Constance. Je vous entends, et je rougis pour ces filles.

Dorothée. Je vous admire de rougir pour ces filles, tandis qu'elles ne rougissent pas pour elles-mêmes : inspirez-leur votre modestie, et nous les verrons bientôt rougir avec vous.

Angélique. J'avais besoin de ces explications pour être détrompée : j'en vais détromper bien d'autres.

Dorothée. Si vous pouviez les détromper elles-mêmes, vous gagneriez bien davantage.

Constance. Vous les croyez donc inconvertissables ?

Dorothée. Non absolument ; mais d'ordinaire il y a bien peu à gagner avec les esprits prévenus.

Angélique. Votre peu d'espérance m'afflige, et je ne vous quitterai point, que je ne vous voie dans d'autres sentimens.

Dorothée. Je serai toujours docile à ce que vous souhaiterez de moi : mais c'est l'expérience qui me convainc de ce que j'avance.

Constance. Je me charge de leur faire entendre raison, et je veux bien être leur caution pour l'avenir.

Dorothée. Elles ont besoin d'une aussi grande autorité que la vôtre : pour moi j'y ai perdu mon latin, et je vous trouverai heureuse si vous n'y perdez pas le vôtre.

Angélique. Comptez non-seulement sur nous, mais encore sur le succès de notre entreprise.

Dorothée. Dieu le veuille ! Adieu : j'en attends des nouvelles.

SUR LA JOIE
D'ÊTRE PENSIONNAIRE.

Ozanne.

Me voilà enfin arrivée au terme de mes désirs !

Renule. Que voulez-vous dire par-là ?

Ozanne. C'est que j'ai obtenu de mes parens d'être pensionnaire.

Renule. Je vous loue de sentir votre bonheur.

Ozanne. C'est en effet un bonheur.

Renule. Faites-moi sentir ce bonheur.

Ozanne. On a d'aimables compagnes, avec qui l'on passe les journées bien agréablement.

Renule. Il n'y a qu'à les voir pour en penser de même.

Ozanne. N'est-ce pas déjà un grand agrément ?

Renule. Oui ; mais vos maîtresses qui veulent toujours être obéies, ne diminuent-elles rien de cet agrément ?

Ozanne. Non, car elles nous commandent d'une manière si gracieuse, que nous prenons leurs commandemens plutôt pour des prières que pour des commandemens.

Renule. Je ne m'étonne pas si vous avez tant de joie d'être pensionnaire.

Ozanne. Vous dirai-je encore que nous sommes parfaitement bien pour le corps ?

Renule. Expliquez-vous davantage.

Ozanne. C'est que la nourriture y est bonne et abondante, et par-dessus cela, des récréations et des promenades suffisamment.

Renule.

sur la joie d'être Pensionnaire.

Renule. Tout cela est bon : mais n'y a-t-il que cela qui vous charme ?

Ozanne. J'ai commencé par le corps, pour finir par l'esprit.

Renule. Si vous ne trouviez ici que ces avantages, je ne vous féliciterais pas.

Ozanne. Vous auriez raison ; mais nous avons encore pour l'esprit tout ce qu'on peut désirer.

Renule. Et quoi, s'il vous plaît ?

Ozanne. Nous y trouvons d'abord le bon exemple.

Renule. Qu'est-ce qui vous frappe davantage dans ce bon exemple ?

Ozanne. L'union que les maîtresses ont entre elles, et l'esprit de piété qui se fait sentir dans toutes leurs paroles et dans toutes leurs actions.

Renule. Je vous trouve bienheureuse d'avoir de telles maîtresses.

Ozanne. Ce n'est pas tout. Elles écrivent bien, elles parlent bien, elles montrent bien.

Renule. Que vous montrent-elles ?

Ozanne. Tout ce qu'une jeune fille peut apprendre.

Renule. Et quoi encore ?

Ozanne. La lecture, l'écriture, l'arithmétique, la civilité, le catéchisme, et tout ce qui regarde la religion ; sans parler de ce qui est du ménage, chose si utile pour une jeune fille.

Renule. Vous avez bien raison de vous réjouir d'être dans cette maison.

Ozanne. Après vous avoir dit les avantages que je trouve ici, je voudrais bien que vous me dissiez à votre tour ce que je dois faire pour en profiter.

Renule. Je n'ai qu'une chose à vous dire : c'est de travailler à surpasser toutes vos compagnes, et en toutes choses.

Ozanne. N'y a-t-il point d'orgueil à cela ?

T

Renule. Non, c'est émulation.

Ozanne. Et quoi, en toutes choses ?

Renule. Qui dit tout, n'excepte rien.

Ozanne. Mais je souhaiterais un détail.

Renule. Il faut les surpasser en amour pour Dieu, en affection pour vos maîtresses, en application à l'étude, en piété, respect et dévotion à l'Eglise, en ardeur pour votre avancement, en fidélité à garder les règles de la maison, en docilité et obéissance pour tout ce qui vous est commandé, en modestie dans tout votre extérieur, en sagesse dans toute votre conduite, et généralement dans toutes les vertus qui conviennent à votre âge.

Ozanne. En voilà beaucoup.

Renule. Quand on a du zèle, on ne trouve point que ce soit beaucoup.

Ozanne. En disant que c'est beaucoup, je ne prétends pas y trouver rien de trop.

Renule. J'ai trop bonne opinion de vous, pour le penser.

Ozanne. Vous pouvez compter que je ne passerai rien de ce que vous venez de me marquer.

Renule. En le faisant, vous deviendrez le modèle de toutes vos compagnes.

Ozanne. Je serais bien contente de pouvoir les suivre de loin.

Renule. Pour faire ce que vous dites, il ne faut pas tendre moins haut que je vous ai dit.

Ozanne. Je m'y essaierai, et je n'épargnerai rien pour en venir à bout.

Renule. Je me réjouis par avance dans l'attente de votre réussite.

Ozanne. C'est tout mon désir.

Renule. Si vous le faites, vous comblerez de joie

vos parens, et vous vous procurerez beaucoup de gloire.

Ozanne. On ne peut m'encourager plus gracieusement.

Renule. Vous êtes bien gracieuse vous-même.

Ozanne. Je ne puis assez vous marquer ma reconnaissance.

FIN.

TABLE
DES DIFFÉRENS SUJETS DES CONVERSATIONS.

Sur le Mensonge, page 1
Sur la Réputation, 4
Sur le bon Esprit, 6
Sur la Civilité, 11
Sur les Vertus cardinales, 14
Sur les Discours du monde, 17
Sur l'Éducation, 20
Sur les Rapports, 24
Sur la Pratique du Silence, 27
Sur les Passions, 29
Sur les Attaches, 33
Sur l'Humilité, 37
Sur la Droiture, 42
Sur la Médisance, 46
Sur la Dévotion, 49
Sur la vraie et fausse Dévotion, 53
Suite de la Conversation précédente, 57
Sur la Douceur, 64
Sur la Patience, 69
Sur le bon et le mauvais des Enfans, 72
Sur la Vertu, 76
Sur le délai de la première Communion, 80
Sur le bonheur de la Communion, 83
Sur la Tempérance, 86
Sur la Raison, 89
Sur les moyens d'acquérir l'Humilité, 95
Sur les défauts dont il faut se défier le plus dans l'exercice de la Vertu, 98

TABLE

Sur la Communion des huit jours,	pag. 102
Sur la Douceur de la Conduite,	107
Sur l'Oraison,	112
Sur la Perfection,	118
Sur l'Obéissance,	125
Sur le choix d'un Confesseur,	130
Sur ce qui rend une Fille recommandable dans le monde,	137
Sur la Dépendance,	144
Sur le bonheur des Vierges chrétiennes,	153
Sur les qualités qui font bien augurer d'une jeune Fille,	162
Sur le prix du Temps,	167
Sur la Modestie,	171
Suite de la Conversation sur la Modestie,	176
Histoire qui fait comprendre avec quelle modestie l'on doit se comporter envers les Morts,	181
Sur les moyens d'avoir la paix avec tout le monde,	183
Suite de la Conversation précédente,	187
Sur le Secret,	191
Sur les Modes,	197
Sur le Luxe des habits,	203
Sur l'Esprit de Mortification,	210
Sur la Danse,	215
Suite de la Conversation sur la Danse,	220
——— sur le même sujet,	227
Sur le Baptême,	231
Suite de la Conversation sur le Baptême,	237
——— du même sujet,	243
Sur le respect dans les Eglises,	248
Suite du même sujet,	252
Sur la Messe,	257
Suite de la Conversation sur la Messe,	261
——— du même sujet,	265
——— du même sujet,	269
——— du même sujet,	277
——— du même sujet,	283

Sur l'Égalité d'esprit,	pag. 292
Suite sur l'Égalité d'esprit,	297
Sur l'Esprit et le Jugement,	302
Sur la Médecine,	307
Sur la Santé,	309
Suite du même sujet,	314
Sur la fréquentation des Sacremens,	320
Sur la Confession,	323
Sur la Communion,	331
Sur le désir de la Communion,	336
Sur les obstacles à l'avancement dans la Vertu,	340
Sur les Contestations,	344
Sur la Jalousie,	353
Sur la Mort,	358
Sur la bonne Mort,	368
Sur la mauvaise Mort,	375
Sur les Cieux et les Astres,	384
Sur le Ciel et sur l'état des Bienheureux,	393
Suite du même sujet,	403
Sur le désir du Ciel,	411
Sur la sainte violence qui ravit le Ciel,	417
Sur le Carême,	426
Pour inspirer de l'émulation aux Enfans,	429
Sur la joie d'être Pensionnaire,	432

Fin de la Table.

www.ingramcontent.com/pod-product-compliance
Lightning Source LLC
Chambersburg PA
CBHW070609230426
43670CB00010B/1469